Karl Alman

Mit Eichenlaub und Schwertern

Karl Alman

Mit Eichenlaub und Schwertern

19 Biographien hochdekorierter Soldaten im II. Weltkrieg

Die Bildvorlagen stellten zur Verfügung:
Süddeutscher Verlag – Bilderdienst
Ullstein-Bilderdienst
Bruckmann KG – Bildarchiv
Bavaria-Verlag – Bildarchiv
Weitere Fotos aus Privatbesitz

Lizenzausgabe 1985 für
Manfred Pawlak Verlagsgesellschaft mbH, Herrsching

ISBN 3-88199-238-3

Inhaltsverzeichnis

Vorwort

Gern bin ich der Aufforderung gefolgt, diesem Buch, das unseren Tapferen des Zweiten Weltkrieges ein Denkmal setzt, das Vorwort zu schreiben. Denn ihre Namen erfüllen mich mit nationalem Stolz und neuer Hoffnung – sie erinnern an Epochen des Zweiten Weltkrieges, die Ruhmesblätter sind in unserer Kriegsgeschichte.

Laut Seemen ist diese hohe Auszeichnung, »Das Eichenlaub mit Schwertern zum Ritterkreuz«, hundertfünfzigmal verliehen worden – eine Zahl, die im Vergleich zu den Hunderttausenden deutscher Soldaten gering erscheint. Sie zeugt von dem hohen Wert der Auszeichnung und der scharfen Auswahl der mit ihr Beliehenen. Von diesen sind zweiundzwanzig vor dem Feinde gefallen, drei in der Gefangenschaft gestorben, drei durch Freitod und zwei durch Hinrichtung geendet.

Die Zahl 150 gibt kein Bild von dem Kampfwert der Truppe, da die großen Leistungen an allen Fronten – auf der Erde, den Meeren und in der Luft – einen hohen Durchschnittswert an moralischer Kampfkraft der Truppe voraussetzen.

Ich denke an den Blitzkrieg in Frankreich – an die Eroberung von Narvik unter Dietl – an den harten Winter 1941/42, als die mangelhaft bekleidete Infanterie erfolgreich den gut ausgerüsteten sibirischen Divisionen widerstand – an die Eroberung von Kreta durch Fallschirmjäger – an die heldenhaften Angriffe unserer Stukas, die trotz konzentrierten Flakfeuers der Schiffe auf diese ihre Bomben warfen. Funkspruch des englischen Flottenchefs nach London: »Das Ausmaß der Luftangriffe zwingt mich, die Flotte auf unseren Stützpunkt Alexandrien zurückzuführen.«

Die erste See-Luft-Schlacht der Geschichte wurde eindeutig zugunsten der Luftwaffe entschieden. Außer mehreren schwer angeschlagenen Schiffen wurden sechs Kreuzer und drei moderne Zerstörer versenkt. Funkspruch des englischen Kommandeurs auf Kreta: »Meine Truppen sind an der Grenze des menschlich Erträglichen. Wir können solchen Angriffen, wie wir sie sieben Tage ertragen haben, nicht länger die Stirn bieten. Unsere Lage ist aussichtslos.«

Die Insel Kreta wurde von den Engländern geräumt, obwohl Churchill gefunkt hatte: »Der Sieg auf Kreta ist an dieser Wende des Krieges unbedingt erforderlich.«

Ich denke an Rommel und die Eroberung von Tobruk – an Marseille, den Stern von Afrika – an Rudel, den erfolgreichen Sturzflieger gegen russische Panzer – an unsere Nachtflieger, die im September 1942 allein tausend viermotorige Bomber herunterholten und – last not least – an Prien und an den Sieg und Untergang des Panzerkreuzers »Bismarck«.

All diese Leistungen waren nur möglich durch den Einsatzwillen aller daran beteiligten Soldaten – auch die hochdekorierten Truppenführer verdanken ihre Erfolge zum größten Teil der Gefolgstreue und dem Kampfwillen ihrer Truppe.

Wenn beide Weltkriege trotzdem verlorengingen, so lag es fürwahr nicht an der Truppe – einzig und allein an der falschen Politik der Obersten Führung.

Als Hermann Göring mir im September 1940 eröffnete – wir fuhren mit einem Pferdegespann durch die Schorfheide –, daß es gegen Rußland ginge, bekam ich einen solchen Schock, daß ich spontan zu ihm sagte: »Aber Reichsmarschall, das ist doch nicht möglich, wir haben ja ein Bündnis mit Rußland und können doch unserem Verbündeten nicht in den Rücken fallen.« Darauf Göring: »Keller, das ist Politik, die überlassen Sie dem Führer!«

Mit diesem Bruch des Völkerrechts nahm Deutschland eine schwere Schuld auf sich, die der Herrgott nicht ungestraft lassen würde – das war der Gedanke, der mich den ganzen Krieg über seelisch belastete.

In dem voraufgegangenen Frankreichfeldzug wurde der vollkommene Sieg durch Hitlers Eingriff in die Höhere Führung verhindert. Wie der verstorbene Feldmarschall von Kleist mir in der Gefangenschaft sagte, wurde sein Panzerkorps vor Dünkirchen von Hitler persönlich angehalten, ohne besonderen Grund. Kleist sagte mir, er habe mit Hitler am Telefon gerungen, ihm den Vormarsch freizugeben, da er die Möglichkeit hatte, das ganze englische Expeditionskorps von seiner Basis abzuschneiden und gefangenzunehmen. Kleist sagte mir, er habe die Türme von Dünkirchen schon gesehen. Doch Hitler blieb bei seinem Nein. Er war in dem Irrwahn befangen, mit England noch zum Frieden zu kommen.

So geschah es, daß die Engländer noch ihr nacktes Leben retteten und im nächsten Jahr – neu ausgerüstet – Rommel bei El Alamein gegenüberstanden.

Ich fasse zusammen: Fehler der Politik waren: 1. Der Rußlandfeldzug und der Krieg in Afrika. Sie brachten eine gefährliche Zersplitterung der Kräfte. Solange England, der schlimmste Feind, nicht niedergerungen war, durfte Deutschland sich nicht anderwärts binden. 2. Die Aufstellung des Afrikakorps (Elitetruppe) geschah nicht im deutschen Interesse, sondern mehr oder weniger Mussolini zuliebe.

Diese Bindung im Osten und Süden gab den Angelsachsen Ruhe und Zeit, eine gewaltige Luftwaffe aufzubauen, die uns schließlich den Todesstoß gab.

Welch ungeheure Opfer haben diese Fehler eines Mannes uns und der Welt gebracht! Wie wurde unsere unvergleichliche Wehrmacht – der Glaube und die Treue eines ganzen Volkes – schmachvoll mißbraucht! Aber »Quos Deus vult perdere dementat prius« – Wen Gott verderben will, den schlägt er erst mit Blindheit!

Als ich heimkehrte aus beiden Weltkriegen, erfüllte mich eine große Achtung vor dem einfachen deutschen Soldaten. Er ist nach meiner Ansicht das Spiegelbild seines Volkes – dies um so mehr im Weltkrieg, der das ganze Volk umfaßt. Ich übertrug diese Achtung auf das deutsche Volk, zumal es der Welt ein Beispiel seiner Tüchtigkeit gab, als es in erstaunlich kurzer Zeit die zerstörten Städte und Industrien wieder aufbaute.

Ein solches Volk kann nicht untergehen – nicht aus der Geschichte verschwinden. Es muß noch eine Zukunft haben.

Darum glaube ich an das deutsche Volk und an seine Zukunft bis zu meinem letzten Atemzuge!

Alfred Keller
Generaloberst a. D.
Ehrenpräsident der Ordensgemeinschaft
der Ritterkreuzträger
des Eisernen Kreuzes e. V.

Grußwort

»Das Ritterkreuz des Eisernen Kreuzes wäre uns nicht verliehen worden, hätten nicht unsere Soldaten, die überlebenden, gefallenen und vermißten Kameraden, durch ihren Einsatz, ihre Tapferkeit mit die Voraussetzung für die Verleihung geschaffen. Somit ehren wir mit dem Tragen dieser höchsten Tapferkeitsauszeichnung des Zweiten Weltkrieges zugleich ihre Opfer und ihr Andenken.«

(Aus den Leitsätzen der Ordensgemeinschaft der Ritterkreuzträger des Eisernen Kreuzes,

Auch in diesem Buch, das den Trägern des Ritterkreuzes mit Eichenlaub und Schwertern gewidmet ist und ihren Lebensweg und ihren Kriegseinsatz schildert, soll in erster Linie der gefallenen und verstorbenen Schwerterträger gedacht werden.

Das Gedenken an sie und an die vielen gefallenen Kameraden wollen wir im Sinne der Verständigung und des Friedens wahren und pflegen. Wir alten Soldaten, die den Krieg in seiner ganzen Grausamkeit und seine verheerenden Folgen erlebt haben, sind heute die berufenen Kämpfer für den Frieden in Deutschland, Europa und in der Welt, für einen Frieden in Freiheit und Gerechtigkeit.

Horst Niemack
Generalmajor a. D.
Präsident der Ordensgemeinschaft
der Ritterkreuzträger
des Eisernen Kreuzes e. V.

GENERALMAJOR HERMANN-HEINRICH BEHREND

Das Ritterkreuz am ersten Tag des Rußland-Feldzuges

Am späten Nachmittag des 21. Juni 1941 ging Major Hermann-Heinrich Behrend, Kommandeur des I./IR 489 der 269. ID, zu seinem vorgeschobenen Gefechtsstand. Als er dort eintraf, meldete ihm Leutnant Segelken, der Bataillonsadjutant:

»Befehl vom Regiment, Herr Major! Alle Kommandeure und Kompaniechefs sollen sich um 19.30 Uhr im Regimentsgefechtsstand zum Befehlsempfang versammeln.«

»Dann wird es bald losgehen«, erwiderte der Bataillonskommandeur. »Haben Sie die Kompaniechefs verständigt?«

»Sie müssen gleich hier sein, Herr Major«, erwiderte Leutnant Segelken.

Einige Minuten darauf traten sie ein. Als erster erschien Hauptmann Gunowski, der einzige aktive Offizier des Bataillons. Ihm folgten: Oberleutnant Rieckhoff, Chef der Zwoten, Hauptmann Hüßner, der die 1. Kompanie führte, und Hauptmann Fastenau, Chef der Dritten.

Mit einigen Worten orientierte der Major die Offiziere, um sie sodann aufzufordern:

»Gehen wir, meine Herren!«

Sie verließen den Gefechtsstand und gingen zum Regimentsstab, der einige hundert Meter rückwärts in einer Schule untergebracht war. Oberst Curt Badinski, Kommandeur des IR 489, empfing sie und eröffnete die Besprechung:

»Meine Herren, der Angriff gegen Rußland beginnt morgen früh um 03.05 Uhr! Der Befehl für den Einsatz unseres Regiments lautet:

Verstärktes IR 489 nimmt Tauroggen, stößt bis zum Nordostrand der Stadt vor und öffnet den Weg nach Osten. Es kommt darauf an, die beiden Eisenbahnbrücken über den Jeziorupa-Bach und den Jura-Fluß unzerstört in die Hand zu bekommen.«

Oberst Badinski fuhr fort:

»Während das III. Bataillon im Angriffsabschnitt rechts angesetzt wird, Pozurze und – an Pozurze vorbeistoßend – die Eisenbahnbrücke über den Jura in Besitz nimmt, geht das I. Bataillon in vorderster Linie, links vom III. Bataillon, vor und stößt nördlich am großen Jurabogen vorbei direkt nach Tauroggen hinein. Wichtig ist die Inbesitznahme des Eisenbahn-Viadukts über die Jeziorupa. Das II. Bataillon wird nachgezogen und steht als Kampfgruppenreserve zur Verfügung.«

Die Offiziere kehrten zu ihren Einheiten zurück.

»Herr Major, aufwachen!« Eine Hand schüttelte Major Behrend an der Schulter. Als er die Augen öffnete, erblickte er im schwachen Lichtschein das Gesicht seines Burschen. »Es ist 02.45 Uhr, Herr Major!«

Hermann-Heinrich Behrend erhob sich und kleidete sich rasch an. Dann trat er ins Freie, wo Leutnant Segelken bereits auf ihn wartete.

»Alles klar, Segelken?«

»Alles in Ordnung, Herr Major!«

Sie gingen in die Bereitstellungen, passierten die vierte, dritte und erste Kompanie und erreichten schließlich die Zwote. Oberleutnant Rieckhoff meldete dem Kommandeur.

»Wer führt den Stoßtrupp zur Eisenbahnbrücke, Rieckhoff?« fragte Behrend den großgewachsenen Friesen.

»Leutnant Eberl, Herr Major, in Bereitstellung, drüben in der Kusselgruppe.«

Hermann-Heinrich Behrend ging zu dem Stoßtrupp hinüber. Der Leutnant meldete ebenfalls.

»Wir gehen zuerst über die Jeziorupa, Eberl!« sagte der Major.

»Herr Major wollen mitgehen?«

»Selbstverständlich! Wie soll ich wohl sonst wissen, was in den einzelnen Gefechtsphasen zu tun ist?«

Wenig später war es soweit: Die Soldaten des Bataillons Behrend machten sich ebenso fertig zum Sprung über die Grenze wie alle anderen an diesem frühen Sonntagmorgen im Osten.

Die vier Kompanien des Friesen-Bataillons standen bereit. Sie blickten in Richtung Tauroggen, das oberhalb des Waldgürtels aus dem Frühdunst auftauchte. Vor ihnen, in den Wiesen, die mit einigen Kopfweiden bestanden waren, scharrten einige Wachteln. Plötzlich brach der Orkan los.

Aus 120 Geschützen aller Kaliber brüllten im Abschnitt des IR 489 die Abschüsse. Granaten zogen hoch über den Köpfen der wartenden Landser hinweg. Rings um Tauroggen wurde die Erde aufgewühlt. Die schweren Feldhaubitzen der II./AR 59 und der II./AR 67 schmetterten ihre Geschosse in die erkannten gegnerischen Feldstellungen. Dazwischen brüllten die Gruppen der 21-cm-Mörser der unterstellten Artillerieabteilung 615.

»Stoßtrupp fertig! – Folgen!«

Major Behrend schnellte empor und begann zu laufen. Hinter ihm sprang der Stoßtrupp los. Sie wetzten über die Wiese. Weiter links und auch zur Rechten begann ebenfalls der Angriff. Noch fiel von drüben kein Schuß.

Nach 200 Metern erreichte Major Behrend den steil abfallenden Hang zur Jeziorupa. Hoch ragte die Eisenbahnbrücke vor ihnen über den Bach und das breite Sumpfgelände.

Leutnant Eberl schloß zum Kommandeur auf. Er deutete nach vorn, wo in diesem Augenblick einige Gestalten sichtbar wurden. Maschinenpistolen bellten, Karabinerschüsse klackerten, und noch immer rumorten die Granaten über ihre Köpfe hinweg feindwärts.

Im Laufen schossen sie auf die Brückensicherung. Einer der Männer des Stoßtrupps erhielt einen Schuß durch die Brust und stürzte. Die übrigen erreichten die Brücke.

»Schnell, hinüber!« rief der Major.

Sie rasten dem Brückenaufgang entgegen. Feuer peitschte vom jenseitigen Brückenende. Aus dem Brückenbunker hallten die langsam tackenden Feuerstöße eines Maxim-MG.

»Harms, Hillen, Hoek, folgen!«

Der Leutnant drehte mit den drei Männern nach links ein und verschwand im dichten Ufergebüsch. Die anderen waren in Deckung gegangen.

Als das sMG des Gegners auf den Leutnant und die drei wegdrehenden Männer einschwenkte, rannte Behrend mit den übrigen der Brücke entgegen. Feldwebel Ahrens, Leutnant Segelken und Rogge, der Gefechtsmelder, hielten sich dicht hinter dem Kommandeur.

Ehe das sMG auf sie zurückschwenkte, hatten sie den Brückenaufgang bereits erreicht und den Bunker unterlaufen. Gefreiter Rogge warf zwei Handgranaten durch den Schießschlitz. Da kam auch schon Eberl heran.

Fünfzehn Soldaten des Bataillons Behrend stürmten über die Brücke. Vom Ufer, aus dem hier dicht an den Fluß herangerückten Waldrand, schossen weitere MG, ohne Wirkung zu erzielen.

Die Jeziorupa-Brücke war überwunden.

»Weiter zur Eisenbahnbrücke über den Jura!«

Doch vor dem Fluß geriet der Stoßtrupp in geschickt getarnte Feldstellungen der Russen. Keine dreißig Meter vor Behrend tauchten Rotarmisten aus den Löchern auf. Der Major schoß im Laufen mit der MPi. Handgranaten wurden geworfen. Leutnant Eberl sprang in einen Graben und rollte ihn auf.

»Über die Flußbrücke, Eberl! Nach Tauroggen hinein!«

Von Deckung zu Deckung arbeiteten sie sich weiter vor, dann hatten sie die sowjetische Feldstellung durchstoßen und erreichten die Jurabrücke. Vor ihnen gingen eigene Granaten nieder.

»Doppelschuß Weiß, Eberl!«

Die beiden Leuchtkugeln, die der Artillerie zeigten, daß eigene Truppen die Jurabrücke erreicht hatten, stoben gen Himmel. Unmittelbar darauf wurde das Feuer weiter nach Osten vorverlegt.

Während Major Behrend zum Sturm auf die Jurabrücke ansetzte, hatte Oberleutnant Rieckhoff mit seinem Kompanietrupp den Jeziorupa-Eisenbahnviadukt erreicht. Hinter sich vernahm er das Keuchen seines Gefechtsmelders Lübben. Weiter rückwärts feuerte eben Leutnant tom Diek seinen Zug an, zum Kompaniechef aufzuschließen.

Als sie aufgeschlossen hatten, deutete Oberleutnant Rieckhoff nach vorn.

»Hinüber, Männer! – Die Eisenbahnbrücke steht. Wenn wir sie ebenso wie der Kommandeur überwinden, schaffen wir Tauroggen!«

Sie sprangen hoch, rannten dem Viadukt entgegen. Als erster erreichte der Oberleutnant die Brücke. Seine Stiefel polterten über den Belag. Meter um Meter legten sie zurück. Bald würden sie drüben sein und . . .

Eine gewaltige Detonation brandete zum Morgenhimmel empor. Oberleutnant Rieckhoff und die Männer des Kompanietrupps, die dicht hinter ihm die Brücke betreten hatten, wurden durch die Luft geschleudert. Rieckhoff spürte den ungeheuren Druck, der ihm die Luft nahm. Er vernahm wie durch dicke Watte den brüllenden Detonationsschlag, und dann landete er auf dem schlammigen Ufer des Baches.

Hinter ihm erklangen Rufe. Die Männer des Zuges tom Diek wateten durch den Bach. Der Oberleutnant vernahm durch die halbe Betäubung Schreie und Stöhnen. Keine zehn Meter von ihm entfernt lag Lübben. Daneben sah er Unteroffizier Bliefernich und den Schützen Firnhaber. Er versuchte sich aufzurichten – vergebens.

Als erster erreichte Leutnant tom Diek die Stelle des Grauens. Er sah die Toten und die Verwundeten, erreichte seinen Kompaniechef.

»Herr Oberleutnant!« schrie er entgeistert, als er Rieckhoff liegen sah. Rieckhoff richtete sich mühsam auf.

»Verbindet Lübben und die anderen«, sagte er.

Die vier Sanitäter der Kompanie kamen angelaufen.

»Weiter! tom Diek, Sie müssen die Kompanie weiterführen! Vorn steht der Major mit dem Stoßtrupp!«

Leutnant tom Diek nickte.

»Kompanie hört auf mein Kommando! – Alles mir nach!«

Sie ließen die vier Sanitäter bei den verwundeten Kameraden zurück und rannten vorwärts, erreichten die große Eisenbahnbrücke über den Jura und sahen, daß sie vom Major und dem Stoßtrupp bereits in Besitz genommen war. Als sie jenseits der Brücke Anschluß an den Stoßtrupp gewannen, meldete tom Diek dem Major.

»Rogge«, wandte sich Behrend an den Gefechtsmelder, »sofort zur Dritten. Sie soll den befestigten Geländestreifen umgehen und auf der rechten Flanke nach Tauroggen hineinstoßen. Wir versuchen gleichzeitig, in direktem Angriff durchzubrechen!«

Feuer peitschte den Angreifern entgegen. Sie passierten den Waldstreifen. Auf der Geländeterrasse unterhalb der Stadt schimmerten die Fenster einiger Häuser. Ein Hohlweg, von Weiden flankiert, zog sich empor. Büsche und Dämme boten gute Deckung. Aber hinter jeder Buschgruppe konnte sich auch eine geschickt getarnte russische Stellung befinden.

Die 1./IR 489 und 2./IR 489 arbeiteten sich weiter vor, der Major an der Spitze der Ersten. In heftigem MG-Feuer, sprungweise vorgehend, erreichten sie eine Mauer, in deren Deckung sie zur Seite robbten. An einem Mauereinschnitt sprangen sie auf und gelangten, ehe die russischen MG-Schützen sie erneut zu fassen vermochten, an das erste Haus. Feldwebel Kleibl schleuderte eine Handgranate hinein. Rotarmisten stürmten ihnen entgegen. Schüsse peitschten, Handgranaten zerbarsten. Der Widerstand wurde gebrochen. Weiter ging es hangaufwärts.

»In die Stadt hinein, tom Diek!« rief Major Behrend.

Der Leutnant sprang auf, winkte seinen Männern zu folgen. Nach einigen Sätzen schwenkte ein MG-Feuerstoß auf ihn ein. Gewehrschüsse krachten. Eines der Geschosse traf den Leutnant und warf ihn nieder.

Als der Bataillonskommandeur Leutnant tom Diek erreichte, war er bereits tot.

»Eberl, Sie übernehmen die Erste!«

Weiter lief der Angriff. Aus Nordosten eröffnete eine russische Batterie das Feuer auf das angreifende Friesen-Bataillon.

»Zwote Kompanie, mir nach!« Behrend schlug einen Bogen, zog die Kompanie aus der Schußlinie und stieß seitlich an der russischen Ari-Stellung vorbei. Das hektische Geschnatter der MG und das sich verstärkende Artilleriefeuer richteten die Russen weiterhin in die Frontale und damit ins Leere. Behrend packte die offene Flanke der Feindbatterie. Mit Handgranaten, MPi-Feuerstößen und MG-Salven wurde sie niedergekämpft.

Dreieinhalb Stunden nach dem Antreten hatte das Bataillon Behrend das Angriffsziel erreicht. Der Major ließ den Gefechtsmelder Rogge zum Regiment zurückgehen mit der Meldung:

»I. Bataillon hat Tauroggen um 06.30 Uhr genommen. Stadt wird zur Zeit vom Feind gesäubert! — Behrend.«

Während Oberst Badinski der Panzergruppe 4 meldete, daß Tauroggen in Besitz genommen sei, erhielt Major Hermann-Heinrich Behrend in seinem vorgeschobenen Gefechtsstand in Tauroggen-Ost die Verlustmeldungen der einzelnen Kompanien. Als sie sämtlich eingegangen waren, wandte er sich an seinen Adjutanten.

»Segelken«, sagte er erschüttert, »das war ein teurer Sieg! Diese prächtigen Männer!«

Am 15. Juli 1941 erhielt Major Hermann-Heinrich Behrend für diesen schlachtentscheidenden Einsatz am ersten Tag des Rußlandfeldzuges das Ritterkreuz des Eisernen Kreuzes.

Zwischen Hamburg und Berlin liegt die alte Stadt Perleberg an der Sepenitz. Hier wurde dem Bankfachmann Behrend am 25. August 1889 ein Sohn, Hermann-Heinrich Behrend, geboren. In seiner Heimatstadt besuchte er das Gymnasium.

Nach Ausbruch des Ersten Weltkrieges meldete sich Behrend, sechzehnjährig, freiwillig und trat am 1. Juni 1915 in das Großherzoglich Mecklenburgische Füsilierregiment Nr. 90 Kaiser Wilhelm in Rostock ein. Drei Monate später wurde er zum Infanterieregiment Herzog Karl von Mecklenburg-Strelitz (6. Ostpreußisches) Nr. 43 versetzt. Hier diente er in der 11. Kompanie unter Leutnant Aronius, anschließend durchlief er einen Fahnenjunkerkursus in Döberitz, kehrte im Oktober 1916 als Fähnrich zum Regiment zurück und ging an die Front.

Das Regiment stand derzeit in den Karpaten. Fähnrich Behrend verlebte zunächst eine ruhige Zeit. Er wurde zur 7. Kompanie versetzt, wo er am 5. April 1917 Leutnant wurde. Die Frühjahrskämpfe begannen. Am Rumänenhügel, am Latschenkopf, bei Ciungi und am Zahnfelsen – der berüchtigten Höhe 1889 – bei Prilop in den Karpaten stand der junge Leutnant im Einsatz.

Als Ordonnanzoffizier beim IR 43, dann als Zugführer in der 2. Maschinengewehrkompanie und später als Chef dieser Kompanie kämpfte er an allen Punkten der Südfront. Er wurde mit beiden Eisernen Kreuzen ausgezeichnet.

Nach Kriegsschluß stand er mit dem Freiwilligenbataillon des IR 43 im Grenzschutz und war dabei, als Königsberg am 9. März 1919 von den Bolschewisten befreit wurde. Danach erhielt er eine Kommandierung zur Korpskriegsschule nach Gumbinnen. Von dort ging er nach Pillau als Adjutant zur Abwehrstelle des IR 43. Am 31. März 1920 schied er vorerst aus dem aktiven Militärdienst aus.

Hermann-Heinrich Behrend erwarb sich auf den ostpreußischen Gütern Woplauken und Podlacken praktische Kenntnisse als Landwirt. Doch am 1. Januar 1924 kehrte er zur Reichswehr zurück und trat in Königsberg als Leutnant zum 1. (Preußischen) IR.

Nacheinander lernte er auch die beiden Garnisonen Tilsit und Insterburg kennen, wurde Oberleutnant und kam dann als Hauptmann im September 1933 nach Paderborn in Westfalen, wo er die 2. Kompanie des IR 18 übernahm.

Im Winter 1936/37 erlitt er einen schweren Reitunfall und wurde dienstunfähig. Im Februar 1937 erhielt er seine Verabschiedung.

Aber Hermann-Heinrich Behrend gab nicht auf. Nachdem seine Dienstfähigkeit wiederhergestellt war, wurde er am 25. November 1937 als Major neu eingestellt. Am 1. Dezember 1938 erfolgte seine Versetzung zum IR 16 nach Oldenburg, bei dem er nur kurze Zeit verblieb, um dann als Kommandeur das I. Bataillon des neuaufgestellten IR 489 zu übernehmen.

Mit diesem Bataillon zog er in den Frankreich-Feldzug. Sein Bataillon bezwang den Albert-Kanal. Es stürmte im Verband der schnellen Voraustruppen über das Dorf Eben und Fort de Liers nach Lüttich. Major Behrend erhielt die Spangen zu den Eisernen Kreuzen. Sein Bataillon, das ebenso wie das Regiment überwiegend aus Oldenburgern und Ostfriesen bestand, war zu einer verschworenen Kampfgemeinschaft geworden.

Nach dem Erfolg von Tauroggen bildete das Bataillon Behrend den Stoßkeil der 269. ID, die nach Nordosten der Dubissa entgegenstürmte.

Major Behrend führte die Spitzengruppe, die am Abend des 24. Juni durch scheinbar endlose Hopfenfelder marschierte. Ein Kornfeld tauchte auf, dahinter Hütten.

Aus dem Kornfeld peitschte ihnen Feindfeuer entgegen. Die Werfer der 4. Kompanie wurden in Stellung gebracht. Sie jagten Granaten in das Feld und schossen sich später auf die Katen ein, aus denen sich russisches MG-Feuer eingeschaltet hatte.

Plötzlich tauchten im letzten Abendlicht leichte Infanterie-Begleitpanzer – T 26 – auf, ferner einige T 28. Aufgesessene Infanterie sprang ab, als das Bataillon das Feuer eröffnete.

Oberfeldwebel Kurz sprang einen der feuernden Panzer an und warf ein Handgranatenbündel durch das Luk. Während zwei weitere Panzer von Behrends Männern angesprungen wurden, wurde das Werferfeuer auf die

Katen verlegt, deren Strohdächer wie Zunder brannten. Die Panzer drehten ab.

»Hinterher!« befahl der Major. »Der Feind darf sich nicht setzen!«

Der Gegner wurde geworfen. Die Männer des I./IR 489 drückten nach und kamen bis auf zwei Kilometer an die Dubissa heran. Hier aber stießen sie auf eine starke Feindgruppe, die von zwei motorisierten Batterien energisch unterstützt wurde.

Mit der Dritten umging Major Behrend diese Feldstellung, die von einigen Bunkern wirkungsvoll flankiert wurde. Es gelang ihm, unerkannt in den Rücken der Stellung zu kommen und in den überraschten Gegner einzudringen. Der Feind geriet ins Laufen, und noch einmal rief Behrend seine Männer zur Hergabe aller Kraft auf. Sie setzten dem sich auflösenden Gegner nach und erreichten die Dubissa.

»Schlauchboote nach vorn!«

Es war 21.30 Uhr, als die 1. Kompanie über den Fluß setzte. Die Uferbunker wurden niedergekämpft. Der erste Brückenkopf auf dem Ostufer der Dubissa war errichtet.

In den nächsten Tagen wurden von den Soldaten des IR 489 unvorstellbare Strapazen gefordert. Eine der hervorragenden Leistungen vollbrachte das Friesen-Bataillon. Durch diesen Einsatz konnten sich die deutsche 1. und 6. PD bei Vosiliskis vereinigen und in der ersten Panzerschlacht des Rußland-Feldzuges 186 Panzer vernichten.

Am 26. Juni ging der Vorstoß zur Düna weiter. Im Rahmen des XXXXI. Armeekorps stürmte die 269. ID hinter der Mitte der Panzerdivisionen. Bis zum Abend des 10. Juli erreichte das Bataillon Behrend den Raum Lunewka. Hier wurde eine mehrtägige Rast eingelegt.

Der Kampf um den Sumpf von Sapolje wurde für das Friesen-Bataillon zu einem Alptraum. In den dichten Wäldern und Sumpfniederungen hatte sich der Gegner unsichtbar und allgegenwärtig verschanzt. Im Kampf um Gorodonjaka lief sich der Zug Sondermann fest. Er wurde von der 2. Kompanie herausgehauen, aber Gorodonjaka zu nehmen, gelang nicht.

Am Abend mußte Major Behrend sein Bataillon auf die Ausgangsstellung zurücknehmen. In den nächsten Tagen rang die gesamte Division im Waldgebiet mit einem unerhört hart kämpfenden Gegner. Erst am Abend des 9. August wurde der Raum Szmjerdi, fünfzehn Kilometer südwestlich Luga, erreicht. Am Morgen des 10. August stürmte das Friesen-Bataillon abermals an der Spitze des Angriffskeils gegen Luga vor. Major Behrend führte die Sturmkompanien. Vier Kilometer vor der Stadt blieben sie liegen und mußten sich in schwerem Abwehrfeuer eingraben.

Am nächsten Tag gelang es, einen Einbruch zu erzielen, doch erst nach zwölftägigem Ringen konnte dieses Hindernis vor Leningrad bezwungen werden.

Am 1. September 1941 war Hermann-Heinrich Behrend zum Oberstleutnant befördert worden.

Am frühen Morgen des 10. September sollte Krasnogwardeisk genommen werden. Man hatte Oberstleutnant Behrend gesagt, daß der Feind die Stadt geräumt habe. In schnellem Vorgehen erreichte das Bataillon die Höhen unterhalb der Stadt, ohne daß ein Schuß fiel. Doch als nun in frontaler Angriffsformation die letzte deckungslose freie Fläche vor Krasnogwardeisk durchlaufen werden sollte, setzte plötzlich massiertes Abwehrfeuer ein. Der Angriff blieb liegen. Tote und Verwundete bedeckten das Gefechtsfeld.

Meter um Meter krochen die Männer – durch ein Leuchtkugelsignal dazu aufgefordert – in besser deckendes Gelände zurück. Unter Einsatz des Lebens bargen sie sämtliche Toten und Verwundeten. Auch Oberstleutnant Behrend zog einen Schwerverwundeten in eine deckende Geländefalte hinein.

Behrend war verwundet worden. Doch er ließ in dieser Krisenlage sein Bataillon nicht im Stich. Er hielt mit seinen Soldaten in der Hölle aus. Drei Tage und Nächte kämpften sie vor Krasnogwardeisk. Zwar gelang es ihnen am Abend des 11. September, in die ersten Häusergruppen des Südostrandes von Krasnogwardeisk einzudringen und sich dort festzusetzen. Doch um die ganze Stadt zu gewinnen, war die Angriffsgruppe zu schwach. 125 Männer des Bataillons waren hier gefallen oder verwundet worden.

Am 11. September versuchte die SS-Polizeidivision in voller Stärke, Krasnogwardeisk zu erobern, blieb jedoch bereits zwei Kilometer vor der Stadt liegen.

Schließlich gaben die Panzer der 6. PD den Ausschlag, und am 13. September stießen auch die Männer von Hermann-Heinrich Behrend durch Krasnogwardeisk.

Hermann-Heinrich Behrend schrieb in seinem Bericht für das Regiment:

»Die blutigen Kämpfe um Krasnogwardeisk vom 9. bis 12. September haben das I. Bataillon 125 Tote und Verwundete gekostet. Die Auswirkungen auf das Bataillon sind so bedrohlich, daß ich dem Herrn Regimentskommandeur noch einmal schriftlich den Zustand darlegen muß, in dem sich das Bataillon nach Abschluß der Kämpfe befindet.

Seit Beginn des Ostfeldzuges hat das Bataillon 519 Mann verloren. Die Gefechtsstärke am 13. September 1941 beträgt 298 Mann. Stets in vorderster Front eingesetzt, hat das Bataillon alles mannhaft und geduldig ertragen. Doch dem Vorgesetzten, der mit seinen Soldaten in vorderster Linie kämpft, kann nicht verborgen bleiben, daß die Stimmung in der Truppe absinkt. Es wird bereits offen schärfste Kritik an den Maßnahmen des Regiments und der Division geübt. Ein großer Teil der Mannschaften hat Glauben und Vertrauen verloren.

Drei meiner Kompanien werden von Feldwebeln geführt. Die Kompanien weisen Gefechtsstärken um 40 Mann auf.

Im Hinblick auf die körperliche und seelische Erschöpfung meiner Soldaten bin ich verpflichtet, unmißverständlich festzustellen, daß das I. Bataillon nicht mehr imstande ist, eine schwierige Kampfaufgabe zu lösen. Das Bataillon ist nicht mehr einsatzbereit! – gez. Behrend.«

Dadurch rettete Hermann-Heinrich Behrend sein Bataillon davor, gänzlich aufgerieben zu werden. Doch um ein Haar hätte er sich mit dieser gravierenden Meldung das eigene Grab geschaufelt. Nur seine Verdienste und die Fürsprache vieler Kameraden verhinderten das Schlimmste. Oberstleutnant Behrend wurde abgeschoben.

Zuerst kam er wegen seiner Verwundung ins Kurlazarett Semmering. Nach völliger Genesung wurde er zum Kommandeur des Heeresstreifendienstes in der Ukraine ernannt. In der gleichen Eigenschaft ging er dann nach Skandinavien und wurde hier am 1. März 1943 zum Oberst befördert.

Ende April 1943 erhielt Oberst Behrend wieder ein Frontkommando; er wurde zum Kommandeur des GR 154 der 58. ID ernannt.

Die 58. ID war im Raum Krassny Bor im Verband des LIV. AK eingesetzt. Ihr Kommandeur war Generalmajor Karl von Graffen. Anfang Juni 1943 traf Oberst Behrend bei der Division ein.

Unter seinem neuen Kommandeur errang das GR 154 in der Dschungelstellung bei Krassny Bor große Abwehrerfolge. Als Armeereserve hatte die 58. ID am 4. August 1943 Verbände des russischen XXX. Gardeschützenkorps im Gegenstoß zu stoppen.

Das GR 154 trat auf der linken Flanke der Divisions-Ausgangstellung an. Oberst Behrend setzte sich an die Spitze der beiden Angriffsbataillone. Es gelang, tiefgestaffelte Bunkerstellungen der Sowjets zu überrennen, doch nach einem Geländegewinn von 200 Metern wurde das GR 154 in Deckung gezwungen. Begleitende Tigerpanzer waren abgeschossen worden. Dichtes Werferfeuer prasselte auf die Sturmgruppen. Noch einmal versuchte Oberst Behrend, mit kleinen Sturmgruppen voranzukommen. Sie erreichten ein Kusselgebiet und wurden erneut von russischem Artilleriefeuer in Deckung gezwungen.

Oberst Behrend hielt sich mit seinen Grenadieren, konnte sich schließlich an einige Bunkerstellungen heranarbeiten, sie niederkämpfen und flankierendes Feuer ausschalten.

Am nächsten Tag versuchte Oberst Behrend, sein Regiment erneut voranzubringen. Im massierten Feindfeuer brach der Vorstoß zusammen. Behrend gab den Befehl zum Eingraben. Die gesamte Division ging in der gewonnenen Linie zur Verteidigung über. Die schweren Waffen des Artilleriekommandos 113 schossen nun pausenlos auf die russischen Stellungen. Dennoch griffen die Sowjets am 12. August erneut an. Sie brachen in die Stellungen des GR 154 ein.

Mit einem Stoßtrupp des II./GR 154 unter Hauptmann Hartig warf Oberst Behrend den Feind wieder hinaus. In den anschließenden Kämpfen konzentrierte sich der Gegner auf dieses Regiment. Es wurde so stark getroffen, daß es später durch das GR 220 unter Oberstleutnant Ulrich von Canstein (RK am 25. 2. 1944) abgelöst werden mußte.

Anfang September wurde die 58. ID abgelöst. Doch bereits am 3. September erhielt sie einen neuen Einsatzraum zugewiesen. Es ging über Mga—Tossno—Siwerskaja—Kipenj nach Ropscha. Hier war ihnen eine kurze Zeit der Ruhe vergönnt. Generalmajor von Graffen verließ die Division, die von Oberst Siewert übernommen wurde.

Am 6. Oktober 1943 wurde die Division alarmiert. Russische Truppen waren bei Newel durchgebrochen. Als Führer der »Gruppe Behrend« wurde dem Regimentskommandeur eine Reihe weiterer Verbände unterstellt; so Pioniere und Panzerjäger der Division und ein Bataillon des GR 209. Mit diesen Kräften besetzte er eine Höhenlinie am Ostrand des Sees nördlich von Schirnowo bis hart südlich Goruschki. Den auf diesen Raum zielenden Stoß der russischen Großoffensive fing die Gruppe Behrend ohne Geländeverlust auf.

Mitte Dezember stand das Regiment bei Schirnowo erneut in erbitterten Abwehrkämpfen. Vier Stunden stürmte eine russische Division allein gegen den Abschnitt des II./GR 154. Als der Gegner sich bis auf Handgranatenwurfweite an die 6. Kompanie herangearbeitet hatte, tauchte Oberst Behrend mit Entsatztruppen im bedrohten Raum auf und schlug den Feind zurück. Ein zweiter Angriff am Nachmittag wurde ebenfalls abgewiesen.

Insgesamt konnte das GR 154 zwölf Feindangriffe abwehren. In der Tagesmeldung des I. AK wurde der Einsatz des GR 154 besonders erwähnt.

In den letzten Dezembertagen mußte sich die 58. ID nach Norden absetzen. Durch tiefen Schnee ging es in den Raum des Sswiblo-Sees. Das GR 154 stand mit dem rechten Flügel direkt an den See angelehnt.

Hier trat die Rote Armee mit dreizehn Divisionen zum Großangriff an.

Über das Eis des Sees hinweg versuchte der Gegner, in den Abschnitt des GR 154 einzubrechen. Oberst Behrend stand vorn beim II. Bataillon, das den Hauptdruck zu tragen hatte. Links und rechts brach der Feind ein, doch das GR 154 hielt dem extrem starken Druck stand. Dadurch gab es der Führung die Grundlagen zum Abriegeln und Beseitigen der Einbruchsstellen, wie im Divisionsbericht festgestellt wurde.

In den letzten Januartagen des Jahres 1944 wurde die 58. ID abermals herausgelöst und im Eilmarsch nach Pleskau geschafft. Von hier aus sollte es gegen die Pljussa gehen.

Am 4. Februar 1944 traf Behrend mit dem Regiment an der Pljussa ein. Von diesem Zeitpunkt an übernahm er den Befehl über sämtliche in diesem Raum stehenden Verbände. Auch das GR 220 unter Oberstleutnant von Canstein traf an diesem Tag in dem neuen Kampfraum ein, doch zwischen beiden Regimentern klaffte eine zehn Kilometer breite Lücke. In diese Lücke schob sich der Feind, drehte ein und umfaßte das GR 154. Das Regiment schien verloren. Russische Meldungen verkündeten bereits das Ende der gesamten 58. ID.

Am 10. Februar erhielt Oberst Behrend den Befehl, sich durch die dichte Umfassung zurückzukämpfen. Das I. Bataillon geriet in der Ortschaft Potschap in einen Häuserkampf, bei dem Major Münstermann fiel. Das Bataillon blieb liegen.

»Wir müssen durch! Die Aufklärungsabteilung mir nach!«

Oberst Behrend stürmte an der Spitze dieser Soldaten in die Ortschaft. Haus um Haus wurde niedergekämpft. Dreiviertel des Dorfes waren in ihrer Hand, da griffen starke Feindkräfte an.

»Cramm, abdrehen, Haken schlagen und weiter!«

Rittmeister von Cramm, der Kommandeur der Divisions-Aufklärungsabteilung 158, ließ einschwenken. Behrend drückte die Spitze der Truppe um den angreifenden Gegner herum. Im Schutze der Nacht erreichten sie nach einem gefährlichen Marsch die Pljussa und kamen hinüber.

»Kein einziger Mann bleibt zurück!« hatte der Oberst befohlen, und sie schafften es, sämtliche Verwundete mitzunehmen.

Hier, wie unzählige Male zuvor, erwies sich Hermann-Heinrich Behrend als der unerschütterliche Turm in der Schlacht. Er fällte die Augenblicksentscheidungen, die den Ausschlag gaben. Er stellte sich an die Spitze jener kleinen Gruppen, die eingekesselte Teile der Kampfgruppe herausschlugen.

Für diesen Einsatz erhielt Oberst Behrend am 6. März 1944 als 421. deutscher Soldat das Eichenlaub zum Ritterkreuz. In der Begründung zu dieser Auszeichnung heißt es:

»Oberst Behrend stand Anfang Februar 1944 mit seinem Regiment westlich der Stadt Luga. Eine volle Division griff das Regiment an, während gleichzeitig Bandenkräfte sämtliche rückwärtigen Verbindungen unterbrachen. Drei Tage vom Feind eingeschlossen und auf sich allein gestellt, hielt Oberst Behrend mit eiserner Ruhe; unerschütterlich stand er und spornte durch seine Haltung, durch sein Beispiel jeden Grenadier zum Ausharren an.«

Als Hermann-Heinrich Behrend nach einem lange verdienten Heimaturlaub wieder zur Front zurückfuhr, wurde er durch einen OKW-Befehl zurückberufen. Man hatte ihn mit Wirkung vom 20. Juni 1944 in die Führerreserve versetzt. Er wurde Kommandeur der Divisionsgruppe 299.

Im Februar 1945 absolvierte er einen Divisionsführerlehrgang. Ende März erhielt er Befehl, die neuaufgestellte 490. ID als Kommandeur zu übernehmen.

Als Oberst Behrend die 490. ID erreichte, stand diese seit Tagen beiderseits von Ibbenbühren im Kampf. Oberstleutnant Lier, Führer der »Kampfgruppe Lier« – die aus 4000 Offiziers- und Unteroffiziersanwärtern der Schulen von Jauer bestand –, meldete Oberst Behrend.

Behrend erfuhr im Divisionsgefechtsstand, daß starke Panzerverbände der britischen 2. Armee den Eingang in den Teutoburger Wald zu erzwingen versuchten. Oberstleutnant Lier wurde mit seiner Kampfgruppe als Regiment in die 490. ID übernommen. Diese neue Division gehörte zur 1. Fallschirmjägerarmee unter Generaloberst Kurt Student (RK am 12. 5. 1940; 305. Eichenlaub am 27. 9. 1943). Schritt um Schritt mußten die Soldaten zurückweichen. Wo es brenzlig wurde, dort stand Oberst Behrend. Im Nahkampf wurden die angreifenden englischen Panzer vernichtet. Im SPW fuhr Oberst Behrend in die bedrohten Abschnitte. Er kämpfte mit, wenn es galt, den eingedrungenen Gegner im Nahkampf zu werfen.

Bis zum 10. April wich die 490. ID über Ueffeln schrittweise auf Essen in Oldenburg zurück. Am Fladderkanal setzte sie sich erneut fest. Bei einem Panzerangriff fuhr Oberst Behrend zum Regiment Knaust vor. Als er dort eintraf, sah er, wie Oberstleutnant Knaust – beinamputiert, Prothesenträger – im Graben stand und seine Männer anfeuerte. Mit langen Sätzen sprang Hermann-Heinrich Behrend zu ihm in den Graben. Panzerrudel rollten heran. Der Oberst griff zur Panzerfaust. Auch Oberstleutnant Knaust hielt eine der panzerbrechenden Waffen schußbereit.

Als die Panzer bis auf dreißig Meter herangerollt waren, schossen beide Offiziere gleichzeitig. Zwei der Stahlkolosse gingen nach den Treffern in

Flammen auf. Der Angriff der Engländer wurde abgewehrt. Während es hier im Südabschnitt noch einmal gutgegangen war, schloß sich im Norden der Ring um die Division. Behrend wußte, daß er nur mit geballter Stoßkraft auf engstem Raum diesen Umklammerungsring, zu dem mindestens hundert Feindpanzer gehörten, würde durchbrechen können.

An der Spitze der ersten Stoßgruppe stürmte er mit seinen Grenadieren vor. Mit Panzerfäusten und MG wurde der Ausbruch erzwungen. Vierzehn Sherman-Panzer wurden, überwiegend mit der Panzerfaust, abgeschossen.

Das OKW forderte einen detaillierten Bericht über diese Ausbruchsschlacht und die vorhergehenden Kämpfe an. Der Bericht, den die 1. Fallschirmjägerarmee absandte, führte dazu, daß Behrend am 17. April mit Wirkung vom 1. April 1945 wegen Tapferkeit vor dem Feind zum Generalmajor befördert wurde.

Am 26. April 1945 erhielt er wegen dieser großartigen Einsätze als 144. deutscher Soldat die Schwerter.

Der Kampf war noch nicht zu Ende. Am Flugplatz Sage griffen britische Panzer noch einmal mit geballter Kraft und auf breiter Front an. Sie kamen in dichten Rudeln, Panzer und SPW hintereinander.

Mit wenigen Schützenpanzern und zwei Sturmgeschützen faßte Generalmajor Behrend, den Gegner völlig überraschend, in der Flanke des Angriffs. Der Feind wich zurück. Die ganze 2. britische Armee wurde von dieser einen Division aufgehalten. Noch einmal kam es am Zwischenahner Meer, unweit Bad Zwischenahn, zu einem abschließenden Gefecht. Am 5. Mai 1945 waren auch in diesem Raum die Kämpfe zu Ende. Die 490. ID ging in die Gefangenschaft.

In den Lagern kümmerte sich Generalmajor Behrend weiterhin um seine Soldaten. Zunächst betreute er seine eigene Division, dann die Divisionsgruppe 316. Als einer der letzten wurde er schließlich im Mai 1947 aus der Gefangenschaft entlassen.

Hermann-Heinrich Behrend, geboren am 25. August 1889 in Perleberg
Letzter Dienstgrad: Generalmajor
Letzte Dienststellung: Divisionskommandeur
Ritterkreuz am 15. Juli 1941
421. Eichenlaub am 6. März 1944
144. Schwerter am 26. April 1945
Generalmajor Behrend lebt heute in Bad Tölz

GENERALLEUTNANT ADOLF GALLAND

Flieger und General der Jagdflieger im Zweiten Weltkrieg

»Am 21. Juni 1941 – es war ein strahlender Sommertag, an den ich mich noch sehr genau erinnere und den ich nicht vergessen werde – meldeten Freya-Geräte gegen 12.00 Uhr ›Anflug von vielen‹. Es war, wie sich später herausstellte, ein Verband Bristol-Blenheim-Bomber, der unter dem Schutz von etwa fünfzig Spitfire- und Hurricane-Jägern St. Omer, eines der damals beliebtesten Angriffsziele der Engländer, bombardierte.

Ich gab Gefechtsalarm für alle drei Gruppen (des Jagdgeschwaders 26), die wenig später in heftige und für beide Seiten verlustreiche Kämpfe verwickelt waren.

Um 12.24 Uhr startete ich mit der Staffel, die als Geschwader-Führungsverband bei mir Dienst tat. Wir sichteten in etwa 3500 Meter Höhe den britischen Verband, der gerade den Flugplatz Arques bei St. Omer angegriffen hatte.

Aus Überhöhung stieß ich durch die Begleitjäger hindurch auf den Bomberpulk zu und nahm die rechte Maschine der letzten Kette von hinten aus kürzester Entfernung unter Feuer.

Die Blenheim brannte sofort. Ein Teil der Besatzung stieg aus. Sie explodierte beim Aufschlag im Flughafenbereich von St. Omer. – Es war 12.32 Uhr, genau acht Minuten nach dem Start. Abschuß Nr. 68.

Mein Verband schlägt sich inzwischen mit den Spitfires und Hurricanes herum. Wir sind die einzigen Deutschen, die im Augenblick am Bomberverband sind. Ich greife zum zweitenmal an. Wieder kann ich durch die Jäger hindurchstoßen. Diesmal muß eine Blenheim aus der vordersten Kette dran glauben. Flammen und schwarzer Rauch schlagen aus ihrem rechten Motor. Sie schert aus dem Verband aus. Ich sehe, wie sich zwei Fallschirme öffnen.

Es ist 12.36 Uhr. Abschuß Nr. 69.

Doch jetzt ›riechen mir die Spitfire an der Hose‹. Leuchtspur zischt verdammt nahe an meiner Kabine vorüber. Ich versuche, aus den Feuergarben herauszukurven. Schneller Abschwung! – Ich bin die Verfolger los. Die schützende Dunstschicht nimmt mich auf. Aber ich habe allerlei abbekommen. Der rechte Kühler ist zerschossen. Eine lange weiße Fahne zieht hinter mir her. Wenig später hat sich der Motor festgelaufen. – Notlandung! Unter mir liegt zum Glück der Flughafen Calais-Marck. Es wird eine harmlose Bauchlandung. Eine halbe Stunde später holt mich eine Me 108 zum Geschwader zurück.

Nach dem Mittagessen geht der Tanz weiter. Um 16.00 Uhr erneut Gefechtsalarm. Starke britische Jagdverbände im Anflug über den Kanal. Wieder sind alle einsatzklaren Maschinen am Feind. Ich starte allein. Südwärts Boulogne sehe ich meine I. Gruppe, der ich mich anschließen will. Seitlich davon und etwas tiefer fliegt ein Spitfire-Verband. Eine der letzten Maschinen greife ich sofort an. Leider nicht *die* letzte.

Die von mir beschossene Spitfire brennt und stürzt ab. Abschuß Nr. 70. Eine hübsche runde Zahl, denke ich, und verfolge ihren Absturz, um den Aufschlag genau ausmachen zu können. Ich habe keine Zeugen, denn ich bin allein.

Verflucht! Da kracht es ganz fürchterlich in meinem Karton. Jetzt haben sie mich erwischt! Das kommt davon, wenn man auch nur ein paar Sekunden lang nicht aufpaßt! Ein harter Schlag hat meinen Kopf und den rechten Arm getroffen. Die Maschine ist übel zugerichtet. Die Tragflächen sind von Kanonentreffern zerfetzt. Ich sitze halb im Freien. Die rechte Rumpfseite haben mir die Granaten der Spitfire aufgerissen. Tank und Kühler laufen aus. Instinktiv habe ich nach Norden weggekurvt. Ich stelle fast beruhigt fest, daß meine stark zerschossene ›Me‹ mit ausgeschaltetem Motor ganz leidlich fliegt und steuerbar ist. Noch mal Dusel gehabt, denke ich und will versuchen, im Gleitflug nach Hause zu kommen. Ich bin 6000 Meter hoch.

Arm und Kopf bluten. Aber ich fühle keine Schmerzen. Keine Zeit dazu. Edlere Teile scheinen jedenfalls nicht verletzt. Aus meinen erleichterten Selbstbetrachtungen reißt mich eine scharfe Detonation. Der Tank, der bisher still vor sich hin gekokelt hat, ist explodiert. Sofort steht das ganze Rumpfende in hellen Flammen. In die Kabine dringt brennendes Benzin. Es wird ungemütlich heiß. Ich gestehe, daß ich nur einen Gedanken hatte:

'raus, 'raus, 'raus!

Kabinen-Notabwurf! – Geht nicht. Muß verklemmt sein. Soll ich in der Maschine verbrennen? Ich reiße den Anschnallgurt auf, versuche, das Kabinendach aufzuklappen. Der Fahrtwind drückt dagegen. Rings um mich helle Flammen. Du mußt es schaffen! Du darfst hier nicht verbraten!

Grauenhafte Angst überfällt mich. Es sind die schrecklichsten Sekunden meines Lebens. Mit einer letzten Anstrengung stemme ich mich gegen das Dach. Und es klappt zurück, reißt im Fahrtwind ab. Hochgezogen habe ich schon. Der Stoß gegen den Steuerknüppel wirft mich nicht, wie ich erhofft, ganz aus dem brennenden Sarg heraus. Mein Sitzfallschirm hat sich im festen Teil des Kabinendaches verklemmt.

Die ganze Maschine steht jetzt in Flammen und stürzt mit mir in die Tiefe. Ich reiße mit einem Arm am Antennenmast, stoße mit den Füßen gegen alles Erreichbare. – Vergebens!

Ich weiß nicht, wie ich doch noch losgekommen bin. Plötzlich falle ich, überschlage mich mehrmals in der Luft ...

Dann gibt es einen harten Stoß, und ich hänge pendelnd am geöffneten Fallschirm und schwebe sachte und leise der Erde entgegen.«

Dieser Report eines Tages aus dem Fliegerleben von Adolf Galland zeigt deutlich auf, wie erschütternd nahe Sieg und Tod einhergingen. Unmittelbarer als jemals zuvor ist dies in Gallands Buch »die Ersten und die Letzten« geschildert. Dieses Werk über die Jagdfliegerei im Zweiten Weltkrieg und deren Hintergründe wurde nach seinem Erscheinen im Jahre 1953 bis heute in vierzehn Sprachen übersetzt. In diesem Buch hat Generalleutnant Galland zum Ausdruck gebracht, was es heißt, Jagdflieger zu sein, in den mehrfachen täglichen Einsätzen auf Leben und Tod zu starten; zu kämpfen, zu siegen – und zu sterben.

Was befähigte diesen Offizier dazu, ein solches Buch zu schreiben, was ließ ihn vom Segelflieger der frühen Jugend zum erfolgreichen Jagdpiloten und schließlich zum General der Jagdflieger werden?

Adolf Galland wurde am 19. März 1912 in Westerholt in Westfalen geboren. Sein Vater war Rentmeister der Reichsgräflichen Familie von Westerholt; wie alle seine Vorfahren vor ihm, seit im Jahre 1742 der erste Galland als Hugenotte aus Frankreich nach Deutschland gekommen war.

Er besuchte die Westerholter Volksschule und kam von dort auf das Hindenburg-Gymnasium in Buer.

Daß der junge Galland schon sehr früh mit Segelflugzeugen zu tun hatte und solche Segler sah, liegt darin begründet, daß die Borkenberge, ostwärts der Bahnlinie Haltern–Münster, zu jenem Besitz gehören, den sein Vater verwaltete. Auf diesen Borkenbergen hatten die Segelflieger des Luftfahrtvereins Gelsenkirchen im Sommer 1928 ihr erstes Lager aufgeschlagen.

Als er den ersten Segler sah, wußte Galland, daß *dies* sein Traum war. Er war sechzehn, als er zum erstenmal auf dem Sitz eines Seglers hockte. Im Herbst 1929 durfte er bereits beim ersten westdeutschen Segelflugwettbewerb mitfliegen. Er schaffte die A-Prüfung und die B-Prüfung. Für die

C-Prüfung war ein Flug von fünf Minuten vorgeschrieben, der in den Borkenbergen nicht leicht möglich war.

Zu Ostern 1931 durfte Galland – er war nach Oberprima versetzt worden – zur Rhön, um dort an einem Kursus zur Erlangung der C-Prüfung teilzunehmen.

Am vierten Tag seines Aufenthalts auf der Wasserkuppe segelte er zehn Minuten lang mit einem »Falken«. Er hatte die »C« in der Tasche.

Am 11. und 12. Februar 1932 bestand Galland sein Abitur. In dem feierlich vom Direktor überreichten Reifezeugnis stand in der Rubrik »Zu ergreifender Beruf«:

»Galland will Flieger werden.«

Am 15. Februar traf per Bahn ein Segelflugzeug des Typs »Grunau-Baby« ein. Sein Vater hatte es ihm geschenkt.

Um wirklich Berufsflieger zu werden, mußte Galland die deutsche Verkehrsfliegerschule in Braunschweig besuchen. Gleich ihm wollten weitere 4000 Bewerber dort eintreten. Achtzehn Prüflinge bestanden die Aufnahmeprüfung. Einer davon war Galland.

Der Leiter der Schule in Braunschweig war übrigens der spätere Generaloberst und Luftflotten-Befehlshaber Alfred Keller (Weltkriegsflieger, Träger des Ordens pour le mérite; RK am 24. 6. 1940).

Dreißig Kilometer von Braunschweig entfernt, am »Schäferstuhl«, in der Nähe von Salzgitter, gab es ein Segelfluggelände, auf dem Galland mit seinem »Strolch« – wie er sein Grunau-Baby getauft hatte – schließlich einen Flug von mehr als fünf Stunden Dauer hinlegte.

Im Herbst 1932 kam Galland von Braunschweig zur Kunstflugausbildung nach Schleißheim. Als der Schleißheimer Lehrgang im Frühsommer 1933 nach Berlin beordert wurde, begegnete Adolf Galland in der Behrenstraße zum erstenmal Hermann Göring. Göring offerierte den jungen Fliegern eine Gelegenheit zur jagdfliegerischen Ausbildung bei der italienischen Luftwaffe. Die Zeit streng geheimer Schulung deutscher Flieger in Rußland sei nun vorbei.

Begeistert stimmten die Flieger zu. Auch Galland war Feuer und Flamme. So fand er sich schließlich im süditalienischen Grotaglie in einem Fliegercamp wieder.

Nach Ablegung der letzten Prüfung in Braunschweig ging Galland als Flugzeugführer-Volontär zur deutschen Lufthansa. Anfang 1934 wurde der Zivilflieger Galland mit einigen anderen Kameraden des italienischen Abenteuers nach Berlin beordert. Man stellte ihnen die Frage:

»Wollen Sie aktiv werden?«

So kam es, daß Galland am 15. Februar 1934, den Koffer in der Hand, das Tor der Hauptwache der Grenadierkaserne in Dresden passierte. Das IR 10 nahm die künftigen Jagdflieger in Obhut. Im Herbst wurde er Fähnrich, bald darauf Oberfähnrich und im Februar 1935 Leutnant mit einem Patent vom 1. Oktober 1934.

Nun erst erfolgte die Übernahme in die »Luftwaffe«, die es offiziell allerdings noch nicht gab, so daß sie alle in Schleißheim bei der Zweigstelle der deutschen Verkehrsfliegerschule antraten. Hier entstand — noch immer getarnt — die erste Jagdfliegerschule der Luftwaffe.

Erst im März 1935 fiel die Tarnung. Die Luftwaffe war auf einmal da! Im April 1935 kam Galland — er hatte heftig nachgeholfen — zum Jagdgeschwader 2 »Richthofen«, und zwar zur I. Gruppe nach Döberitz. Ihre ersten Maschinen waren die damals brandneuen Heinkel 51.

In Jüterbog-Damm konnte Galland seinem Hobby, dem Kunstflug, nachgehen. In einer Focke-Wulf-»Stieglitz« mit Rückenflugvergaser betätigte er sich als »Parterreakrobat« mit dem Ergebnis, daß er im Oktober 1935 bei einer seiner »Nummern« abstürzte. Man zog ihn aus der total zertrümmerten Maschine heraus und brachte ihn ins Jüterboger Lazarett. Nach dreimonatigem Lazarettaufenthalt waren die mehrfachen Schädelbrüche verheilt. Das Gesicht aber blieb entstellt, die Nase war deformiert. Besondere Sorge machte Galland das linke Auge, dessen Sehkraft durch Schnitt- und Splitterverletzungen gemindert war. Eine Untersuchung ergab:

»Galland ist fliegeruntauglich!«

Doch der Untersuchungsbefund verschwand in den Akten und kam erst wieder zum Vorschein, als Galland im Sommer 1936 mit einer Arado 68 während eines Werkstattfluges abermals abstürzte.

Wieder erlitt er eine Gehirnerschütterung und Schnittwunden am Kopf und im Gesicht, eine Absplitterung am Schienbein und einige andere Kleinigkeiten.

Im Lazarett fand man in der Personalakte auch die Fliegeruntauglichkeit Gallands bescheinigt. Eine strenge Untersuchung wurde angeordnet. Diese fand in Magdeburg statt. Alles ging glatt. Dann kam die Augenuntersuchung. Aber auch hier konnte er sämtliche Zahlenreihen von vorwärts und rückwärts »ablesen« — denn er hatte sie in wochenlanger Mühsal von vorn wie von rückwärts auswendig gelernt.

Durch diese eigene kleine »Korrektur« blieb Galland Flieger.

Nach Beginn des spanischen Bürgerkrieges, im Juli 1936, hatten Mussolini und Hitler beschlossen, General Franco, der in Spanisch-Marokko mit seinen Moro-Verbänden die Führung der Nationalen übernommen hatte, zu helfen. Um diese Moro-Verbände nach Spanien zu fliegen, wurde die »Hisma« gegründet, die mit Ju-52-Maschinen die ersten großen Luft-Truppentransporte der Kriegsgeschichte ausführte.

Ende dieses Jahres gingen innerhalb der Luftwaffe die ersten Gerüchte um, daß es eine »Legion Condor« gebe. Ein Freund Gallands war ein halbes Jahr verschwunden, kehrte dann braungebrannt zurück und berichtete unter dem Siegel tiefster Verschwiegenheit — aus Spanien.

Wenig später meldete sich Oberleutnant Galland beim »Sonderstab W« in Berlin. Er wurde mit Zivilkleidern ausgestattet und nach Döberitz geschickt. Dort warteten bereits viele Kameraden. Als KdF-Reisegesellschaft liefen sie am 8. Mai 1937 in den spanischen Hafen El Ferrol ein.

Die »Legion Condor« unter Oberst Sperrle (RK am 18. 5. 1940) hatte Adolf Galland aufgenommen. Er wurde einer der Jagdgruppen zugeteilt, die in Vitoria an der Nordfront lagen. Oberleutnant Galland erhielt den Auftrag, die Stabskompanie zu übernehmen, die in Avila, im kastilischen Hochland westlich von Madrid, lag.

Nach Beginn der roten Offensive unter General Miaja, dem bei Bruneta ein operativer Einbruch gelang, kam auch für Galland die Chance zum Einsatz, denn die »Legion Condor« wurde — wie schon sooft vorher — als Feuerwehr eingesetzt. Sie verlegte nach Villa del Prado.

In der Staffel des Oberleutnants Harder flog Galland seine ersten Einsätze. Nun hielt ihn nichts mehr bei der Stabskompanie in Avila. Er drängte so lange auf ein Frontkommando, bis ihm die Führung der 3./J 88 (die »Micky-Maus-Staffel«) übertragen wurde. Die beiden anderen Staffeln der Jagdgruppe 88 wurden von Oberleutnant Lützow (Auszeichnungen siehe Anlage »Schwerterträger«) und Oberleutnant Schlichting (RK am 14. 12. 1940) geführt.

Gallands Staffel behielt die He 51, während die anderen auf die neuen Me 109 umgerüstet wurden. Viele Feindflüge zur Unterstützung der Infanterie wurden geflogen.

Die He 51 trugen sechs Splitterbomben zu jeweils zehn Kilo. Bei Angriffen gegen die Bergstellungen vor Ovido wurde zum ersten Male der Wurf eines »Bombenteppichs« erprobt.

Bei Teruel erkannte Galland eine feindliche Bereitstellung. Er wurde beschossen, landete mit einer ersten Verwundung und machte Meldung. Aufgrund dieses Erkundungsergebnisses und unter Mitwirkung der Staffel wurde der wenig später geführte Feindangriff zerschlagen. Galland erhielt von General Richthofen eine Belobigung.

Es war schließlich Werner Mölders (Auszeichnungen siehe Anlage »Schwerterträger«), der Adolf Galland – der seit Monaten zurückbefohlen war – ablöste. Galland nahm von seiner Staffel und von der Maschine mit der Nummer 78 Abschied, mit der er über 300 Einsätze geflogen war.

Für seinen Einsatz in Spanien wurde er mit der Medalla de la Campaña, der Medalla Militair und dem Spanischen Kreuz in Gold mit Brillanten ausgezeichnet. Fünfzehn Monate hatte er in Spanien gekämpft.

Im RLM in Berlin sollte Galland nunmehr Richtlinien für Organisation, Ausbildung und Einsatz von Schlachtfliegerverbänden ausarbeiten. Seine in Spanien gemachten Erfahrungen sollten in diese Richtlinien einfließen und sie damit aktuell und frontnah machen. Seine Abteilung erhielt überdies Befehl, zwei Schlachtgeschwader aufzustellen. Doch dann, nach dem Einmarsch in das Sudetenland, wurden seine Bemühungen um eine Versetzung zur Jagdwaffe von Erfolg gekrönt. Er wurde nach Ingolstadt versetzt, »zur Aufstellung einer neuen Jagdgruppe«.

Doch kurz darauf wurde er als Staffelkapitän zur II. Gruppe des Schlacht-Lehrgeschwaders 2 versetzt. Galland flog die Henschel 129 und die Focke Wulf 189 in Rechlin nach und begutachtete sie auf ihre Eignung als Schlachtflugzeuge.

Am Morgen des 1. September 1939 stieg er in seine Maschine und startete mit seiner Staffel zum ersten Feindflug des Zweiten Weltkrieges. Angriffsziele waren polnische Stabsquartiere und Truppenunterkünfte. In den insgesamt siebenundzwanzig Tagen des Feldzuges in Polen flog er über fünfzig Einsätze und erhielt am 13. September 1939 das EK II. Am 1. Oktober wurde er Hauptmann.

Abermals bemühte sich Galland um eine Versetzung zur Jagdwaffe. Seine Bemühungen waren erfolgreich. Er kam zum JG 27 nach Krefeld. Von nun an sollte er bei der Jagdfliegerei bleiben.

Zu Anfang des Westfeldzuges begann der Einsatz von Hauptmann Galland als Jagdflieger. Am 12. Mai – Galland war Ia des Geschwaders geworden und mußte sich jeden Start mit List und Tücke erkämpfen – stieß er mit seinem Rottenflieger zehn Kilometer westlich Lüttich auf acht RAF-Hurricanes. Aus 1000 Meter Überhöhung stieß Galland mit seiner Me 109 auf den Gegner herunter. Beim zweiten Angriff trudelte ein Gegner in Spiralen der Erde entgegen.

Sofort nahm Galland die zweite Maschine an. Aus nächster Entfernung schoß er. Die Hurricane bäumte sich auf und jagte dann aus 500 Metern senkrecht in den Boden. Und noch am selben Tag schoß er bei einem Patrouillenflug in der Nähe von Tirlemont aus einem Pulk von fünf Maschinen seinen dritten Gegner ab.

Das Geschwader verlegte nach Charleville. Hier schoß Galland am Abend des 19. Mai bei letztem Büchsenlicht eine »Potez« ab.

Am 20. Mai kam Generaloberst Milch (RK am 4. 5. 1940) nach Charleville und überreichte Galland für seinen siebenten Abschuß das EK I.

Über Dünkirchen schoß Galland am 29. Mai zwei Bristol-Blenheim-Bomber ab. Hier hatte er auch den ersten Luftkampf mit einer Spitfire. Das Unternehmen »Paula«, ein Großangriff auf Flugzeugwerke und Flugplätze im Raum Paris, folgte.

Während noch der Frankreich-Feldzug im Gange war, wurde Galland zum JG 26 »Schlageter« versetzt. Er sollte hier die Führung der III. Gruppe übernehmen. Als er dort eingetroffen war, startete er noch am selben Tag zum Feindflug und schoß als Einstand zwei Flugzeuge ab. Das war am 14. Juni 1940. Einsätze gegen Erdziele folgten.

Nach Schluß des Westfeldzuges verlegte das JG 26 nach Mönchengladbach. Von hier aus ging es nach Döberitz. Am 18. Juli wurde Adolf Galland außer der Reihe zum Major befördert und erhielt am 29. Juli 1940 nach siebzehn Luftsiegen und zahlreichen Tiefangriffen das Ritterkreuz. Feldmarschall Kesselring (Auszeichnungen siehe Anlage »Schwerterträger«) überreichte ihm am 1. August 1940 im Pas de Calais, wohin das Geschwader verlegt hatte, diese Auszeichnung.

Als Kesselring eben dem Major das Ritterkreuz anlegte, überflogen zwei Maschinen in großer Höhe den vorgeschobenen Gefechtsstand des Marschalls auf Cap Griz Nez.

»Was sind das für welche?« fragte der Feldmarschall.

»Spitfires, Herr Generalfeldmarschall«, erwiderte Galland.

Kesselring lachte: »Das sind die ersten Gratulanten!«

Die Luftschlacht um England begann. Die Luftflotten 2 und 3 waren am Kanal aufmarschiert. Gallands III. Gruppe/JG 26 lag auf einem gut getarnten Feldflugplatz bei Guines. Major Handrick führte das Geschwader. Ein Kampf auf Leben und Tod begann. Zweimal, auch dreimal täglich starteten die Jagdflieger. Die ersten Jägerschlachten begannen. Das Ziel, durch Unternehmen »Seelöwe« die Luftherrschaft über England zu gewinnen, wurde nicht erreicht. Hier traf Adolf Galland öfter mit seinem jüngeren Bruder Wilhelm zusammen, der noch bei der Flak war, aber wenig später, als Flieger ausgebildet, zur Jagdfliegerei ging und sich als Hauptmann und Gruppenkommandeur im JG 26 am 18. Mai 1943, nach über fünfzig Abschüssen, das Ritterkreuz erkämpfte. Er fiel am 17. August 1943 als Major im Luftkampf.

Gallands jüngster Bruder Paul absolvierte zu dieser Zeit gerade die Jagdfliegerausbildung, und der älteste Galland, Fritz, war ebenfalls im Begriff, von der Flak zur Jagdfliegerei überzugehen. Schließlich waren vier Brüder Galland bei der Jagdfliegerei und eine Zeitlang sogar drei bei demselben Geschwader.

In dieser Zeit wollte Göring die Führung der Jagdgeschwader verjüngen. Mölders und Galland waren jene jungen Offiziere, die als erste zu Geschwaderkommodoren ernannt wurden. Dies bedeutete einen beinahe revolutionären Eingriff in die militärische Tradition.

Am 7. September 1940 begann ein neuer Abschnitt der Jagdfliegerei und damit auch im Leben von Major Galland, der am 20. August aus der Hand Görings das Goldene Fliegerabzeichen mit Brillanten erhalten hatte. Göring erschien persönlich am Kanal, um den Startschuß zur vierten Phase der Luftschlacht um England zu geben.

Über 1000 Flugzeuge – Jäger, Bomber, Stukas und Zerstörer – starteten gleichzeitig zum Flug gegen England. Ziel war London. Die Verbände mußten den kürzesten Weg zum Ziel nehmen, auch dann blieb den Begleitjägern nur eine Benzinreserve von zehn Minuten.

Insgesamt wurden achtunddreißig Bombenangriffe auf London geflogen. Fast jeden begleitete auch Adolf Galland. Nördlich Rochester griff er nach einem solchen Begleitflug eine Staffel von zwölf Hurricanes an. Bis auf Rammentfernung schob er sich heran, bevor er schoß. Große Blechstücke wurden von den Kanonensalven aus der Maschine gefetzt. Im letzten Moment zog Galland seine Me 109 hoch und flog nun mitten in dieser Staffel. Zum zweiten Male jagte er Kanonen- und MG-Salven in eine Hurricane, ehe er scharf wegkurvte und sah, daß sich zwei geöffnete Fallschirme zur Erde niedersenkten.

Was Adolf Galland von seinen damaligen Gegnern hält, hat er in zwei Sätzen ausgedrückt:

»Ich kann von dem Kampf der britischen Jagdflieger nicht anders als mit höchster Bewunderung berichten. Zahlenmäßig und auch technisch unterlegen, unermüdlich und tapfer kämpfend, sind sie in diesen für England wohl schwersten Zeiten des Krieges zweifellos die Retter ihres Vaterlandes geworden.«

Am 24. September erzielte Galland über der Themsemündung seinen 40. Abschuß. Einen Tag später erhielt er als dritter Soldat, nach Dietl und Mölders, das Eichenlaub. Er nahm es aus Hitlers Hand in der Reichskanzlei entgegen.

Von Berlin aus flog Galland zu Göring nach Ostpreußen, der zur Hirschbrunft im »Reichsjägerhof« in der Rominter Heide residierte. Hier begegnete er Mölders, der drei Tage vorher — ebenfalls nach dem 40. Luftsieg — das Eichenlaub erhalten hatte.

»Der Dicke«, rief Mölders seinem Kameraden beim Abschied zu, »hat mir versprochen, daß er dich mindestens so lange wie mich hier festhält. Im übrigen Weidmannsheil zu dem Hirsch — den ich gestern vorbeigeschossen habe.« Und schon war Mölders fort.

Göring gab Major Galland einen »Reichsjägermeisterhirsch« zum Abschuß frei. Am nächsten Morgen um zehn hatte Galland ihn gestreckt. Doch Göring ließ ihn noch nicht fort. Erst als am Nachmittag die neuesten Lageberichte von den Luftflotten 2 und 3 durchgegeben wurden, die niederschmetternde Verlustzahlen nannten, entließ Göring den Geschwaderkommodore zu seinem Geschwader, das ihn brauchte.

Der Kampf ging weiter. Mit den deutschen Nachtangriffen Ende Oktober begann die letzte Phase der Luftschlacht, die bis April 1941 dauern sollte, ehe sie abklang.

Am 1. November 1940 wurde Galland Oberstleutnant. Im Februar 1941 verlegte sein abgekämpftes Geschwader in die deutschen Heimatstandorte, wo die Maschinen überholt und ergänzt werden sollten. Für alle Flugzeugführer gab es den von Göring bewilligten kostenlosen Skiurlaub.

Als Galland mit seinen Männern Ende Februar braungebrannt vom Arlberg zurückkehrte, lag bereits der Verlegungsbefehl für das JG 26 in die Bretagne vor. Auf dem Verlegungsflug von Düsseldorf nach Brest unternahm Galland mit seinem Rottenflieger, Oberfeldwebel Menge, in Le Touquet eine Zwischenlandung. Von hier aus starteten sie zum Flug in Richtung England und wurden dabei von einer Staffel Spitfires angegriffen. Galland und Menge schossen je eine Spitfire ab und flogen dann nach Brest weiter, wo das Geschwader bereits eingetroffen war. Das war nach vier Monaten wieder der erste Abschuß.

Am 15. April, Jagdfliegerführer Theo Osterkamp (Pour le mérite des Ersten Weltkrieges, RK am 22. 8. 1940) hatte Geburtstag, flog Galland mit der neuen Me 109 F, mit Oberleutnant Westphal als Rottenflieger, von Brest in Richtung Le Touquet. Auch diesmal machten sie »eine Biege über die Insel«. Galland schoß aus einem Verband eine Spitfire ab. Dann stieß er auf die nächste Spitfire los und kam so dicht an sie heran, daß er sie um ein Haar gerammt hätte. Mit den ersten Salven flog sie in Fetzen. Doch nun hämmerten von allen Seiten MG-Salven auf die beiden deutschen Maschinen ein. Im Sturzflug jagten sie dem Kanal entgegen, bekamen unheimliche Fahrt. Westphals Maschine war bedeutend schneller als die des Kommodore.

Als sie endlich den Platz Le Touquet erreichten und Galland wackelnd zur Landung ansetzen wollte, schossen die Warte rote Leuchtkugeln. Galland hatte sein Fahrwerk nicht ausgefahren. Das heißt, es *war* ausgefahren gewesen, weil er während des Luftkampfes mit dem linken Knie gegen den Fahrwerksknopf gestoßen hatte. Als er es also nun »ausfuhr«, zog er es ein.

Nachdem der Irrtum erkannt war, fuhr er das Fahrwerk aus, landete, machte General Osterkamp Meldung über den erfolgreichen Luftkampf und überreichte ihm Sekt und Hummer als Geburtstagsgeschenk.

Der Balkanfeldzug wurde geschlagen. Ende April 1941 kam Göring nach Paris. Die Führer der in Frankreich liegenden Verbände waren dort versammelt. Nach Schluß der Besprechung nahm Göring Galland und Mölders beiseite und verriet ihnen, daß der Krieg gegen die Sowjetunion dicht bevorstehe.

»Für die ersten sechs Wochen des Rußlandfeldzuges«, sagte er abschließend, »geht Mölders mit seinem Geschwader an die Ostfront. Im Westen bleiben die Geschwader 2 und 26 zurück. Danach lösen Sie Mölders ab und machen den Rest, Galland!«

Während die Geschwader in die ostwärtigen Aufmarschräume verlegten, verlegte das zurückbleibende JG 2 in den Raum südlich der Seine und Gallands JG 26 in den Pas de Calais, mit Stabsquartier in Audembert.

Am 1. Mai 1941 hatte das Geschwader den 500. Abschuß erzielt. Bis zum Jahresende sollte sich diese Zahl auf das Doppelte erhöhen.

Am 21. Juni 1941 kam es dann zu jenem eingangs geschilderten Einsatz, bei dem Oberstleutnant Galland drei Abschüsse erzielte und um ein Haar nicht mehr aus seinem brennenden Flugzeug herausgekommen wäre.

An diesem Tage hatte das Schlageter-Geschwader insgesamt vierzehn Abschüsse erzielt. Theo Osterkamp kam aus Le Touquet herüber; dieses Ereignis mußte gefeiert werden. Noch spät am Abend kam aus dem Führerhauptquartier die telegrafische Bestätigung jener Nachricht, die General Osterkamp bereits mitgebracht hatte.

»... verleihe ich Ihnen als erstem Offizier der deutschen Wehrmacht das Eichenlaub mit Schwertern zum Ritterkreuz des Eisernen Kreuzes.

Adolf Hitler«

Am nächsten Morgen begann der Ostfeldzug. Galland und seine Kameraden hörten mit fassungslosem Staunen die Sondermeldungen.

Dem Geschwaderkommodore war nach seinem 70. Luftsieg striktes Startverbot auferlegt worden. Doch sobald er wieder am Stock gehen konnte, flog er Maschinen ein. Am 2. Juli kletterte er in eine Me 109, in die ihm sein erster Wart, Unteroffizier Meyer, eine zusätzliche Kopfpanzerung eingebaut hatte, von der Galland nichts wußte. Als er die Kabine zuklappte, bekam er den schweren Deckel auf den Schädel und hatte eine mordsmäßige Beule weg. Meyer wurde angepfiffen, dann startete Galland.

Zur gleichen Zeit griff ein von Jägern geschützter britischer Bomberverband St. Omer an. Galland führte ihm das gesamte Geschwader entgegen. Als erster stürzte er sich, durch die Begleitjäger hindurchstoßend, auf die Bomber. Er schoß eine Blenheim ab, und schon steckte er in einer wilden Kurbelei mit britischen Jägern. Er schoß sich mit einer Spitfire herum. Plötzlich erhielt er von einer anderen Feuer. Es klatschte und krachte um ihn herum. Die Kabine wurde zerschlagen. Blut rieselte Galland über das Gesicht. Unter Aufbietung der letzten Kraft gelang es ihm, den Gegner abzuschütteln und zu landen.

Es stellte sich heraus, daß auf seiner Kopfpanzerung eine 2-cm-Granate explodiert war. Ohne diese Panzerplatte wäre sein Schädel hin gewesen. Ohne die Fürsorge seines Wartes wäre er jetzt nicht mehr. Unteroffizier Meyer erhielt acht Tage Sonderurlaub und, aus der Schatulle des Kommodore, hundert Mark.

Als Galland nach Rastenburg befohlen wurde, um die Schwerter beim Führer abzuholen, war ihm mulmig. Doch Hitler erwähnte das verletzte Startverbot mit keinem Wort.

In den nächsten Wochen und Monaten setzten die Engländer den wenigen im Westen zurückgebliebenen Jagdfliegern arg zu. Doch die Jäger schlugen so hart zurück wie sie konnten. In diesen Sommer- und Herbstmonaten schoß Adolf Galland einundzwanzig Spitfires, drei Blenheims und eine Hurricane ab.

Es würde den Rahmen dieses Berichts bei weitem sprengen, wenn auch nur einige dieser Luftkämpfe geschildert würden. Eines muß jedoch zu dieser Leistung Adolf Gallands gesagt werden:

Der Kampf wurde mit aller Härte geführt, doch niemals die Grundsätze der Fairneß verletzt. Bei einem Ringen, bei dem es nur Sieg oder Tod gab, galt doch jene *eine* Regel als unumstößlich: den wehrlosen Gegner zu schonen und – ihn zu retten. So hat der deutsche Seenotdienst immer wieder im Kanal schwimmende britische Flieger aufgefischt. So wurde niemals ein im Fallschirm hängender Gegner beschossen.

Als Göring ihn einmal fragte:

»Galland, was würden Sie von einem Befehl halten, im Luftkampf abgesprungene Piloten abzuschießen?«

»Ich würde das für Mord halten, Herr Reichsmarschall«, erwiderte Galland. »Ich würde mich einem solchen Befehl widersetzen!«

Da legte ihm Göring beide Hände auf die Schultern und sagte:

»Genau *diese* Antwort habe ich von Ihnen erwartet.«

Sicherlich war dieses Ansinnen an Göring herangetragen worden. Doch er hat einen solchen Befehl niemals gegeben.

Am 17. November 1941 hörte Adolf Galland durch das Radio, daß Ernst Udet, der Generalluftzeugmeister, »bei der Erprobung einer neuen Waffe verunglückt« sei (Udet hatte Selbstmord begangen). Sechs Jagdflieger, sämtlich Ritterkreuzträger, unter ihnen auch Galland, hielten die Ehrenwache. Mölders, der ebenfalls dabeisein sollte, war auf der Krim aufgehalten worden.

Als sich Oberstleutnant Galland mit Walter Oesau (Auszeichnungen siehe Anlage »Schwerterträger«) auf dem Rückweg zum Kanal befand, wurde der Zug in Lippe auf einer kleinen Station angehalten. Der Bahnhofsvorsteher lief am Zug entlang und rief:

»Oberstleutnant Galland am Telefon verlangt!«

Adolf Galland nahm den Hörer auf. Am anderen Ende der Leitung war General der Flieger Bodenschatz.

»Sitzen Sie, Galland?« fragte der Adjutant des Reichsmarschalls.

»Nein, ich stehe«, erwiderte Galland.

»Dann setzen Sie sich. – Mölders ist tödlich abgestürzt. Sie müssen sofort nach Berlin zurück. In fünfzig Minuten hält dort bei Ihnen der Gegenschnellzug und nimmt Sie auf; Befehl vom Reichsmarschall.«

Galland holte seinen Koffer aus dem Abteil und drückte Oesau erschüttert die Hand.

Auf der Fahrt von der Krim nach Berlin war die He 111, in der Mölders als Passagier flog, beim Flugplatz Breslau abgestürzt. Einer der Besten war nicht mehr.

Acht Tage nach Udets Staatsbegräbnis hielt Adolf Galland nun an Mölders' Katafalk die Wache. Noch während der Ehrenwache am offenen Grab winkte Göring den Kommodore des JG 26 mit seinem Marschallstab heran.

»Jetzt sind Sie dran«, sagte er ernst. »Ich ernenne Sie hiermit als Nachfolger von Mölders zum General der Jagdflieger.«

Wenige Tage später, am 5. Dezember 1941, kam Göring zum Soldatenfriedhof nach Abbéville, wo sein Neffe, Peter Göring, kurz zuvor zu Grabe getragen worden war. Galland war ebenfalls dort. Hier überreichte ihm Göring zwei kleine silberne Sterne und sprach ihm im Namen des Führers mit Wirkung vom 1. Dezember 1941 die Beförderung zum Oberst aus.

Galland mußte das JG 26 verlassen. Sein Nachfolger wurde Major Gerhard Schöpfel (RK am 11. 9. 1940).

Als General der Jagdflieger erlebte Adolf Galland nunmehr den Kampf und das Intrigieren hinter den Kulissen. Er war Jagdflieger und Geschwaderkommodore, und das mit glühender Begeisterung. Nun sollte er in der Berliner Lindenstraße im ehemaligen »Vorwärts«-Gebäude hinter einem Schreibtisch sitzen. Er war fachlich dem Chef des Generalstabs der Luftwaffe und disziplinarisch dem Oberbefehlshaber persönlich unterstellt.

Weihnachten flog er vor Heimweh zum Kanal zu seinem Geschwader. Sodann holte er sich Oberstleutnant Lützow (Auszeichnungen siehe Anlage »Schwerterträger«) als Inspekteur für die Jagdflieger und Oberstleutnant Weiss (RK am 18. 5. 1940; 52. E am 2. 1. 1942) als Inspekteur für die Schlachtflieger nach Goldap, wo er beim Führungsstab der Luftwaffe seinen Hauptsitz aufschlug.

Am 28. Januar 1942 erhielt er als zweiter Soldat der Wehrmacht die Brillanten zum Ritterkreuz. Er hatte bis dahin 94 Abschüsse erzielt.

Ein neuer Abschnitt im Leben Gallands begann. In seiner Dienststellung als General der Jagdflieger erlebte er in den Jahren 1942–1944 den Höhenflug der deutschen Jagdfliegerei ebenso wie ihr verzweifeltes Ringen in der Reichsverteidigung, die von ihr letzten Einsatz forderte und höchste Verluste kostete.

Wo er konnte, versuchte Galland, das Los seiner Jagdflieger zu wenden. Er war der Rufer nach neuen Typen. Er vertrat kompromißlos die Belange der Front auch gegenüber den höchsten Führungsstellen und — Hitler.

In seinem Buch »Die Ersten und die Letzten« hat Adolf Galland diesen Abschnitt seines Lebens und Wirkens in eindringlicher Sprache dargestellt. An dieser Stelle seien nur einige Ereignisse genannt, die andeuten, *welchen* Widerständen sich Adolf Galland gegenübersah:

Er führte die Tag- und Nachtjäger beim Kanaldurchbruch der Schlachtschiffe »Scharnhorst«, »Gneisenau« und »Prinz Eugen« im Februar 1942 und wurde im Wehrmachtsbericht genannt.

Am 19. November 1942 erfolgte seine Beförderung zum Generalmajor. Damit war Galland der jüngste General der Wehrmacht. Mit ganzen vier Jagdgeschwadern sollte er den Schutz des Reiches sicherstellen. Fünf Jagdgeschwader kämpften im Osten und drei auf Sizilien und in Afrika.

Als die Geburtsstunde der Reichsverteidigung schlug und die angloamerikanischen Bomberverbände über Deutschland erschienen, stand Galland vor schweren Entschlüssen, denn auch in Afrika ging der Kampf zu Ende, und Sizilien und das europäische Festland waren in Gefahr. Dann fiel Afrika, fiel Sizilien, erfolgte die Landung in Süditalien.

Gleichzeitig damit wurden die Terrorangriffe auf Deutschland verstärkt fortgesetzt. Die Luftschlacht über der Ruhr begann. Geben wir Adolf Galland zu einem Projekt das Wort, das ihn und alle anderen Jagdflieger bewegte:

»Größte Hoffnungen auf einen sensationellen technischen Sprung machte ich mir im Frühjahr 1943, als ich den ersten Messerschmitt-Düsenjäger Me 262 geflogen hatte. Das war *das* Flugzeug, das uns mit einem Schlag die erforderliche technische Überlegenheit als Ausgleich gegenüber der alliierten Masse verschafft hätte.«

Es kam aber anders, denn Hitler wollte aus diesem großartigen Jäger einen – Blitzbomber machen.

Von Januar bis Oktober 1943 schossen deutsche Jäger 727 Bomber ab, doch 3320 eigene Flugzeuge gingen verloren. Dennoch häuften sich Görings Vorwürfe gegen die Jagdflieger. Und eines Tages, in Schleißheim, war das Maß für Adolf Galland voll. Als Göring wieder einmal das Versagen der Luftwaffe anprangerte und ausrief, viele ihrer hochausgezeichneten Führer hätten sich über England ihre Ritterkreuze zusammengeschwindelt, da riß sich Galland das Ritterkreuz vom Hals und warf es auf den Tisch.

Eisiges Schweigen lag über dem Raum. Er blickte den Reichsmarschall fest an. Göring war sprachlos, Galland auf alles gefaßt. Doch es geschah nichts. Länger als ein halbes Jahr trug Galland seine Auszeichnungen nicht mehr.

Ende November 1943 begann die Luftschlacht über Berlin. Das Kriegsjahr 1944 wurde zu einem Furioso. Allein in diesem Jahr warfen die Angloamerikaner rund 700 000 Tonnen Bomben. 1 440 000 Bomberflüge und 2 680 000 Jägerflüge waren dazu notwendig. In der Luftschlacht um Deutschland verloren sie insgesamt 18 000 Flugzeuge und 79 265 Mann fliegendes Personal.

Im April 1944 stellte Adolf Galland fest, daß das Zahlenverhältnis, unter dem am Tage gekämpft werden mußte, bei eins zu sieben liege und daß bei jedem alliierten Einflug fünfzig deutsche Jäger verlorengingen.

Am 1. November 1944 wurde Adolf Galland Generalleutnant. Im Januar 1945 wurde er seines Amtes als General der Jagdflieger enthoben.

Seit dem 22. Mai 1943, da Galland zum erstenmal in seinem Leben einen Düsenjäger geflogen hatte, waren fast zwanzig Monate vergangen. Immer wieder war er und waren andere Jagdflieger auf diese Maschine zu sprechen gekommen, bis Hitler verboten hatte, darüber noch ein Wort zu verlieren. Erst im Oktober 1944 hatte Galland von Göring den Befehl erhalten, aus den beiden Erprobungskommandos in Lechfeld und Rechlin einen Turbo-Jagdverband zu bilden. Er beauftragte Major Walter Nowotny (Auszeichnungen siehe Anlage »Schwerterträger«) mit der Aufstellung und Führung dieses Jagdverbandes. Galland besuchte ihn am 8. Oktober 1944 in Achmer. Er beobachtete, wie Nowotnys Me 262 nach Abschuß eines Bombers nahe dem Flugplatz im Luftkampf abstürzte. Walter Nowotny – der Tiger von Wolchowstroi – war tot.

Oberstleutnant Johannes Steinhoff (Auszeichnungen siehe Anlage »Schwerterträger«) baute aus Nowotnys Gruppe das JG 7 auf.

Im Januar 1945 stellte Adolf Galland in Brandenburg-Briest den Jagdverband 44 auf. Hierher kamen sie alle: der verbannte Lützow aus Italien, Barkhorn (Auszeichnungen siehe Anlage »Schwerterträger«), der über 300 Abschüsse erzielt hatte, von der Front. Hohagen (RK am 5. 10. 1941), Schnell (RK am 9. 11. 1940; 18. E am 9. 7. 1941) und Krupinski (RK am 7. 11. 1942; 415. E am 2. 3. 1944) aus dem Lazarett. Das Ritterkreuz gehörte in diesem Verband sozusagen zum Dienstanzug.

Von München-Riem, wohin der Verband verlegt wurde, startete er zu den ersten Einsätzen. Bei Landsberg schoß Galland mit den neuen R-4-M-Raketen zwei Marauder ab. Am 18. April 1945 stürzte Oberst Steinhoff im Start ab und rettete sich mit schwersten Brandverletzungen aus den brennenden Trümmern seiner Me 262. Wenige Tage später kehrte Günther Lützow vom Feindflug nicht zurück. Und noch viele andere fielen.

Am 26. April startete Generalleutnant Galland zum letzten Einsatz des Krieges. Er führte sechs Me 262 gegen einen Marauder-Verband, schoß eine Maschine ab, beschädigte die zweite und wollte wissen, ob sie auch hinunterfallen würde. Er ging dazu in eine steile Linkskurve und – wurde von einer von oben herunterstoßenden Mustang erwischt. Ein harter Schlag traf sein rechtes Knie. Ein Treffer schaltete die rechte Turbine aus. Aber er kam, nach Austrimmen, zum Platz Riem, wackelte und setzte zur Landung an. Nun mußte er noch das zweite Triebwerk ausschalten und – sah, daß der Platz gerade von Thunderbolts angegriffen wurde. Er setzte mit zerschossenem Bugradreifen auf, bremste und stand. Sofort kletterte er hinaus und warf sich in den nächsten Bombentrichter. Schon heulten die nächsten Thunderbolts über den Platz hinweg, schossen Raketen und warfen Bomben.

Ein Kettenkrad, gefahren von einem seiner Mechaniker, kam durch das Feuer angebraust, holte ihn, fuhr aus dem gefährdeten Flugplatzgelände hinaus. Ohne ein Wort zu sagen – da gab es keine Worte mehr –, schlug Galland dem Kameraden auf die Schulter, und der Mechaniker verstand, was sein General damit sagen wollte.

Galland mußte nach München ins Lazarett. Er hatte zwei Geschoßsplitter in der Kniegelenkkapsel. Der Krieg war für ihn zu Ende.

Von Mai 1945 bis April 1947 war Adolf Galland in amerikanischer Gefangenschaft. Im November 1948 ging er nach Argentinien. Als Berater der argentinischen Luftwaffe arbeitete er für die Flugzeugführerausbildung und die Luftabwehr.

Im Januar 1955 kehrte Adolf Galland nach Deutschland zurück. Seit dieser Zeit ist er selbständiger Industrieberater für die Luft- und Raumfahrtindustrie.

Bereits 1953 erschien sein Werk »Die Ersten und die Letzten«, das inzwischen in vierzehn Sprachen übersetzt wurde. Heute ist der Generalleutnant a. D. Vorsitzender des Verwaltungsrats von drei Air-Lloyd-Gesellschaften der allgemeinen Luftfahrt mit Sitz in Köln.

Für seine Soldaten aber ist er der »Alte« geblieben, den sie kannten, dem sie ihr Leben anvertrauten; der Mann, der versuchte, die deutsche Jägerwaffe anständig und fair zu führen und der dies auch in die Tat umgesetzt hat.

Adolf Galland, geboren am 19. März 1912 in Westerholt/Westfalen
Letzter Dienstgrad: Generalleutnant
Letzte Dienststellung: General der Jagdflieger und danach Kommandeur des Jagdverbandes 44 (Me 262)
Spanisches Kreuz in Gold mit Brillanten am 7. Juni 1939
Ritterkreuz am 1. August 1940
Goldenes Fliegerabzeichen mit Brillanten am 20. August 1940
3. Eichenlaub am 25. September 1940
1. Schwerter am 21. Juni 1941
2. Brillanten am 28. Januar 1942

GENERALMAJOR FRANZ GRIESBACH

Als Regimentskommandeur in vorderster Linie

Die Männer des IR 391 hockten frierend in ihren Löchern, als Major Franz Griesbach, der für den erkrankten Oberst Lindner das Regiment führte, vom Regimentsgefechtsstand nach vorn kam.

Es war früher Morgen. Der Kalender zeigte den 26. Oktober 1941. An der Landenge von Perekop warteten die drei Divisionen des LIV. AK auf den Befehl zum Angriff. Generaloberst Erich von Manstein hatte sie zum Sprung auf die Krim angesetzt:

Links die 22. ID, in der Mitte die 73. und die 46. ID, rechts Teile der 170. ID. Zur 170. ID gehörte das von Major Franz Griesbach geführte IR 391.

Es war 05.00 Uhr, als das gewaltige Feuer der Armeeartillerie einsetzte. Über die Köpfe der wartenden Soldaten hinweg heulten die Granaten feindwärts. Unmittelbar vor Angriffsbeginn mischte sich das schrille Heulen der eingesetzten Nebelwerfer in den Geschützdonner. Major Griesbach drückte den Stahlhelmriemen unter das Kinn.

»Fertigmachen! – Sprung auf, marsch, marsch!«

Sie rafften sich auf, rannten los. Rechts und links hackten Feuerstöße in das Gelände. Zwischen Berdy Bulat und Woronzowka stürmten die beiden vorn eingesetzten Regimenter der 170. ID feindwärts.

Nach etwa achtzig Metern eröffneten die Sowjets das Feuer. Griesbach ließ das II. Bataillon einschwenken, während das I. Bataillon den Gegner band. Er selbst stürmte mit dem II. Bataillon weiter, erreichte die Feldstellungen, brach ein und kämpfte den Gegner nieder. Das I. Bataillon schloß auf.

»Weiter! Stoßrichtung Süden!« befahl der Major.

Links vom IR 391 gingen die Regimenter der 46. ID vor; sie schlossen zum IR 391 auf. Gemeinsam drängten sie dem Gegner nach. Doch am späten Nachmittag lag das IR 391 vor einem tiefgestaffelten Feldstellungssystem fest.

»Unsere Panzerjäger müssen her!« Griesbach forderte durch Melder die Unterstützung an.

Der Angriff ging nur noch schrittweise weiter, bis er von einem verminten

Graben gestoppt wurde. Griesbach ließ die Minen durch den Pionierzug aufnehmen.

Das nächste Hindernis, eine Drahtsperre, wurde mit gestreckten Ladungen überwunden. Dann erreichten sie die Hauptstellung. Auf beiden Flanken dieses Graben- und Bunkersystems saßen die Abschüsse eingebauter Panzer. Werferfeuer setzte ein. Dicht bei dicht gingen die Granaten nieder.

»Unsere Panzerjäger kommen!« schrie einer der Männer erleichtert. Im Befehlswagen vorpreschend, tauchte Oberstleutnant Martin Strahammer auf, der sofort zum Regimentsführer geleitet wurde.

»Wie sieht es aus, Griesbach?« fragte er. Sein rundes Gesicht strahlte Zuversicht aus.

»Wir brauchen Sie als Prellbock, der uns nach vorn boxt! Die beiden flankierenden russischen Panzer machen uns schwer zu schaffen, die müssen weg!«

»Wird erledigt, Griesbach. Machen Sie sich klar zum Weiterstoß!« Strahammer, minutenschnell in die Lage eingewiesen, fuhr zu seinen Panzerjägern zurück.

Fünf Minuten später eröffneten 3,7-cm- und 5-cm-Pak das Feuer auf die beiden Panzer. Erkannte MG-Stellungen wurden durch Punktfeuer ausgeschaltet.

»Jetzt vorwärts!«

Im erneuten Angriff wurden sie durch MG-Feuer immer wieder in Deckung gezwungen, erreichten jedoch einen Graben und einen Bach, der sich schräg zur Vormarschlinie hinschlängelte und weit auf der rechten Flanke in die russischen Stellungen floß. Mit der 1. Kompanie schwenkte Griesbach darauf ein, während die übrigen frontal angriffen.

Griesbach stürmte an der Spitze der Ersten durch das Gebüsch. Sie erreichten die Feldstellung und rollten sie von der Flanke her auf. Rotarmisten erhoben sich aus den Deckungen, streckten die Hände hoch.

»Woina kaputt! Njet streleize, njet streleize!« baten sie.

»Weiter, Männer, jetzt ist es plan!« rief Griesbach.

Nun waren sie im Zentrum – eine Bunkerreihe mit doppelstöckigen Kampfständen. Handgranaten, Sprengbüchsen und geballte Ladungen knackten die Bunker. Das Gros des Regiments kam angestürzt, es hatte im frontalen Angriff die erste Kampflinie der Sowjets überwunden und richtete sich nun links der Straße von Juschun nach Simferopol, zwischen Dshetischai und Star Jalantsch, für die Nacht ein.

Major Griesbach fuhr nach Woronzowka zum Divisionsgefechtsstand.

»Morgen früh, mit dem ersten Büchsenlicht, Fortsetzung des Angriffs«, erklärte Generalmajor Wittke, der Divisionskommandeur, den versammelten Kommandeuren. »Ziel ist die Linie Wakuj – Tabor Kirej – Jakschibaj.«

Das IR 391 erreichte am 27. Oktober 1941 die Ortschaft Der Emes sehr rasch und erstürmte bis zum Mittag noch sieben Kilometer bis Mangit. Hier blieb der Angriff stecken. Das Regiment lag in dichtem Feindfeuer fest. Major Griesbach setzte das III. Bataillon zur Umfassung an. Stürmend wurde eine Ortschaft durchstoßen und hart südwärts des Dorfausgangs ein tiefer Panzergraben erreicht.

»Kompanieweise durch!« befahl der Major. »Ich gehe mit der Ersten. Sobald wir drüben sind, geben wir Feuerunterstützung!«

Sie rannten los, ließen sich in den Panzergraben hinunterrutschen und kletterten am jenseitigen Hang empor. Feuer aus Maxim-MG peitschte ihnen entgegen. Granatwerfer der schweren Kompanie schossen die erkannten MG-Stellungen zusammen. Die übrigen Kompanien zogen nach, sobald die MG der Ersten ihnen Feuerschutz geben konnten.

So durchbrachen sie als erster Verband diesen breiten sowjetischen Festungsgürtel. Die Rotarmisten zogen sich zurück.

Nun übernahmen Panzerjäger die Spitze. Am Abend des 28. Oktober war Shankoj erreicht. Auch hier wieder ein tiefer Panzergraben und Feldstellungen. Sie wurden von der Vorausabteilung durchstoßen. Danach hatte Griesbachs Regiment die wichtige Höhe 155 fest in der Hand. Der Durchbruch durch das tiefgestaffelte Verteidigungssystem der Russen war gelungen.

Franz Griesbach wurde am 21. Dezember 1892 in Brück in der Mark geboren. Er besuchte die Höhere Schule, um Pädagoge zu werden. Am 1. April 1914 trat er als Einjähriger in die 4. Kompanie des Infanterieregiments Prinz Louis Ferdinand von Preußen (2. Magdeburgisches) Nr. 27 ein. Er nahm am Ersten Weltkrieg teil, erlebte den Sturm auf Lüttich, die Stellungskämpfe bei Arras und auf den Lorettohöhen, die Kämpfe an der Somme, am Chemin des Dames und schließlich bei Cambrai. Am 23. August 1916 wurde er Leutnant. Viermal wurde Griesbach verwundet, in der Sommeschlacht durch einen Artillerievolltreffer verschüttet, bei Cambrai erlitt er eine Gasvergiftung.

Stoß- und Spähtrupps waren seine Spezialität. Er wurde mit beiden Eisernen Kreuzen und mit dem Goldenen Verwundetenabzeichen ausgezeichnet. Am 18. Januar 1919 wurde er aus dem Heer entlassen.

Griesbach durchlief seine Lehrerausbildung und trat im Raum Magdeburg den Schuldienst an. Doch nach Wiedereinführung der Wehrmacht wurde er nach einer Auswahlübung am 1. April 1936 als Leutnant übernommen. Am 1. März 1939 erfolgte seine Beförderung zum Hauptmann; mit Rangdienstalter vom 1. Mai 1934 wurde er am 1. Juni als aktiver Soldat eingestellt.

Im Frankreichfeldzug führte Hauptmann Griesbach zeitweise die 10./IR 467. Am 1. August 1940 zum Major befördert, kam er schließlich über verschiedene Stationen nach Blankenburg/Harz, wo er das Infanterie-Ersatzbataillon 467 als Kommandeur übernahm.

Am 16. September 1941 wurde er nach mehreren vergeblichen Bemühungen um Verwendung an der Front zur Führerreserve der Heeresgruppe Süd nach Rußland kommandiert. Hier übernahm er am 26. September das I./IR 391 der 170. ID als Kommandeur. In dieser Division sollte er bis zum bitteren Ende bleiben.

Diese 170. ID war, aus Rumänien kommend, am 15. September 1941 im Raum Dimitrijewka – ostwärts des Dnjepr und Berislaw – eingetroffen. Mit seinem Bataillon hatte Major Griesbach am 8. Oktober Werchne Tokmak genommen und dabei 854 Gefangene gemacht.

Von hier aus trat die 170. ID den Marsch zur 11. Armee und damit zur Landenge von Perekop an. Diese zu nehmen, hatten bereits die 22., 46. und 73. ID versucht, waren jedoch liegengeblieben. Erst ein neuerlicher Sturmangriff am 26. und 27. Oktober hatte die Tür zur Halbinsel Krim geöffnet.

Der Sturm auf Feodosia begann. Drei Tage und Nächte rollte und marschierte die Division nach Süden und Südosten. Während die anderen Divisionen auf Simferopol und Jalta zielten, erreichte die 170. ID Feodosia am frühen Morgen des 3. November 1941 und setzte unverzüglich zum Sturmangriff auf die Stadt an.

Das I. Bataillon drang durch eine Schlucht auf die Höhe 175,2 und von hier aus durch eine weitere schmale Schlucht zum Nordausgang der Stadt vor. Das II. Bataillon wurde von Griesbach auf die Höhe 109,7 und darüber hinaus auf den Ostrand von Feodosia angesetzt.

In einem letzten entschlossenen Ansprung ging es hinein in die Stadt, wurden die Straßenzeilen zum Hafen hinunter erstürmt, Major Griesbach ununterbrochen an der Spitze. Während im Hafen noch letzte Widerstandsnester niedergerungen wurden, hißte Unteroffizier Herbert Blancke auf dem Leuchtturm von Feodosia die Reichskriegsflagge. Das IR 401 hatte diesen Angriff auf der rechten Flanke mitgeführt und zum raschen Erfolg beigetragen.

Am nächsten Morgen ging der Angriff auf die Landenge von Parpatsch weiter. Major Griesbach wollte dem Gegner keine Chance geben, sich zu setzen. Was nicht niedergemacht oder gefangengenommen werden konnte, sollte flüchtend Beunruhigung und Demoralisierung in die hinteren Linien tragen. Ein Panzergraben wurde mit Sturmleitern überwunden, aber dann, von russischen Schlachtfliegern beharkt, aus Betonbunkern und Feldstellungen beschossen, blieb das Regiment schließlich vor fünfzehn Betonbunkern mit einundfünzig Schartenständen liegen.

Am frühen Morgen des 5. November setzte das IR 401 den Angriff fort. Das Regiment drang durch, und nun wurde das IR 391 über das Schwesterregiment hinweg erneut zu Angriff und Weiterstoß angesetzt.

Acht Kilometer tief war das Verteidigungssystem, das es zu durchlaufen galt. Acht Kilometer Kampf und wieder Kampf um Gräben und Bunker. An diesem Tage schmolzen die Kompanien zusammen. Es gab kein Zurück mehr! Links und rechts von Griesbach fielen die Soldaten. Der Major rannte durch das dichteste Feuer. Von rückwärts schloß das IR 399 zu ihnen auf. Zum erstenmal stand die gesamte Division im Einsatz, war jede Reserve nach vorn geworfen. Sie drangen durch, erreichten das Tagesziel.

Es begann zu regnen. Durch tiefen Schlamm ging es weiter. Kertsch war das nächste Ziel. Der Tatarenwall wurde zum Brennpunkt des Kampfes auf der Krim. Zehn Tage hörte der Regen nicht auf, mühsam quälte man sich durch den zähen Schlamm tiefer Schluchten. Im Handstreich nahm das II./IR 391 unter Hauptmann Bosse am 16. November das Fort Kamysch Burun. Am nächsten Tag drang die 170. ID in Kertsch ein. Spitzengruppe war wieder das Regiment 391.

Am 18. November – der Regimentskommandeur war zurückgekehrt und Franz Griesbach hatte wieder sein I. Bataillon übernommen – erlosch die letzte sowjetische Abwehr in Kertsch.

Am 19. November kehrte die Division nach Feodosia zurück.

Mit Beginn der ersten Schlacht um Sewastopol, am 21. Dezember 1941, trat die 170. ID im Süden an. Major Griesbach führte sein Bataillon gegen stark befestigte russische Feld- und Höhenstellungen.

Ziel des Regiments 391 war Werchne Tschorgun und der Sattelberg mit dem Pilzhügel. Schnee war gefallen. Im Heraustreten aus den Deckungen erhielt das Regiment heftiges Feuer aus dem höhergelegenen Werchne Tschorgun und mußte zurückgehen.

»Wir umfassen diese Stellung!« entschied Griesbach. »Frontal kommen wir nicht durch!«

Er selbst führte die Kompanie, die am weitesten ausholen mußte. Major Griesbach erreichte mit der Ersten den Hinterhang der Höhe, die weit gefächert erstiegen wurde. Dann lag die Kompanie am Rande des Hochplateaus und sah auf ein Labyrinth von Gräben und Kampfständen.

»Handgranaten fertigmachen! Sprung auf, marsch, marsch!«

Die Überraschung der Russen nutzend, die von dieser Seite keinen Angriff erwartet hatten, rannten die Männer vor und schleuderten Handgranaten in die Gräben. Major Griesbach schoß aus der MPi. Die sMG und lMG hielten die Maschinenwaffen des Gegners nieder. Dann waren sie im Grabensystem, rollten es im Nahkampf auf, schalteten die Widerstandsnester aus.

Die beiden übrigen Kompanien, vom Bataillonsadjutanten durch Leuchtkugeln verständigt, griffen nun ein, um den letzten Widerstand zu brechen.

»Jetzt nach Werchne Tschorgun!« rief Griesbach und wies seine Kompanieführer in die neue Angriffsentwicklung ein.

Das Dorf lag in einem Sattel unterhalb der nun gewonnenen beherrschenden Höhe. Die Kuppe war mit Kusseln bedeckt, die gute Deckung boten. Wieder übernahm der Major die Spitze. An einer Zwischenhöhe westlich Werchne Tschorgun wurden Deckungen für die Nacht eingerichtet. Schnee und Frost setzten ein.

In den folgenden Nächten versuchten die Russen, diese deutsche Kampfgruppe auszuräuchern. Sie wurden abgewiesen. Am Weihnachtsabend ging Franz Griesbach zu den Kompanien und verteilte seine Weihnachtsgeschenke.

Mitten in die Vorbereitungen zum letzten Sturmangriff auf Sewastopol schlug wie eine Bombe die Nachricht von sowjetischen Truppenlandungen bei Feodosia und Eupatoria ein. Die 170. ID wurde herausgezogen und nach Feodosia in Marsch gesetzt. Am 14. Januar 1942 erreichte sie die Höhen vor der Stadt. Für den schwer erkrankten Divisionskommandeur hatte Generalmajor Sander die Divisionsführung übernommen.

Am 15. Januar 1942 begann der Gegenangriff. Das Bataillon Griesbach bildete eine Stoßgruppe. Ziel war die beherrschende Höhe vor Feodosia, die zügig genommen wurde, doch wenig später war das Bataillon allseits von Rotarmisten eingeschlossen, die sich durch etliche Querschluchten herangearbeitet hatten.

Der Regimentskommandeur, Oberst Lindner, hatte die schwierige Lage Griesbachs erkannt und setzte das II. Bataillon an, um die Umklammerung aufzubrechen. Er selbst führte das Bataillon. In erbittertem Kampf fiel Oberst Lindner. Major Griesbach übernahm im Kessel die Regimentsführung.

»Durchbruch nach Westen!« lautete sein Befehl.

Während der Bereitstellung erhielt Major Griesbach eine Verwundung am Oberschenkel, doch behielt er die Regimentsführung. Er wußte, daß seine Soldaten ihn jetzt nötiger denn je brauchten. Das I. Bataillon bildete wieder den Stoßkeil; es erreichte eine beherrschende Höhe und grub sich ein. Am Morgen des 18. Januar wurde der Angriff fortgesetzt.

Inzwischen war in Eilmärschen das IR 105 von Oberstleutnant Dietrich von Müller (Auszeichnungen siehe Anlage »Schwerterträger«) zum Angriff auf ein Nachbardorf herangeführt worden. Als Major Griesbach sah, daß dieses Regiment wieder hinausgedrückt wurde, ließ er das I. Bataillon eindrehen und fiel dem Gegner in die Flanke. Er brach in das Dorf ein, fing verwundete und zurückweichende Soldaten des IR 105 auf, entschied den Kampf an dieser Stelle und gab dem Regiment 105 Gelegenheit, sich wieder zu sammeln.

Eine völlig eingeschlossene Kompanie hieb der Unteroffizier Willy Jakob von der 7./IR 391 ganz allein heraus. Franz Griesbach reichte diesen Unteroffizier zum Ritterkreuz ein. Jakob konnte die Auszeichnung, die ihm am 12. März 1942 verliehen wurde, nicht mehr entgegennehmen; er war am 27. Januar 1942 gefallen.

Am nächsten Tag, dem 18. Januar 1942, stürmte Franz Griesbach nach Feodosia hinein. Das Regiment, das er in einer aussichtslosen Lage übernommen hatte, konnte er zum zweiten Male in Feodosia zum Sieg führen.

Am Abend des 19. Januar 1942 meldete der Wehrmachtsbericht:

»Bei der Eroberung der Stadt Feodosia und in den vorhergehenden Kämpfen zeichnete sich ein norddeutsches Infanterieregiment unter Führung von Major Franz Griesbach besonders aus. Das Regiment hatte entscheidenden Anteil an der Rückgewinnung der Stadt.«

Franz Griesbach wurde zum Ritterkreuz eingereicht. Für ihre Leistungen in den Kämpfen dieser Tage erhielten auch Oberstleutnant Strahammer (am 12. 3. 1942) und Feldwebel Walter Lippold (am 13. 3. 1942), Zugführer in der Panzerjägerabteilung 240, das Ritterkreuz.

Major Griesbach erhielt das Ritterkreuz am 14. März 1942. Am 1. April 1942 erfolgte seine Beförderung zum Oberstleutnant, und am 17. April wurde er zum Kommandeur des IR 399 ernannt.

Zur Rückeroberung der Halbinsel Kertsch wurde am frühen Morgen des 8. Mai 1942 das Unternehmen »Trappenjagd« mit einem Angriff Hunderter deutscher Fugzeuge – Stukas, Schlacht- und Kampfflieger – eingeleitet. Dann traten die Divisionen und Regimenter der Angriffsgruppe an.

Es ging, gedeckt durch breite Schluchten, zügig vorwärts, bis vor Sem-Kolodzy russische Truppen das Feuer eröffneten. Oberstleutnant Griesbach arbeitete sich mit dem Regiment sprungweise vor. Mit dem I. Bataillon drang er selbst in Sem-Kolodzy ein. Sultanowka war das nächste Ziel. Auf dem Wege dorthin wurde Leninskoje im Sturm genommen und die Sowchose Fontai erreicht. In der Nacht schob sich das Regiment nahe an den Tatarengraben heran.

Schwerer Beschuß peitschte den Männern von hier entgegen. Zwei Stunden brauchten sie bis zum Graben. Aus den Grabenwänden, aus Pak- und Geschützstellungen und aus zweistöckigen Bunkern blitzten die Abschußflammen durch die Nacht.

Feldwebel Stühmer erhielt Befehl, den Hauptbunker zu knacken. Mit seinem Zug arbeitete er sich kriechend und jede kurze Feuerpause der Russen zu Sprüngen nutzend an den Betonklotz heran. Brandgranaten wurden durch die Schießscharten geworfen, MPi-Salven hineingefeuert. Der Gegner ergab sich. Und nachdem das Kernstück des russischen Systems herausgebrochen war, fiel eine Stellung nach der anderen.

»Morgen können wir in Kertsch sein, Griesbach!« sagte Generalmajor Sander im Gefechtsstand in der Sowchose Fontai.

»Wir werden morgen dort sein, Herr General!« erwiderte der Regimentskommandeur.

Im Kampf um Kertsch wurde am nächsten Morgen die Höhe 108,4 erobert. Oberstleutnant Griesbach suchte von hier aus mit seinem Fernglas die Höhe 101,3 ab. Dort war das IR 213 unter Oberstleutnant Hitzfeld angesetzt (Otto Hitzfeld erhielt das RK am 30. 10. 1941 und am 17. 1. 1942 als 65. Soldat das E). War es ihm gelungen, die Höhe in Besitz zu nehmen?

Bald sah Griesbach, wie die Rotarmisten sich fluchtartig von Höhe 101,3 zurückzogen. Oberstleutnant Hitzfeld hatte es geschafft!

Nun, nachdem Griesbach die Gefahr in der Flanke seines Regiments beseitigt sah, ließ er unverzüglich nachstoßen. »Auf den Fersen bleiben«, erläuterte er seinen Bataillonsführern nochmals die taktische Aufgabe, »unmittelbar hinter dem zurückflutenden Gegner, sozusagen gleichzeitig mit ihm in Kertsch eindringen und in dem sich mutmaßlich ausbreitenden Chaos rücksichtslos durchbrechen bis zum Werft- und Industriegelände. Hier ist mit Sicherheit der hartnäckigste Widerstand zu erwarten, der möglicherweise erst mit Unterstützung nachgezogener Artillerie gebrochen werden kann.«

Genauso entwickelte sich dann der Kampf um Stadt und Halbinsel Kertsch. Rasch konnte der hier und da in der Stadt aufflackernde Widerstand gebrochen werden, mit größter Verbissenheit jedoch verteidigten die

Russen jeden Block im Fabrikgelände. Das Hüttenwerk Wojkow blieb in einem mörderischen Abwehrfeuer zunächst uneinnehmbar. Aber als es am Morgen des 20. Mai nach vierstündiger Beschießung durch eine Werferabteilung sturmreif schien – stießen Griesbachs Männer in ein leeres Nest. Während des Beschusses, ungesehen in den riesigen Staubwolken aus berstendem Mauerwerk, hatten die Russen sich einschiffen und flüchten können.

Nun waren die gesamte Krim und die Halbinsel Kertsch zum zweiten Male in deutscher Hand. Der Wehrmachtsbericht des 21. Mai 1942 meldete:

»... zeichnete sich die 170. ID durch vorbildliche Tapferkeit und Einsatzbereitschaft besonders aus.«

170 000 Rotarmisten zogen in die Gefangenschaft. »Trappenjagd« hatte sie alle kassiert.

Abermals marschierte die 170. ID nach Westen, um am Generalangriff auf die Festung Sewastopol teilzunehmen.

Das IR 399 wurde auf die Höhe 125,1 angesetzt, die hart ostwärts der Bahnlinie Sewastopol–Balaklawa liegt. Zwei Tage dauerte der Kampf um diese entscheidend wichtige Höhe, dann hatte das IR 399, zusammen mit dem IR 420 und dem IR 391, die sich beiderseits herangeschoben hatten, die Sturmausgangsstellungen zum Sprung auf die Sapuner Höhen erreicht.

Das Feuer der Artillerie und nachfolgende Stuka-Verbände eröffneten am 29. Juni den Sturm auf diese beherrschende Höhenstellung.

Dann griff das Regiment Griesbach an, knackte die Bunker, die noch nicht erledigt waren, stürmte weiter. Zügig gelangten alle drei Regimenter auf die Sapuner Höhen, doch nun begann der Kampf um die Stellungen in der Tiefe.

Oberleutnant Bittlingmayer, der das I./IR 391 von Griesbach übernommen hatte, nahm den Hauptbunker und die nebengeordneten Betonwerke. Beim Brechen des letzten Kampfstandes wurde er durch einen Gewehrschuß tödlich getroffen. (Georg Bittlingmayer erhielt am 25. Juli 1942 posthum das RK; Feldwebel Stühmer wurde mit dem Deutschen Kreuz in Gold ausgezeichnet.)

In den nächsten Tagen führte Franz Griesbach sein Regiment bis zum Küstenwerk Maxim Gorki II, eines der stärksten Forts von Sewastopol. Vierundzwanzig Stunden dauerte das Ringen, dann hatten sie es geschafft.

Der sowjetische Widerstand brach zusammen. 33 000 Gefangene wurden zum Schluß gezählt. Zwei russische Armeen waren vernichtet. Die Legende von der uneinnehmbaren Festung Sewastopol war zerstört. Erich von Manstein wurde Generalfeldmarschall.

Anfang August 1942 wurde die 170. ID an die russische Nordfront, in den Raum Tossno—Uschaki, südlich von Leningrad, verlegt. Als die Russen am 27. August 1942 im Raum Gaitolowo und Tortolowo bis hinauf zu den Torfmooren von Ssinjawino mit sechzehn Schützendivisionen, neun Schützenbrigaden und dreihundert Panzern gegen die deutschen Linien anrannten und gefährliche Einbrüche erzielten, fiel dem Regiment 399 eine schwierige Abriegelungsaufgabe zu.

Zusammen mit Stühmer, der nun Oberfeldwebel war, setzte sich Franz Griesbach an die Spitze des Gegenangriffs, den feindbesetzten Wald und Sumpf durchdringend. Bis zum Abend des Angriffstages war der Wald durchkämpft. Am anderen Tag riegelte das Regiment den Einbruch der Sowjets südwestlich Ästolskij und an der »Panzerschneise« ab. In seinem Einbruchsraum wurde der Gegner eingeschlossen und vernichtet.

Am 3. September 1942 trat die Rote Armee nördlich des Ssinjawinskoje-Sees an und stürmte in Richtung Kelkolowo. Das IR 401 unter Major Baumeister riegelte am 4. September ab. In den nächsten Tagen stand die ganze Division in einer krisenhaften Schlacht.

Als auch beim IR 399 Feindpanzer in die HKL eindrangen, wurden sie von einem Nahkampftrupp unter Oberfeldwebel Stühmer vernichtet. Südlich Ästolskij wies Oberleutnant Max-Eugen Petereit mit seiner III./AR 240 russische Panzerangriffe ab und vernichtete zweiundzwanzig Panzer. Er wurde bei diesem Einsatz tödlich verwundet und erhielt posthum am 29. September 1942 das Ritterkreuz.

Zeitweilig fremden Divisionen unterstellt, schlug sich das IR 399 vorbildlich. Generaloberst Lindemann würdigte persönlich seinen Einsatz. Bis zum 2. Oktober 1942 war der russische Angriff zusammengebrochen. Die Schlacht bei Gaitolowo war beendet.

Mitte Oktober erhielt die 170. ID – wieder geschlossen im Einsatz – einen neuen Einsatzbefehl. Bei Dubrowka war es russischen Kräften gelungen, die Newa zu überwinden und einen Brückenkopf zu bilden. Dieser Brückenkopf sollte ausgeschaltet werden.

Der Verteidigungsstreifen des IR 399 reichte von Arbusowo bis zum Brückenkopf der 46. sowjetischen Schützendivision, der nun gemeinsam mit dem IR 391 angegriffen wurde. Jetzt schlug die große Stunde für Oberfeldwebel Stühmer. Er erhielt den Befehl, während des umfassenden Angriffs der Regimenter mit einem Stoßtrupp das Zentrum der »Eiterbeule« – wie der russische Brückenkopf Dubrowka genannt wurde – aufzustechen.

Im Nachtangriff führte Stühmer die Stoßgruppe der 11. Kompanie an.

Er stürmte durch das feindliche Grabensystem, warf Handgranaten und dirigierte die Männer in die Lücken. Stühmer, der großgewachsene ruhige Oldenburger, war derjenige, der überall den entscheidenden Impuls gab. Er erreichte im Morgengrauen das Newa-Ufer und hatte damit einen Teil des Brückenkopfes abgekniffen.

Franz Griesbach reichte ihn zum Ritterkreuz ein. Stühmer erhielt diese Auszeichnung am 29. Dezember 1942. Oberstleutnant Griesbach legte sie dem Kampfgefährten persönlich an. Am 1. Januar 1943 wurde Griesbach wegen Tapferkeit vor dem Feind bevorzugt zum Oberst befördert.

Am 12. Januar 1943 begann die zweite Ladogaseeschlacht. Fünf russische Divisionen traten über die Newa an. Oberst Griesbach verteidigte seinen Abschnitt gegen einen zahlenmäßig vielfach überlegenen Gegner. In dieser Hölle wurde Tag um Tag das Letzte von jedem Mann des Regiments gegeben, und – sie standen!

Am 17. Februar wurde die Division herausgelöst und als Korpsreserve nach Ssablino verlegt. In diese Zeit fiel die Umbenennung aller Infanterieregimenter in Grenadierregimenter.

Bei Krasny Bor stieß der Feind überraschend durch, erzielte einen zwei Kilometer tiefen Einbruch und schob sofort erhebliche Verstärkungen nach.

Generalmajor Krause, der die Division soeben übernommen hatte, ließ Oberst Griesbach rufen.

»Griesbach, wir müssen sofort dort abriegeln! Unsere Artillerie schwebt in Gefahr, vernichtet zu werden. Sie erhalten Verstärkung durch Alarmeinheiten, legen einen Ring um die Einbruchsstelle und vernichten den Gegner.«

Mit Oberfeldwebel Stühmer brach Griesbach sofort zur Erkundung auf. Dann griff er das III. Bataillon. Mit den drei Kompanien drang er in den Wald ein. Unter »Hurra!« stürmten sie in die Artilleriestellung, warfen die Rotarmisten hinaus und drängten den Gegner auf seinen Hauptstützpunkt zurück. Die schlimmste Gefahr war gebannt.

Bereits am anderen Morgen griff Oberst Griesbach den Hauptstützpunkt des Gegners an einem Schneisenkreuz an. Das III. Bataillon an der Spitze, ging das Regiment durch den zerschossenen Wald vor. Feuer zusammengefaßter Infanteriewaffen schlug ihnen entgegen und erschwerte die Entfaltung des Regiments aus der Tiefenstaffelung zum konzentrischen Angriff.

Granatwerfer und sMG konnten eine Einbruchsstelle freischießen, und nachdem an diesem Punkt die Nahkampfmittel ans Werk gebracht werden konnten, war der Augenblick gekommen, von allen Seiten gleichzeitig anzugreifen und die rückwärtige Verbindung der Russen abzuriegeln.

Nach hartnäckigem Widerstand ergaben sich die Überlebenden, nur wenige entkamen. Griesbach stieß sofort nach, warf den Gegner auch aus der nächsten Schneise und säuberte, restliche Widerstandsnester niederkämpfend, den Einbruchsraum.

Die Armee gratulierte ihm. Am 17. Mai 1943 erhielt Franz Griesbach als 242. Soldat das Eichenlaub. Im Bericht des Divisionskommandeurs hieß es:

»Oberst Franz Griesbach hat in eigener Initiative im entschlossenen Zupacken den Feind vernichtet und seinen Durchbruch zerschlagen. Mit beispielgebender Tapferkeit hat er an der Spitze seiner Truppen den Feindraum zurückerobert und eine Krisenlage der Division und des Korps verhindert.«

Im FHQ in Rastenburg wollte man ihm eine Tätigkeit in der Inspektion der Infanterie anbieten. Griesbach aber bestand darauf, wieder zu seinem Regiment zurückkehren zu dürfen.

Franz Griesbach erreichte sein Regiment, als es bei Staro Panowo und Urizk in einem vergleichsweise geruhsamen Stellungskrieg lag. Monate gingen dahin. Anfang Januar 1944 aber konnte kein Zweifel mehr an einem baldigen sowjetischen Großangriff bestehen.

Am 15. Januar 1944 begannen die »Abwehrschlacht vor Nowgorod und Leningrad und die Rückzugskämpfe auf Pleskau und Narwa«.

Eine Lawine aus Stahl prasselte auf die Stellungen des GR 399 hernieder. Von 07.10 bis 08.20 Uhr regnete es Granaten aller Kaliber. Dann verlegte die russische Feuerwalze zurück. Die russischen Sturmgruppen kamen näher.

»Feuer frei aus allen Waffen!« befahl der Oberst.

Im dichten Abwehrfeuer brach der erste Angriff zusammen. Die zweite Welle überschwemmte das Vorfeld, durchbrach die HKL beim I. Bataillon.

»Absetzen! – Bis hinter den Panzergraben zurückgehen!« befahl Griesbach. Doch ehe diese Bewegung ausgeführt werden konnte, mußte ein überraschend schneller dritter Angriff abgewiesen werden.

Als der Rest des überrollten I. Bataillons den Regimentsgefechtsstand erreichte, sah Franz Griesbach, daß nur noch siebenundzwanzig Soldaten kampffähig überlebt hatten.

Am nächsten Tag setzte sich die Division schrittweise ab. Als Kampfgruppe eingesetzt und versprengte kleinere Einheiten aufnehmend, sammelte das GR 399 am 17. Januar 1944 im Dorf Pelellja, an der entscheidend wichtigen Rollbahn A.

Es meldeten sich u. a. einige Panzerjäger, Selbstfahrlafetten und Sturmgeschütze der PJA 240 bei Griesbach.

Russische Panzer drangen ins Dorf. Es gelang Griesbach, den Panzerangriff zu stoppen. Seine Panzerjäger, Infanteriegeschütze und Sturmgeschütze schossen 69 Feindpanzer ab. Doch der Gegner gab nicht auf. Massiertes Artilleriefeuer setzte ein. Dreimal wurde Griesbach der Gefechtsstand zerschossen. Aber sein Regiment hielt diese wichtige Rückzugsstraße frei.

Am 18. Januar gelang den Sowjets die Einnahme der beherrschenden Höhen bei Duderhof. Diese Höhen waren ein Angelpunkt der Verteidigung; sie mußten zurückgeholt werden.

Oberfeldwebel Stühmer und Leutnant Hennecke Kardel rissen ihre wenigen Männer nach vorn. Nach einem dramatischen Ringen gelang es ihnen, die Höhen zurückzugewinnen. Leutnant Kardel, Adjutant beim III./GR 399, erhielt am 25. Februar 1944 das Ritterkreuz. Oberfeldwebel Stühmer wurde zum Eichenlaub eingereicht.

Am 23. Januar führte Griesbach seine Kampfgruppe bei Gatschina gegen eingebrochene Feindinfanterie. Noch einmal stürmten sie mit Hurra. Am 29. Januar erreichte das Regiment Ostroff.

Hier sagte Generaloberst Lindemann, der OB der 18. Armee, als sich Oberst Griesbach zur Division zurückmeldete:

»Sie haben mit Ihrer Kampfgruppe in der Abwehrschlacht eine Aufgabe übernommen, die für die gesamte Armee von entscheidender Bedeutung war. Ihnen ist es mit zu verdanken, daß der von der sowjetischen Führung mit allen Mitteln angestrebte Durchbruch südlich Leningrad verhindert wurde.«

Über Pleskau wurde die Kampfgruppe zur 170. ID entlassen.

Als das GR 399 neu aufgestellt wurde, mußte Franz Griesbach seinen langjährigen Regimentsadjutanten Hans Büntemeyer als Kommandeur des II./GR 399 abgeben. In ihm fand er einen prächtigen Bataillonskommandeur wieder. (Büntemeyer erhielt am 3. April 1945 als Major in den Kämpfen um Ostpreußen noch das Ritterkreuz.)

Am Morgen des 16. Februar 1944 versuchten die Russen, südwestlich von Narwa die Front aus den Angeln zu heben. Oberst Griesbach ging aus seinem Gefechtsstand in Waiwara mit Oberfeldwebel Stühmer zu einer Erkundung zum Bahndamm vor. Sie sahen, wie ein Granatwerferüberfall auf die Kinderheimhöhe niederging.

»Das da vorn müssen wir uns ansehen, Stühmer!« sagte der Oberst.

Sprungweise arbeiteten sie sich durch das dichter werdende Werferfeuer. Auf einmal brüllte es über ihnen. Die beiden Männer warfen sich hin. Mit einem langen Satz schleuderte sich Stühmer vor seinen Kommandeur, um ihn zu decken. Granaten hämmerten ein. Oberst Griesbach spürte einen harten Schlag und verlor das Bewußtsein.

Als er wieder zu sich kam, befand er sich schon auf dem HVPl. Sechsundzwanzig Granatsplitter hatte er im Körper. Gustav Stühmer war tot. Hätte er sich nicht vor den Regimentskommandeur geworfen, dann wäre Franz Griesbach tot gewesen. So rettete der Oberfeldwebel das Leben seines Kommandeurs.

Am 6. März 1944 erhielt Franz Griesbach als 53. deutscher Soldat die Schwerter. Seinem toten Oberfeldwebel wurde an diesem Tag als 422. deutschen Soldaten posthum das Eichenlaub verliehen.

Für Franz Griesbach war der Zweite Weltkrieg beendet. Am 1. August 1944 wurde er wegen Tapferkeit vor dem Feind zum Generalmajor befördert. Während seines Lazarettaufenthalts in Brandenburg/Havel ging er im April 1945 in die sowjetische Gefangenschaft.

Selbst der ehemalige russische Gegner erwies diesem untadeligen Soldaten seine Hochachtung und entließ ihn 1949 in die Heimat.

Franz Griesbach, geboren am 21. Dezember 1892 zu Brück in der Mark
Letzter Dienstgrad: Generalmajor
Letzte Dienststellung: Divisionsführer
Ritterkreuz am 14. März 1942
242. Eichenlaub am 17. Mai 1943
53. Schwerter am 6. März 1944

GENERALOBERST DER WAFFEN-SS PAUL HAUSSER

Er trotzte Hitler und rettete sein Korps

Oberscharführer Wickling sah sie aufzischen und dann glutrot stur in die gleiche Richtung lohen: Flammenstrahlen, mindestens zehn Meter lang und schwarz gegen den Himmel blakend, ziemlich genau zu beiden Seiten jenes Geländestreifens, der zum Durchbruch für seinen Zug vorgesehen war. »Das fängt gut an – Flammenwerfer!«

»Find' ich großartig, O'schar, daß die da drüben extra für unser Moskauer Entree bengalische Beleuchtung installiert haben. Ob die glauben, daß wir wie die Motten ausgerechnet da 'reinlaufen?« sagte einer von Wicklings Männern. Irgendeinen gab's ja immer, der ausgerechnet dann zu witzeln begann, wenn jeder ahnte, daß es diesmal ganz dick kommen würde.

»Gelobt sei eure Festtagsfreude.« Wickling ließ, während er antwortete, keine Sekunde den zugewiesenen Angriffsstreifen aus den Augen. »Die Gasse, durch die wir sollen, dürfte haargenau der Ort sein, wo uns der Russe zu sehen wünscht, um uns alles, aber auch alles vorzuführen, was er auf Lager hat. Haltet die Ohren steif, und wenn sich der Stahlhelm dabei hebt – noch sechs Minuten.«

Es war die letzte Verschnaufpause vor dem Sturmangriff. Der Zugführer, Untersturmführer Keller, war noch einmal von Mann zu Mann gegangen. Waffen und Gerät waren in Ordnung, jeder in seine Aufgabe eingewiesen. Aber die beiden besten Handgranatenwerfer ahnten, daß sie nun wieder mit einem Sonderauftrag dran waren. So kam es auch. Minutenschnell legte der Untersturmführer mit ihnen die Ansprungwege fest, auf denen sie, abseits des Strahls, nahe genug an die Flammenwerfer herankommen konnten, um im Zielwurf die Zündstände zu vernichten.

Erst dann wandte sich Keller in aller Ruhe an Wickling und die nächstliegenden Männer:

»Kameraden, es wird schon so sein, daß wir genau in die Pfanne laufen, in der uns der Gegner verbraten möchte. Von ihm kann man nichts anderes erwarten; denn er weiß, daß sich die letzte Entscheidung angebahnt haben wird, wenn wir diesen Sperriegel vor Moskau aufgebrochen haben. Seit Monaten hat er sein Verteidigungssystem ausgebaut. Da gibt's keine weichen Stellen. Unsere Division hat die freundliche Einladung zum Verbratenwerden noch jedesmal angenommen, aber hinterher saß eigentlich immer der

Gastgeber selbst in der Pfanne. Wir werden es auch diesmal schaffen, weil wir wissen, um was es geht. Und weil wir unser Handwerk gelernt haben. Dafür hat unser ›Alter‹ damals schon als Inspekteur gesorgt. Wenn der Kommandeur den Stoßkeil ausgerechnet hier vortreibt, dann können wir uns auf seine Nase verlassen; dann liegt hier auch die beste und sparsamste aller taktischen Möglichkeiten. Ich bin mir sicher: Was hinten am Divisionsgefechtsstand passiert, überläßt er dem Ia, und er selbst wird wieder vorn dran sein.«

Das eigene vorbereitende Artilleriefeuer, das über die Männer hinwegheulte, steigerte sich zu ohrenbetäubender Stärke. Keller trat aufrecht vor die Schützenkette und gab mit dem Arm das Zeichen »Fertigmachen!«

14. Oktober 1941. Gegen die Höhen von Borodino, wenig mehr als hundert Kilometer vor Moskau, trat die SS-Division »Das Reich« mit den beiden Regimentern »Der Führer« und »Deutschland« zum Angriff an, um den tiefgestaffelten Sperriegel vor der sowjetischen Hauptstadt aufzubrechen.

In den ersten Minuten verlief der Angriff so, daß selbst Wickling, der Skeptiker, zu hoffen begann. Die eigene Artillerie hatte ins Vorfeld eine ganz schöne Menge Granattrichter gepflanzt. Recht brauchbare Deckungsmöglichkeiten! Eigentlich müßte uns jetzt doch schon die russische Ari zu fassen versucht haben! Ob unsere Bumser beim Vorverlegen des Feuers die russischen Ari-Stellungen auf Anhieb erwischt und maulstopfend eingedeckt haben?

Die Flammenwerfer waren bereits ausgeschaltet. Nur ein paar stinkende schwärzliche Qualmwolken hingen noch im Gelände. Gar keine so schlechte Sichtdeckung gegen die russischen Infanteriestellungen.

»Weiter, Männer, Tempo! Wenn die Iwans erst ihr Abwehrfeuer loslassen, wird jeder Meter für uns zehnmal so lang!«

Plötzlich das schon tausendfach verfluchte eigentümliche Fauchen. »Salvenwerfer – volle Deckung!« brüllte jemand von hinten, und schon wuchteten die feuerschweifigen Raketen in den Boden. Was immer sie trafen, riß ihr gewaltiger Luftdruckwirbel empor; zurück blieben nur schwarzrandige Trichter, jeweils sechzehn mit einer Salve. Salve auf Salve rammte einen scheinbar undurchdringlichen Feuerriegel.

Die ersten Schützenketten hatten erschreckende Ausfälle. Die nachfolgenden erkannten eine winzige Chance: den uhrwerkssturen Rhythmus der Salven und deren gleichbleibende Deckungsfelder.

Vorn war der stark angeschlagene Zug Keller in ein dichtes, nur hier und da vom deutschen Vorbereitungsfeuer aufgerissenes Minenfeld gerannt. Neue Ausfälle! Keller teilte einige Männer ein, die brüllend und winkend die nachfolgenden schon beim Unterlaufen des Salvenfeuers in die wenigen Trichterdeckungen einwiesen. Dennoch knallten auf der ganzen Angriffsbreite immer wieder die Detonationspilze explodierender Minen hoch.

Offenbar beabsichtigten die Russen nicht, ihr eigenes Minenfeld zu beschießen, und so behinderten nur Werfer- und Minensplitter das Ertasten von minenfreien Verbindungen von Trichter zu Trichter. Wenn es keine sonstigen Anzeichen dafür gegeben hätte, wo das Minenfeld endete, dann mußten die ersten Gruppen, die sich durchgearbeitet hatten, es am einsetzenden MG-Feuer zu spüren bekommen. Zunächst zögernd und stotternd, kam es aus hervorragend getarnten Bunkern und Erdbefestigungen.

Nach und nach gelang es den Führern, aus den Männern, die durchs Minenfeld aufschlossen, die Züge und Kompanien im heftiger werdenden MG-Feuer neu zu entwickeln. In diese Bewegungen brach der erste infanteristische Gegenangriff der Russen. Riesige Gestalten, Sibirier, brüllten ihr heiseres »Urrä!« und stürmten in gelockerter Linie.

»Endlich!« Mit diesem Ausruf machte sich ein MG-Schütze Luft, als das »Feuer frei!« durchgerufen wurde. In wenigen Minuten brach der russische Angriff unter gräßlichen Verlusten zusammen, aber die Überlebenden wurden noch zweimal vorangetrieben, bis der Rest sich in Granattrichtern festsetzte.

Plötzlich war der Divisionskommandeur inmitten der vorderen Linie – groß, hager, elastisch wie ein Junger, überall antreibend und trotzdem – sein Geheimnis – Ruhe ausstrahlend.

Der Angriff begann wieder zu fließen. In einem Trichter nur spärlich gedeckt, diktierte der Kommandeur Befehle, die sein Adjutant, das Kartenbrett auf den Knien, in Stichworten notierte. Drei Funker bemühten sich mit ihrem 30-Watt-Tornistergerät um Verbindung zum Stab.

Anfänglich im Gefechtslärm ungehört, dann lauter scheppernd, schoben sich russische Panzer vor die Front.

»Die neuen T 34!« rief Oberscharführer Wickling seinem Zugführer zu.

»Tatsächlich!« Keller wandte sich laut rufend nach hinten: »Panzervernichtungstrupp zu mir!«

Nur einer von den Männern, die dazu eingeteilt waren, kam angehastet, der letzte von ihnen. Wickling ließ sich eine Dreikiloladung fertigmachen und wartete auf das Eindrehen der Panzer gegen ihren Abschnitt.

Noch rollten sie rasselnd in einer Entfernung, in der ihre Bekämpfung nur Sache der schweren Pak oder der Ari sein konnte. Als die Panzer ersten Schießhalt machten und die Mündungsflammen aus den langen Rohren hervorjagten, hofften die Männer, die sich tief in die Deckungen drückten, daß zwischen dem Krachen der Abschüsse wenigstens auch eine einzige andere Detonation zu hören wäre. Bei allen früheren Panzerangriffen hatte ihre Pak sich aufs blitzschnelle Einschießen verstanden, und in den Sekunden des Schießhalts, in denen die Panzer ein stehendes Ziel bildeten, waren Volltreffer fällig.

Nichts dergleichen! Die schwere Pak hatte man nicht durch Werferriegel und Minenfeld nachziehen können. Ihr Feuer aus großer Entfernung lag infolge der für sie schlechten Sichtverhältnisse nicht sonderlich gut, aber es mußten doch Treffer erzielt worden sein. Daß diese offensichtlich wirkungslos blieben, jagte den Männern, die vorn lagen, einen Schrecken in die Glieder.

Die ersten Erfahrungen, die der deutsche Soldat mit der Panzerung des T 34 machte, trieben bald eine sprachschöpferische Blüte: Die bislang bewährte 3,7-cm-Pak bekam den bittermitleidigen Spitznamen »Panzeranklopfgerät«.

Ob die T 34 wirklich ohne Rücksicht auf die Reste russischer Infanterie, die sich noch zusammenhanglos im Gelände befanden, das ganze Gefechtsfeld aufrollen wollten? Wickling lag in höchster Anspannung bereit, als einer der Panzer in seine Richtung eindrehte. Der erste T 34, den ich gesehen habe, muß mir gehören, war sein einziger Gedanke, und wahrhaftig, der kam ihm so, daß er ihn im toten Winkel anspringen und die Ladung unter den weit nach hinten ausgekragten Turm wuchten konnte.

Zurück in den Trichter! Die Druckwelle der Detonation klebte ihn an den Boden, er spürte den beißenden Gestank siedenden Öls. Der Stahlhelm war ihm, durch eine Reflexbewegung seiner Hände zum Kopf, übers Gesicht gerutscht und davongerollt.

Als er sich aufrichtete – die Hände zum Schutz der Trommelfelle noch immer an die Ohren gepreßt –, sah er »seinen« T 34 mit schräg nach vorn abgeknicktem Turm kampfunfähig liegen.

Und ich selbst habe nicht einmal gesehen, wie er auf die Nase gefallen ist, nur weil ich vor lauter Fracksausen meine eigene Nase in den Dreck gebohrt hatte, ärgerte sich Wickling.

»Hat jemand genau gesehen, was hier passiert ist?« rief er seinen Nebenleuten zu.

Antwort gab der gleiche Rottenführer, der vor Beginn des Angriffs die »bengalische Beleuchtung« so großartig gefunden hatte: »Soviel ich gesehen habe, O'schar, haben Sie Ihren Befehl – Haltet die Ohren steif, und wenn sich der Stahlhelm dabei hebt! – soeben in Selbstübung vorgeführt.«

Das Panzerrudel drehte seitlich ab, faßte den Nachbarabschnitt. Offenbar hielt die russische Führung die Beschießung und das Vorstoßen einzelner Panzer aus dem Rudel für ausreichend wirksam. Gleichzeitig hatte sie den Resten ihrer geschlagenen Infanterie Gelegenheit gegeben, sich in Sicherheit zu bringen.

Nach den neuerlichen Verlusten, die die deutsche Angriffsspitze erlitten hatte, war es kein Wunder, wenn der Russe sie nun für endgültig reif hielt, in einem weiteren Angriff der 32. sibirischen Schützendivision zerschlagen zu werden. Aber wieder mähten die deutschen MG. Diesmal gingen die Sibirier rascher zu Boden und feuerten aus ihren Deckungen heraus.

Der Kommandeur, der während des Panzerangriffs beim Regiment »Der Führer« verblieben war, riß durch sein eigenes Beispiel die Männer zu raschem Gegenstoß mit sich. In blutigem Nahkampf wurde schließlich das Vorfeld der russischen Bunker und Feldstellungen genommen.

Der erfahrene Truppenführer wußte, daß jetzt, mitten im ersten Teilerfolg, bei seinen Männern eine Krisis zu erwarten war. Grausam waren die Verluste bis jetzt. Und alles, was noch vor ihnen lag, konnten die Männer nur als eine schier unendlich tiefgestaffelte Straße des Untergangs erahnen. Seine Anwesenheit vorn und sein Zuspruch gaben der Truppe neuen Halt.

Nun griffen die Maßnahmen durch, die der Kommandeur während des russischen Panzerangriffs eingeleitet hatte. Aus der geschwächten Regimentsreserve rückten überflügelnd die Züge vor, die inzwischen in das Knacken bestimmter beherrschender Bunker eingewiesen worden waren.

Die Männer verspürten neuen Auftrieb. Rascher als erwartet waren die ersten Bunker geknackt. Wer so tief drinsteckt, wie sie es während der Angriffe der Panzer und der Sibiriaken erleben mußten, der nimmt nicht so genau wahr, was inzwischen das eigene Artilleriefeuer weiter vorn ausrichtet.

Die hervorragend getarnten russischen Stellungen hatten detailliert erst im Laufe der Kampfhandlungen aufgeklärt werden können. Aber von dann ab leistete die Artillerie eine Maßarbeit, die es den Regimentern »Der Führer« und »Deutschland« schließlich doch noch ermöglichte, die Russen aus diesen Stellungen zu werfen und das Tagesziel zu erreichen.

Die Höhen bei Borodino – auf denen 1812 Napoleons Große Armee vernichtend geschlagen worden war – befanden sich fest in deutscher Hand.

Eine erschütternde Nachricht lief durch: »Kommandeur schwer verwundet!« Unerschrocken im Abwehrfeuer der russischen Artillerie die Männer zur letzten Kraftanstrengung mitreißend, hatte er, von Granatsplittern getroffen, sein rechtes Auge verloren.

Am 19. Oktober 1941 erreichte die SS-Division »Das Reich« Moschaisk, am 28. November Wysokowo. Am 2. Dezember stand sie bei Lenino fast schon im Weichbild Moskaus.

Hier war ihre Kraft am Ende. Aber nicht nur die Männer aller vor Moskau liegenden Einheiten des Heeres und der Waffen-SS waren nach schwersten Verlusten ausgepumpt bis zum Letzten. Auch Guderians Panzer lagen großteils – völlig überfordert – mit ausgeschossenen Rohren, Getriebe- und Motorschäden fest. Als dem hervorragenden Panzerführer der Vorstoß auf Moskau befohlen wurde, waren seine Fahrzeuge in vorangegangenen Panzerschlachten bereits weitgehend abgewirtschaftet. Doch Hitler bestand auf seinem Befehl, gegen die Warnungen des Generalstabs und in Mißachtung seiner eigenen sehr guten technischen Kenntnis von den Leistungsgrenzen der damaligen deutschen Panzertypen. Und hier lag letztlich auch die Ursache dafür, daß der Division »Das Reich« beim Aufbrechen des Riegels vor Moskau Opfergänge zugemutet wurden, die eine noch frische, voll leistungsfähige Panzerwaffe weitgehend zu mildern vermocht hätte.

Wer war der Mann, der die Division führte, deren Leistungen in geradezu legendärem Ruf standen, der Mann, der meistens von der Stelle aus führte, an der die Soldaten härtesten Belastungen ausgesetzt waren, mit seinen mehr als sechzig Lebensjahren von sich selbst notwendigerweise mehr verlangend als von jedem seiner Untergebenen?

Paul Hausser wurde am 7. Oktober 1880 in Brandenburg geboren. Sein Vater war Kompaniechef im Brandenburgischen Füsilierregiment Nr. 35, seine Mutter stammte aus Berlin.

Im Jahre 1892 trat Paul Hausser in die Kadettenvoranstalt Köslin ein. 1896 wurde er zur Hauptkadettenanstalt Groß-Lichterfelde kommandiert. Im März 1899 erfolgte seine Versetzung als Leutnant zum 7. Westpreußischen Infanterieregiment Nr. 155 nach Ostrowo im Bezirk Posen, an der ehemaligen russischen Grenze.

Hausser war nacheinander Zugführer und Rekrutenausbilder. Dann wurde er Bataillonsadjutant und schließlich Regimentsadjutant. In den Jahren 1907 bis 1908 bereitete er sich auf die Prüfung zur Kriegsakademie vor, die er im Frühjahr 1908 in Posen absolvierte. Von da an bis zum Jahre 1911 stand er in Berlin und besuchte die Kriegsakademie.

Er lernte in Berlin Sven Hedin und auch die Eltern seiner späteren Frau kennen.

1912 wurde Hausser für zwei Jahre zum Großen Generalstab kommandiert. Im November 1913 heiratete er in Berlin. Im gleichen Jahr war er Hauptmann geworden. Am 22. März 1914 erfolgte seine Versetzung in die topographische Abteilung des Generalstabs. Während des Urlaubs und der Dienstzeit in Berlin wohnte Hausser in Grunewald im Hause seiner Schwiegereltern.

Mit Beginn des Ersten Weltkriegs trat Hauptmann Hausser zum Generalstab der 6. Armee, kam zum Generalkommando VI, wurde Generalstabsoffizier der 109. ID und schließlich als Major Ia eines Armeekorps. Hoch dekoriert ging Major Hausser nach Kriegsschluß zum Grenzschutz Ost.

Nach Übernahme in die Reichswehr war er nacheinander Generalstabsoffizier im Wehrkreiskommando II, Stettin, Bataillonskommandeur beim IR 4 in Deutsch-Krone, Kommandeur des IR 10 in Dresden und Infanterieführer IV in Magdeburg.

Eingangs 1932 – nach vierzig Jahren als Kadett und Soldat – schied er mit dem Charakter eines Generalleutnants aus der Reichswehr aus.

Am 5. Juli 1934 schlug die Geburtsstunde der Waffen-SS. Und am 24. September 1934 verfügte Reichskriegsminister von Blomberg in einem Erlaß:

»Die SS bildet eine bewaffnete stehende Verfügungstruppe in Stärke von drei SS-Regimentern und einer Nachrichtenabteilung.«

Die »Leibstandarte Adolf Hitler« und die SS-Standarten 1 und 2 wurden mit Wirkung vom 13. Februar 1935 aufgestellt. Hinzu kamen je ein Pionier- und ein Nachrichten-Sturmbann.

Generalleutnant Paul Hausser wurde reaktiviert und übernahm im Jahre 1935 die SS-Junkerschule in Braunschweig als Kommandeur. In den Jahren 1936 bis 1939 war er Inspekteur der SS-Verfügungstruppe und somit für die Aufstellung, Ausbildung und Ausrüstung der Waffen-SS-Regimenter verantwortlich.

Im Jahre 1939 übernahm er die Waffen-SS-Division »Das Reich«. Gruppenführer Hausser führte die Division im Frankreichfeldzug.

Mit Beginn des Ostfeldzuges kämpfte die Division in der Heeresgruppe Mitte, im Verband der Panzergruppe 2 (Generalmajor Guderian, RK am

27. 10. 1939, 24. E am 10. 7. 1941). »Das Reich« war dem XXXXVI. Panzerkorps unterstellt (General der Panzertruppe von Vietinghoff, genannt Scheel, RK am 24. 6. 1940, 456. E am 16. 4. 1944). Der Sprung über die Beresina und der Sturm zum Dnjepr sah die Division vorn.

In den schweren, erbitterten Kämpfen bei Jelnja waren es die Männer der Division »Das Reich«, die bis zum letzten Mann verteidigten. Gruppenführer Hausser erhielt am 8. August 1941 für diesen Einsatz seiner Division das Ritterkreuz.

Der Einsatz in der Kesselschlacht ostwärts Kiew sah die Division in Unterstellung unter das XXIV. Panzerkorps (General Frhr. Geyr von Schweppenburg).

Während Gruppenführer Hausser im Lazarett lag, vollzog sich der Rückzug seiner Division im Verband der 9. Armee. Während der Abwehrkämpfe im Januar/Februar 1942 wurde SS-Obersturmbannführer Otto Kumm am 24. Februar 1942 mit dem Ritterkreuz ausgezeichnet. Er führte das SS-Regiment »Der Führer« in den erbitterten Abwehrkämpfen gegen einen russischen Durchbruch zwischen den Waldaihöhen und Rshew bis Byelyj, Welikije Luki und Cholm. Vier sowjetische Schützendivisionen und zwei Panzerbrigaden versuchten, den Riegel der Kummschen Grenadiere zu durchbrechen. Vier Wochen lang wehrte Otto Kumm sämtliche Angriffe ab. In der Winterschlacht bei Rshew ging der Name Otto Kumm in die Annalen der Kriegsgeschichte ein (Auszeichnungen siehe Anlage »Schwerterträger«).

Ende März 1942 wurde die Division »Das Reich« zur Neuaufstellung nach Frankreich verlegt. Lediglich eine Restgruppe unter Sturmbannführer Werner Ostendorff, dem Ia der Division, blieb bis Juni 1942 im Mittelabschnitt im Einsatz. (Ostendorff hatte am 13. 9. 1941 das RK erhalten; 848. E am 6. 5. 1945; gefallen am 1. 5. 1945.)

Nach seiner Genesung übernahm Paul Hausser die Führung des SS-Panzerkorps »Hausser«, das wenig später in II. SS-Panzerkorps umbenannt wurde. Das Korps wurde nach der Schlacht von Stalingrad im Rahmen der Armeeabteilung Lanz mit seiner 1., 2. und später auch der 3. Division an der Donezfront eingesetzt.

Es standen vorerst nur zwei der drei Divisionen zur Verfügung, als das eben neuaufgestellte II. Waffen-SS-Panzerkorps im Raum Charkow eintraf: die Division »Das Reich« und die 1. Waffen-SS-Panzerdivision »Leibstandarte Adolf Hitler«.

Vergebens hatte Feldmarschall von Manstein am 6. Februar 1943 Hitler davon zu überzeugen versucht, das Donezbecken zu räumen.

Am 13. Februar 1943 ließ Hitler einen Funkspruch an den Kommandierenden General absetzen, daß Charkow mit allen Mitteln zu halten sei und daß sich das Korps notfalls dort einigeln müsse.

Bereits am nächsten Tage sah General Hausser sein Korps bis auf eine Lücke im Süden eingeschlossen. Russische Panzerverbände durchbrachen die nördliche, nordwestliche und südostwärtige Abriegelungsfront und erreichten den Stadtrand von Charkow.

»Funkspruch an General Lanz!« befahl Paul Hausser am 14. Februar. »Das Korps erbittet Erlaubnis zum Ausbruch!«

Am selben Abend schrieb der Tagebuchführer des Korpstagebuches:

»Feind vor Ost- und Nordostfront Charkow erheblich verstärkt. Angriffe an Straßen Tschugujew und Woltschansk mit letzten Reserven abgewehrt. Einbruch in zwölf Kilometer Tiefe bei Flugplatz Süd bis Ossnowa. Bereinigung mit unzureichenden Kräften im Gange. Für Abriegelung Feindeinbruch nordwestlich Charkow bei der Division »GD« (Panzergrenadierdivision Großdeutschland) keine Kräfte.

Zustand nach Meinung des IIa schließt Einsatz zum Angriff für den nächsten Tag aus.«

General Hausser wußte, daß nur ein schneller Ausbruch sein Korps vor einem zweiten Stalingrad retten konnte. Vergebens beschwor Hausser General Lanz – dem das Korps unterstand –, den Ausbruch zu genehmigen.

Paul Hausser besprach sich mit seinem Chef des Stabes, Werner Ostendorff, und mit seinem Ia, Oberstleutnant i. G. Müller.

In der Nacht zum 15. Februar drangen russische Sturmtruppen in Charkow ein. Die Panzerabteilung der Division warf den Feind noch einmal hinaus. Gegen Mittag griffen die Sowjets erneut mit starker Panzerunterstützung an. Die Stadt war bis auf eine schmale Lücke im Süden umschlossen. Wenn auch sie geschlossen würde, waren das Korps und die PGD »Großdeutschland«, die noch im Norden Charkows kämpfte, verloren.

General Hausser faßte den schwersten Entschluß seiner soldatischen Laufbahn. Entgegen dem Führerbefehl befahl *er* den Ausbruch!

Am 15. Februar um 13.00 Uhr meldete er der Armeegruppe:

»Um Truppe vor Einschließung zu bewahren und Material zu retten, wird 13.00 Uhr Befehl zum Durchschlagen hinter Udy-Abschnitt am Stadtrand befohlen. Zur Zeit Durchkämpfen im Gange. Straßenkämpfe im SW und Westen der Stadt.«

General Haussers Soldaten und die Division »GD« brachen nach Südwesten aus. Panzer rollten an der Spitze und schossen den Weg frei. Artillerie, Flak und Pak sicherten die Flanken und schossen aus dem Udy-Abschnitt auf die nachdrängenden Panzer. Vierundzwanzig Stunden dauerte der Kampf durch das brennende Charkow. Die Sturmgeschütze der Division »GD« unter Führung von Hauptmann Peter Frantz bildeten die Nachhut. (Frantz erhielt am 13. 6. 1942 das RK und wurde am 14. 4. 1943 als 228. mit dem E ausgezeichnet.)

Paul Hausser hatte das Korps gerettet. Hitler schäumte. Lange lag Hausser bei ihm in Ungnade. Doch das focht Paul Hausser nicht an; er hatte den vor seinem Gewissen richtigen Entschluß gefaßt, den er seinen Soldaten schuldig gewesen sei.

Am 19. Februar stieß »Das Reich« tief in die Flanke der durchgebrochenen sowjetischen 6. Armee. Das Gardeschützenkorps unter General Charitonow wurde vernichtet. Feldmarschall von Manstein hatte das Korps Hausser, das XXXX. Panzerkorps und das XXXXVIII. Panzerkorps zu einem Zangenangriff auf die 6. Armee angesetzt. Einundzwanzig Tage dauerte die Schlacht. Dann waren die Panzergruppe Popow und die 6. sowjetische Armee vernichtet. Aus der Nähe der Niederlage war mit dem Entschluß des Generals Hausser und durch seine damit geretteten Divisionen ein großer Schlag gelungen, der die Lage bereinigte.

»Jetzt holen wir uns Charkow zurück!« erklärte Paul Hausser, als die Schlacht beendet war.

Als die Divisionen sich durch den oftmals brusthohen Schnee auf Charkow vorkämpften, warf Stalin den Großteil der 3. Panzerarmee in die Schlacht, um das Korps Hausser aufzuhalten. Russische Verbände stürmten in die Lücke zwischen der Division »Leibstandarte« und den Divisionen »Das Reich« und »Totenkopf«, die nun als dritte Division zum Korps gehörte.

Der kluge, geschickt taktierende und versierte Generalstabsoffizier des Ersten Weltkriegs, der Taktiker des ersten Rußlandfeldzugs Hausser überlistete die Angriffsdivisionen des Gegners und hatte sie am 3. März 1943 bei Bereka im Kessel. Hier kämpften die Elitedivisionen Stalins gegen die Waffen-SS. Generaloberst Hoth, OB der Panzergruppe 3, dirigierte das Korps Hausser, westlich umgehend, um die sowjetischen Verbände. Am 8. März standen die Divisionen des Korps Hausser wieder vor Charkow.

Sechs Tage dauerte die Schlacht um die Stadt. Wo die Kraft zu erlahmen drohte, dort tauchte der großgewachsene, schlanke General auf, und dort ging es wieder vorwärts. Am Morgen des 11. März drang das III./SS-

PGR 2 unter Sturmbannführer Max Hansen in Charkow ein. In erbittertem Häuserkampf riß Hansen seine Grenadiere vorwärts. Sie erreichten den Roten Platz. (Hansen wurde am 27. 4. 1943 mit dem RK ausgezeichnet; 838. E am 17. 4. 1945.)

Sepp Dietrich führte die Division »Leibstandarte« in die Stadt (Auszeichnungen siehe Anlage »Schwerterträger«).

Die Division »Das Reich« stieß am Westrand Charkows auf einen breiten Panzergraben. Sie kam darüber hinweg. Die Kampfgruppe Harmel umholte die Stadt zusammen mit Teilen der Division »Totenkopf«, warf den Gegner bei Rogan und schloß den Kessel. Dafür erhielt Obersturmbannführer Harmel am 31. März 1943 das Ritterkreuz (weitere Auszeichnungen siehe Anlage »Schwerterträger«).

Am 15. März war der letzte Widerstand in Charkow erloschen. Der Sieg von Charkow war Paul Hausser zu verdanken, wie ihm im Februar, beim Ausbruch, Zehntausende Soldaten der Waffen-SS das Leben verdankten.

Mit Beginn der Operation »Zitadelle«, der letzten deutschen Großoffensive im Osten, im Raum des Kursker Bogens, war Haussers Panzerkorps innerhalb der von Feldmarschall von Manstein geführten Südzange eingesetzt. Der Oberbefehlshaber der 6. sowjetischen Armee, Generalleutnant Tschistjakow, warnte noch am Abend des 4. Juli 1943 seine Divisionskommandeure:

»Vor Ihnen liegt Hitlers Garde! Wir müssen in diesem Abschnitt mit einem deutschen Schwerpunkt rechnen!«

Kurz vor Beginn des Angriffs war Obergruppenführer Hausser zum Gefechtsstand des PGR »Deutschland« gefahren. Von hier aus beobachtete er den Angriff. Hans Harmel, der Regimentskommandeur, stand neben ihm. Als er Meldung erhielt, daß das III. Bataillon unter Sturmbannführer Wisliceny durch war, und als sie erfuhren, daß Hauptsturmführer Schreiber, Chef der 10. Kompanie, den Panzergraben überwunden hatte, sagte Harmel:

»Es läuft, Obergruppenführer!«

Das erste Loch war aufgerissen. Nun stürmten alle drei Divisionen des SS-Korps und die 167. ID durch diese Lücke.

Hier zeichneten sich die Einheitsführer immer wieder aus. So gelang es Obersturmführer Georg Karck, dem Chef der 9./SS-PGR 2 der »Leibstandarte«, mit seinen Männern, fünf Bunker zu knacken und durch die tiefgestaffelten Stellungen das Höhengelände zu erreichen. (Dafür erhielt er am 7. 8. 1943 das RK; gefallen am 3. 7. 1944.)

Bei Bjelgorod war der Durchbruch erzwungen. Doch hinter dem Höhenzug begann eine zweite tiefgestaffelte Verteidigungslinie.

Hier waren es die deutschen Flieger, die das Korps unterstützten. Die »Artillerie der Luft« erlebte hier ihren ersten Großeinsatz. Sie schoß die Bunker zusammen, vernichtete Panzer und MG-Stellungen.

Am nächsten Tag stand das SS-Panzerkorps zwanzig Kilometer tief im feindlichen Gelände. Die 6./SS-PR 1 unter Rudolf von Ribbentrop durchbrach bei Gresnoje eine russische Panzersperre (RK am 17. 7. 1944). Prochorowka wurde von Teilen des Korps genommen. Es bestand für die sowjetische Führung kein Zweifel mehr, daß die 6. Gardearmee ihrer Vernichtung durch die Waffen-SS entgegenging.

Starke sowjetische Panzerverbände wurden in die Schlacht geworfen, um den Fall von Kursk zu vereiteln. Wieder zeichneten sich die Artilleristen der Luft aus, als eine Kampfgruppe des 2. sowjetischen Gardepanzerkorps von der IV. Gruppe des Schlachtgeschwaders 9 unter Hauptmann Bruno Meyer (RK am 21. 8. 1941) angegriffen wurde. Die Henschel Hs 129, mit 3-cm-Pak bestückt, schossen fünfzig Feindpanzer, die dem SS-Panzerkorps in die Flanke fahren wollten, binnen weniger Minuten ab. In den Kampf griff auch die Schlachtgruppe des Schlachtgeschwaders 1 unter Major Druschel ein (Auszeichnungen siehe Anlage »Schwerterträger«).

Hauptsturmführer Lex (RK am 10. 12. 1943; gefallen am 11. 3. 1944) stürmte mit seiner Kompanie durch eine Lücke, erreichte einen großen Gefechtsstand und nahm General und Stab einer sowjetischen Schützenbrigade einschließlich der Stabskompanie gefangen.

Der Angriff zwischen Bahnlinie und Psjol-Fluß auf Prochorowka wurde von Hausser angesetzt. Hier bei Prochorowka kam es zu einer gnadenlosen Panzerschlacht. Die 5. Gardepanzerarmee der Sowjets unter General Rotmistrow operierte mit 1500 Panzern und Sturmgeschützen. Die Schlacht wurde von Generaloberst Hermann Hoth (Auszeichnungen siehe Anlage »Schwerterträger«) auf dem Gefechtsstand des Regiments »Der Führer« geleitet. Das Korps Hausser behauptete sich auf dem Gefechtsfeld, konnte aber den Angriff auf Prochorowka nicht weiterführen.

Die Schlacht bei Kursk wurde am 13. Juli 1943 abgebrochen. Für seine Führungsleistungen in dieser Schlacht erhielt Obergruppenführer Hausser am 28. Juli 1943 als 261. deutscher Soldat das Eichenlaub.

Das Panzerkorps Hausser nahm anschließend noch an einem Offensivstoß am Mius teil. Doch bei diesem Unternehmen waren nur noch die 2. und 3. Division eingesetzt. Das Generalkommando und die Division »Leibstandarte« waren aus der Front herausgelöst worden, um in Norditalien die nach dem Badoglio-Umsturz als Gegner zu betrachtenden italienischen Truppen zu entwaffnen.

Mit Beginn der Invasion an der Atlantikküste stand Hausser, nunmehr SS-Oberstgruppenführer und Generaloberst der Waffen-SS, mit dem II. SS-Panzerkorps im Westen. Doch erst am Abend des 28. Juni waren die 9. und 10. SS-PD und die 1. SS-PD »Leibstandarte« aus Polen bzw. aus Belgien verfügbar. Paul Hausser sollte nunmehr mit ihnen am 29. Juni gegen Montgomerys Divisionen antreten, die sich im Raum Cristot zum Sturm nach Süden versammelten. Die Höhe 112 ging verloren.

Oberstgruppenführer Hausser mußte am 30. Juni sein altes Korps an Gruppenführer Bittrich abgeben und die 7. Armee übernehmen, denn am 29. Juni war Generaloberst Dollmann (RK am 24. 6. 1940; 518. E am 2. 7. 1944), der OB der Armee, einem Herzanfall erlegen.

Auch als Oberbefehlsshaber einer Armee bewies Generaloberst Hausser seine Führungskunst. Er führte in schwierigster Lage; eine Aushilfe jagte die andere. Es gelang immer wieder, die Front zu halten.

Am 1. August 1944 sagte General von Choltitz zu Generaloberst Hausser:

»Wenn die Tür von Avranches nicht zugedrückt wird, bricht die gesamte deutsche Front in Frankreich zusammen.«

General Warlimont kam am 2. August zu Feldmarschall von Kluge und brachte den Führerbefehl zu einem Stoß von Mortain gegen Avranches. Doch erst sollte eine Reihe von Divisionen dazu bereitgestellt werden. Sowohl von Kluge als auch Hausser verlangten *sofortiges* Antreten.

Der Angriff begann in der Nacht zum 7. August 1944.

Fast alle Waffen-SS-Divisionen waren beteiligt. Es wurde ein erbittertes Ringen, in dem der Gegner mit seiner übermächtigen Luftwaffe und den schier unerschöpflichen Reserven schließlich trotz aller deutscher Anfangserfolge die Oberhand behielt. Die Entsatzoperation mit dem Decknamen »Totalize« wurde mit letzter Kraft gestoppt. Falaise war noch einmal gerettet.

Wenige Tage darauf zeichnete sich der Kessel Argentan–Falaise ab, die gesamte 7. Armee Hausser einschließend. Wieder einmal befahl Generaloberst Hausser in schwieriger Lage den Ausbruch. In der Nacht zum 20. sollten alle noch kampfkräftigen Teile die Umklammerung des Gegners durchbrechen.

Mit umgehängter MPi marschierte Generaloberst Hausser mit seinen Grenadieren durch die Nacht. Er wollte bei seinen Soldaten sein, wenn es um das Letzte ging. Granaten schlugen ringsum ein. Dann dicht vor dem Generaloberst ein schwerer Einschlag! Erneut schwer im Gesicht verwundet, stürzte der Armeeoberbefehlshaber zu Boden. Seine Männer verbanden ihn, machten ihm einen Platz auf dem Heck eines Tigers der »Leibstandarte« frei und fuhren ihn in einer wilden, gefährlichen und dramatischen Jagd aus dem Kessel hinaus.

Generaloberst Hausser kam ins Lazarett.

General der Panzertruppe Heinrich Eberbach (RK am 4. 7. 1940; 42. E am 31. 12. 1941) wurde Haussers Nachfolger.

Generaloberst Paul Hausser gab auch nach dieser schweren Verwundung nicht auf. Er ging trotz seines Alters im Januar 1945 an die Front zurück. Er übernahm den Abschnitt Oberrhein am 28. Januar 1945 von Heinrich Himmler, der hier die Heeresgruppe G geführt hatte.

Am 26. August 1944 hatte Paul Hausser für den Kampf gegen die Alliierten in Frankreich als 90. deutscher Soldat die Schwerter erhalten.

Nach Kriegsschluß ging Generaloberst Hausser durch zwanzig (!) Lager. Er war mit dem Stab des Oberbefehlshabers West – Feldmarschall Kesselring – bei Zell am See in Österreich in Gefangenschaft geraten. Hierüber schreibt Paul Hausser in seinem Werk »Soldaten wie andere auch«:

»Dem Gewahrsam in sogenannten SS-Lagern folgten die Überstellung an das Internationale Militärtribunal in Nürnberg, die Weiterleitung in das War-crime-Lager Dachau und der zeitweise Aufenthalt im Lager Oberursel bei der sogenannten »Historical Division«. Bis Beginn des Jahres 1948 befand ich mich schließlich im Lager Neustadt-Allendorf. Der alliierten Gefangenschaft folgte die automatische Haft in einem deutschen Internierungslager bis Sommer 1948.«

Dann wurde Generaloberst Hausser, inzwischen 68 Jahre alt, entlassen.

In einigen fundamentalen Werken hat sich Paul Hausser um eine Aufklärung des Begriffs der SS und der Waffen-SS bemüht.

Daß die Rehabilitierung dieser tapfer fechtenden Truppe gelang, ist ihm, ihrem Senior, zu danken. Als Paul Hausser am 17. Oktober 1970 neunzig Jahre alt wurde, waren viele seiner alten Soldaten unter den Gratulanten.

Der Verband deutscher Soldaten e. V. entsandte ein Grußwort, in dem Generalleutnant d. Bw. a. D. Matzky unter anderem ausführte:

»Ihm verdanken es seine Waffen-SS-Kameraden in erster Linie, wenn sie sich heute mit Recht darauf berufen können, sie seien ›Soldaten wie andere auch‹ gewesen.«

Paul Hausser, geboren am 7. Oktober 1880 in Brandenburg
Letzter Dienstgrad: Generaloberst der Waffen-SS
Letzte Dienststellung: Oberbefehlshaber der Heeresgruppe G
Ritterkreuz am 8. August 1941
261. Eichenlaub am 28. Juli 1943
90. Schwerter am 26. August 1944

GENERAL DER ARTILLERIE WALTER HARTMANN

Der »Eisgraue« der 87. Infanteriedivision

Walter Hartmann wurde am 23. Juli 1891 in Mülheim/Ruhr geboren. In Schlesien verlebte er seine Jugendzeit. Dort ging er auch zur Schule und trat nach erfolgreichem Abitur im Jahre 1910 in das 1. Königlich Sächsische Feldartillerieregiment Nr. 12 ein.

Im Ersten Weltkrieg stand er bei der Reitenden Abteilung des AR 12 und war mit Kriegsschluß Anwärter im Generalstab eines Armeekorps.

In die Reichswehr übernommen, diente Hartmann beim Stab der 4. Division in Dresden. Danach wurde er wieder im Truppendienst verwendet, zunächst als Batteriechef, dann als Abteilungskommandeur im AR 4.

Im Jahre 1937 wurde Hartmann, eben zum Oberst befördert, Kommandeur des AR 24. Mit diesem Regiment nahm er am Polenfeldzug und am Frankreichfeldzug teil.

Mit dem Beginn des Rußlandfeldzuges wurde der Artillerist von Geblüt Artillerieführer des LII. AK. Für seine überragenden Leistungen und seinen persönlichen Einsatz in dieser ersten Phase des Rußlandfeldzuges erhielt er am 10. August 1941 das Ritterkreuz.

Bei einem feindlichen Artillerieüberfall schwer verwundet – Walter Hartmann verlor den linken Arm und das linke Bein –, sah es nicht so aus, als würde er je wieder zur Front zurückkehren.

Nach seiner Genesung kämpfte Walter Hartmann um seine Wiederverwendung. Inzwischen war er Generalmajor geworden. Am »Krückstock«, mit Arm- und Beinprothese gehen lernend, schaffte er es schließlich, als Kommandeur einer Feldausbildungsdivision im Raum Mogilew eingesetzt zu werden.

Wenn die Soldaten seiner Division von ihm sprachen, hieß er der »Eisgraue«, und darin drückte sich gewiß nicht nur aus, wie seine äußere Erscheinung von furchtbarem Erleben geprägt war, sondern sollte wohl auch andeuten, mit welcher unnachsichtigen Härte er die Ausbildungsarbeit betrieb. Aber da war niemand, der es ihm nicht im stillen gedankt hätte, spätestens dann, wenn er erstmals am eigenen Leibe zu spüren bekam, wie gewaltig der Unterschied zwischen den Ergebnissen kurzer Rekrutenausbildung in der Heimat und den erbarmungslosen Anforderungen der Ostfront war. Jeder Tag, den die Männer seiner Feldausbildungsdivision angehörten, mußte diesen Unterschied erkennbar verringern.

Diese Aufgabe erfüllte Hartmann, nunmehr zum Generalleutnant befördert, vorbildlich bis zum 3. April 1943. Am darauffolgenden Tag übernahm er die Führung der 87. ID von Generalleutnant Richter, der zur Führerreserve versetzt wurde.

Nun begann eine Phase im soldatischen Leben des Generalleutnants, in der er weit über sich selbst hinauswuchs.

Als Generalleutnant Hartmann die 87. ID übernahm, stand diese im Auffrischungsraum ostwärts Witebsk; ihre beiden Grenadierregimenter 185 und 187 waren auf volle Gefechtsstärke gebracht worden. Generalleutnant Hartmann erhielt vom Oberbefehlshaber der Heeresgruppe, Feldmarschall von Kluge, alle Freiheit, das Führer- und Unterführerkorps der Division zu verjüngen und sich die geeigneten Persönlichkeiten dafür auszusuchen.

So stellte der neue Divisionskommandeur nicht nur die Division endgültig auf, sondern betrieb auch mit Nachdruck die Ausbildung. Gefechtsübungen in kleinerem und größerem Verband, Übungen im Zusammenwirken aller Waffen ließen ihn bald die Division richtig »in den Griff« bekommen. Darüber hinaus förderte er das Selbstvertrauen dieser in den vergangenen Monaten schwer angeschlagenen Division. Oberst a. D. Dr. Hermann Oehmichen (RK am 30. 12. 1943) schrieb zu dieser Phase der Division in seinem Buch »Der Weg der 87. ID«:

»Ein solches Vertrauen auf die eigene Kraft der Truppe wieder einzuflößen, war der neue Kommandeur gerade der rechte Mann. Der zu Beginn des Rußlandfeldzuges schwer verwundete Generalleutnant Walter Hartmann hatte sich, obwohl er nur noch einen Arm und ein Bein besaß, trotz Krückstock und Prothesen die Frontverwendung nicht nehmen lassen. Und wenn unser ›Eisgrauer‹ – wie ihn die Truppe bald in liebevoller Verehrung und Respekt taufte – mit seinem Krückstock erschien, da ging auch der Letzte der Division buchstäblich für seinen Kommandeur durchs Feuer.«

Neben der Ausbildung und Schulung oblag es der 87. ID, die in diesem Ruheraum ostwärts Witebsk auftauchenden Partisanenbanden zu bekämpfen. Fünf Bandenkampfeinsätze führte sie durch in den dschungelartigen Sumpfwäldern, aus denen die Partisanen immer wieder hervorbrachen, um Einzelfahrzeuge zu überfallen, kleine Gruppen Soldaten zu massakrieren und Nachrichtenverbindungen zu unterbrechen.

Das Bandenkampfunternehmen »Maigewitter« vom 17. bis 25. Mai wurde von Generalleutnant Hartmann persönlich geleitet. In dem riesigen Waldgelände nördlich der Düna, das von großen Sümpfen durchsetzt war, griffen neben der 87. ID noch Korpstruppen des VI. AK und Teile der 8. PD an, weiterhin ergänzt durch Osttruppen und Kosakenverbände.

Zwischen Witebsk und Ssurash begann der Einsatz, der die Partisanenverbände in dem engen Raum Chotolja–Belikowo zusammendrängte und schließlich vernichtete.

Die Division hatte 34 Tote und über 100 Verwundete verloren. Generalleutnant Hartmann behagte dieser Einsatz ebensowenig wie seinen Soldaten. So empfanden es alle fast als Erleichterung, als Anfang Juni 1943 befohlen wurde, die im Raum beiderseits Welish eingesetzte 83. ID abzulösen.

Doch auf dem Marsch in das neue Einsatzgebiet wurde die Division zur »Bandenbekämpfung im Kaspljanskaja-Wald südlich Ssurash« abgedreht. Glücklicherweise wurde dieser Auftrag ein paar Stunden später widerrufen, lediglich Teile der Division mußten neben der abgelösten 83. ID auf den Kaspljanskaja-Wald antreten.

Am 12. Juni übernahm Generalleutnant Hartmann auf dem Gefechtsstand in Beljajewo den Befehl über den neuen Abschnitt, dessen Ausdehnung sechzig Kilometer betrug. Rechter Nachbar war die 330. ID, links schloß sich die 4. Luftwaffen-Felddivision an.

Drei Monate vergingen in diesem Abschnitt, ohne daß der Gegner zu größeren Operationen angetreten wäre. So konnte sich die Division auf Spähtrupptätigkeit beschränken und die HKL stetig weiter verbessern. Generalleutnant Hartmann selbst fuhr jeden Tag zu einem anderen Abschnitt hinaus.

Mitte September wurde er vom Korps unterrichtet, daß sich die Lage beim rechten Nachbarkorps kritisch entwickle und seine 87. ID mit der geplanten Absetzbewegung in die dreißig Kilometer ostwärts Witebsk vorbereitete »Pantherstellung« zu rechnen habe.

Am frühen Morgen des 17. September griff die Rote Armee völlig überraschend und heftig den Divisionsabschnitt der 87. an. Der Schwerpunkt dieser Feindangriffe lag bei Welish. Am Mittag des nächsten Tages durchbrachen starke russische Infanterie- und Panzerkräfte auf dem linken Flügel der benachbarten 206. ID die Kampfgruppe Doser und warfen diese bis auf die Linie Makorowitschina–Maximowka zurück.

Am Abend wurde dieser Abschnitt der Badenki-Seenkette der 87. ID unterstellt. Generalleutnant Hartmann hielt nichts mehr auf seinem Gefechtsstand, er fuhr zu den Kampfgruppen Doser und Michels. Die ganze Nacht über blieb er dort und leitete die Gegenmaßnahmen ein. Die Grenadiere sahen den »Eisgrauen« in den vorderen Stellungen auftauchen. In dieser Lage bedeutete die persönliche Anwesenheit des Divisionskommandeurs für alle Soldaten eine große Ermutigung.

Oberst Doser versuchte, mit einigen Jägergruppen den eingedrungenen Feind zurückzuwerfen. Er fiel bei diesem Unternehmen. Hauptmann Welzin übernahm die Kampfgruppe.

Unmittelbar an der Einbruchsstelle griff der »Eisgraue« ein und führte selbst zwei Züge des Jägerbataillons 1 von Agafonowy auf Beljanskaja vor. Es gab kein Halten für die Jäger. Bis 14.30 Uhr des 19. September hatte der General persönlich diesen Feindeinbruch abgeriegelt. Gleichzeitig hatte Hartmann aus einer Mulde westlich Beljanskaja die 1./Panzerjägerabteilung 206 mit zusammengerafften Resten der Jägerregimenter nach Südosten vorstoßen lassen. Aus Kopylniki wurde der Feind geworfen, drei Panzer durch Artillerie abgeschossen. Ein russischer Gegenangriff wurde abgewiesen.

Unklarheit über die nunmehrigen russischen Stellungen zwangen zu schnellstmöglichen Aufklärungen. Wiederum war der General in der vordersten Linie. Unvorstellbares leistete dieser zweifach amputierte Soldat, um durch sein Beispiel jeden einzelnen zur Hergabe aller Kräfte, die besonders den Spähtrupps abverlangt wurde, mitzureißen.

So konnte um 20.00 Uhr das vom Korps befohlene planmäßige Absetzen in die Linie II durchgeführt werden. Damit hatte die Absetzbewegung auf die »Pantherlinie« begonnen. Fünf schwere Wochen standen Generalleutnant Hartmann und seiner 87. ID noch bevor. Fünf Wochen, in denen alltäglich von diesem Offizier schwerwiegende Entscheidungen gefordert wurden.

Wo der Gegner versuchte, die Division zu umgehen oder zu durchbrechen, wurde er durch kleine Truppenverbände geschlagen.

Als am 21. September Feindteile im Rücken des GR 187 auftauchten, sammelte Hartmann die Reserven zum Gegenangriff. Doch um 20.00 Uhr entschloß sich das VI. AK, die 87. ID noch in der Nacht auf die Linie Boroda – Sujewa – Banki – Ssawostje – Werchowje – Drosdy zurückzunehmen.

Auf die Zwischenlinie IIa ging es in einem anstrengenden Nachtmarsch zurück. In der ersten Morgenstunde des 22. September hatte sich auch die Nachhut vom Feind gelöst.

Im rechten Abschnitt der neuen Linie, beim GR 187, kam es am Nachmittag zu schweren Kämpfen, die von Oberst Geissler abgewehrt wurden. Das erste Bataillon der neu zugeführten 14. PD traf noch rechtzeitig in Ponisowje ein, um von Generalmajor Flörke, dem Kommandeur der 14. ID (RK am 15. 12. 1943; 565. E am 2. 9. 1944) zur Unterstützung des Gegenangriffs eingesetzt zu werden.

Die HKL wurde bereinigt, doch gegen 20.00 Uhr griffen die Sowjets abermals an, diesmal im Rücken; fünfzehn Kilometer hinter der HKL hatten sie die Divisionsversorgungstruppen an der Straße Janowitschi–Demidow überfallen.

In aller Eile ließ Generalleutnant Hartmann mit schwachen Kräften abriegeln. Am frühen Morgen des 23. September fuhr er in die bedrohte Richtung, um den Gegenangriff persönlich zu führen.

Als er bei den Soldaten eintraf, ging ein Aufatmen durch die gelichteten Reihen. Wenn der »Eisgraue« selbst dabei war, konnte nichts schiefgehen. Mit der Divisionseingreifgruppe und zwanzig Männern des Divisionsstabes stieß Hartmann vor. Zwei leichte französische Panzer, die sich der General irgendwo unterstellt hatte, dienten als Keile.

Gleichzeitig stießen von Nordosten Teile des GR 187 unter Oberstleutnant Geissler gegen Leschtschewo vor. Ihnen hatte Generalleutnant Hartmann die 1./Panzerjägerabteilung 206 und sechs Sturmgeschütze zugeteilt. Im Angriff wurde die eingedrungene Feindgruppe vernichtet. Lediglich schwache Teile entkamen nach Norden über die Kasplja oder in die Sümpfe im Süden.

Wegen dieser überragenden Leistung gab Generalleutnant Hartmann Oberstleutnant Geissler zum Ritterkreuz ein, das ihm nach seinem Tode – er fiel am 15. Dezember 1943 – am 25. Januar 1944 verliehen wurde.

Es waren Teile der 332. sowjetischen Schützendivision, die hier vernichtet wurden. Diese Feinddivision griff auch am 24. September an. Es gelang ihr, die weit auseinandergezogenen Einheiten des I./GR 187 im Rücken zu packen und ans Nordufer der Kasplja zurückzudrängen.

Abermals nahm Generalleutnant Hartmann die Sache selbst in die Hand und formierte die Entsatzverbände zum Gegenstoß. Am folgenden Morgen lief auch dieses Unternehmen zur Bereinigung der Lage bei Tischanowo an. Wiederum unterstützt von vier Sturmgeschützen, ging es durch dichtverfilzten Wald vorwärts. Wo der Angriff zu erlahmen drohte, erschien der »Eisgraue«. Was er leistete, grenzte an das Unmögliche. Der Feind wich zurück und floh schließlich in aufgelöster Ordnung nach Norden und Nordosten.

Panzerrudel mit aufgesessener Infanterie griffen auch die dünne HKL der 87. ID an. Es brannte an allen Ecken, und immer war Hartmann zur Stelle, um diese Brände auszutreten.

Am Vormittag des 28. September kam der OB der 3. Panzerarmee, Generaloberst Reinhardt (Auszeichnungen siehe Anlage »Schwerterträger«) auf den Divisionsgefechtsstand, um sich von Generalleutnant Hartmann Vortrag über die Lage der Division und geplante Maßnahmen halten zu lassen. Der Divisionskommandeur schloß:

»Von den zwei Möglichkeiten, welche die Division hat, ist es die erste: unter erheblichen Verlusten in der bisherigen Stellung auszuharren, um Zeit für einen besseren Ausbau der nächsten Linie zu erhalten. Die zweite lautet: unter geringen Verlusten schneller auszuweichen und dabei eine schlechter ausgebaute Stellung in Kauf zu nehmen. Letztere ist unter Berücksichtigung der stark abgesunkenen Kampfkraft der Division die bessere.«

Generaloberst Reinhardt stimmte dem Divisionskommandeur zu.

Die Linie III wurde nach anstrengendem Nachtmarsch im Morgengrauen des 29. September erreicht und bis zum 6. Oktober verteidigt. Ein Feindeinbruch wurde durch die 2./FR 87 bereinigt. Planmäßig erfolgte am 7. Oktober das Absetzen in die Zwischenlinie IIIa.

Es ging in die »Pantherriegelstellung« und von dort aus in die »Pantherstellung« zurück. Oberstleutnant Koetz, Kommandeur des GR 185, bestätigte in diesen Absetzbewegungen seinen Ruf als entschlossener Kommandeur. Er trug bereits seit dem 2. Oktober 1941 das Ritterkreuz und wurde nun von Hartmann zum Eichenlaub eingereicht, das ihm am 24. Januar 1944 als 374. deutschen Soldaten verliehen wurde.

Nach fünf Wochen waren die Rückzugsbewegungen beendet. Für seine Führungsleistungen und außerordentliche persönliche Tapferkeit vor dem Feind wurde Generalleutnant Hartmann zum Eichenlaub eingereicht, das ihm am 30. November 1943 als 340. deutschen Soldaten verliehen wurde.

Hartmanns Führungsleistungen unter extrem schwierigen Bedingungen hatten im OKW besondere Aufmerksamkeit erweckt. Am 19. November 1943 übergab Hartmann die 87. ID an seinen Nachfolger, Generalleutnant Frhr. von Strachwitz (RK am 27. 1. 1945). Er selbst erhielt, nach kurzer Zeit in der Führerreserve, Ende April 1944 den Befehl über das XXXXIX. Gebirgskorps, das bis dahin von General der Gebirgstruppen Rudolf Konrad (RK am 11. 8. 1942) geführt wurde. Das Korps stand zu dieser Zeit auf der Krim in schweren Abwehrkämpfen.

Am 5. Mai 1944 begann der Großangriff der Russen. General Hartmann koordinierte die Abwehr mit dem Ziel, so viele Truppen wie möglich über das Schwarze Meer zu retten. Er gab auch den Befehl aus, der einzig die Rettung der letzten Truppen sicherstellen konnte, als er am Abend des 10. Mai Generalleutnant Reinhardt, den Kommandeur der 98. ID, anrief und ihm sagte:

»Reinhardt, Sie sind der Schwerpunkt! Wenn bei Ihnen die Front bricht, dann alles auf die Schiffe!«

Generalleutnant Alfred Reinhardt (Auszeichnungen siehe Anlage »Schwerterträger«) erwiderte:

»Herr General, es liegt kein Grund zur Beunruhigung vor. Der Russe hat heute in meinem Abschnitt siebenmal angegriffen und wurden siebenmal abgewiesen. Nirgends ist er eingedrungen. Wir hier in unserem Abschnitt können noch vierundzwanzig Stunden halten. Hauptsache ist, die Schiffe kommen!«

Die Schiffe, die Generalleutnant Hartmann immer wieder anforderte, kamen nur zum Teil und diese nur mit Verzögerungen. Nach Abzug der deutschen Jagdwaffe von der Krim beherrschten russische Flieger den Himmel.

Als die Krim fiel, hatte sie erhebliche Teile der dort eingeschlossenen 17. Armee gefressen. Hitler hatte nicht auf die Rückführungszahlen von Großadmiral Dönitz hören wollen und eine Armee verspielt. Generalleutnant Hartmann gelangte auf abenteuerlichen Wegen zurück auf das Festland.

Im Rahmen der 4. deutschen Panzerarmee stand Hartmann, nun General der Artillerie, schließlich noch in den letzten Monaten des Krieges als Kommandierender General des XXIV. Panzerkorps in Oberschlesien im Einsatz.

Unter General der Panzertruppe Fritz-Hubert Graeser (Auszeichnungen siehe Anlage »Schwerterträger«) standen in dieser Armee das XXXX. Panzerkorps, das XXIV. Panzerkorps und das Panzerkorps »Großdeutschland«. Zu Hartmanns Korps gehörten die 16. und 25. PD sowie die 72. und 342. ID. Schrittweise wichen die Soldaten des Korps zurück.

Am 18. März 1945 erhielt General der Artillerie Hartmann als 139. Soldat die Schwerter zum Eichenlaub.

In der Endphase des Kampfes gehörte Hartmanns Panzerkorps zur 1. Panzerarmee. Ostwärts der Moldau verhinderte es den sowjetischen Versuch, durch die Mährische Senke nach Mähren vorzustoßen. Noch einmal stellte der »Eisgraue« unter Beweis, daß er zu kämpfen verstand und zugleich auch ein Herz für seine Soldaten hatte.

Im Raum Mährisch-Ostrau–Brünn stand das XXIV. Panzerkorps auf der rechten Flanke der 1. Panzerarmee. In Brünn verteidigte General Hartmann bis zum 26. April, dann mußte er sich mit seinem Korps zurückziehen. Die Ausläufer der Karpaten mußten aufgegeben werden. Das Ende des Krieges war gekommen. General Hartmann ging in die amerikanische Gefangenschaft, aus der er 1947 in die damalige Westzone entlassen wurde.

Er trat in eine pharmazeutische Fabrik ein, wurde zwei Jahre später deren Geschäftsführer und hat sich so mit eiserner Energie eine neue Existenz aufgebaut.

Werner Hartmann, geboren am 23. Juli 1891 in Mülheim/Ruhr
Letzter Dienstgrad: General der Artillerie
Letzte Dienststellung: Kommandierender General des XXIV. Panzerkorps
Ritterkreuz am 10. August 1941
340. Eichenlaub am 30. November 1943
139. Schwerter am 18. März 1945

GENERAL DER FALLSCHIRMTRUPPE RICHARD HEIDRICH

Er hielt Monte Cassino

»Kameraden, das Regiment hat folgende Einsatzräume erhalten:

I. Bataillon unter Hauptmann von der Heydte: Sprungeinsatz auf der Ebene am Zuchthaus Agya. Raum Straße Chania–Suda.

II. Bataillon unter Major Derpa: Sprungeinsatz ostwärts des Zuchthauses Agya. Wegnahme der Höhen von Galatas.

III. Bataillon unter Major Heilmann: Sprungeinsatz als Vorhut des Regiments im Raum Galatas–Daratsos, Straße Alikianu–Chania.

Unterstelltes Fallschirm-Pionierbataillon unter Major Libach ohne 3. Kompanie: Sprungeinsatz nördlich Alikianu.«

Oberst Richard Heidrich hatte seine Einweisung beendet. Klein, gedrungen, mit hellen blauen Augen, stand er vor den Kommandeuren seines Fallschirmjägerregiments 3, das in diesen Minuten den Einsatzbefehl für den Sprung auf die Insel Kreta erhielt.

»Meine Herren«, schloß er wenige Minuten später, »ich werde mit dem II. Bataillon springen. Ihnen allen viel Soldatenglück!«

Die Vorhut des FJR 3 startete vor Morgengrauen. An der Spitze die 9. Kompanie mit dem Bataillonskommandeur. Unter den Maschinen lag das Mittelmeer. Im Näherkommen an die Sudabucht konnte Major Heilmann britische Flotteneinheiten erkennen. Flakfeuer schlug den Maschinen entgegen.

Von Westen her überflog die Kampfgruppe die Insel. Die in den geöffneten Türen stehenden Spitzenspringer hörten durch den Motorendonner hektisches MG-Geschnatter und klackende Karabinerschüsse. Nördlich der Straße von Chania flammte das Feuer zu einem Orkan auf. Die Maschinen gingen auf Absprunghöhe hinunter.

»Tuuuuu-uuut!« brüllte das Boschhorn das Zeichen zum Sprung. Mit den ersten Männern sprang Major Heilmann. Weiße Fallschirme pendelten der Erde entgegen. Einige blieben an Telefonleitungen hängen. Heilmann landete mit der 9. Kompanie im vorgesehenen Gebiet; sie stürmte den Hang empor, vernichtete eine feindliche MG-Stellung im Handgranatenduell. Der Chef der Neunten blieb schwerverwundet liegen. Zwei Stunden später war die Höhe südlich Galatas vom Bataillon genommen. Doch der Großteil des Bataillons war weit verstreut abgesetzt worden.

Mit dem II. Bataillon sprang wenig später Oberst Heidrich bei Chania. Das Bataillon kam sicher herunter.

»Derpa, da vorn ist Galatas. Die Kastellhöhe ist unser Ziel!« rief Heidrich.

»Es kann losgehen, Herr Oberst!« erwiderte Derpa.

Sie stürmten vorwärts. Es ging durch Steineichengebüsch und Olivenpflanzungen. Englische Doppellauf-MG schossen.

Auf halber Höhe des Hanges peitschte ihnen auch aus der linken Flanke MG-Feuer entgegen. Neben dem Oberst schrie Major Derpa auf, und als Heidrich zu ihm hinkroch, sah er, daß Derpa bereits tot war. Vor der Höhe blieb das Bataillon liegen.

Das I. Bataillon unter Hauptmann Freiherr von der Heydte – das hinter der Gruppe Heilmann gestartet war – sprang um 07.10 Uhr. Sie landeten, stürmten zum Zuchthaus, nahmen es in Besitz. Doch wenig später lag das Bataillon vor einem dichten Feindriegel fest. Am späten Nachmittag gelang es, Funkverbindung zum III. Bataillon aufzunehmen.

Der erste Tag auf Kreta endete auch für das FJR 3 mit schweren Verlusten. Oberst Heidrich organisierte in der ersten Nacht die Verteidigung. Dann versuchte er, seine Bataillone über Funk zu erreichen und zum Sturm auf Galatas anzusetzen.

Deutsche Schlachtflugzeuge griffen die Kastellhöhe an. Ein Funkspruch an das III. Bataillon, von dem Heidrich nun wußte, daß es weit auseinandergezogen gelandet war, wurde abgesetzt:

»Marschieren Sie mit 100 Mann in Richtung Malemes und nehmen Sie Verbindung mit den dort soeben gelandeten Gebirgsjägern auf!«

Während Major Heilmann losmarschierte, mußte sich Oberst Heidrich bei den Kastellhöhen darauf beschränken, möglichst starke Feindkräfte zu binden.

Als der 21. Mai zu Ende ging und es den ersten Gebirgsjägereinheiten gelungen war, auf dem winzigen Flugplatz von Malemes zu landen, atmeten alle Kampfgruppenführer auf, denn nun bestand Hoffnung, daß doch noch alles gutgehe.

Das FJR 3 saß in der Niederung von Galatas und Chania wie ein Pfahl im Fleisch der britischen Verteidigung. Die Männer um Oberst Heidrich erkannten hier, daß ihr Überleben von all jenen Fertigkeiten und Kenntnissen abhing, die sie bei ihrem Lehrmeister gelernt hatten. Ohne die Ausbildung, die ihnen Richard Heidrich mitgegeben hatte, wären sie auf Kreta verloren gewesen.

Immer wieder setzte Heidrich Gruppen an, um den Umklammerungsring der Engländer zu durchbrechen. Dadurch bannte er sämtliche Feindkräfte vor seinem Abschnitt, die sonst hätten nach Malemes abgezogen werden können, um den Deutschen den Flugplatz wieder zu entreißen, auf dem am 22. Mai das Gros der 5. Gebirgsdivision unter Generalmajor Ringl (RK am 13. 6. 1941; 312. E am 25. 10. 1943) landete.

Im Zuchthaus Agya hatte Oberst Heidrich inzwischen seinen Gefechtsstand eingerichtet. Am 22. Mai befahl er seinem II. Bataillon, Galatas anzugreifen und die Höhen und Dörfer darauf in Besitz zu nehmen. Die Höhen hielten Neuseeländer. Dazu stellte er die Panzerjäger- und die schwere Kompanie ab. Angriffsbeginn war der 23. Mai 1941.

Bei Stalos war es Major Heilmann am 22. Mai gegen 17.00 Uhr gelungen, mit den vordersten Gebirgsjägereinheiten Verbindung aufzunehmen. Gemeinsam mit den Jägern wollte auch er am nächsten Morgen angreifen.

Der Angriff des 23. Mai brachte Heidrichs Männer vorübergehend in den Besitz der Höhen. Doch wenig später wurden sie im Gegenstoß geworfen.

Am 26. Mai hatten sich drei Kampfgruppen bis vor die letzten Höhenstellungen des Gegners westlich und südlich Chania herangeschoben. Sie sollten am 27. Mai zum Angriff auf die Hauptstadt der Insel antreten. Es waren dies:

Gruppe Oberst Heidrich: von Süden gegen Chania,

Gruppe Oberst Utz (Gebirgsjägerregiment 100): von Südwesten gegen Chania,

Gruppe Oberst Ramcke (FJ-Sturmregiment): von Westen gegen Chania.

Am Vorabend hatten Männer des GJR 100 Galatas erobert und die Nacht hindurch gegen starke Gegenangriffe mit Panzerunterstützung gehalten.

Am 27. Mai traten alle Verbände zum Sturm auf Chania an. Es war das Fallschirmjäger-Sturmregiment, das als erstes nach Chania hineinstürmte. Dann kamen die Gebirgsjäger und das FJR 3 unter Oberst Heidrich.

Der Kampf um Kreta war entschieden. Oberst Richard Heidrich erhielt am 14. Juni 1941 das Ritterkreuz des Eisernen Kreuzes. Es war ihm gelungen, stärksten Gegner in der Mitte zu binden und dadurch der Westgruppe die Möglichkeit zu schaffen, einen Flugplatz zum Nachführen der 5. GJD freizukämpfen.

Major Ludwig Heilmann (Auszeichnungen siehe Anlage »Schwerterträger«) erhielt ebenfalls das Ritterkreuz, und auch Friedrich-August von der Heydte wurde am 9. Juli 1941 mit dem Ritterkreuz ausgezeichnet (Eichenlaub am 18. Oktober 1944 als 617. deutscher Soldat).

Kreta hatte höchste Verluste gekostet. Nicht weniger als 347 Offiziere und 5635 Unteroffiziere und Mannschaften waren tot, verwundet oder vermißt.

Der großartigste Erfolg einer neuen Waffe wurde gleichzeitig auch ihr Schwanengesang, denn Hitler verkündete am 19. Juli 1941 in Rastenburg anläßlich der Vorstellung der Ritterkreuzträger dieses Unternehmens:

»Kreta hat bewiesen, daß die Tage der Fallschirmtruppe vorüber sind! Die Fallschirmwaffe ist eine reine Überraschungswaffe, der Überraschungsfaktor hat sich aber inzwischen abgenutzt.«

Richard Heidrich wurde am 28. Juli 1896 in Lewalde in Sachsen als Sohn des Bauunternehmers Carl Heidrich geboren. Zu Beginn des Ersten Weltkrieges meldete er sich freiwillig zum 3./Infanterieregiment Nr. 102 König Ludwig III. von Bayern, Zittau, und trat im Herbst 1914 zum 16./Infanterieregiment Nr. 182, Freiberg, über. Diesem Regiment gehörte er als Zug- und Kompanieführer und zuletzt als Adjutant bis Kriegsende an. Nach Kriegsschluß ging er zu einem Freikorps nach Litauen.

Danach trat Heidrich in die Reichswehr ein und wurde in das IR 10, mit Sitz in Dresden, übernommen. Lange tat er in diesem Regiment als Zugführer Dienst.

Nach bestandener Wehrkreisprüfung wurde er 1925 zur Führergehilfenausbildung (Tarnname der früheren Kriegsakademie) kommandiert. Hier waren die späteren Feldmarschälle von Witzleben und von Manstein seine Lehrer.

Später einmal schrieb Heidrich über diese Zeit, daß er wegen seiner mangelnden Qualitäten nicht in den Generalstab aufgenommen worden sei. Ihm schien eine andere Laufbahn als Soldat vorbestimmt zu sein.

Unter Oberst Bolze führte Heidrich lange Jahre im IR 10 das Unteroffiziers-Lehrkommando. 1934 ging er als Taktiklehrer zur Kriegsschule Dresden, um später zu den Kriegsschulen München und Potsdam versetzt zu werden. In Potsdam war Erwin Rommel sein Kommandeur.

Als sich Versuche zur Aufstellung einer deutschen Fallschirmtruppe anbahnten und die Luftwaffe ein erstes Bataillon unter Major Bruno Bräuer aufstellte, meldete sich Major Heidrich freiwillig zur Fallschirmtruppe des Heeres, von der in Stendal nur eine Kompanie stand. Mit einundvierzig Jahren absolvierte der kleine, etwas beleibte Soldat seinen Springerlehrgang an der ersten Fallschirmspringerschule in Stendal-Borstel.

Im Jahre 1938 wurde der Heeresverband zur Bataillonsstärke aufgestockt. Major Heidrich wurde sein Kommandeur.

Als am 1. Januar 1939 das Fallschirm-Infanteriebataillon in die Luftwaffe übernommen wurde, erhielt es die Bezeichnung II./FJR 1. Major Heidrich wurde in den Stab der 7. Fliegerdivision (ein Tarnname für die spätere 1. Fallschirmjägerdivision) übernommen. Sein Bataillon führte Hauptmann Fritz Prager weiter.

Im Polenfeldzug kamen die Fallschirmjäger nicht zum Einsatz, und Heidrich kehrte wegen sachlicher Meinungsverschiedenheiten zum Heer zurück. Als Kommandeur des neuaufgestellten IR 514 in der 294. ID nahm er am Frankreichfeldzug teil. Doch mitten aus dem Vormarsch wurde er nach Berlin befohlen. Er erhielt den Auftrag, aus dem II./FJR 1 – seinem alten Bataillon – das Fallschirmjägerregiment 3 aufzustellen.

Heidrich baute dieses Regiment als ein strenger, ja harter Vorgesetzter auf. In der Ausbildung war er unerbittlich. Bereits zu dieser Zeit stand er in Heer und Luftwaffe im Ruf eines großartigen infanteristischen Lehrmeisters. Doch sturer Kasernenhofdrill existierte für ihn nicht. Statt dessen ging es immer wieder zur Gefechtsausbildung im scharfen Schuß hinaus. Einmal sagte er, wegen dieser »Marotte« befragt:

»Fünfundsiebzig Prozent des Erfolges wird auf dem Truppenübungsplatz errungen. Deshalb muß eine Elitetruppe mit unerbittlicher Härte ausgebildet werden. Mein Ziel ist der raffiniert fechtende, unabhängig denkende Einzelkämpfer *und* ein wie ein Uhrwerk aufeinander eingespielter Kampfverband.«

Auf Kreta stellte sein Regiment gegen zehnfach überlegenen Gegner alle diese Fähigkeiten unter Beweis.

Als im November 1942 die Umbenennung der 7. Fliegerdivision in 1. Fallschirmjägerdivision erfolgte, wurde Richard Heidrich, inzwischen zum Generalmajor befördert, neuer Divisionskommandeur. Kommandeur des FJR 3 wurde Oberstleutnant Heilmann, den Heidrich selbst als seinen Nachfolger vorgeschlagen hatte.

General Student war Kommandierender General des XI. Fliegerkorps (Tarnbezeichnung für das erste Fallschirmkorps der Wehrmacht) geworden. Ende Januar 1943 begann die Aufstellung der 2. Fallschirmjägerdivision. Nach vollendeter Aufstellung, Ende Juni 1943, wurde das XI. Fliegerkorps, mit seinen beiden Fallschirmdivisionen in Frankreich stehend, dem OKW als operative Reserve unterstellt. Mit 30 000 bestausgebildeten, gut ausgerüsteten Soldaten war es die stärkste bewegliche Reserve, über die das OKW derzeit verfügte.

Als in der Nacht zum 10. Juli 1943 die alliierte Landung auf Sizilien begann, wurde das XI. FLK alarmiert. Doch nur die 1. FJD wurde nach Sizilien geworfen und sprang in Regimentsgruppen in der Cataniaebene ab. Als erstes das FJR 3 unter Oberst Heilmann.

Zur gleichen Zeit war Generalleutnant Heidrich mit seinem kleinen Führungsstab direkt ins HQ des OB Süd geflogen. Teile seiner Division wurden jedoch auf dem süditalienischen Festland festgehalten. Er selbst flog nach Sizilien, um nahe am Gegner führen zu können.

Heidrichs Ia, Oberstleutnant von Carnap, führte die »Gruppe Carnap« bei Catenanuova.

Als der Rückzug von der Insel begann, leitete Richard Heidrich an der Stiefelspitze des Festlandes die Aufnahme der übergesetzten Verbände. Er hatte hier nur den Aufklärungszug seiner Division zur Verfügung.

Auf Sizilien war es die »Kampfgruppe Walther« gewesen, die immer wieder den Gegner hielt und den Rückzug zu den Einschiffungsplätzen ermöglichte (Auszeichnungen Erich Walthers siehe Anlage »Schwerterträger«).

Wenig später hatte Richard Heidrich zum erstenmal wieder seine ganze Division beisammen. Unmittelbar vorher war die britische 8. Armee auf dem europäischen Festland gelandet. Nun zeigte sich, daß es Heidrich verstand, eine Division bestmöglich einzusetzen und zu führen.

Die Rückzugskämpfe in Apulien führte Richard Heidrich mit zähem hinhaltendem Widerstand. Drei Wochen lang kämpfte seine Division im Ofanto-Abschnitt und südlich Foggia. Über diesen Zeitabschnitt schrieb Feldmarschall Kesselring:

»Man muß Führung und Truppe der in Apulien eingesetzten schwachen Teile der 1. FJD bewundern.«

Die schwersten Belastungen standen dieser Division noch bevor. Immer noch stand die 1. FJD, allein auf sich gestellt, in Apulien, und der Gegner schickte sich an, Pescara, auf der Höhe von Rom, zu erreichen. Allein gegen das XII. britische AK auf einer Breite von fünfzig Kilometern kämpfend, leisteten die Fallschirmjäger Hervorragendes. Heidrich war überall. Als das FJR 4 bei Motta geschlagen wurde, zog sich Heidrich hinter den Biferno zurück.

Im Dezember war es den Kräften Montgomerys gelungen, über den Moro vorzuprellen. Ihr Ziel war Ortona. Am 14. Dezember gelang der Durchbruch. Oberst Heilmann war mit dem FJR 3 als erster zur Stelle und wurde auf dem Korpsgefechtsstand des LXXVI. Panzerkorps von General Herr eingewiesen. Am 15. Dezember fuhr Oberst Heilmann mitten in den Gegner nach Ortona hinein. Er sah, daß die Kanadier bereits in der Stadt saßen. Sofort setzte er das II./FJR 3 unter Hauptmann Liebscher von Süden auf Ortona an.

So schnell wie möglich warf General Heidrich alle Verbände der 1. FJD nach Ortona. Er wußte, daß äußerste Schnelligkeit geboten war. Auch bei Orsogna, wo die Neuseeländer angriffen, konnten die Fallschirmjäger halten.

Weihnachten 1943 erlebte die Division ein dichtes Trommelfeuer. Bei Ortona drangen die Kanadier wieder ein. Sieben Tage lang kämpfte die 1. FJD um die Stadt. Dann ließ Heidrich sie räumen und zog sich mit seiner Division auf eine vorbereitete Stellung zwei Kilometer weiter rückwärts zurück.

Der britischen 8. Armee war hier eine schwere Niederlage beigebracht worden. Ihr Durchstoß war vereitelt. Montgomery gab das Kommando der 8. Armee an Sir Oliver Leese ab und flog nach England, um die 21. Heeresgruppe während der Invasion zu führen. Sir Oliver aber wollte nicht mehr nach Pescara. Er wollte nicht mehr gegen die Fallschirmjäger Heidrichs kämpfen, sondern nunmehr bei Monte Cassino durchbrechen.

Richard Heidrich erhielt für den Abwehrkampf bei Ortona am 5. Februar 1944 als 382. deutscher Soldat das Eichenlaub.

»Jeder Mann meiner Division hat diese Auszeichnung erkämpft!« lautete sein Kommentar dazu.

Am 17. Januar 1944 begann die erste Cassinoschlacht. Hier sollte das »Verdun Italiens« entstehen. General Clark schrieb zu diesem Ringen:

»Die Schlacht von Cassino war die verlustreichste, die qualvollste und vielleicht die tragischste des ganzen italienischen Feldzuges. Wenn ich an diese Wochen und schließlich Monate des versengenden Kampfes zurückdenke, will mir scheinen, als sei Soldaten im Laufe der Geschichte nie eine schwierigere Aufgabe gestellt worden als der 5. Armee im Winter 1944.«

Es war die 34. US-Division, die sich fast schon in den Besitz des Monte Cassino gesetzt hatte, als Heidrich mit seinen ersten Truppen eintraf und diesen Gegner vernichtend schlug.

Richard Heidrich richtete sich in und auf dem Felsen ein. Nacheinander trotzten seine Regimenter den Angriffen des Gegners. Er selbst aber sah seine Hauptaufgabe in der Leitung des artilleristischen Feuerkampfes.

Es war die Kampfgruppe Schulz – das FJR 1 mit dem unterstellten Fallschirm-MG-Bataillon 1 (Major Schmidt) und der 3./FJR 3 –, die in der ersten Cassinoschlacht, direkt aus dem Feuerofen von Anzio—Nettuno kommend, von Heidrich eingesetzt wurde.

In Karl-Lothar Schulz wußte Heidrich einen der erfahrensten Fallschirmjäger, den Sieger von Rotterdam und Heraklion auf Kreta, den Kämpfer von der Newa und Smolensk, am Brennpunkt des Kampfes.

Über und vor der Via Casilina verteidigte Schulz den »Monte« auf Biegen und Brechen, gut unterstützt von der Artillerie.

Als der Feind Flugblätter abwarf, in denen behauptet wurde, deutsche Soldaten seien in der Klosterabtei, ließ Oberst Schulz im Klartext einen FT-Spruch zum Gegner senden, daß dies eine freche Lüge sei. Er verständigte den Divisionskommandeur. Generalleutnant Heidrich bekräftigte die Meldung von Oberst Schulz (Auszeichnungen siehe Anlage »Schwerterträger«).

Dennoch wurde die Abtei auf besonderen Wunsch von General Freyberg (Neuseeland) am 15. Februar 1944 schwer bombardiert. Die Fallschirmjäger erlitten keine Verluste, jedoch viele Mönche und Zivilisten starben unter den Trümmern. Die Überlebenden wurden von den Fallschirmjägern gerettet. Dann griff der Gegner an.

Oberst Schulz wehrte ihn ab. Am 18. Februar brach der Gegner die Schlacht ab. Karl-Lothar Schulz erhielt das Eichenlaub.

In der zweiten Cassinoschlacht hatte inzwischen die Division Heidrich den gesamten Kampfabschnitt übernommen. Diesmal legten die Alliierten die Stadt Cassino in Schutt und Asche.

Oberst Heilmann verteidigte die Stadt und den Klosterberg, in dessen Ruinen sich nunmehr die Fallschirmjäger eingerichtet hatten.

Sieben Tage lang griffen die Neuseeländer an.

Als General Heidrich am Morgen des 15. März auf dem Gefechtsstand des FJR 3 erschien, gelang es ihm, bis zum Nachmittag das Artilleriefeuer so um Cassino zu konzentrieren, daß die feindlichen Bereitstellungen zum Angriff in die Stadt zerschlagen wurden. Dadurch war die Kampfkraft der Neuseeländer geschwächt.

Hier war es das Werferregiment 71 unter Oberstleutnant Wolf Andrae (RK am 17. 7. 1944), das den Gegner mit Flächenfeuer demoralisierte und den Angriff des Neuseeländischen Korps zum Erliegen brachte. Im Zusammenwirken aller Waffen konnte das FJR 3 einen klaren Abwehrerfolg erringen. Der Wehrmachtsbericht des 16. März 1944 meldete:

»An der Südfront griff der Feind nach ungewöhnlich schweren Bombenangriffen, von starker Artillerie und Panzern unterstützt, den Ort Cassino an. Die Angriffe scheiterten am heldenhaften Widerstand des eingesetzten FJR 3 unter Führung von Oberst Heilmann und unter wirksamer Unterstützung durch das Werferregiment 71 unter Führung von Oberstleutnant Andrae.«

General Heidrich ließ seinen Regimentskommandeuren freie Hand. Er wußte: »Wenn einer meiner Kommandeure dort steht, dann ist das ebenso gut, als stünde ich dort.«

Am 2. März 1944 erhielt auch Oberst Heilmann das Eichenlaub (Auszeichnungen siehe Anlage »Schwerterträger«).

Auch die dritte Cassinoschlacht, die am 11. Mai 1944 begann, sah das FJR 3 im Brennpunkt des Kampfes. Mit dem I. Bataillon des Regiments verteidigte Major Rudolf Böhmler die Höhe 593, den Calvarienberg. Hierfür erhielt Böhmler im April 1944 das Ritterkreuz.

General Heidrich ließ die Verwundeten in SPW durch die Feuerzonen der feindlichen Artillerie zurückbringen. Das gehörte zu jenen drei Maximen, die er selbst gesetzt hatte:

»Kameradschaft – Können – Korpsgeist!«

Heidrich war den Soldaten ein Vater. Er war darüber hinaus ein Freund, ein Mensch, der sie verstand.

Am frühen Morgen des 18. Mai 1944 mußte schließlich der »Monte« aufgegeben werden, weil alliierte Verbände ihn umgangen hatten.

Am 25. März 1944 hatte Richard Heidrich, nach Ende der zweiten Cassinoschlacht, als 55. deutscher Soldat die Schwerter zum Eichenlaub erhalten.

Richard Heidrich übernahm dann die Führung des I. Fallschirmkorps, während Oberst Schulz Kommandeur der 1. FJD wurde. Schrittweise ging es nach Norden zurück. Die Herbstschlacht in der Romagna stellte ihn immer wieder vor neue schnelle Entscheidungen. Seine 1. und 4. FJD kämpften verbissen. Die Kämpfe in der Gebirgsstellung am Santerno und am Senio wurden vom I. Fallschirmkorps im Zentrum geführt. Es hatte nördlich der Via Emilia Anschluß an das LXXVI. Panzerkorps (General Herr). Bei Bologna wurde noch einmal in Fallschirmjägermanier verteidigt. Hier war es auch die 278. ID, die – dem I. Fallschirmkorps unterstellt – mit Bravour kämpfte. Die Rückzugskämpfe über den Reno, den Panaro und den Po folgten. In Bondeno leitete General der Fallschirmtruppe Heidrich diese Kämpfe.

Am Vormittag des 23. April 1945 versammelte General Heidrich bei Il Bosco die Kommandeure der 1. und 4. FJD, Generalmajor Schulz und Generalmajor Trettner (Trettner, RK am 24. 5. 1940; 586. E am 20. 9. 1944) und den Kommandeur der 278. ID, Generalleutnant Harry Hoppe (RK am 12. 9. 1941; 682. E am 18. 12. 1944). Er hatte den Kommandeuren eine erschütternde Lagedarstellung zu geben:

»Meine Herren, für den Übergang über den Po ist so gut wie nichts getan worden. Ich muß deshalb folgenden Befehl geben:

1. Das I. Fallschirmkorps setzt in der Nacht vom 23. auf den 24. April bei Felonica über den Po und verhindert am Nordufer das Übersetzen nachdrängenden Feindes.

2. Die 278. ID bildet zum Schutz des Überganges an der Bahnlinie südlich Felonica einen Brückenkopf und übernimmt mit den zuerst übergesetzten Teilen den Schutz der rechten Korpsflanke an der Naht zur 14. Armee.

3. Noch verbliebene Fahrzeuge sind zu verbrennen und in erster Linie noch kampfkräftige Teile überzusetzen. Krankenkraftwagen mit Verwundeten haben Vorrang vor allen anderen Fahrzeugen. Autoreifen sind für Nichtschwimmer abzumontieren.«

Niemand wußte, welche inneren Kämpfe dieser Befehl General Heidrich gekostet hatte. Das Übersetzen begann. Viele Soldaten, die versuchten, schwimmend den Fluß zu überqueren, fanden den Tod.

Dann kam das Ende. Der letzte Tagesbefehl des I. Fallschirmkorps ist noch erhalten. General Heidrich sagt darin u. a.:

»Wir haben bis zuletzt unsere Pflicht getan und fühlen uns nicht geschlagen. – Erhaltet Euch den Fallschirmjägergeist! Selbst wenn wir uns vorübergehend trennen müssen, so bleiben wir trotz allem eine Gemeinschaft.

Jeder von Euch muß wissen, daß die dunkelste Stunde unseres Volkes männliche Würde verlangt.

Gedenkt der gefallenen Kameraden, die für uns alle starben.«

Drei Wochen lagen die Verbände des I. Fallschirmkorps in Trentino. Dann gingen sie über Rovereto und Verona ins Lager Ghedi. Von hier aus wurden sie in alle Winde zerstreut.

Nach schweren Demütigungen in US-Gefangenschaft wurde Heidrich Ende 1945 in englischen Gewahrsam übergeben und sollte wegen angeblicher Kriegsverbrechen vor Gericht gestellt werden. Es gelang ihm, sämtliche gegen ihn erhobenen Vorwürfe einwandfrei zu entkräften. Als freier Mann verließ Richard Heidrich den Gerichtssaal.

Als schwerkranker Mann wurde er im Sommer 1947 aus der Gefangenschaft entlassen. Am 22. Dezember 1947 schloß er im Versorgungslazarett Hamburg-Bergedorf für immer die Augen. Seine Fallschirmjäger – einige kamen über Hunderte Kilometer und zu Fuß – gaben ihm am 27. Dezember 1947 das letzte Geleit.

Sie alle, die ihn einmal gekannt haben, werden *ihren* General nie vergessen.

Richard Heidrich, geboren am 28. Juli 1896 in Lewalde/Sachsen
Letzter Dienstgrad: General der Fallschirmtruppe
Letzte Dienststellung: Kommandierender General des I. Fallschirmkorps
Ritterkreuz am 14. Juni 1941
382. Eichenlaub am 5. Februar 1944
55. Schwerter am 25. März 1944
Gestorben am 22. Dezember 1947

GENERAL DER PANZERTRUPPE TRAUGOTT HERR

Mit der 13. Panzerdivision zum Kaukasus

Die Sonne des 23. Juli 1941 stand im Westen, als Oberst Herr die beiden Regimentskommandeure und die Führer der selbständigen Gruppen, die seiner 13. Schützenbrigade unterstellt waren, um sich versammelt hatte.

»Meine Herren!« begann er. »Morgen früh tritt die Brigade erneut an, um den Flanken- und Rückenschutz nach vorwärts aufzubauen. Unser Fernziel ist Dnjepropetrowsk.«

Eine halbe Stunde darauf fuhr Oberst Traugott Herr, Kommandeur der Schützenbrigade 13 der 13. PD, mit dem Ordonnanzoffizier, den beiden Gefechtsmeldern und seinem Fahrer los. Sie erreichten das Schützenregiment 66, das Herr in Frankreich geführt hatte. Oberstleutnant Crisolli, dem Oberst Herr am 15. Juli das Ritterkreuz angelegt hatte, begrüßte den Brigadekommandeur. Dann fuhr dieser zur Truppe weiter.

Auf dem Wege zum SR 93, beim Passieren einer Waldbürste, vernahmen sie aus der Flanke den Feuerstoß eines MG und dann Handgranatendetonationen.

»Stoppen!« befahl Oberst Herr.

Sie hatten den Nordrand des Wäldchens erreicht. Der Brigadekommandeur richtete sich in seinem Gefechtswagen auf, hob das Fernglas und spähte hindurch. Er sah am Waldrand ein Dutzend braungekleideter Gestalten rennen. Dann sahen plötzlich alle den aus einer Mulde auftauchenden sowjetischen Schützenpanzer, auf dem auch einige gefangene Deutsche hockten. Der SPW rollte nach Nordosten.

»Wir schneiden ihm den Weg ab. Vollgas, Rademacher!«

Der Fahrer des Brigadekommandeurs, der den Oberst seit Frankreich fuhr, drehte auf. In schneller Fahrt rollten sie in die Richtung, in der sich die Fahrtlinien der beiden Wagen schneiden mußten.

»MG klarmachen! Erst schießen, wenn ich Befehl dazu gebe!« Traugott Herr spähte noch einmal nach dem SPW. Als sie auf gleicher Höhe fuhren, wurden sie vom Gegner bemerkt. Kurz darauf peitschten MG-Feuerstöße zu ihnen herüber. Einer dieser Feuerstöße fetzte die Antenne des Befehlswagens herunter.

»Feuer frei!« befahl Herr.

Leutnant Dröner, der das MG bediente, hatte den SPW im Visier. Er zog

GENERALMAJOR
HERMANN-HEINRICH BEHREND

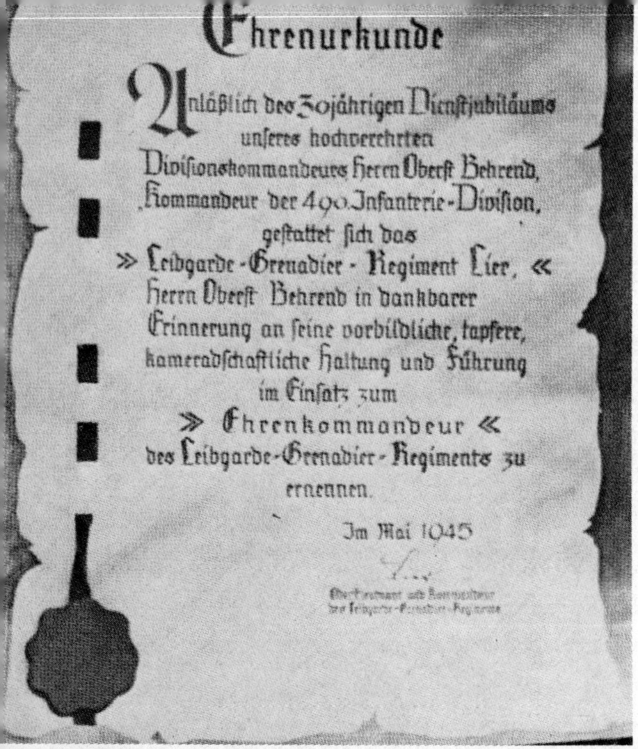

Ehrenurkunde

Anläßlich des 30jährigen Dienstjubiläums
unseres hochverehrten
Divisionskommandeurs Herrn Oberst Behrend,
Kommandeur der 490. Infanterie-Division,
gestattet sich das
» Leibgarde-Grenadier-Regiment Lier, «
Herrn Oberst Behrend in dankbarer
Erinnerung an seine vorbildliche, tapfere,
kameradschaftliche Haltung und Führung
im Einsatz zum
» Ehrenkommandeur «
des Leibgarde-Grenadier-Regiments zu
ernennen.

Im Mai 1945

Urkunde anläßlich der Ernennung Behrends zum Ehrenkommandeur des Leibgarde-Grenadier-Regiments Lier

Behrend als Kommandeur der 490. ID mit Offizieren seines Stabes

GENERALLEUTNANT
ADOLF GALLAND

Reichsmarschall Hermann Göring (links) im Gespräch mit Adolf Galland

Drei Fliegerasse (v. l. n. r.): Ernst Udet, Adolf Galland und Werner Mölders

GENERALMAJOR
FRANZ GRIESBACH

Oberfeldwebel Stühmer

Deutsche Truppen
in Sewastopol

GENERALOBERST DER WAFFEN-SS
PAUL HAUSSER

Straßenkampf
in Stalingrad

Stukas über dem Vorfeld
von Sewastopol

GENERAL DER ARTILLERIE
WALTER HARTMANN

Ein Eisenbahngeschütz wird feuerbereit gemacht

21-cm-Mörser in Feuerstellung

GENERAL DER FALLSCHIRMTRUPPE
RICHARD HEIDRICH

Heidrich begrüßt das Regiment 3 seiner 1. Fallschirm jäger-Division nach dem Durchbruch bei Catania/Sizilien vom 14. bis 17. Juli 1943

General Heidrich (links) und Oberst Heilmann auf dem Gefechts stand des Fallschirmjäger-Regiments 3 während der zweiten Cassino-Schlacht

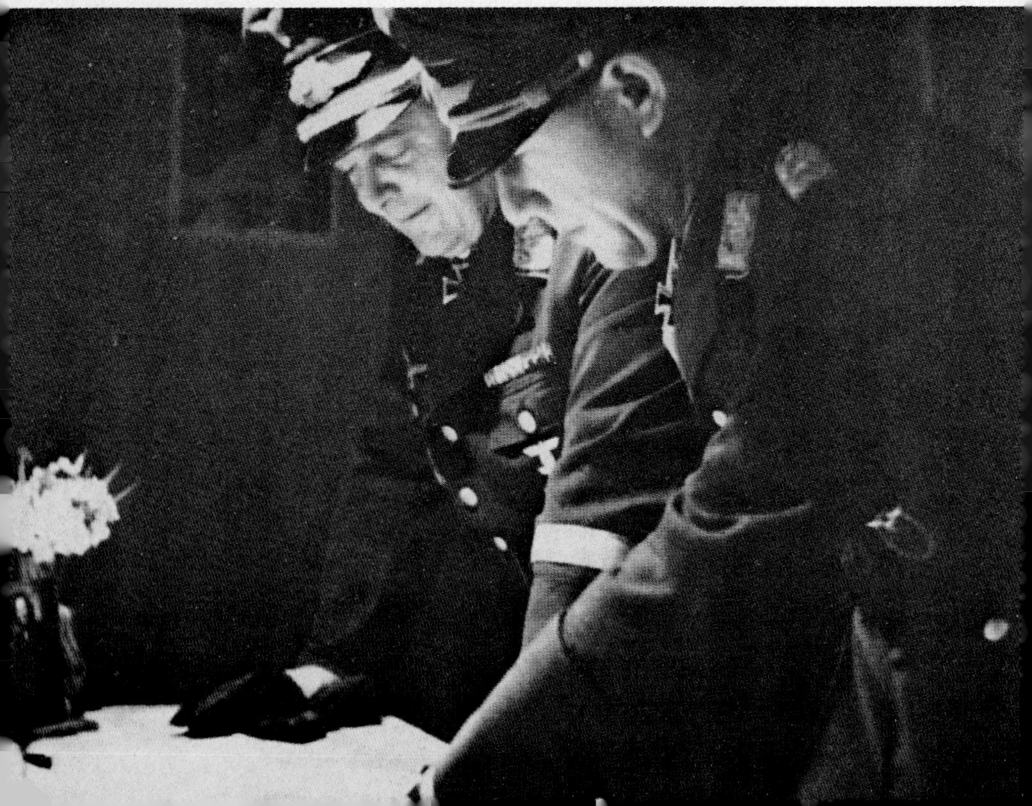

GENERAL DER PANZERTRUPPE
TRAUGOTT HERR

Leutnant Heinz Reverchon, Spähtruppführer 1. Kompanie Krad-schützenbataillon 43

Ein vernichteter sowjetischer T 34-Panzer

GENERAL DER PANZERTRUPPE
OTTO VON KNOBELSDORFF

Das »Gesicht« eines Panzerjägers

Ende einer Panzerschlacht

den Abzug. Die rauchende Schnur der Leuchtspurgeschosse zog zum Gegner hinüber. Der SPW schwenkte hart nach links und kam nun direkt auf den Kommandeurswagen zu. Doch dann rollte er in einen Granattrichter und blieb hängen.

Die Rotarmisten sprangen ab, rannten ihnen schießend entgegen, während die gefangenen Deutschen zur Seite liefen und sich in Deckung warfen.

Oberst Herr schoß aus seiner Nullacht. Zwei MPi fielen in das Feuer ein. Der Gegner wurde vernichtet.

Sie rollten zu den drei Deutschen hinüber, die sich um einen vierten, verwundeten Kameraden bemühten. Es waren Männer der Stabskompanie des SR 93, die auf der Suche nach versprengten Russen in einen Hinterhalt geraten waren.

»Danke, Herr Oberst!« riefen sie erleichtert.

Rademacher brachte den Oberst zum Gefechtsstand von Oberst Radwan und fuhr dann mit dem Verwundeten zum HVPl.

Oberst Herr besprach sich mit Oskar Radwan (der noch als Bataillonskommandeur in diesem Regiment am 19. Juli 1940 in Frankreich das Ritterkreuz erhalten hatte).

Spitzengruppe des Angriffs der 13. Schützenbrigade auf Karapyschi bildeten die I./PR 4 und das SPW-Bataillon. Rechts davon gingen die Schützen des SR 93 vor. Oberst Herr führte diesen Vorstoß.

Von den Waldrändern her peitschten Pak-Abschüsse der Russen. Die Widerstandsnester wurden überrollt.

Dann war der Dorfrand von Winzentowka erreicht. Abgesessen stürmten die Schützen hinein. Wenig später war Winzentowka feindfrei.

»Weiter jetzt! Nicht aufhalten lassen!« befahl Herr.

So kämpfte sich die Schützenbrigade 13 mit der unterstellten Abteilung des PR 4 Kilometer um Kilometer weiter vorwärts. Zäh verteidigten die Soldaten des Sowjetmarschalls Budjonny. Es ging dennoch vorwärts, und von Tag zu Tag wurde die offene linke Flanke der 13. PD länger. Entlang des Dnjepr setzten sowjetische Truppen immer wieder über den Fluß, um die Division abzukneifen. Am frühen Morgen des 29. Juli trat die Division zum Sturm auf Korssum an.

»Schnelle Fahrt voraus!« hatte Oberst Herr befohlen.

Der in zwei Kampfgruppen gegliederte Truppenverband – jeweils mit einer unterstellten Panzerabteilung – rollte los. Das wellige und bewaldete Gelände von Jachny wurde erreicht.

Das SR 66 stand in der linken Angriffsgruppe. Rechts stürmte das SR 93. Die Panzer hatten jeweils die Spitzenposition übernommen.

Die ersten sowjetischen Pak-Stellungen wurden erreicht. In schnellen Rochaden versuchten die Panzer, sie zu knacken. Drei Kampfwagen blieben mit zerschossenen Ketten liegen, aber die übrigen kämpften die russische Pak nieder und bahnten den Schützen den Weg.

Hauptmann Albert Brux führte das I. SPW-Bataillon des SR 66 an der Spitze. Mit dem Funkwagen folgte Oberst Herr dichtauf. In den beiden nächsten Quertälern stießen sie auf so dichte russische Angriffsgruppen, daß sie absitzen mußten.

Oberst Herr dirigierte die angreifenden Gruppen, holte Panzer zur Niederkämpfung von MG-Nestern vor, um sodann querbeet, mitten durch den Beschuß, zum SR 93 zu fahren und auch dort den Angriff vorzureißen.

Mit den Schützen drang Hauptmann Brux in die Feindstellungen ein. Sie durchliefen Verbindungsgräben, rollten Grabenstücke auf, knackten Bunker. Eine Hangstellung wurde überwunden. Dann ging es über eine kusselbestandene Plaine und hinein in die Hauptstellungen des Gegners. Im Nahkampf wurden die Rotarmisten geworfen.

»Der Russe wird weich, Herr Oberst!« rief Brux, als der Brigadekommandeur wieder zu ihnen kam.

»Dann hinterher!«

Noch einmal wurde alle Kraft zusammengerafft. Von den Flanken, durch Panzer wirkungsvoll unterstützt, durchbrachen sie sämtliche Stellungen. Der Gegner ergab sich. Die Brigade Herr hatte der 13. PD den Weg nach Korssum freigekämpft. Am Abend des 1. August war die Stadt in der Hand der 13. PD. Die Schützen erfuhren, daß ihr Divisionskommandeur, Generalmajor Walter Düvert, am 30. Juli das Ritterkreuz erhalten hatte.

Bis zum 4. August erreichte die 13. PD den Raum Kamenka. Die 14. PD hatte, auf der rechten Flanke des Korpsabschnitts vorgehend, Kirowograd erreicht. Die Waffen-SS-Division »Wiking« – ebenfalls dem III. PK unter General der Kavallerie von Mackensen unterstellt – stand in Smela und schickte sich an, auf Tscherkassy einzuschwenken. Die 60. ID (mot.) hatte Fedwar erreicht.

Bis zum Abend des 6. August erreichten die Schützen Herrs den Rand des russischen Brückenkopfes Krjukow westlich des Dnjepr. Oberst Herr erhielt den Auftrag, den Brückenkopf auszuräumen und den Gegner in den Fluß zu werfen. Vorn rollten wieder die SPW unter Hauptmann Brux.

In schneller Fahrt überflügelten sie russische Kolonnen, die in diesen Brükkenkopf zurückrollten. Der Verteidigungsriegel wurde erreicht. Wildes Feuer schlug ihnen entgegen. Dann kam die zweite Kampfgruppe und schließlich auch eine dritte heran.

Von drei Seiten stürmte die 13. PD. Duelle zwischen Panzern und Pak, Nahkämpfe voller Erbitterung, das waren die einzelnen Phasen dieses mörderischen Kampfes. Dann waren die Schützen durch und standen am Fluß. Oberst Herr ließ einen Funkspruch absetzen:

»Die Kampfgruppe hat den Dnjepr erreicht und gräbt sich ein!«

In seinem Werk »Vom Bug zum Kaukasus« schrieb Generaloberst a. D. von Mackensen zu diesem Erfolg:

»Das Korps erreicht damit erstmalig den gewaltigen Dnjepr-Strom, an den sich auch oberhalb von Krementschug überall die Division ›Wiking‹ heranschiebt. Nur den Brückenkopf von Tscherkassy hält der Gegner noch gegenüber dem linken Flügel dieser Division.«

Am 9. August 1941 ergaben sich die Oberbefehlshaber der sowjetischen 6. und 12. Armee in dem sich um Uman gebildeten Kessel. 105 000 Russen gingen in die Gefangenschaft. Stalin befahl den Rückzug der Heeresgruppe »Südfront«.

Die 13. PD setzte ihren Vormarsch nach Südosten in Richtung Dnjepropetrowsk fort. Bei Werschnedjeprowsk gelang es Oberst Herr, den russischen Brückenkopf durch einen Flankenstoß mit einem Bataillon des SR 93 aus den Angeln zu heben. Sie waren aus dem Rücken, durch die Dnjeprsümpfe, in diesen Brückenkopf eingebrochen.

Auch die 14. PD erreichte die Ausgangsstellung zum Sturm auf Dnjepropetrowsk.

Im Morgengrauen des 22. August rollten die beiden Panzerkeile, die von der 13. PD gebildet worden waren, den sowjetischen Feldstellungen entgegen. Oberst Hauser führte die Hauptgruppe. Im Panzerduell wurde der Gegner auf der rechten Flanke geworfen.

Als die Meldung vom Durchbruch Oberst Herr erreichte, fuhr er sofort zum SPW-Bataillon Brux vor. Der Hauptmann wartete bereits und meldete das SPW-Bataillon zum Vorstoß bereit.

»Also, dann Überrumpelung der Russen, Brux! Mit Vollgas hinein!«

Die Schützen des SR 66 folgten dicht aufgeschlossen. Sie rumpelten durch Balkas und Kusselgebüsch, erreichten den südwestlichen Stadtrand und eine dichtbewachsene Schlucht. Hier erhielten sie Feuer, kletterten durch das Gebüsch aufwärts, erreichten den oberen Rand und gewannen das Höhengelände. Die SPW wurden nachgeführt. Es war inzwischen Mittag geworden, als Oberst Herr von hier aus in selbständigem Entschluß auf die südwestliche Vorstadt antrat.

Die SPW fuhren in den Vorort hinein. Aus Häusern, Bunkern, Kellerlöchern und Gräben schlug ihnen dichtes Feuer entgegen. Ein SPW erhielt einen Pak-Volltreffer und explodierte.

»Nicht aufhalten lassen! Durch, durch!« spornte der Oberst die liegenbleibenden Schützen an, als er vorpreschte.

Sie erreichten den Vorortbahnhof, kämpften ihn frei und erreichten damit die Ausgangsstellung zum Sprung ins Stadtzentrum.

Sobald die schweren Waffen nachgezogen hatten, wollte Oberst Herr diesen entscheidenden Sprung wagen.

Mit dem ersten Tageslicht des 25. August begann der Sturm auf Dnjepropetrowsk.

»Unser Ziel ist der Dnjepr!« rief Oberst Herr über Sprechfunk. Sie kamen gut vorwärts. Die Schützenpanzer von Hauptmann Brux führten wieder im vordersten Treffen.

»Sturmkompanie zu mir!«

Die aus allen Einheiten des SR 66 gebildete Sturmkompanie schwenkte aus, rollte nach vorn, erreichte den Kommandeur. Und während Hauptmann Brux frontal angriff, umholte der Oberst mit dieser Kompanie den stark verteidigten Hauptstraßenzug und griff aus der Flanke an. Haus um Haus wurde gesäubert, dann war der Weg zum Dnjepr frei.

Albert Brux stürmte durch diese Bresche und rollte zum Dnjeprufer hinunter. Er hinderte den zurückweichenden Gegner daran, die Pontonbrücke zu erreichen und sie zu sprengen.

Der Kommandeurswagen tauchte auch hier auf. Mit seinem Gefechtsstab, in zwei Wagen, rollte der Oberst hinter Brux her, dessen erste SPW die Brücke bereits erreicht hatten und hinüberrollten. Links und rechts sprangen Russen in den Fluß. Rechts wurden Wagen hineingestürzt. Der SPW von Brux erreichte als erster das jenseitige Ufer. Er wurde beschossen. Aber Brux fuhr trotz des Pak- und Flakfeuers durch, umholte die Brückensicherung und schaltete sie aus.

Der Brückenkopf über den Dnjepr war gebildet. Oberst Herr ließ seinen zweiten Funkspruch absetzen:

»Schützenbrigade 13 hat den Dnjepr überschritten und einen Brückenkopf gebildet!«

Während Generalmajor Düvert versuchte, mehr Truppen nachzubringen und den Brückenkopf zu verstärken, versammelte Herr seine Kampfgruppe. Der Oberst setzte sich wieder an ihre Spitze und stürmte durch die Nordstadt. Stunden dauerte der Kampf. Russische Artillerie feuerte in den Brükkenkopf. Schlachtflieger warfen Bomben. Russische Gegenangriffe sollten den Brückenkopf eindrücken. Es wurde ein verzweifeltes Ringen. Schließlich erhielt Oberst Herr vom Korps den Befehl, sich über die Pontonbrücke zurückzuziehen und Dnjepropetrowsk aufzugeben. Doch Herr dachte nicht daran. Er weitete den Brückenkopf weiter aus und verhinderte so, daß die russischen Truppen sich sammeln und ihn zum Einsturz bringen konnten.

Die Panzergruppe 1, die jetzt die Nachricht erhielt, befahl die sofortige operative Ausnutzung.

Die 14. PD und die 60. ID (mot.) hatten sich inzwischen von Süden an die Stadt herangearbeitet. Vorderste Teile der 60. ID gingen über die Pontonbrücke und unterstützten Herrs Männer.

Die ganze Nacht hindurch wurden weitere Kräfte über die Pontonbrücke nachgezogen. Am Morgen des 26. August war der Sprung über den Dnjepr gesichert. Am selben Tag wurde auch die gesamte Stadt Dnjepropetrowsk erobert. Oberst Herr hatte die Entscheidung errungen. Er wurde zum Ritterkreuz des Eisernen Kreuzes eingereicht.

Traugott Herr wurde am 16. September 1890 in Weferlingen, nördlich Helmstedt, geboren. Nach Besuch des Gymnasiums und bestandenem Abitur trat er am 18. April 1911 als Fahnenjunker in das Füsilierregiment Prinz Heinrich von Preußen (Brandenburg) Nr. 35 ein und erhielt am 18. August 1912 sein Leutnantspatent.

Mit dem FR 35 rückte er in den Ersten Weltkrieg. Bei Spähtruppunternehmen im August erhielt er das EK II, erlitt im Dezember 1914 seine erste Verwundung und wurde im Mai 1915 mit dem EK I ausgezeichnet.

Im Sommer 1916 wurde Leutnant Herr schwer verwundet und blieb bis Februar 1917 in verschiedenen Lazaretten. Als Kompaniechef im IR 451 errang er im Herbst 1917 das Ritterkreuz des Hausordens von Hohenzollern.

Nach Kriegsschluß kehrte Herr zu seiner Truppe – dem FR 35 – zurück, durchlief hier verschiedene Kommandos, kam zum Reichswehrregiment 5, zum Preußischen IR 9 und zum 9. Preußischen RR. Am 1. Juni 1933 wurde er zur Kriegsschule Dresden kommandiert. Er war seit dem 1. Januar 1926 Hauptmann.

Die Beförderung zum Major – am 1. Juni 1934 – und zum Oberstleutnant – am 1. Oktober 1936 – folgten rasch, denn er war einer der besten Absolventen des Kriegsschullehrganges.

Als Oberstleutnant und Kommandeur des III./IR 33 (mot.) kam er am 1. Januar 1937 zur Schnellen Truppe und übernahm nach seiner am 1. August 1939 erfolgten Beförderung zum Oberst die Führung des Infanterie-Ersatzregiments (mot.) 13 der 13. ID (mot.).

Im Polenfeldzug fiel der Kommandeur des SR 66 dieser Division durch Verwundung aus; Oberst Herr wurde Kommandeur dieses Regiments und erhielt in Polen die Spange zum EK II.

Mit diesem Regiment ging Herr auch in den Frankreichfeldzug. Die Einnahme von La Fére brachte ihm die Spange zum EK I und dem Chef seiner 1. Kompanie, Oberleutnant Albert Brux, das EK I und für Tapferkeit vor dem Feind die Beförderung zum Hauptmann.

Nach dem Frankreichfeldzug erfolgte die Umrüstung der Division in die 13. PD. Oberst Herr wurde Kommandeur der 13. Schützenbrigade, in welcher die Schützenregimenter 66 und 93 der Division zusammengefaßt waren.

Die 13. PD ging zunächst als Lehrtruppe nach Rumänien. Während des Balkanfeldzuges führte sie Sicherungsaufgaben am Eisernen Tor durch. Im Mai 1941 verlegte sie – geführt von Generalleutnant von Rothkirch und Panthen, der als Divisionskommandeur am 15. August 1940 das Ritterkreuz erhalten hatte – in den Raum ostwärts Oppeln.

Im Rußlandfeldzug gehörte die 13. PD zum III. Panzerkorps unter General der Kavallerie von Mackensen in der Panzergruppe 1 (Generaloberst von Kleist), die wiederum der Heeresgruppe Süd (Generalfeldmarschall von Rundstedt) unterstand.

Oberst Herr führte seine Schützenbrigade elanvoll und dynamisch. Bereits im Juni erhielt er als einer der ersten des Rußlandfeldzuges das Infanterie-Sturmabzeichen. Am 22. Juni 1941 ging seine Brigade bei Hrubiszow über den Bug. Am 25. August hatte dann seine große Stunde geschlagen, als er den Dnjepr überwand und nach Dnjepropetrowsk hineinstürmte.

In der Schlacht um Kiew erhielt die Panzergruppe 1 den Auftrag, weit ausholend in den Rücken des Gegners zu gelangen und die große Umfassungsbewegung zu vollenden. Am 12. September trat sie – und mit ihr auch die 13. PD – zum Angriff an. Der Kessel wurde auf der gewaltigen Fläche von 135 000 Quadratkilometern geschlossen. Drei deutsche Armeen und zwei Panzergruppen hatten fünf Sowjetarmeen umklammert.

Bis zum 24. September mußte die 13. PD immer wieder verzweifelte Ausbruchsversuche der Sowjets abweisen.

Am 17. September konnte Oberst Herr Hauptmann Albert Brux das Ritterkreuz anlegen.

Nach dem Fall von Kiew aber begann der Stoß des III. Panzerkorps nach

Südosten. Die 13. PD – vorübergehend anderwärts unterstellt – wurde diesem Korps wieder zugeteilt. Sie sollte, über den Oriol und Spaskoje angreifend, westlich von Podgorodnoje den anderen Verbänden der »Gruppe Mackensen« die Hand reichen.

Am 27. September griff die 13. PD an. Oberst Herr befehligte die Spitzengruppe. Der Kitschen und die Ssamara wurden erreicht, die Russen eingeschlossen und gefangengenommen.

Die 13. PD sollte in der folgenden Phase nach Norden (!) antreten, um dort durchgebrochene und auf Golubowka die Nachbararmee angreifende Feindpanzerverbände zu stellen und zu vernichten.

Wieder war es Hauptmann Brux, der mit seinem SPW nach Pereschtschepino vorrollen und die dortige Brücke im Handstreich nehmen sollte.

Das PR 4, geführt von Oberst Hauser, stieß auf russische Panzerverbände. Es kam zu erbitterten Kämpfen, beginnend bei der I. Abteilung unter Oberstleutnant von Hake, die als erste Feindberührung hatte. Der erfahrene Abteilungskommandeur (RK am 23. 11. 1943 als Oberst) ließ Oberleutnant Gomille mit seiner Kompanie rechts umholend angreifen. Es gelang Oberst Hauser, einen russischen Panzerkeil, der als Entsatz vorrollte, abzufangen und zu vernichten (RK für Hauser am 4. 12. 1941; 376. E am 26. 1. 1944).

Als die Russen den Kampf aufgaben, lagen siebenundvierzig abgeschossene Panzer auf dem Gefechtsfeld. Doch auch das PR 4 hatte schwere Verluste erlitten. Dennoch: der Gegner war entscheidend geschlagen.

Was aber war aus dem zweiten Vorhaben geworden? Wie lief der geplante Handstreich auf die Brücke von Pereschtschepino?

Das Bataillon Brux stieß am frühen Mittag des Angriffstages durch die Ortschaft. Als sie die Brücke sichteten, bemerkten sie auf ihr eine lange Fahrzeugkolonne. Oberst Herr tauchte mit seinem Gefechtsstab auf.

»Durch und über die Brücke, Brux! Drüben Brückenkopf bilden!«

Schießend fuhren sie weiter, rollten über die Brücke, bildeten den Brückenkopf und richteten an die Division den Funkspruch:

»Vorausabteilung Brux hat Brückenkopf über den Oriol gebildet. Pereschtschepino in unserer Hand!«

Für diesen Einsatz erhielt Oberst Traugott Herr am 2. Oktober 1941 aus der Hand seines Divisionskommandeurs das Ritterkreuz. Unmittelbar darauf begann der Sturmlauf der 13. PD zum Asowschen Meer. Das Ziel war Rostow.

Der schnelle Vorstoß führte über Nowonikolajewka nach Gaitschul. Der untere Mius wurde erreicht. Hier traten in der Frühe des 17. Oktober die 13. und 14. PD zum Angriff an. Im Morgengrauen des 20. Oktober ging es entlang der Nordostküste des Asowschen Meeres in Richtung Rostow weiter. Bei Donskoj-Tschulek wurde der Übergang erzwungen und zum Stoß auf Krym angesetzt. Ein sowjetischer Gegenangriff am 23. Oktober traf vor allem das SR 93. Hier zeichnete sich eine MG-Gruppe besonders aus, wie es wohl keine zweite in Rußland gegeben hat. Es war die Gruppe unter dem Obergefreiten Rudi Brasche mit den Obergefreiten Richard Gambietz und Wilhelm Grunge. Alle diese drei Soldaten erwarben sich als einziger MG-Trupp der Wehrmacht das Ritterkreuz! (Gambietz am 3. 6. 1942, Brasche am 12. 11. 1942 und Grunge am 27. 7. 1944.) Von dieser Gruppe wurde der Feind immer wieder abgewiesen.

Bei Tschaltyr wurde bei eisigem Buransturm und einsetzendem Frost verteidigt. Rostow wurde von der 14. PD genommen. An diesem Erfolg hatte die »Leibstandarte« erheblichen Anteil.

Im Tuslow-Abschnitt richtete sich schließlich am 20. November die 13. PD zur Verteidigung ein. Hier griffen Teile der sowjetischen 37. und 9. Armee an. Marschall Timoschenko gelangte durch eine Lücke zwischen der 17. Armee und der 1. Panzerarmee in den Rücken des III. Panzerkorps. Mit der 31. und 343. Schützendivision eroberten die Russen Rostow zurück. Feldmarschall von Rundstedt forderte Hitler auf, den Rückzugsbefehl zu erteilen, doch Hitler lehnte schroff ab. Die Stadt sollte gehalten werden.

Feldmarschall von Rundstedt verweigerte die Ausführung des Haltebefehls und wurde durch Feldmarschall von Reichenau abgelöst, der jedoch am 1. Dezember 1941 ebenfalls keinen anderen Ausweg sah, als den Rückzugsbefehl zu geben.

Das III. Panzerkorps zog sich in Winterstellungen hinter Ssambek und Mius zurück. Bei Prokowskoje, nördlich Taganrog, richtete sich die 13. PD zur Abwehr ein.

Der erste Feldzug in Rußland war zu Ende.

Der Winter ging vorüber. Am 7. März 1942 versuchten russische Divisionen, die Stellung der 13. PD zu durchbrechen. Sie wurden abgewehrt. Wieder war die Gruppe Brasche dabei und hielt den Radaubunker. Hier erkämpfte sich Gambietz (gefallen am 25. April 1945 als Unteroffizier) das Ritterkreuz.

Am 1. April 1942 wurde Traugott Herr zum Generalmajor befördert und übernahm gleichzeitig die Führung der 13. PD. Er führte seine Division im Sturm auf den Don. Erste Angriffsziele waren wieder Rostow und Bataisk. Die Division war dem LVII. Panzerkorps unterstellt worden.

Auf der linken Flanke der 17. Armee trat sie am 19. Juli 1942 zum Durchbruch durch die sowjetischen Stellungen an.

Bis zum Abend des 21. Juli wurden die Sturmausgangsstellungen südlich Alexandrowka erreicht. Im fahlen Frühlicht des 22. Juli begann der Angriff. Die gepanzerte Gruppe, das PR 4, holte zum nördlichen Stadtrand aus. Alle übrigen Verbände griffen direkt aus Westen an.

Generalmajor Herr fuhr im Befehlspanzer zur Spitzengruppe des PGR 66 (am 1. Juli 1942 waren sämtliche Schützenregimenter in Panzergrenadierregimenter umbenannt worden) und führte den Angriff auf Krassny Krim persönlich. Sie nahmen die Ortschaft und standen bei letztem Tageslicht am Stadtrand von Rostow.

Am frühen Morgen des 23. Juli wurde der Angriff fortgesetzt. Oberstleutnant von Hake schoß mit seinen Panzern die russischen Pak-Stellungen zusammen und rollte nach Rostow hinein. Die Panzergrenadiere folgten. Der Häuserkampf begann. Das Bataillon Brux erreichte die Hauptpost und das NKWD-Gebäude, die zu waffenstarrenden Festungen ausgebaut waren.

Es waren die Panzer der 22. PD (Oberst Rodt), die am Morgen des 24. Juli das NKWD-Haus sturmreif schossen. Die Panzergrenadiere des Bataillons Brux nahmen es nun im Sturm. Rostow war gefallen.

Für diesen Sieg reichte Herr einige Soldaten der Division, die ihn miterfochten hatten, zum Ritterkreuz ein. So wurden Oberstleutnant Harald Stolz am 1. September und Oberleutnant von Gazen am 21. September mit dem Ritterkreuz ausgezeichnet. Einer der vielen namenlosen Soldaten der Division, der Oberfeldwebel Fritz Schellhorn, der einen Zug Panzergrenadiere des PGR 66 im Sturm und zum entscheidenden Sprung nach Rostow mitgerissen hatte, wurde am 8. September 1942 mit dieser Auszeichnung beliehen.

Als die letzten Bastionen in Rostow fielen, setzte Herr die Kradschützen des K 43 unter Oberstleutnant Stolz zum Sprung über den Don an. Oberstleutnant Fritz Kraemer, der Ia der Division, hatte mit dem Divisionskommandeur den Plan dazu ausgearbeitet. Der Handstreich gelang.

Wieder hatte sich gute Zusammenarbeit zwischen Herr und seinem Ersten Generalstabsoffizier bewiesen. Beide Soldaten waren einander freundschaftlich verbunden. In Oberstleutnant Fritz Kraemer hatte Herr einen großartigen Gehilfen. Beide führten die Division in vollster Harmonie, fürsorglich und vorausschauend.

Vom 25. bis 28. Juli gingen die Soldaten durch den Sumpfgürtel vor. Am 28. Juli wurde Bataisk in Besitz genommen. Damit war das Tor zum Kaukasus aufgestoßen.

Zur Verfolgung des weichenden Gegners trat die 13. PD am 29. Juli nach Südosten an. Am Abend des 30. Juli war Ssalsk erreicht. Ssalsk frontal zu erstürmen, hätte hohe Verluste gekostet. Wieder entwarfen Oberstleutnant Kraemer und Traugott Herr einen Plan.

Am 31. Juli war die Umgruppierung beendet. Für den Gegner völlig überraschend drang die Division von Süden in die Stadt ein. Zwei Stunden später war sie in ihrer Hand.

Die 13. PD wurde wieder dem III. Panzerkorps unterstellt. Es ging im Sturmlauf nach Süden, zum Kuban. Generalmajor Herr ließ die Division in rücksichtslosem Tempo vorpreschen. Es ging durch scheinbar unendliche Sonnenblumenfelder und riesige Maisäcker. Herr führte den »Sturm in den Kaukasus« mit kleinstem Stab, ewig voranjagend. Hauptmann Barth, Chef der PJA 13, zeichnete sich mehrfach aus. Er erhielt im Dezember 1942 das Ritterkreuz.

Am 3. August 1942 wurde Armawir erreicht. Das SPW-Bataillon Brux erreichte am Nachmittag um 13.32 Uhr die Höhenlinie von Protschno—Okopskaja. Unter ihnen breitete sich als silbernes Band der Kuban aus. Aus der Ferne schimmerte mit schneebedeckten Gipfeln der Kaukasus.

Mit den ersten Panzern fuhr Hauptmann Gomille über die Kubanbrücke. Kaum daß sie am jenseitigen Ufer waren, flog sie in die Luft. Gomille bildete einen Brückenkopf.

»Der Alte wird uns 'raushauen!« war die feste Überzeugung der wenigen Männer jenseits des Flusses. Generalmajor Herr zögerte nicht. Pioniere pullten in Schlauchbooten die Panzergrenadiere hinüber. Andere gingen über die teilzerstörte Brücke und verstärkten den Brückenkopf. Die vorgezogene Artillerie schoß Sperrfeuer. Ein zweiter Übergang wurde gefunden. Hier setzte Generalmajor Herr über den Fluß. Am 5. August stand die Kriegsbrücke, und Panzer rollten nach.

Nun setzte Herr das SPW-Bataillon zum Sturm auf Maikop an. Dem SPW-Bataillon gelang es, die Brücke vor Maikop im Handstreich zu gewinnen. In der Nacht tobten in der Stadt die Nahkämpfe. Maikop wurde genommen, und im Korpstagesbefehl vom 10. August hieß es:

»Die Absprungbasis für weitere operative Maßnahmen ist in der Nacht zum 10. August 1942 geschaffen.«

Traugott Herr hatte bereits am Abend des 9. August 1942 ein Fernschreiben aus dem FHQ erhalten:

»Der Führer hat Ihnen für den schlachtentscheidenden Kampf der 13. PD und für persönliche Tapferkeit vor dem Feind als 110. Soldaten der deutschen Wehrmacht das Eichenlaub zum Ritterkreuz des Eisernen Kreuzes verliehen.«

Wenig später trat Traugott Herr einen notwendigen Urlaub an.

Als Generalmajor Herr zur Truppe zurückkehrte, stand seine 13. PD im Begriff, den Übergang über den Terek zu erkämpfen und war wiederum einem anderen Korps unterstellt.

Die Operation gelang. Der Kurppaß wurde genommen. Im Brückenkopf Mosdok stand die 13. PD als Eckpfeiler des Korps. Hier verteidigte Obergefreiter Rudi Brasche vier Tage und Nächte mit einer einzigen Infanteriegruppe die Höhe 489 gegen Dutzende feindlicher Angriffe bis zu Bataillonsstärke.* Dafür erhielt er am 12. November 1942 im Lazarett aus der Hand von General der Kavallerie von Mackensen das Ritterkreuz.

Am Abend des 20. September wurde die Division zum x-tenmal dem III. Panzerkorps unterstellt und trat am 24. September zum Angriff nach Süden an. Bereits am nächsten Tag hatte sie – weit vor dem Korps – Planowskoje und Illarionowka genommen. Drei Tage darauf brach sie in die russische Charistastellung ein und gewann am 3. Oktober die zäh verteidigte Ortschaft Elochotowka.

Am 19. Oktober begannen die Vorbereitungen zu einem neuen Angriff. Dieser Angriff auf Naltschik und die Zerschlagung der dort stehenden Feindkräfte begann am 25. Oktober. Wieder stürmte Traugott Herr an der Spitze der Division. Der Uruch wurde am 29. Oktober erreicht. Am nächsten Tag wurden Brückenköpfe über den Uruch bei Dsagipars errichtet, aus denen die 13. PD am 31. Oktober antrat und sogleich auf tiefgestaffelte Verteidigungsanlagen stieß.

»Ich fahre nach vorn, Kraemer!« rief Herr, wie sooft vorher.

Schon rollte sein Befehlswagen in den Angriffsstreifen. Dort, wo der Durchbruch stockte, tauchte er in jenem Augenblick auf, als starkes Werferfeuer aufbrandete. Granaten hämmerten in den Boden. Dann ein schmetternder Einschlag beim Kommandeurswagen. Schwer am Kopf getroffen, sackte Generalmajor Herr zusammen. In schnellster Fahrt wurde er zum HVPl gebracht und versorgt. Ein Granatsplitter war in seinen Kopf eingedrungen und hatte die Schädelbasis getroffen. Der Divisionskommandeur rang mit dem Tode.

---

* Siehe: Franz Kurowski, »Grenadiere, Generale, Kameraden«

Vertretungsweise führte Oberstleutnant i. G. Kraemer die Division, bis Generalmajor von der Chevallerie eintraf.

Der mit diesem Angriff eingeleitete Durchstoß nach Baku blieb den Truppen des III. Panzerkorps versagt.

Nach monatelangem Ringen gegen Tod und Siechtum genas Traugott Herr allmählich. Am 1. Dezember 1942 war er wegen Tapferkeit vor dem Feind zum Generalleutnant befördert worden. Er stand nunmehr in der Führerreserve, aus der er am 25. Juni 1943 als Kommandierender General des LXXVI. Panzerkorps nach Italien ging. Am 1. September 1943 wurde er General der Panzertruppe.

Auf dem italienischen Kriegsschauplatz führte er wenig später an der Adriafront. Er hielt übermächtigen Feindangriffen – vor allem im Raum Rimini – stand und wurde am 18. Dezember 1944 als 117. deutscher Soldat mit den Schwertern ausgezeichnet. Am 15. Februar 1945 wurde er Oberbefehlshaber der 10. Armee, die er bis zum 2. Mai 1945, dem Tage des Kriegsschlusses in Italien, führte.

Nun geriet er in britische Gefangenschaft. Demütigungen blieben ihm nicht erspart. Doch er trug sie mit der Gelassenheit eines Soldaten, der sich bewußt ist, überall und zu jeder Stunde aufrecht gekämpft zu haben und seinen Soldaten ein guter Vorgesetzter gewesen zu sein. Am 17. Mai 1948 wurde er aus dem Camp Nr. 1 entlassen.

Vierunddreißig Jahre hat Traugott Herr seinem Vaterland gedient. In zwei Weltkriegen hat er gekämpft, wurde er schwer verwundet und hoch ausgezeichnet.

Am 16. September 1970 versammelten sich in Wulfsfelde seine Freunde, die ihm zum 80. Geburtstag gratulierten. Vom General bis Schützen waren Männer seiner alten 13. PD gekommen, um ihrem alten Kommandeur nahe zu sein.

Traugott Herr, geboren am 16. September 1890 in Weferlingen bei Helmstedt
Letzter Dienstgrad: General der Panzertruppe
Letzte Dienststellung: Armeeoberbefehlshaber
Ritterkreuz am 2. Oktober 1941
110. Eichenlaub am 9. August 1942
117. Schwerter am 18. Dezember 1944

GENERAL DER PANZERTRUPPE OTTO VON KNOBELSDORFF

Heerführer in vorderster Front

Die Nacht zum 10. Mai 1940 war klar und wolkenlos. In wenigen Stunden würde die Stille durch das Gebrüll der Artillerie in Fetzen geschlagen. Otto von Knobelsdorff hatte für die 19. ID seine Befehle gegeben. Er stand im Freien, als Hauptmann Heinicke, der Ib der Division, zu ihm trat. Ihm folgte der Ia, Oberstleutnant von Dawans.

»Noch dreieinhalb Stunden, Herr General«, ließ sich Dawans vernehmen.

»Dann werden wir marschieren«, ergänzte der Divisionskommandeur, »und ich bin überzeugt, daß die Division das Bestmögliche herausholt.«

Weit im Westen wurde die Nacht von zuckenden Flammen durchloht. Nach geraumer Zeit drang der Donner einiger Detonationen zu ihnen herüber.

»Das war bei den Maasbrücken, Herr General«, sagte Heinicke.

»Fahren wir los in die Bereitstellung!«

Es war genau fünf Uhr, als die Divisionsteile die Bereitstellung erreichten. Die Division gehörte zum XI. AK, dieses wiederum zur 6. Armee des Generalobersten von Reichenau. Ziel dieser Armee war Brüssel. Und dazu sollte die 19. ID heute über die Maas antreten.

Genau 05.35 Uhr brüllten die Motoren der Fahrzeuge gleichzeitig auf. Die Divisionsspitze setzte sich in Bewegung, rollte nach Belgien hinein. Noch war kein Schuß gefallen. Im vorgeschobenen Gefechtsstand hielt sich Otto von Knobelsdorff bereit. Als der Feldfernsprecher klingelte, griff der Ic danach.

»Was ist, Conrad?« fragte der Kommandeur.

»Am Ostrand von Maasniel erste Feindberührung!«

Von nun an folgte eine Meldung der anderen. Die Eisenbahnbrücke über die Maas war zerstört. Aus den Bunkern jenseits des Flusses hämmerte den Männern heftiges Abwehrfeuer des Gegners entgegen. Otto von Knobelsdorff fuhr zum Gefechtsstand des IR 74. Oberst Kurt Schmidt meldete ihm die Lage. Knobelsdorff entschied:

»Gewaltsamer Übergang über die Brücke bei Roermond unter Einsatz aller schweren Waffen. Artillerie bereitet den Übergang durch Wirkungsfeuer vor. Die schwere Pak-Kompanie vorziehen und die Bunker in direktem Beschuß ausschalten.«

Das AR 19 unter Oberst Pflieger trat in Aktion. Knobelsdorff ging bis zu den VB vor. Granaten des Gegners zwangen ihn immer wieder in volle Deckung. Doch das störte ihn nicht.

Um 08.50 Uhr begann der Angriff. Zehn Minuten später hatte die Division den Maasübergang erzwungen. Dann meldete sich Oberstleutnant Schmidt, der Kommandeur des II./IR 59. Er hatte den zweiten Übergang bei der Eisenbahnbrücke geschafft. Doch es würde noch lange dauern, bis alle Teile drüben waren.

Spähtrupps erkundeten, daß der Weg zum Maas-Schelde-Kanal frei war. Mit sechzehn Männern fuhr Oberleutnant Hippler vor. Er kämpfte sich durch den Gegner, gewann Kilometer um Kilometer. Er brachte die Front der Belgier ins Wanken, stieß durch. (Am 4. September 1940 erhielt Oberleutnant Gustav Hippler für diese Leistung das Ritterkreuz. Hippler fiel am 28. August 1942 als Hauptmann in Rußland.)

Als bekannt wurde, daß auf dem Flughafen von Diest noch eine Menge feindlicher Maschinen stünden, die sich zum Start fertigmachten, stieß Generalmajor von Knobelsdorff persönlich mit einem MG- und Pak-Zug vor. Sie erreichten den Flugplatzrand. Feuer schlug dem Generalswagen entgegen. Feldwebel Siepmann steuerte ihn im Zickzackkurs durch das Feuer. Die deutschen MG erwiderten es. Die Pak brauste heran und zerschoß die Flugzeuge. Dann allerdings mußte sie sich zurückziehen, der Feindwiderstand bei Diest war zu stark.

Am nächsten Morgen, als das Gros heran war, wurde Diest genommen. Die 19. ID erreichte die Dyle. Am 17. Mai wurde dieser Fluß überschritten. Beim Vorgehen auf den Willebrock-Kanal geriet die Spitze in das Feuer englischer Truppen, die sich auf dem Westufer eingenistet hatten.

Im ersten Morgenlicht des 18. Mai ging das IR 74 in geschlossenem Sprung über den Kanal. Bis acht Uhr hatten die Pioniere die erste Brücke für die schweren Divisionswaffen gebaut, so daß Generalmajor von Knobelsdorff mit der Panzerjägerkompanie vorrollen konnte. Er erreichte ostwärts Asche die Vorausabteilung unter Oberstleutnant Marcks. Hier drangen Feindpanzer in die von Süden tiefe offene Flanke der Vorausabteilung. Der Divisionskommandeur ließ die schwere Panzerjägerabteilung 19 vorziehen.

Knobelsdorff befahl sofortigen Angriff und setzte sich im Kommandeurswagen an dessen Spitze. Die Pak rollte los. Feindpanzer eröffneten das Feuer. Die Pak schoß die ersten in Brand.

Abschüsse bellten. Granaten schlugen neben dem Kommandeurswagen ein.

Es sah brenzlig aus, bis schließlich Marcks mit seiner schweren Kompanie eingriff. Der Feind drehte ab und floh.

»Hinterher!« rief von Knobelsdorff. »Wir drücken sie gegen die Dendre, dann haben wir sie!«

Dieser Entschluß entschied die Lage auch hier. Der Feind wurde geschlagen. Achtundvierzig leichte Panzer und zweiundzwanzig gepanzerte MG-Träger wurden vernichtet. Die Division hatte einen entscheidenden Sieg errungen. Für den schnellen Lysübergang erhielt von Knobelsdorff am 20. Mai 1940 die Spange zum EK I.

Der Angriff über die Dendre und über die Schelde stellte die Infanteristen dieser niedersächsischen Division vor eine harte Bewährungsprobe. Am 28. Mai kapitulierte das belgische Heer. Fünf Bunkerstellungen, sieben Feldstellungen hatte die 19. ID im Frankreichfeldzug durchbrochen. Dreizehn Flußübergänge waren erzwungen worden. Sechzig Feindpanzer vernichtet.

Auf Vorschlag von Generalmajor von Knobelsdorff erhielten folgende Soldaten seiner Division das Ritterkreuz:

Oberst Kurt Schmidt, Oberleutnant Hippler, Oberfeldwebel Pongratz und Feldwebel Jürgens.

Otto Heinrich Ernst von Knobelsdorff wurde am 31. März 1886 als Sohn eines Offiziers geboren. Seine Mutter war eine geborene von Manteuffel.

Der junge Knobelsdorff kam nach sechsjährigem Schulbesuch zur preußischen Kadettenanstalt Oranienstein. Sein Ziel war es, Offizier und – vielleicht später einmal – General zu werden. Über die Kadettenanstalt Bensberg und die Hauptkadettenanstalt Lichterfelde kam er 1905 als Fahnenjunker zum Infanterieregiment Großherzog von Sachsen (5. Thür.) Nr. 94 nach Weimar. Am 18. August 1906 wurde er Leutnant und Zugführer in der 5. Kompanie seines Regiments, die in Eisenach lag. Am 29. Januar 1914 erfolgte seine Ernennung zum Regimentsadjutanten. Er übersiedelte nach Weimar.

Als Regimentsadjutant kämpfte er im Ersten Weltkrieg zunächst in Ostpreußen und Rußland. Der kleine, drahtige Leutnant sprang überall dort in die Bresche, wo ein schneller Mann gebraucht wurde. Bereits im September 1914 erhielt er das EK II. Er errang sich den Ruf eines unerschrockenen, tatkräftigen Offiziers. Im Oktober 1914 wurde er mit dem Großherzoglich Sächsischen »Orden der Wachsamkeit oder vom Weißen Falken«, 3 B mit Schwertern, und dem österreichischen Verdienstkreuz mit der Kriegsdekoration ausgezeichnet. Am 18. Oktober 1914 wurde er Oberleutnant.

Bei den Kämpfen um Lodz, einem Brennpunkt der damaligen Ostfront, meisterte Oberleutnant von Knobelsdorff im Februar 1915 eine kritische Lage des Regiments und erhielt das EK I. Zu Ostern des gleichen Jahres erhielt er eine wenig verliehene hohe Auszeichnung: das Großherzogliche Wilhelm-Ernst-Kriegskreuz. Die Krönung war im April 1915 die Auszeichnung mit dem »Ernestinischen Hausorden« der sächsischen Herzogtümer mit Schwertern.

Zur Westfront kommandiert, kämpfte Otto von Knobelsdorff – noch immer als Regimentsadjutant – im belgischen Raum, wurde im August 1915 verwundet und mußte ins Lazarett. Bereits wenige Wochen später war er wieder beim Regiment, das in Verdun in schweren Kämpfen stand. Hier bewährte er sich als Bataillonsführer im Regiment 94 in Angriff und Verteidigung des gewonnenen Raumes und wurde am 22. März 1916 bevorzugt zum Hauptmann befördert.

Im Trommelfeuer der Verdunschlacht, bei der Höhe 304, war es sein Beispiel, das seinen Soldaten Halt gab. Am 10. Februar 1917 erhielt er dafür das Lippische Kriegskreuz. Wechselnde Einsätze und Dienststellungen folgten. Ihre Höhepunkte: der zweite Verduneinsatz und die Führung von Eingreifreserven, mit denen er mehrfach Frontlücken schließen konnte. Bei Erfüllung eines solchen Auftrags wurde er am 28. Oktober 1918 schwer verwundet. Er blieb bis Mai 1919 im Lazarett.

Nach seiner Entlassung wurde er Chef einer in Weimar neuaufzustellenden Kompanie seines alten IR 94. Über Coburg und Meiningen kam er bis 1920 nach Eisenach als Chef der 7./IR 15. Mitte August wurde er als Id der 6. ID unter General von Loßberg in Münster eingesetzt. Seine bewegte Soldatenkarriere setzte sich mit vielen Stationen, aber in dem langsamen Beförderungsgang der Reichswehr fort. Am 1. Februar 1929 wurde Knobelsdorff Major. Vier Jahre lang war er Artillerieführer 3 in Berlin. Hier diente er unter General von Kluge. Er wurde zum Oberstleutnant und im Juni 1935 zum Oberst befördert. Im Oktober dieses Jahres erhielt er die ehrenvolle Kommandierung als Chef des Generalstabs der Kommandantur von Berlin unter General von Schaumburg. Dann erhielt er wieder ein Frontkommando, das in Chemnitz neuaufzustellende IR 102, das er bis zum 31. Januar 1939 führte. Am 1. Januar dieses Jahres war er Generalmajor geworden.

Er wurde schließlich mit der Führung der 19. ID betraut, mit der er im Westfeldzug große Erfolge errang, und erhielt am 1. Oktober 1940 den Befehl zur Umrüstung in eine Panzerdivision.

Am 1. November 1940 wurde die 19. PD aus der Taufe gehoben. Oberstleutnant Fritz Iwand, der am 15. Mai 1940 in Frankreich als Kommandeur des I./SR 10 das Ritterkreuz erhalten hatte, übernahm das neuaufgestellte SR 74, Oberst Gustav Schmidt die neugebildete Schützenbrigade 19.

Am 15. Februar 1941 trat das PR 27 – das in Bielefeld und Paderborn aufgestellt worden war – zur Division. Sein Kommandeur war Oberst Spannenkrebs.

Otto von Knobelsdorff, seit dem 1. Dezember 1940 Generalleutnant, trieb die Ausbildung voran. Er wollte eine schlagkräftige, einsatzbereite Division. Sein Wahlspruch war:

»Niemand der uns anvertrauten Soldaten darf ungerüstet in den Einsatz gehen!«

In den ersten Junitagen 1941 wurde die 19. PD nach Ostpreußen verlegt. Sie sollte in den Raum des Suwalkizipfels gehen. Dort wurde sie dem LVII. Panzerkorps – General der Panzertruppe Kuntzen – eingegliedert, das wiederum zu der von Generaloberst Hermann Hoth geführten Panzergruppe 3 gehörte.

Mit Beginn des Ostfeldzuges am 22. Juni 1941 rollte die 19. PD in der zweiten Welle los. Drei Tage gab es keine Feindberührung. Am frühen Morgen des 25. Juni trat die Truppe zum erstenmal als Panzerdivision ins Gefecht.

Bei Zemloslaw stieß die Panzeraufklärung auf den Gegner. Der Kommandeur brauste mitten durch das Feindfeuer nach Kudysce hinein. Die Kradschützen des Bataillons 19 unter Major Stegmann, die im Wald von Traby kämpften, sahen, wie der General zu ihnen vorgefahren kam und sich am Kampf beteiligte. Major Stegmann beschwor Knobelsdorff, sich nicht dem Feuer auszusetzen. Der Kommandeur pfiff den Major wütend an.

Sie waren hier auf einen Gegner gestoßen, der im Begriff stand, auf der Linie Gieradowy und Wiesniew nach Norden, in Richtung Wilna–Podolsk, durchzubrechen. Dadurch konnte der Divisionsbefehl – auf Minsk durchzustoßen – nicht verwirklicht werden.

Knobelsdorff setzte die Panzer des PR 27 an.

Die Kämpfe gegen diesen starken Gegner dauerten mehrere Tage. Hier fiel Oberleutnant Schröder, Chef der 3./PR 27.

Am 1. Juni ging der Vorstoß zur Düna weiter. Zwei Tage später konnte der erste Brückenkopf jenseits des Flusses gebildet werden. Am 6. Juli wurde in diesem Raum Oberstleutnant Spannenkrebs verwundet. Major Mecke übernahm vertretungsweise das Regiment.

Bis zum 15. Juli drang die 19. PD in Newel ein. Hier erhielt Otto von Knobelsdorff Befehl, mit seiner Division Welikije Luki zu erobern.

Im Verband des Kradschützenbataillons 19 erreichte der Generalleutnant die Höhen südlich Welikije Luki. Er ließ zum Handstreich auf diese Stadt antreten, und es sah zunächst so aus, als sollte es klappen. Über den Lowat gehend, hatte das IR 73 den Südteil von Welikije Luki ostwärts des Lowat in Besitz zu nehmen. Doch der Angriffsschwung kam zum Erliegen. Die Russen stießen in den Rücken der Division, dort, wo das Pionierbataillon 47 die Straße freihalten sollte. Wenn nicht rasch etwas geschah, konnte dies zum Todesstoß für die Division werden.

Am frühen Morgen des 18. Juli fuhr Knobelsdorff zum Pionierbataillon 47 vor, das die Straße sichern sollte. Er raffte die einzelnen Kampfgruppen des zerfledderten Bataillons zusammen und stoppte den angreifenden Gegner. Die Divisionsflak zog vor und bekämpfte den Feind in direktem Beschuß.

Die Gefahr im Rücken der Division war damit beseitigt. Weitere vierundzwanzig Stunden kämpfte die Division, dann war Welikije Luki in ihrem Besitz.

Wenig später erhielt er Weisung vom Korps, Welikije Luki wieder zu räumen und auf Newel zurückzugehen. Nur an den Lowatbrücken sollten Sicherungen belassen werden. Neue Angriffsrichtung war Smolensk. Sie waren zu weit vorgeprellt, hinter ihnen, jenseits der Düna, stand die 18. ID (mot.) in schwersten Abwehrkämpfen.

Die Division schob sich – kämpfend über die Düna zurückgehend – zwischen die 18. ID (mot.) und die 20. PD. Als sie sich am 27. Juli dort einschob, um die 20. PD abzulösen, griffen starke russische Bomberkräfte an. Bei diesem Luftangriff fiel Oberstleutnant Iwand, Kommandeur des SR 74. Oberstleutnant Westermann übernahm das Regiment.

Bis zum 9. August kämpfte die 19. PD im gleichen Abschnitt. Hier fiel auch der Regimentsarzt des SR 73, Stabsarzt Dr. Reible.

Am 18. August erhielt das LVII. Panzerkorps Auftrag, die südlich der beiden Bahnlinien von Welikije Luki stehenden Feindkräfte in Stärke einer Armee einzukesseln und zu vernichten.

Am 22. August begann der Angriff. Das verstärkte PR 27 führte nunmehr Oberstleutnant Wolfgang Thomale. Mit dem PR rollte der Kommandeur vor. Sie stießen bis zum Abend des 23. August tief in den Gegner hinein.

Sowjetische Gegenangriffe wurden in mehrtägigen Kämpfen abgewehrt, der Ring geschlossen. Der Kommandeur hatte seine Division zu einer kühnen Umgehungsbewegung in den Rücken des Feindes geführt.

Am 17. September 1941 erhielt Otto von Knobelsdorff für diesen schlachtentscheidenden Einsatz das Ritterkreuz des Eisernen Kreuzes. Am gleichen

Tag wurde auch Major Günter Zugehör, Kommandeur der II./AR 19, mit dem Ritterkreuz ausgezeichnet.

Der Vormarsch auf Toropjez und das Abdrehen auf Cholm folgten. Am 5. September trat die Division gegen Cholm an. Am 6. September war Cholm erreicht. Die Division wurde hinter das II. AK des Generals von Brockdorff-Ahlefeldt gezogen, um dessen Angriff auf Demjansk zu unterstützen.

Am nächsten Tag wurde Demjansk von der Division genommen. Im Gebiet der versumpften und buschbestandenen Waldaihöhen wurde der Druck der von Westen zurückflutenden russischen Verbände immer stärker. Das PR 27 schaffte im Angriff Luft und vernichtete 102 Geschütze des Gegners. Tagelange Waldkämpfe folgten. Am 16. September wurde die Division herausgelöst und marschierte nach Cholm. Für seine persönlich gefahrenen Panzereinsätze auf den Waldaihöhen erhielt Generalleutnant von Knobelsdorff das Panzerkampfabzeichen. Er sagt zu dieser Auszeichnung, die für einen Divisionskommandeur selten war:

»Diese Auszeichnung war ein Bindeglied zwischen meinen Soldaten und mir. Sie zeigt, daß wir alle die gleichen Anstrengungen zu unternehmen hatten und daß wir dies auch getan haben.«

Am 16. September erhielt er Befehl, der 20. PD zu folgen und über Cholm–Newel–Witebsk–Smolensk 800 Kilometer vorzumarschieren. Am frühen Morgen des 17. September wurde diese Bewegung angehalten. Otto von Knobelsdorff flog mit seinem Ia im »Storch« zum II. AK. Dort wurde er von General von Brockdorff-Ahlefeldt – der seit dem 15. Juli 1941 das Ritterkreuz trug – darüber orientiert, daß er dem II. AK für eine Sonderaufgabe unterstellt sei.

Die 19. PD sollte zusammen mit der 123. ID im Raum Ostaschkow angreifen und die dortige Seenenge mit dem Quellgebiet der Wolga in die Hand nehmen. Die 123. ID, die dazu bereits angetreten war, wurde von russischen Kräften hart bedrängt. Rasches Handeln tat not!

Der Truppe voraus, erreichte von Knobelsdorff am Nachmittag den Gefechtsstand der 123. ID in einem Wald am Sslantino-See. Generalmajor Erwin Rauch (RK am 22. 12. 1941) empfing ihn mit großer Erleichterung, denn seine Division stand in der Gefahr, aufgerieben zu werden.

Die Truppen der 19. PD holten das verlorengegangene Gelände zurück; die Panzer verfolgten den weichenden Gegner bis nach Mosty.

Am 26. September wurde die Division zum Angriff auf Moskau freigestellt und erreichte am 2. Oktober 1941 – zu Beginn der »Schlußjagd« – den Raum Smolensk.

Sechs Tage später trat die 19. PD in Richtung Juchnow an. Bei acht Grad Kälte und Schneefall ging es leidlich vorwärts. Doch am 10. Oktober blieb sie vor Medyn liegen. Als Knobelsdorff nach vorn fuhr, um den Weiterstoß zu forcieren, traf ein Kradmelder bei ihm ein, der ihn zur 3. ID (mot.) befahl, wo Feldmarschall von Kluge, der OB der 4. Armee, ihn erwartete.

Auf dem Gefechtsstand der 3. ID (mot.) eröffnete ihm von Kluge:

»Knobelsdorff, Sie sollen mit Ihrer Division beiderseits der direkten Rollbahn auf Moskau vorstoßen und die Moskau-Schutzstellung durchbrechen. Dazu wird Ihnen ein Regiment der 3. ID (mot.) unterstellt. Hinzu kommen noch einige schwere Artillerieabteilungen zum Niederkämpfen der starken sowjetischen Bunkerstellungen.«

Generalleutnant von Knobelsdorff fuhr in Begleitung eines Ordonnanzoffiziers der 3. ID (mot.) vor zum VB. Durch das Scherenfernrohr beobachtete er das ganze Gelände. Was er sah, war nicht ermutigend: eine Großzahl Betonstände mit Panzerkuppeln, Panzergräben und Drahthindernissen. Hinzu kam noch das Flußbett der Wypranka. Gefangenenaussagen zufolge standen ihnen hier die Schüler der russischen Offiziers- und Kriegsschule in Podolsk gegenüber.

Am 15. Oktober begann der Angriff. Die Wypranka wurde überschritten. Das SR 74 erstürmte die ostwärtigen Höhen des Flusses. Das SR 29 der 3. ID (mot.) griff Ilinskoje an. Doch dieses Kernstück der Moskau-Schutzstellung hielt dem Ansturm stand. Eine Abteilung des PR 27 folgte dem SR 74. Alle wußten:

»Haben wir Podolsk, dann sind es noch genau fünfunddreißig Kilometer bis Moskau!« Doch vor Podolsk lag Malojaroslawetz.

Der Kampf um Ilinskoje wurde einer der schwersten. Am 18. Oktober rollte das PR 27 auf Malojaroslawetz an. Oberstleutnant Thomale setzte sich an die Spitze seiner Panzer und führte sie im Sturmlauf durch Malojaroslawetz hindurch. Es ging um Moskau, also ließ er nach Erringen der Ortschaft weiterfahren. Plötzlich stieß der Divisionskommandeur hinzu, führte nun selbst nach Osten. Ziel war die Istja. Oberleutnant Frhr. von Werthern, Führer der 1. Kompanie, rollte mit seinen Panzern als erster bei Werabyi über die Protwa hinweg, anschließend durch einen endlos erscheinenden Wald.

Als sie endlich den Wald verließen, sah Werthern voraus eine Anhöhe. Über Sprechfunk leitete er die Kompanie an dieses Ziel. Auf halber Höhe erhielt sie plötzlich schweres Feuer aus einer Pak-Stellung, die hier die Brücke über die Istja sicherte.

»Chef an alle!« rief Werthern. »Angriff auf die Brücke! Der Übergang ist unter allen Umständen zu gewinnen!«

Die Fahrer beschleunigten das Tempo. Erster Panzer war der von Leutnant Range. Dicht dahinter fuhr der Oberleutnant, gefolgt vom Rest der Kompanie.

Ranges Panzer wurde von einer Pak getroffen. Die Besatzung bootete aus. Dann krachte es abermals. Ein zweiter Wagen der Kompanie stand in Flammen. Der dritte Panzer erreichte das Brückenende, drehte ein und beschoß die Feindpak, die mit einem Volltreffer ausgeschaltet werden konnte.

Der Tag wurde ein großer Erfolg für das PR 27. (Oberleutnant Thilo Frhr. von Werthern erhielt für diesen großartigen Angriff am 18. November 1941 das Ritterkreuz.)

Als der Divisionskommandeur, der im Wald abgehängt worden war, die Spitze erreichte, meldete ihm Oberstleutnant Thomale:

»Brückenkopf über die Istja gebildet. Brücke unzerstört in unserem Besitz!«

Die Division wurde nachgezogen. Die Panzer rollten auf verschlammten Wegen zur Nara vor. Vor Erreichen des Ziels wurden sie von T 34 angegriffen. Das tödliche Duell wurde gewonnen, die Nara erreicht. Pioniere schlugen eine Pontonbrücke. Die zweite Moskau-Schutzstellung war angeknackt.

Die aufschließende Schützenbrigade setzte der Divisionskommandeur auf einen Wald an, in den sich die Russen vor den deutschen Panzern zurückgezogen hatten.

Oberst Gustav Schmidt gelang es nicht, dieses verzweifelt verteidigte Waldgebiet zu durchdringen. Am 19. Oktober mußte Generalleutnant von Knobelsdorff die in den Wald eingedrungenen Schützen wieder zurücknehmen.

Vier Tage später traf die nächste Division auf gleicher Höhe ein – zu spät; denn nun gab es kein Durchkommen mehr. Der Widerstand der Roten Armee versteifte sich mit unglaublicher Verbissenheit.

Russische Gegenangriffe konnten abgewiesen werden. Die Division, die den am weitesten nach Osten vorgeschobenen Raum erreicht hatte, blieb im Nara-Brückenkopf liegen. Das PR 27 wurde Feuerwehr der 4. Armee. Wochen vergingen.

Am 1. Dezember war Major Walter Mecke – der als Kommandeur der I./PR 27 am 23. November das Ritterkreuz erhalten hatte – gefallen, als sein Panzer auf eine schwere Mine fuhr, die den Panzer und seine gesamte

Besatzung in Stücke riß. Schließlich mußte die Division, die bis dahin immer vorangegangen war, den Rückzug antreten. Es ging über Ilinskoje in Richtung Juchnow.

Am 1. Januar 1942 nahm die Division das feindbesetzte Osero.

Der Kampf wurde immer härter. Am 4. Januar 1942 herrschten 42 Grad minus, zwei Tage darauf mußte Generalleutnant von Knobelsdorff seine Division verlassen. Er war so schwer erkrankt, daß Befürchtungen bestanden, er würde nicht durchkommen.

Oberst Gustav Schmidt übernahm die Führung der Division, die er bis zu seinem Tode im Herbst 1943 behielt. (Als Generalleutnant erhielt Schmidt noch am 6. März 1943 das 203. Eichenlaub.)

Bis zum 30. April 1942 mußte Otto von Knobelsdorff im Lazarett zu Bad Gastein verbleiben. Hier erhielt er ein Telegramm, das ihn mit Wirkung vom 1. Mai 1942 zum Führer des X. AK ernannte und sofort nach Staraja Russa beorderte. Nur sechs Wochen führte er dieses Korps, dann wurde er als neuer Kommandierender General des II. AK in den Kessel von Demjansk geflogen. Wieder zwei Wochen später bildete er aus der 5. und 8. Jägerdivision das »Korps Knobelsdorff«, zu dem am 19. Juli 1942 noch die 126. ID trat. Generalleutnant von Knobelsdorff hielt nun den »Schlauch« zum Kessel von Demjansk offen.

Am 1. August 1942 wurde er zum General der Panzertruppe befördert. Er leitete das »Unternehmen Michael« mit dem Ziel, die Landbrücke zwischen dem X. und dem II. AK von vier auf zwölf Kilometer zu verbreitern.

Nachdem er an dieser Stelle der Front seine Fähigkeiten als Truppenführer und Stratege erneut unter Beweis gestellt hatte, wurde ihm am 10. Oktober 1942 die Führung des XXIV. Panzerkorps am Don übertragen. Kurz darauf mußte er das XXXXVIII. Panzerkorps übernehmen. Dieses Korps erhielt von Generaloberst Hoth den Auftrag, zum Entsatzangriff auf Stalingrad anzutreten. Es sollte den Don überschreiten und die Verbindung zum linken Flügel der 4. Panzerarmee aufnehmen. Am 4. Dezember 1942 traf General von Knobelsdorff auf dem Korpsgefechtsstand in Werchne Tschirskaja ein. Zu diesem Angriff sollte ihm noch die 11. PD unterstellt werden, die von Generalmajor Balck geführt wurde. Balck – seit dem Frankreichfeldzug mit dem Ritterkreuz ausgezeichnet – meldete seine Division im Anmarsch.

Als am 7. Dezember das I. sowjetische Panzerkorps auf dem linken Flügel der 336. ID über den Don ging, die Sowchose 79 erreichte und damit tief im Rücken des XXXXVIII. Panzerkorps stand, erteilte Knobelsdorff der 11. PD den Befehl, auf Sowchose 79 einzudrehen.

Das PR 15 traf zuerst dort ein. Oberstleutnant Graf Schimmelmann von Lindenburg (als Major und Abteilungskommandeur im selben Regiment am 15. Mai 1941 mit dem Ritterkreuz ausgezeichnet) griff sofort an. In einem unerhörten Sturmlauf vernichtete das Regiment angreifende Panzerverbände. Fahrzeugkolonnen gingen in Flammen auf. Dieses schlesische Panzerregiment schoß dreiundfünfzig Feindpanzer ab. General von Knobelsdorff funkte an Balck:

»Großartig, Balck, Gratulation!«

Als am Abend des 11. Dezember der Gegner abermals, diesmal bei Lissinski durchbrach, ließ Knobelsdorff erneut Balcks 11. PD angreifen. Wieder vernichtete sie den Gegner völlig.

Für den 17. Dezember bereitete General von Knobelsdorff den Übergang der 11. PD über den Don vor. In dieser Phase des Kampfes eröffnete Marschall Schukow eine neue Offensive am mittleren Don, welche die 8. italienische Armee und dann auch den linken Nachbarn des XXXXVIII. Panzerkorps, die 15. Luftwaffen-Felddivision, traf. Als die 8. italienische Armee zusammenbrach, mußte Knobelsdorff seine Angriffsabsichten aufgeben. Darüber hinaus mußte Feldmarschall von Manstein der 4. Armee noch weitere Kräfte wegnehmen, um eine neue Deckungsfront um Rostow aufzubauen. Ein Entsatz der in Stalingrad eingeschlossenen 6. Armee war unmöglich geworden.

An diesem 17. Dezember brach die 5. sowjetische Panzerarmee auch in die HKL der 336. ID ein. Otto von Knobelsdorff mußte die 11. PD hier einsetzen. Als diese bis zum 18. Dezember den Gegner aufhielt, wurde ein neuer Einbruch bei Kalinowski gemeldet.

So mußte Knobelsdorff von einer Aushilfe zur anderen schreiten. Beim Kampf um Kalinowski, wohin die 11. PD abermals herumgeworfen worden war, schossen die Panzer zweiundsechzig Feindpanzer ab. Hauptmann Karl Lestmann erhielt für diesen Einsatz am 26. Januar 1943 das Ritterkreuz. (Am 26. Februar 1943 ist Lestmann im Panzergefecht gefallen.)

Die große Abwehrschlacht am Tschir dauerte bis zum 21. Dezember; sie endete für das Korps Knobelsdorff mit einem großen Sieg. In wenigen Wochen hatte es am Tschir 700 Feindpanzer vernichtet!

An diesem Tag erhielt Otto von Knobelsdorff Weisung, die Tschirfront zu verlassen und in den Raum Tazinskaja zu marschieren, um das Vordringen der Russen auf Rostow zu verhindern.

In Eilmärschen gelang es der 6. und 11. PD rechtzeitig, den bedrohten Raum zu erreichen und den Gegner zu werfen. Der Fall von Rostow war verhindert. Bis zum 10. Februar 1943 wehrte das Korps alle Feindangriffe ab. Am 16. Februar 1943 erhielt Otto von Knobelsdorff für seine persönlichen Einsätze am Tschir das Deutsche Kreuz in Gold.

Die Frühjahrskämpfe und die Schlammzeit überstand das Korps, das nunmehr neben der 3., 6. und 11. PD auch noch über die Panzergrenadierdivision »Großdeutschland« verfügte, an der Donezlinie.

Am 4. Juli 1943 um 15.00 Uhr begann das Unternehmen »Zitadelle«. General von Knobelsdorff hatte für seinen Angriff 60 Sturmgeschütze und 300 Panzer bereitgestellt – eine Stoßkraft, über die er nie wieder verfügen würde.

Bei strömendem Regen ging das Korps vor. Die vordersten Feindstellungen wurden am ersten Angriffstag durchstoßen. Bis zum Abend erreichte das Korps Tscherkasskoje. Doch am zweiten und dritten Tag erlitt es schwere Verluste. Es gelang nicht, die zweite Widerstandslinie der Russen zu durchstoßen.

Erst am 7. Juli war das Korps erneut erfolgreich. Die Höhe 230 wurde von Sturmgeschützen und Panzern der Division »GD« erobert. Die 11. PD schloß auf gleiche Höhe auf. Als die Infanterie am Abend des 8. Juli nördlich Werchopenje an der Höhe 243 liegenblieb und auch die Panzer die Höhe nicht bezwingen konnten, ließ Major Peter Frantz die Sturmgeschütze seiner Sturmgeschützabteilung »GD« angreifen. Alle Besatzungen kämpften mit letztem Einsatz, und der umsichtigen, vorwärtsdrängenden Führung des Majors gelang es, nach Abschuß von fünfunddreißig T-34-Panzern, die Höhe 243 und die Ortschaft Werchopenje zu erreichen. Doch den Gegner endgültig zu werfen, gelang erst am fünften Angriffstag. (Peter Frantz hatte als Oberleutnant am 13. Juni 1942 das Ritterkreuz erhalten. Als Hauptmann und Kommandeur der Sturmgeschützabteilung »GD« wurde er am 14. April 1943 als 228. deutscher Soldat mit dem Eichenlaub ausgezeichnet.)

Am 13. Juli begannen massierte sowjetische Gegenangriffe. In einer der schwersten Stunden seines Soldatenlebens mußte General von Knobelsdorff zum Gefechtsstand der Division »GD« fahren und erklären, daß keine Möglichkeit der Fortsetzung des geplanten Angriffs auf Nowosselowka bestehe.

Für die erfolgreichen Durchbruchskämpfe war er zum Eichenlaub des Ritterkreuzes eingegeben worden. Er erhielt es schließlich am 12. November 1943 als 322. Soldat der Wehrmacht.

Rückzugskämpfe und hinhaltende Gefechte mit russischen Sturmdivisionen auf dem Weg zum Dnjepr forderten von General von Knobelsdorff schnelle und gewagte Entschlüsse. Der Dnjepr-Brückenkopf von Krementschug mußte am 27. September aufgegeben werden.

Am 9. Oktober erkrankte Otto von Knobelsdorff schwer. Seit dem 1. Mai 1942 hatte er pausenlos in Rußland im Einsatz gestanden.

Am 26. Oktober 1943 wurde ihm das Komturkreuz des »Ungarischen Verdienstordens« am Kriegsband mit Schwertern verliehen.

Bis zum 31. Januar 1944 blieb der General in der Führerreserve. Am 1. Februar wurde er mit der Führung des XXXX. Panzerkorps beauftragt, das im Kessel von Nikopol in schweren Abwehrkämpfen stand. In diesem Korps kämpften so bewährte Divisionen wie die 6., die 7. und 19. PD, die SS-Totenkopf-Division und die PGD »GD«. Am 15. Februar wurde ihm Bewegungsfreiheit nach Westen erteilt. Er ließ zum Ausbruch nach Süden aus dem Kessel von Nikopol antreten. Er dachte an das Schicksal der 6. Armee, das er nicht hatte wenden können, als er den einzig möglichen Befehl gab:

»Durch, ganz egal wie! Material ist zu ersetzen, aber keines der mir anvertrauten Soldatenleben!«

In Kämpfen von unerhörter Härte wurde unter Preisgabe der schweren Waffen der Durchbruch erzwungen. Es ging von einem Kessel in den anderen. Ende Mai überschritt das XXXX. Panzerkorps die Grenzen Rumäniens nach Westen. Diesem kleinen drahtigen General war es gelungen, seine Divisionen vor der Vernichtung zu bewahren. Es war einer der glänzendsten Siege des Generals von Knobelsdorff.

Am 21. September 1944 wurde Otto von Knobelsdorff als 100. deutscher Soldat mit den Schwertern zum Eichenlaub des Ritterkreuzes ausgezeichnet.

Einige Tage vorher hatte General von Knobelsdorff bereits die Führung der 1. Armee im Westen übernommen. Bei der Verteidigung des Reichsgebietes kämpfte Otto von Knobelsdorff mit ganzen 86 000 Mann gegen die 250 000 Soldaten der 3. US-Armee unter General Patton. Mit der 11. PD besaß er 69 Panzer!

Es gelang ihm, den schnellen Vorstoß, den Patton General Omar M. Bradley versprochen hatte, zu stoppen.

Dennoch wurde er ganz überraschend am 1. Dezember 1944 in die Führerreserve versetzt. Er ging nach Oppeln. Am 11. Januar 1945 mußte er diese Stadt auf Weisung des OKH räumen und nach Dresden ausweichen.

Am 6. April 1945 geriet er auf Schloß Beichlingen in Thüringen in US-Gefangenschaft. Über mehrere Gefangenenlager kehrte er am 21. Dezember 1947 in die Freiheit zurück und ließ sich in Hannover nieder.

Am 22. April 1949 wurde Otto von Knobelsdorff Rechtsritter des Johanniterordens. Seine beiden Söhne, die als Offiziere im Krieg gekämpft hatten, kehrten in die Heimat zurück. Auf Drängen seiner Freunde schrieb Otto von Knobelsdorff »Die Geschichte der 19. Infanteriedivision«, die im Jahre 1958 erschien. Der Traditionsgemeinschaft gehörte von Knobelsdorff bis zu seinem Tode als Ehrenpräsident an. Sein ehemaliger Stabschef, Oberst i. G. von Mellenthin, sagte über seinen Kommandeur:

»Ich hatte die Ehre, während der fast ununterbrochenen Angriffs- und Abwehrkämpfe am Tschir, am Donez sowie später bei Charkow und Kursk als sein Chef des Stabes Dienst tun zu dürfen. Er war ein Soldat mit bemerkenswerten Eigenschaften und Fähigkeiten. Wendig und aufgeschlossen und hoch geachtet von allen Angehörigen des Generalkommandos.«

Otto von Knobelsdorff, geboren am 31. März 1886
Letzter Dienstgrad: General der Panzertruppe
Letzter Rang: Oberbefehlshaber einer Armee
Ritterkreuz am 17. September 1941
Deutsches Kreuz in Gold am 24. April 1943
322. Eichenlaub am 12. November 1943
100. Schwerter am 21. September 1944

KAPITÄN ZUR SEE WOLFGANG LÜTH

Auf 14 Feindfahrten 43 Schiffe versenkt

»Kapitän zur See Wolfgang Lüth, einer der erfolgreichsten U-Boot-Kommandanten und einer der beiden einzigen Soldaten der Kriegsmarine, denen die höchste Tapferkeitsauszeichnung, das Ritterkreuz mit Eichenlaub, Schwertern und Brillanten, verliehen worden war, kam am 14. Mai 1945, wenige Tage nachdem unsere Kapitulation den Krieg beendet hatte, in Mürwik bei Flensburg durch einen tragischen Unglücksfall ums Leben.

In der Aula der Marineschule nahmen wir, die in Flensburg versammelten Offiziere der Kriegsmarine, an seinem Sarg von ihm Abschied.

Es war wie ein Symbol.«

Diese Worte von Großadmiral a. D. Karl Dönitz sollen am Beginn des Kapitels über jenen Soldaten stehen, der von seinen Untergebenen wie von allen anderen, die ihm begegneten, hoch geehrt, ja verehrt wurde. Wolfgang Lüth war einer der Großen. Er führte seine Soldaten in vierzehn Feindfahrten durch die See. Eine dieser Feindfahrten, die das Letzte von Boot, Besatzung und auch von ihm, dem Kommandanten, forderte, dauerte 206 Tage.

Wolfgang Lüth, der jüngste Kommandeur der Marineschule zu Flensburg-Mürwik, hatte zuvor auf vier Booten große Erfolge errungen; er hatte den Tod gesehen und war ihm einige Male nur wie durch ein Wunder entkommen. Niemand, der mit diesem Offizier zusammenkam, wird ihn jemals vergessen.

Wolfgang Lüth wurde am 15. Oktober 1913 in Riga geboren. Er besuchte in seiner Vaterstadt an der Düna, nahe der Mündung dieses Flusses in den Rigaischen Meerbusen, das Gymnasium. Schiffe und See waren sein Element, und so überraschte er weder seine Eltern noch seine Freunde, als er sich nach bestandenem Abitur im Jahre 1933 zur Reichsmarine meldete.

Als Kadett fuhr Lüth auf der berühmten »Gorch Fock«. Was ein junger Seeoffizier an Seemannschaft, Kameradschaft und Leistung lernen konnte, wurde ihm hier vermittelt, so daß seine Weltreise auf dem Kreuzer »Karlsruhe« nur noch dem äußeren Schliff zuliebe und den Vorschriften entsprechend erfolgte.

Er gehörte zur Crew 33, die auch einen Werner Henke, Reinhard Hardegen, einen Mengersen und Jürgen Oesten hervorbrachte, die sämtlich bekannte U-Boot-Fahrer wurden.

Nach Ablegung der Seeoffiziers-Hauptprüfung wurde Lüth auf der Marineschule zu Flensburg-Mürwik zum Leutnant zur See befördert.

Zwei Jahre später, Lüth war Oberleutnant geworden, meldete er sich – wie seinerzeit viele seiner Kameraden – zur neuaufgebauten U-Boot-Waffe. Seine ersten Fahrten machte er als Wachoffizier auf U 38 unter Kapitänleutnant Heinrich Liebe (RK am 14. 8. 1940; 13. E am 10. 6. 1941). In diesem verschlossenen, wortkargen Kommandanten fand er einen hervorragenden Lehrmeister. Das letzte Wissen um die Besonderheiten der U-Boot-Fahrt wurde ihm hier vermittelt.

Anfang Januar 1940 übernahm Oberleutnant z. See Lüth mit U 9 ein Boot, dessen Name ihn auf den geschichtlichen Ruhm von Otto Weddigen, dem U-Boot-Helden des Ersten Weltkriegs, verpflichtete. Es war ein Boot des Typs IIb und trug als einziges Boot der jungen U-Waffe das Eiserne Kreuz am Turm. Lüth sah dies als eine besondere Auszeichnung an.

In den Januarstürmen des Jahres 1940 lief U 9 zur ersten Feindfahrt aus; Ziel war die schottische Ostküste.

Sieben Minuten vor Mitternacht des 18. Januar 1940 versenkte es den Dampfer »Flandria«. Kaum zwei Stunden später fiel die »Patria« einem Einzelschuß zum Opfer. Dann kehrte das Boot um, klotzte durch die hochgehende See dem Einsatzhafen Kiel entgegen und machte fest.

Der Balte Lüth erhielt das EK II.

Im nächsten Einsatz legte Lüth Minen vor der englischen Küste. Er wurde zweimal von Sicherungsstreitkräften unter Wasser gedrückt, entging einer Wabo-Verfolgung und kehrte zurück. Auf den von ihm gelegten Minen sanken zwei Dampfer, und er selbst war auf der Rückfahrt am 11. Februar 1940 noch einmal zum Schuß gekommen, wobei er die »Linda« versenkte.

Es waren kleine, zäh erkämpfte Erfolge, errungen mit einem der »Einbäume« in hoher Wintersee. Lüth hatte seine Seemannschaft und sein Können bewiesen. Die dritte Feindfahrt führte nach Norwegen; sie blieb erfolglos. Zwar kam er am 20. April auf einen Dampfer zum Schuß, dieser konnte jedoch entkommen. In den nächsten Tagen kreuzte U 9 völlig vergebens.

Doch auf der nächsten Feindfahrt war ihm am 9. Mai das Glück hold. Der britische Tanker »San Tiburcio« mit 5996 BRT wurde vor Tarbett Ness von einer Mine Lüths hochgejagt, die er am 9. Februar dort gelegt hatte. So kam er zu einem Erfolg, ohne schießen zu müssen.

Noch am gleichen Tag versenkte er das französische U-Boot »Doris«. Geben wir hierzu Wolfgang Lüth selbst das Wort:

»Auf dem Ausmarsch sichtete mein I. WO, Oberleutnant z. See Gramitzki, bei Terschelling ein feindliches U-Boot. Es lief mitten in einer Gruppe von Fischerbooten, die alle erleuchtet waren, fuhr selbst jedoch abgeblendet.

›Alles auf Gefechtsstationen!‹ lautete mein Befehl.

Die Torpedos in den Rohren liegen klar zum Schuß. Wir laufen mitten durch ein grünschimmerndes Meerleuchten an. Dann gehen wir auf höhere Fahrt, um vor dem Gegner in Schußposition zu kommen. Hoffentlich sieht er unsere Bugsee nicht! Dann zeigt er uns plötzlich das Heck. Wieder hinterher! Das U-Boot scheint hier Patrouille zu fahren.

Eine Stunde drehen wir uns schon um das Boot herum. Dann aber haben wir den Feind. Eben hat er seinen Kurs geändert. Wir fahren jetzt mit E-Maschinen, da die Dieselmotoren bei der ruhigen Nacht zu weit zu hören sind.

Mit kleiner Fahrt laufen wir auf den Gegner zu, damit unsere Bugsee nicht zu erkennen ist. Auch unsere Silhouette ist so schmal wie möglich. Der Vorhaltewinkel ist nach Gefühl – über den Daumen gepeilt – eingestellt. Ich gebe Feuererlaubnis. Gramitzki zielt ruhig.

›Rohr I lllos!‹

Wie ein weißer Strich eilt die Torpedolaufbahn auf den Gegner zu. Das Meerleuchten ist schuld daran. Nur jetzt nicht entdeckt werden. Wir haben gestoppt, um nicht noch näher heranzukommen.

›Verflixt!‹ sagt Gramitzki. ›Der Aal scheint vorn vorbeizulaufen.‹

›Nein‹, antworte ich, ›jetzt sieht es aus, als ginge er achtern vorbei.‹

Doch getroffen!

Eine Feuersäule steigt mittschiffs am Unterseeboot in die Höhe. Haushoch, masthoch, jetzt hundert Meter hoch. Ein grausiges Schauspiel, das von lauten Detonationen begleitet wird. Seine Torpedos fliegen in die Luft.

›Wahrschau, Sprengstücke!‹ ruft einer.

Wir fahren zur Untergangsstelle, um Schiffbrüchige zu retten. Doch nichts ist mehr von dem U-Boot zu sehen. Nur ein Riesenölfleck.

›Arme Kerle!‹ sagt Gramitzki. ›Sind ja auch U-Boot-Fahrer!‹«

Soweit Lüths Schilderung. (Siehe Wolfgang Lüth und Klaus Korth: »Boot greift wieder an!«)

Zwei Tage später gelang U 9 binnen dreizehn Stunden ein Doppelerfolg. Die beiden Dampfer »Viiu« und »Tringa« gingen auf Tiefe. Dann war diese Feindfahrt zu Ende.

Am 19. Mai lief U 9 abermals zur Feindfahrt aus. Am Mittag des 23. Mai lief dem Boot ein deutscher Dampfer, die »Sigurds Faulbaums«, vor die

Rohre. Da sich dieser Dampfer als britische Prise auf der Überführungsfahrt nach England befand, griff Lüth ihn an und versenkte ihn auf 51.29 N / 02.38 O.

Wolfgang Lüth erhielt das Eiserne Kreuz I. Klasse und ein neues Boot, wiederum ein kleines Boot des Typs II D, die U 138. Einen Teil der ihm vertraut gewordenen Besatzung mußte er zurücklassen, nahm aber mit auf sein Boot, wen immer er loseisen konnte. Harte Wochen der Ausbildung machten die neue Besatzung mit dem Boot vertraut.

Im September 1940 lief U 138 zu seiner ersten Feindfahrt aus. Wolfgang Lüth wollte sich einen bravourösen »Einstand« erjagen, und das Glück war ihm hold, obwohl es zunächst so aussah, als sollte alles schiefgehen.

Zuerst streifte das Boot beim Auslaufen aus dem Stützpunkt eine Mine. Am zweiten Tag wurde ein Leck in der Regelzelle entdeckt. Lüth mußte die Zelle vollaufen lassen. Dadurch wurde das Boot zu schwer, so daß eine entsprechende Menge Trink- und Waschwasser außenbords gepumpt werden mußte. Doch dann waren sie in See, liefen dem gefährlichsten Jagdgebiet der U-Boot-Fahrt, dem Nordkanal, entgegen.

Am Morgen des 20. September wurde hier der Konvoi OB 216 gesichtet. Mit »Äußerster Kraft voraus!« versuchte Lüth, sein Boot auf gleiche Höhe zu bringen.

Nach Einfall der Abenddämmerung schloß das Boot auf Schußentfernung auf. Im Überwasserangriff schob sich U 138 in Position. Ein gewaltiger Tanker, dessen Bug allein schließlich die Zieloptik ausfüllte, wurde anvisiert. Dann fiel der Schuß. Der Torpedo traf mittschiffs. Die »New Sevilla« schrie im Klartext ihren Hilferuf in die Nacht hinaus:

»SOS – SOS – SOS – by New Sevilla: torpedoed by german submarine!«

Drei Minuten später fiel der nächste Einzelschuß, gerichtet auf einen Dampfer von 5560 BRT, und wiederum drei Minuten später ließ Lüth den dritten gezielten Einzelschuß losmachen. Ringsumher war die Nacht tobsüchtig geworden. Leuchtgranaten jagten am Himmel. Der zweite Dampfer, die »Boka«, brannte ebenfalls bald über alles und dann auch noch die »Empire Adventure«.

Der Konvoi, der soeben erst ausgelaufen war, hatte damit bereits jetzt drei Schiffe verloren.

Zerstörer, Korvetten und Fregatten machten Jagd auf das U-Boot. Lüth ließ auf achtzig Meter Tiefe gehen und drehte ab. In Schleichfahrt entgingen sie den blind geworfenen Wasserbomben, und während alle Männer in der Zentrale auf die Kommandos von Lüth lauschten, arbeiteten die Männer im

Bugraum wild und besessen, um die drei leergeschossenen Rohre mit den Reserveaalen nachzuladen.

Als das Boot wieder auftauchte, war Mitternacht vorbei. Lüth ließ in die Generalrichtung laufen. Wenige Minuten nach 01.00 Uhr wurde ein großer Dampfer gesichtet.

»Boot greift wieder an!«

Lüths typischer Befehl erschallte. Die Männer standen auf den Stationen. Der Oberleutnant führte das Boot, während der I. WO bereits hinter der U-Boot-Zieloptik stand.

»Zerstörer Steuerbord querab!« meldete der Bootsmannsmaat der Wache.

»Der sieht uns nicht!« sagte Lüth ruhig.

Das Boot kam wieder in Schußposition.

Dann fiel der Schuß. Der Zweierfächer traf die »City of Simla« tödlich. Der Funker brachte noch einen Notruf heraus, dann sackte der 10 138 BRT große britische Dampfer weg. Erneut mußte U 138 in den Keller, wurde gejagt, entkam dem Bombenhagel und setzte sich ab.

Wenig später mußte das Boot den Rückmarsch antreten. Vier Schiffe mit 34 644 BRT waren auf der ersten Feindfahrt versenkt worden!

Bei Sturm und hoher See lief U 138 eingangs Oktober zur zweiten Feindfahrt aus.

»Das ist meine Geburtstagsfahrt«, sagte Lüth, als er sich von den zurückbleibenden Kameraden verabschiedete. »Ich hoffe, daß ich euch etwas mitbringen kann.«

Bereits am 13. Oktober kam er auf einen Dampfer zum Schuß. Der Torpedo detonierte. Die »Dagrun« funkte einen Notruf, der vom deutschen B-Dienst aufgefangen wurde. Doch offenbar wurde dieses Schiff nicht versenkt. Lüth mußte in den »Keller«.

Zwei Tage später, in den frühen Morgenstunden des 15. Oktober – es war der Kommandantengeburtstag –, sichtete der Wachoffizier zwei Einzelfahrer, die von drei Geleitfahrzeugen gesichert wurden.

U 138 glitt herum, legte sich vor, visierte den ersten Dampfer mit Einzeltorpedo und den zweiten, größeren, mit einem Fächerschuß an. Um 05.10 Uhr fiel der Einzelschuß, fünf Minuten darauf der Zweierfächer.

Die »Bonheur« mit 5327 BRT sank langsam. Der vom Fächerschuß getroffene Motortanker »British Glory« (6993 BRT) brach eine Minute nach dem Schuß auseinander und sackte schnell weg.

Die Geleitsicherung veranstaltete ein Wabo-Bombardement, das vier Stunden andauerte. Wolfgang Lüth ließ das Boot mit allen Finessen Haken schlagen, tiefer gehen, mit Schleichfahrt ausbrechen – und dann war er entkommen.

Als U 138 am 24. Oktober 1940 in den Stützpunkt einlief, erhielt Wolfgang Lüth aus der Hand des Befehlshabers der U-Boote, Admiral Dönitz (RK am 21. 4. 1940; 223. E am 7. 4. 1943), das Ritterkreuz. Damit war Lüth der einzige »Einbaumfahrer«, der mit dem Ritterkreuz ausgezeichnet wurde. Gleichzeitig damit wurde er zum Kapitänleutnant befördert.

»Du bekommst ein neues Boot, Lüth, das größer ist und mehr Torpedos mitnehmen kann«, sagte ihm der BdU am anderen Morgen bei der Lagemeldung.

So übernahm Wolfgang Lüth im November 1940 nach einem Urlaub U 43, ein Boot des Typs IX A. Damit befehligte er zum ersten Male ein hochseegehendes U-Boot. Leitender Ingenieur auf U 43 wurde Oberleutnant Ing. Kaschner. Bootsmannsmaat Becker hatte sich von U 138 auf das neue Boot geschmuggelt.

Die Atmosphäre an Bord war großartig. Lüth mit seinem baltischen Humor, mit dem Herzen für die See und seine Sailors, war ein strenger Vorgesetzter im Dienst und ein Freund in der Freizeit. Er organisierte als erster auf U-Booten das »WuW« (Wunschkonzert unter Wasser).

Im November 1940 lief U 43 zur ersten Feindfahrt aus. Für die vier Bug- und zwei Heckrohre hatte es 22 Torpedos an Bord. Es konnte mit seinem Treibstoff 8100 Seemeilen zurücklegen. Das Buggeschütz war eine 10,5-cm-Flak, und auf dem Turm waren eine 3,7-cm- und eine 2-cm-Flak armiert.

Am 1. Dezember wurde ein Konvoi von U 52 unter Kapitänleutnant Salman gemeldet. Lüth operierte darauf zu und sah plötzlich einen Teil des Geleitzuges HX 90. Er durchbrach die Sicherung und schoß einen Zweierfächer auf das britische Motorschiff »Pacific President«. Der 7113 BRT große Dampfer sank. Lüths Boot wurde abgedrängt. Ein riesiger Tanker wurde gesichtet, der ebenfalls aus dem Konvoi herausgesetzt fuhr. Abermals durchbrach U 43 die Spezialsicherung. Lüth griff an und schoß einen Zweierfächer.

Der britische Tanker »Victor Ross« mit 12 247 BRT brannte unmittelbar nach dem Schuß. Drei Minuten später stand der Tanker über alles in Flammen. Doch das konnte Lüth nicht mehr sehen, denn die wild ihre Wabos werfenden Geleitfahrzeuge hatten ihn unter Wasser gedrückt. Er wurde abgedrängt, und nach dem Auftauchen lief er auf »Suchschlag« im Angriffsgebiet hin und her.

Am 6. Dezember wurde ein Einzelfahrer gesichtet, der auf Westkurs lief. U 43 schloß heran, schoß auf ungefähr 900 Meter, und nach 63 Sekunden Laufzeit barst um 22.48 Uhr die Nacht in Fetzen, und der getroffene Dampfer – es war die »Skrim« – sank.

In den nächsten Tagen wurden sie mehrfach von Flugzeugen unter Wasser gedrückt. Doch Lüth ließ keine trübe Stimmung aufkommen. Er arrangierte Fragespiele, ließ sein »WuW« starten, und schließlich sichteten sie am Nachmittag des 13. Dezember einen weiteren Dampfer.

»Großer Eimer. Hat schätzungsweise 10 000 Tonnen!« berichtete Lüth den im Boot auf ihren Stationen stehenden Männern. »Wir setzen uns vor und greifen nach Einfall der Dunkelheit an.«

U 43 klotzte durch die hohe See, erreichte den Vorlauf und drehte nach der Dämmerung ein. Näher und näher dirigierte Lüth das Boot an den Gegner heran. Aus 600 Metern fiel der Überwasserschuß. Der britische Motordampfer »Orari« mit 10 350 BRT sank.

U 43 trat den Rückmarsch an. Es hatte auf seiner ersten Feindfahrt vier Schiffe mit 31 612 BRT versenkt.

Insgesamt machte Wolfgang Lüth mit U 43 an insgesamt 192 Seetagen fünf Feindfahrten.

Auf der Juni-Feindfahrt des Jahres 1941 versenkte U 43 aus dem Konvoi OB 328 am 6. Juni den Dampfer »Yselhaven« mit 4802 BRT. Elf Tage später ging die »Cartine« unter. Mit schweren Beschädigungen mußte Lüth den Rückmarsch antreten.

Auf seiner vierten Feindfahrt mit U 43 kam er am 29. und 30. November 1941 auf die »Thornliebank« und die »Ashby« zum Schuß und versenkte sie. Am 2. Dezember folgte der Tanker »Astral« mit 7542 BRT. Dann wurde der Rückmarsch angetreten.

Zu einem Paukenschlag gestaltete sich Lüths letzte Feindfahrt auf U 43. Er war in der ersten Januardekade 1942 ausgelaufen. Bei schwerem Sturm wurde das Operationsgebiet erreicht und in der Nacht zum 14. Januar der Konvoi ON 55 gesichtet.

Bei dieser fünften Feindfahrt – es war die zwölfte des Kommandanten – hatten wieder einige bemerkenswerte Ereignisse stattgefunden. Das begann bereits, als U 43 von einem Vorpostenboot durch minenverdächtiges Gebiet geleitet wurde. Lüth stand auf dem Turm. Er sah, wie U 43 plötzlich mehr und mehr nach Steuerbord aus dem Kurs lief.

»Schäfer, Backbordruder geben!« rief er dem Gefechtsrudergänger zu, der im Turm saß.

Obergefreiter Schäfer drehte das Ruder, doch am gelaufenen Kurs änderte sich nichts.

»Ruderversager, Herr Kaleu!« meldete er.

»Backbordmaschine große Fahrt zurück! – Steuerbordmaschine voraus!« Mit diesem Manöver drehte Lüth das Boot wieder auf Kurs. Zur gleichen Zeit machte sich Obermaschinist Berndt an die Reparatur der Ruderanlage. In Rekordzeit war der Schaden behoben. Nun lief das Boot – aus dem Geleit entlassen – dem freien Atlantik entgegen.

In den nächsten drei Tagen wurde das Wetter so schlecht, daß weder Sonne noch Sterne zu sehen waren. Das Boot lief »blind«, und deshalb ließ der Kommandant am Mittag des dritten Tages, als die Sonne endlich für kurze Zeit durch die Wolken brach, sofort das Besteck nehmen. Es war Mittag, demzufolge mußte die Sonne im Süden stehen. Doch nach der Berechnung der Seemännischen Nr. Eins stand die Sonne im Südosten.

»L I, sehen Sie den Kompaß nach. Er zeigt nicht mehr richtig an!« rief Lüth in die Zentrale hinunter.

Oberleutnant Ing. Kaschner untersuchte den Kreiselkompaß und meldete schließlich aus der Zentrale herauf:

»An Kompaß keine Unregelmäßigkeiten festzustellen. Sonne muß falsch stehen!«

»Aber unser Vertrauen zur Sonne«, erklärte Lüth später, als er diese Geschichte zum besten gab, »war doch größer als die zur Technik, und so verbesserten wir unseren Kurs um die erkannten Fehler.«

In der nächsten Nacht – es war die zum 14. Januar 1941 – schrillte die Alarmglocke. Der Kommandant spurtete aus seiner Kammer und erkletterte den Turm. Er sah an Backbord einen Feindzerstörer, der schnell auf das Boot zulief.

»Wir kommen nicht frei, Herr Kaleu, haben zuwenig Fahrt im Boot!« rief der III. WO, Obersteuermann Petersen.

Lüth gab den Befehl zum Alarmtauchen. Das Boot unterschnitt, und der Zerstörer, der urplötzlich aus dem Dunst herausgekommen war, überlief U 43, ohne Wasserbomben zu werfen.

Wenig später meldete der Mann im Horchraum »Schraubengeräusche«.

»Wir sitzen mitten im Geleitzug, Petersen!« sagte Lüth, als gerade zwei Dampfer über das Boot hinwegliefen. Ihre Schraubengeräusche entfernten sich. Die Hintermänner mußten noch weitab stehen, denn deren Schraubengeräusche wurden nur im Horchraum erfaßt.

»Auftauchen! – Gefechtswache sich bereit halten!«

U 43 tauchte auf. Die Sicht hatte sich etwas gebessert. Das Boot machte sich an die Verfolgung der vorausstehenden beiden Einheiten. Nun kam der Mond heraus. Danach wurde die Sicht so gut, daß man auf dem Turm des U-Bootes beinahe die Zeitung hätte lesen können. In der Runde wurden Schiffe gesichtet. Das Boot lief tatsächlich im Geleitzug mit.

»Wir greifen die vorausstehenden größeren Schiffe an. Boot klar zum Überwasserschuß!«

Als sie eben auf den ersten dieser Dampfer zum Schuß andrehten, sagte der II. WO, Oberleutnant z. See Schwantke:

»Ich glaube, Herr Kaleu, der dreht auf uns zu!«

Mit Hartruderlegen drehte U 43 ab, um nicht gerammt zu werden.

»Heckraum! Beide Torpedos klarmachen!«

Sie kamen von dem Dampfer frei und schossen einen der Heckaale. Dann drehte Lüth wieder an. Schon sprang am ersten Dampfer die Detonation des Torpedos in die Höhe, und Sekunden später war die Nacht tobsüchtig. Auf der ganzen Schiffslänge sprangen Munitionsdetonationen empor. Es war das tollste Feuerwerk, das Lüth und seine Männer je gesehen hatten.

Eine ungeheure Druckwelle packte U 43. Der Zeiger des Barometers wurde so weit nach rechts geworfen, daß die Skala für Schönwetter nicht mehr ausreichte. Dazwischen schossen Geleitfahrzeuge Leuchtgranaten. Rings um das Boot wurde die See von schweren Sprengstücken aufgepeitscht. Ein zweiter Dampfer wurde von den Sprengstücken getroffen und begann zu brennen. Plötzlich auf dem Turm ein ohrenbetäubender Einschlag und dann eine aufgeregte Stimme:

»Steuermann Petersen ist getroffen!«

Lüth drehte sich um, sah, daß sich Petersen den Oberarm hielt. Ein schweres Sprengstück mußte ihn getroffen haben.

»An L I: Wir haben einen Treffer! Aufpassen, daß uns das Boot nicht absäuft!«

Ein Zerstörer kam in Lage Null angebraust. Er schoß Leuchtgranaten. Mit AK, scharfe Haken schlagend, so daß alles lose Gut im Boot durcheinanderpurzelte, lief U 43 ab.

»Auf Tauchstationen!« befahl der Kommandant.

»Boot tauchklar!« rief der L I nach oben.

Nun ging U 43 auf sechzig Meter hinunter, und der verfolgende Zerstörer lief über das Boot hinweg. Er warf zum Glück keine Wasserbomben. Erst jetzt konnte sich der Kommandant um seinen Steuermann kümmern. Zum Glück hatte der Treffer Petersens Arm nur gestreift.

Als das Boot wieder auftauchte, um die Verfolgung fortzusetzen, sah Lüth den Einschlag auf der Brücke. Wenig später fand Bootsmannsmaat Kühlermann auf dem Druckkörper eine 10-cm-Granate von dem explodierten Munitionsdampfer. Sie hatte den Druckkörper nur leicht angekratzt.

Dann waren sie wieder herangeschlossen. »Boot greift wieder an!« rief Lüth. Binnen weniger Minuten fielen der Dampfer »Chepo« mit 5582 BRT und die »Empire Surf« mit 6641 BRT den Torpedos des Bootes zum Opfer.

Kapitänleutnant Lüth beschloß, die 10-cm-Granate mit heimzunehmen. Er wickelte sie in weiche Tücher ein und legte sie unter seine Koje. Dazu bemerkte er in seiner breiten gemütlichen Art:

»Die Tücher hätten zwar nichts genützt und die Detonation nicht verhindert, doch es beruhigt, immer recht vorsichtig gewesen zu sein.«

Nach Rückkehr von dieser Feindfahrt gab Lüth U 43 an Kapitänleutnant Ambrosius ab. Lüth wurde von Admiral Dönitz ein neues U-Boot in Aussicht gestellt.

Am 9. Mai 1942 stellte Kapitänleutnant Lüth eines der ersten Boote des Typs IX D-2 bei der Deschimag in Bremen in Dienst. Von diesem Typ des Frontbootes für weite ozeanische Verwendung wurden nur neunundzwanzig Boote fertig. Sie hatten einen Fahrbereich von 31 500 Seemeilen.

Am 12. September 1942 lief U 181 von Kiel zu seiner ersten Feindfahrt aus. Operationsgebiet war der Seeraum um Südafrika. Mit den beiden Kameradenbooten U 177 unter Kapitänleutnant Gysae (RK am 31. 12. 1941; 250. E am 31. 5. 1943) und U 178 unter Kapitänleutnant Dommes (RK am 2. 12. 1942) sollte U 181 die Gruppe »Eisbär« vor Kapstadt ablösen. Das Operationsgebiet wurde am 1. November 1942 erreicht.

Zwei Tage später wurde 400 Seemeilen südwestlich von Kapstadt das US-Motorschiff »East Indian« mit 8159 BRT versenkt. Am 8. November wurde die »Plaudit« durch einen Torpedo lahmgeschossen und anschließend mit der 10-cm-Flak versenkt. Lüth wollte auf der langen Feindfahrt Torpedos sparen. Die »K. G. Meldal« folgte am 10. November. Mit 3799 BRT lag sie an der »Untergrenze, für die wir einen Torpedo anlegten«, sagte Lüth. Dafür war die »Excello«, die am 13. November nach einem Einzelschuß sank, mit 4969 BRT wieder gutes Mittelmaß. Dieses Schiff wurde unmittelbar vor Port St. Johns versenkt.

Am 17. November ging ein Funkspruch bei U 181 ein, der den Funker mit Freude erfüllte. Er schrieb die entschlüsselte Meldung auf ein Formular:

»Der Führer und Oberste Befehlshaber der Wehrmacht hat Kapitänleutnant Wolfgang Lüth als 142. deutschen Soldaten das Eichenlaub zum Ritterkreuz verliehen. – Gratuliere! Dönitz.«

Am 19. Dezember gelang es Lüth, den Norweger »Gunda« mit einem

Einzelschuß zu versenken. Am 20. folgte der Grieche »Corinthiakos« seiner Vorgängerin auf dem letzten Weg in die Tiefe, und am 22. Dezember war es die amerikanische »Alcoa Pathfinder«. Die Abschußserie wurde am 24. Dezember mit der Versenkung der »Mount Helmos« und der »Dorington Court« fortgesetzt.

Die Besatzung war wie im Taumel. Schiff auf Schiff hatten sie in die Tiefe geschickt. Es sah so aus, als seien sie hier auf eine fette U-Boot-Weide gestoßen.

Am 28. und 30. November waren es abermals griechische Dampfer, die den Torpedos von U 181 zum Opfer fielen, und am 2. Dezember wurde das zwölfte Schiff, der panamesische Dampfer »Amaryllis«, versenkt.

Nach einer großartigen Leistung trat das Boot nach weiteren vierzehn Tagen vergeblicher Suche den Rückmarsch an und wurde am 8. Januar 1943 im Nordatlantik auf den Konvoi TM 1 angesetzt. Mit dem letzten klaren Aal kam das Boot am 11. Januar zum Schuß auf die »Empire Whimbrel« und versenkte sie. Damit waren weitere 5983 BRT hinzugekommen.

Am 18. Januar 1943 traf U 181 nach 129 Seetagen in Bordeaux ein. Es hatte dreizehn Schiffe mit insgesamt 64 364 BRT versenkt. Das war einer der größten Versenkungserfolge deutscher U-Boote.

Nach Überholung und Neuausrüstung des Bootes und einem Erholungsurlaub für seine Soldaten, die ja schließlich über vier Monate in See gewesen waren, lief U 181 am 23. März 1943 zur zweiten Feindfahrt aus. Neues Operationsgebiet war das Gebiet von Südafrika und Madagaskar.

Noch während des Marsches ins Operationsgebiet wurde U 181 auf den Konvoi SL 126 angesetzt. Doch das Boot kam nicht heran und setzte nach diesem Intermezzo seine Fahrt fort.

Auf See erhielt Wolfgang Lüth den Funkspruch, daß ihm am 15. April 1943 als 29. Soldaten der Wehrmacht die Schwerter zum Eichenlaub verliehen worden seien. Großadmiral Dönitz, seit dem 1. Januar 1943 Oberbefehlshaber der Kriegsmarine, hatte ihn nach seiner aufsehenerregenden Feindfahrt mit U 181 zu dieser Auszeichnung vorgeschlagen.

Die Besatzung gratulierte nacheinander dem Kommandanten und war stolz auf ihn, das Boot und auch auf den eigenen Anteil an dieser Auszeichnung.

Ende April stand U 181 im Raum Südafrika. Doch hier herrschte Leere. So entschloß sich Lüth, das Boot ostwärts um Südafrika herum und dann nach Norden in Richtung auf den Mozambique-Kanal zu steuern. Diese Route sollte richtig sein. Am 11. Mai in aller Frühe wurde der britische

Dampfer »Tinhow« gestellt und durch Torpedoschuß versenkt. Genau vor Laurenco Marques ging dieser 5232-BRT-Dampfer auf Tiefe.

Neun Tage darauf wurde am frühen Morgen die »Sicilia« mit einem Einzelschuß getroffen und sank binnen einer Minute, auf ebenem Kiel reitend, weg. Die »Harrier«, ein winziger Kolcher, folgte ihr am frühen Morgen des 7. Juni.

U 181 lief am 21. Juni nach Osten in den freien Raum des Indischen Ozeans, um auf einem bestimmten Punkt von dem aus der Sundastraße kommenden deutschen Versorgungsschiff »Charlotte Schliemann« Öl und Proviant zu übernehmen. Vom Gegner unbemerkt ergänzten alle sechs in diesem Seeraum operierenden deutschen U-Boote in den folgenden Wochen bei diesem Schiff.

Während des Rückmarsches ins Operationsgebiet stellte U 181 am 2. Juli den britischen Dampfer »Hoihow« nördlich von Mauritius. Nun ging es rascher. Am 15. Juli fiel die »Empire Lake« und am folgenden Tag die stattliche »Fort Franklin« mit 7135 BRT dem deutschen U-Boot zum Opfer. Am 4. August wurde die »Dalfram« versenkt. Die »Umvuma« folgte am 7. August, und am 11. sichtete der wachgehende II. WO einen Rieseneinzelfahrer. Die »Clan Macarthur« mit 10 528 BRT wurde nach einem Zweierfächer mit einem folgenden Fangschuß versenkt.

Als Lüth diese letzte Versenkung gemeldet hatte, erhielt er am 11. August 1943 als 7. deutscher Soldat die höchste deutsche Tapferkeitsauszeichnung: das Ritterkreuz mit Eichenlaub, Schwertern und Brillanten.

Dieses Ereignis gab den Soldaten wieder neue Zuversicht. Sie hielten auf See aus, sie suchten den Gegner bis Ende August. Dann wurde das Boot gemeinsam mit U 196 unter Kapitänleutnant Eitel-Friedrich Kentrat (RK am 31. 12. 1941) zur Suche nach U 197 angesetzt. Doch dieses Boot unter der Führung von Kapitänleutnant Robert Bartels war bereits am 20. August 1943 südlich von Madagaskar durch britische Flieger versenkt worden.

Als U 181 am 14. Oktober 1943 nach 206 Seetagen wieder in Bordeaux einlief, hatte es die zweitlängste Fahrt des Zweiten Weltkrieges zurückgelegt und neun Schiffe mit 39 398 BRT versenkt.

Am 15. Oktober 1943 überreichte Großadmiral Dönitz Wolfgang Lüth an seinem 30. Geburtstag die »Brillanten«. Noch eine weitere Nachricht erwartete ihn. Inmitten des Berges Post befand sich ein Brief seiner Frau, in dem ihm die Geburt eines Sohnes angezeigt wurde.

Wolfgang Lüth erhielt kein neues Boot mehr. Er wurde nun Chef der 22. U-Flottille in Gotenhafen. Vorzeitig zum Fregattenkapitän befördert, führte Lüth diese Flottille bis Juli 1944. Dann wurde er zum Kommandeur der I. Abteilung der Marineschule Flensburg-Mürwik ernannt.

Zum Kapitän zur See befördert, übernahm Lüth am 14. September 1944 als jüngster und einziger Offizier, der nicht die Admiralsstreifen trug, diese Schule – noch nicht einunddreißig Jahre alt – als Kommandeur.

Er führte sachlich-klug und mit Geschick. Viele Offiziere wurden von ihm ausgebildet.

Als der Zweite Weltkrieg zu Ende ging, behielt Kapitän z. See Lüth die Zügel in der Hand. In Flensburg-Mürwik befanden sich 400 Offiziere der Marine und die Reichsregierung Dönitz. Das Wachbataillon Dönitz unter Korvettenkapitän Cremer (RK am 5. 6. 1942) hatte auch das Gelände der Marineschule zu bewachen.

Am Abend des 13. Mai 1945 wurden die zwölf Wachtposten dieser Nacht vor dem Wachgebäude der Marineschule vom Wachhabenden vergattert. Drei Doppelposten mußten gestellt werden.

In der Wache von Mitternacht bis zwei Uhr hörte der Posten vor dem Kommandeurhaus ein Geräusch. Er erkannte die Umrisse einer Gestalt und rief: »Halt! Wer da? Parole!«

Die Parole dieser Nacht war »Tannenberg«. Der Angerufene sagte sie nicht. Der Posten rief noch einmal, dann schoß er. Als Maschinenmaat Franz, der Wachhabende, den Erschossenen erreichte, sah er: Es war Kapitän Lüth. Der Mann, der noch kurz vorher befohlen hatte, auf jeden zu schießen, der die Parole nicht kannte, war seinem eigenen Befehl zum Opfer gefallen.

Am 16. Mai 1945 erhielt Wolfgang Lüth das vom englischen Brigadegeneral Churcher genehmigte Staatsbegräbnis. Sechs Ritterkreuzträger der U-Boot-Waffe hielten die Ehrenwache. Auf dem Dorffriedhof in Adelby, am Rande Flensburgs, wurde Wolfgang Lüth beigesetzt.

Wolfgang Lüth, geboren am 15. Oktober 1913 in Riga
Letzter Dienstgrad: Kapitän zur See
Letzte Dienststelle: Kommandeur der Marineschule zu Flensburg-Mürwik
Ritterkreuz am 24. Oktober 1940
142. Eichenlaub am 17. November 1942
29. Schwerter am 15. April 1943
7. Brillanten am 11. August 1943
Erschossen durch Unglücksfall am 14. Mai 1945

GENERALFELDMARSCHALL ERICH VON MANSTEIN

Ein Soldat, ein Herr, ein Feldherr

Am 17. September 1941 traf General Erich von Manstein in Nikolajew, dem Hauptquartier der 11. Armee, ein. Der bisherige Armeeoberbefehlshaber, Generaloberst Ritter von Schobert (RK am 29. 6. 1940; verunglückt am 12. 9. 1941), war am Tage zuvor zu Grabe getragen worden. Er war bei einem seiner alltäglichen Flüge zur Front in einem russischen Minenfeld gelandet und hatte mit seinem Piloten den Tod gefunden.

Erich von Manstein fand den Stab, die Führungsabteilung und später auch das Oberkommando der Heeresgruppe Don bzw. Süd ausgezeichnet besetzt.

Chef des Generalstabs war Oberst Wöhler (RK am 18. 8. 1943; 671. E am 28. 11. 1944), Ia Oberstleutnant i. G. Busse (RK am 14. 2. 1944). Oberquartiermeister Oberst Hauck (RK am 11. 6. 1944) hatte die große Verantwortung für die Versorgung der 11. Armee auf der Krim.

Zu der Zeit, als General von Manstein den Armeeoberbefehl übernahm, hatten deren zwei Korps – das XXX. AK unter General von Salmuth (RK am 19. 7. 1940) und das IL. Gebirgskorps unter General Kübler (RK Ende 1944; 1947 in Jugoslawien hingerichtet) – die Verfolgung des am Dnjepr geschlagenen Gegners nach Osten fortgesetzt und näherten sich der Linie Melitopol–Dnjeprknie südlich Saporoshje.

Ein weiteres Korps – das LIV. AK unter General Hansen (RK am 3. 8. 1941) – war auf die Enge von Perekop, dem Zugang zur Krim, angesetzt.

Erich von Manstein erhielt einen Doppelauftrag. Einmal sollte er die Verfolgung des Gegners in Richtung Rostow aufnehmen, zum anderen die Krim gewinnen und anschließend nach Osten über die Halbinseln Krim und Kertsch in Richtung Kaukasus vorgehen. Er sagte später zu diesem Auftrag:

»Ich kam zu der Auffassung, daß beide Aufgaben nicht gleichzeitig gelöst werden konnten. So entschloß ich mich nach Rücksprache mit der Armeeführung, zuerst die Eroberung der Krim in Angriff zu nehmen. Es mußten dazu die Engen bei Perekop durchbrochen und nach vollzogenem Durchbruch durch einen schnellen Vorstoß motorisierter Kräfte die Festung Sewastopol überraschend genommen werden.«

Am 24. September 1941 trat das LIV. AK zum Angriff auf die Engen von Perekop an. Diese Engen waren von den Sowjets in fünfzehn Kilometer

Tiefe ausgebaut und stark befestigt. Dennoch gelang es dem Korps am 26. September, Perekop zu nehmen und den Tatarengraben zu überschreiten.

Nun aber stand das Korps vor der nächsten Enge, der von Ischun. Hier hatte sich der Gegner auf sechs Divisionen verstärkt. Die zum Durchbruch herangeholten deutschen Verstärkungen mußten wieder zurückgeholt werden, weil der Gegner neue Kräfte zwischen dem Asowschen Meer und dem Dnjepr herangeführt und die Front im Osten der Armee auf fünfzehn Kilometer Breite aufgerissen hatte.

Die Schlacht am Asowschen Meer ging zu Ende, als die Panzergruppe 1 unter General von Kleist (Auszeichnungen siehe Anlage »Schwerterträger«) gegen die Nordflanke der angreifenden Sowjetarmeen stieß.

Nunmehr wurde die zweite Aufgabe der 11. Armee – das weitere Vorgehen auf Rostow – der Panzergruppe 1 übertragen.

Im Krim-Unternehmen begann der Angriff auf die Engen von Ischun. Es kam zu schweren Kämpfen und hohen Opfern. Am 25. Oktober schien die Kraft der Armee erschöpft. In dieser entscheidenden Stunde das Richtige zu tun, erforderte ein fast übermenschliches Maß an Urteilsfähigkeit und Entschlußkraft.

»So erlebte ich zum erstenmal im großen Rahmen den Kampf um den Entschluß in mir selbst«, sagte der Feldmarschall, »das Letzte zu fordern; auf die Gefahr hin, so viele Opfer schließlich doch umsonst verlangt zu haben. Ich forderte den letzten Einsatz, und die Truppe gab ihn. Ein weiterer schwerer Tag folgte. Am 27. Oktober brachen wir durch, und am nächsten Tag brach die sowjetische Verteidigung ganz zusammen. Die 11. Armee konnte aus den verlustreichen Angriffskämpfen zur Verfolgung übergehen.«

Am 16. November 1941 war die gesamte Krim, mit Ausnahme der Festung Sewastopol, in der Gewalt der 11. Armee. Doch Mansteins Plan, aus der Verfolgung heraus auch Sewastopol im Handstreich zu nehmen, mißlang. Er wurde durch die tatkräftige Führung des sowjetischen Oberbefehlshabers in der Festung vereitelt, dem es gelang, das Vorgehen des LIV. AK im Vorfeld der Festung zum Stehen zu bringen und von der Küste nördlich Sewastopol her gegen die rechte Flanke des LIV. AK zum Angriff anzutreten.

Dennoch war der Erfolg der 11. Armee groß. Diese Armee unter der Führung von General von Manstein hatte ihren eigenen Kriegsschauplatz gewonnen. In einer neuerbauten Schule in Sarabus bezog Erich von Manstein das Armeehauptquartier.

Erich von Lewinski, genannt von Manstein, wurde am 24. November 1887 in Berlin geboren. Er war das zehnte Kind seines Vaters Eduard von Lewinski und das fünfte von dessen zweiter Ehefrau Helene, geborene von Sperling.

Die Lewinskis sind ein westpreußisches Adelsgeschlecht, es gehörte zu jenen hundert Familien, die Generationen hindurch den Kern des preußischen Offizierskorps stellten.

Wie es nun kam, daß aus einem Lewinski ein von Manstein wurde, sei in einigen Sätzen erklärt.

Bei der Taufe des zehnten Lewinski-Kindes, Erich, wurde dieser an seine Adoptiveltern, den Major Georg von Manstein und dessen Ehefrau Hedwig, übergeben. Die Mansteins waren jedoch nicht irgendeine fremde Familie, der dieser Sohn anvertraut wurde, sondern eine andere Tochter des Generals von Sperling hatte Georg von Manstein geheiratet, beide Familien waren also miteinander verschwägert.

Auch die Mansteins sind preußischer Uradel. Sie dienten bereits zur Zeit des Großen Kurfürsten in der brandenburgischen Armee. (Übrigens wurde die jüngste Tochter des Generals von Sperling die Frau Paul von Hindenburgs, des Heerführers und späteren Reichspräsidenten.)

Die Ehe der Familie von Manstein war kinderlos geblieben. Und so hatten die beiden Schwestern bereits vor der Geburt Erichs beschlossen, daß das Kind – falls es ein Junge sei – der Familie von Manstein anvertraut werden würde. So wurde aus einem Lewinski ein Manstein und erhielt später durch Kabinettsorder ein neues Wappen und den Namen von Lewinski, genannt von Manstein.

In Rudolstadt und Schwerin verbrachte Erich von Manstein die ersten Kinderjahre, weil sein Vater dort in Garnison stand. 1894 verzog die Familie nach Straßburg. Erichs Vater war als Regimentskommandeur dorthin versetzt worden.

Hier ging Erich von Manstein ins Lyzeum.

Im Herbst 1899 nahm sein Vater den Abschied. Die Familie verzog zunächst nach Berlin. Zu Ostern 1900 trat Erich von Manstein in die Kadettenanstalt in Plön ein. Die letzten vier Jahre bis zum Abitur verbrachte er in der Hauptkadettenanstalt Groß-Lichterfelde bei Berlin.

Erich von Manstein wurde hier auch zum Pagendienst bei Hof eingeteilt. Während dieser Dienstleistungen sah er viele regierenden Häupter und hochgestellte Persönlichkeiten aus nächster Nähe.

Im März 1906 bestand er sein Abitur. Unmittelbar danach trat er als Fähnrich in das 3. Garderegiment zu Fuß ein. Am Kaisergeburtstag 1907 wurde er Leutnant. Zu seinen Regimentskameraden gehörten sein Vetter

Oskar von Hindenburg, Freiherr von Hammerstein-Equord und Kurt von Schleicher.

Im Jahre 1911 wurde Manstein Adjutant des Füsilierbataillons seines Regiments. Im Herbst 1913 ging er zur Kriegsakademie, mußte jedoch mit Ausbruch des Ersten Weltkrieges seine Generalstabsausbildung abbrechen; er hat sie in der Praxis nachgeholt.

Am ersten Mobilmachungstag rückte Oberleutnant von Manstein zum Feldheer ein. Er wurde Adjutant des 2. Garde-Reserveregiments, das bei seinem alten Regiment aufgestellt worden war. Der Vormarsch durch Belgien, die Belagerung und Eroberung der Festung Namur sahen ihn im Einsatz.

Als die Russen Ende August 1914 in Ostpreußen einfielen, wurde das Garde-Reservekorps an die Ostfront geworfen. Sein Regiment war an der Schlacht an den masurischen Seen und dem Herbstfeldzug in Polen beteiligt. Am 17. November 1914 wurde Oberleutnant von Manstein schwer verwundet. Er hatte sich einem stürmenden Bataillon angeschlossen und ging mit dem Kommandeur und dem Fahnenträger an der Spitze vor. Mit »Hurra!« brachen sie in die feindliche Stellung ein. Von zwei Gewehrkugeln getroffen, stürzte Manstein zu Boden und wurde von Kameraden vom Kampffeld getragen.

Nach seiner Wiederherstellung erhielt Manstein eine Kommandierung zum Stab der Armeegruppe des Generals von Gallwitz. Er wurde dem Ersten Generalstabsoffizier als Hilfsoffizier zugeteilt. Hier erhielt Manstein die ersten tieferen Einblicke in die Problematik der Führung größerer Verbände.

Die Offensiven in Nordpolen und Serbien im Jahre 1915 zeigten ihm viel Neues und brachten zugleich seine Beförderung zum Hauptmann im Generalstab.

1916 kehrte Hauptmann von Manstein an die Westfront zurück; er wurde im Sommer Generalstabsoffizier beim AOK 1 und konnte in den großen Abwehrschlachten neue Erfahrungen sammeln. Sein Oberbefehlshaber war General Fritz von Below; sein Chef des Generalstabes General von Loßberg, der in diesen Kämpfen weitbekannte »Abwehrlöwe«.

Es folgte eine kurze Zeit als Ia der 4. KD in Kurland und Estland. Am 1. Mai 1918 kehrte Manstein zur Westfront zurück und stieß als Ia zur 213. ID. Die Offensiven bei Reims und die Abwehrkämpfe bei Sedan waren die letzten Kämpfe des Ersten Weltkrieges.

Auch für Erich von Manstein brach nach der Abdankung des Kaisers und Königs von Preußen eine Welt zusammen.

»Für den Soldaten, der auch Soldat bleiben wollte«, schrieb Manstein einmal, »mußte ein neues Symbol geschaffen werden, an dem er sich orientieren konnte. Was aber konnte und sollte man an die Stelle des untergegangenen Königtums setzen? Das Volk? Den Staat?«

»Das Reich« wurde nun für Offiziere und Soldaten der Reichswehr zum Symbol. Es umschloß alles: Volk, Land und Staat. Und darin – in dieser Haltung der Reichswehr, in der Idee des Reiches, seiner Erhaltung und Sicherung – lag bereits der Keim der Haltung der Wehrmacht unter dem Regime Hitlers. Denn als Deutschland in einem Ringen stand, das auf Leben und Tod ging, mußte der so erzogene Soldat sein ganzes Sinnen und Trachten darauf richten, den Bestand des Reiches zu sichern, gleichgültig, wie einst die Geschichte zur Frage der Kriegsschuld ihr Urteil sprechen würde.

Hauptmann von Manstein hatte nach Schluß des Ersten Weltkrieges um Verwendung im Grenzschutz gebeten. Als Generalstabsoffizier des Oberkommandos Süd des Grenzschutzes ging er nach Breslau und arbeitete unter General von Loßberg, seinem früheren Chef, der nunmehr in Breslau Chef des Generalstabes war. Es gelang dem Grenzschutz Ost, das Land vor weiterer Besitznahme durch die Polen zu schützen und zu halten.

Als dieses Kommando im Sommer 1919 aufgelöst wurde, ging für Manstein ein wichtiger Abschnitt seines Lebens zu Ende.

Im Herbst 1919 kam Hauptmann von Manstein als Generalstabsoffizier zum neugebildeten Generalkommando II nach Kassel. Wiederum stand er unter dem Chef General von Loßberg.

Im Sommer des Jahres 1920 heiratete von Manstein Fräulein Jutta Sibylle von Loesch.

1921 ging er als Chef der 6./IR 5 nach Angermünde. Dieses Truppenkommando war nach den langen Jahren im Generalstabsdienst für ihn sehr wertvoll. Doch bereits am 1. Oktober 1923 wurde er erneut in den Generalstab versetzt. Im Stab des Wehrkreiskommandos II, Stettin, arbeitete er ein Jahr. Danach folgte die Übersiedlung nach Dresden, wo er drei Jahre im Wehrkreiskommando IV als Lehrer der Führergehilfen arbeitete. In Magdeburg, wo er Ende 1927 seinen Dienst als Generalstabsoffizier beim Infanterieführer IV antrat, wurde er Major.

Ende September 1928 übernahm Major von Manstein von dem damaligen Oberstleutnant Wever die Gruppe I der ersten Abteilung des Truppenamtes. Diese Abteilung T I entsprach der früheren Operationsabteilung im

Großen Generalstab. Damit trat Manstein in die Spitzengruppe des Stabes des Chefs der Heeresleitung.

In seiner Gruppe I wurden die Überlegungen zur bestmöglichen Verwendung der Truppe angestellt und in vielen Plänen durchorganisiert. Damit stellte sie die eigentliche Operationsabteilung dar. Chef des Truppenamtes war General Adam. Von ihm stammt das geflügelte Wort:

»Vorschriften sind für die Dummen!«

Als erste Aufgabe wurde Manstein die Frage der Mobilmachung des 100 000-Mann-Heeres im Kriegsfalle gestellt. Er reorganisierte den bereits erarbeiteten Mobilmachungskalender. Im Jahre 1930 hatte er schließlich das erste große Kriegsspiel für den Chef des Truppenamtes anzulegen.

In dieser Zeit begann eine rege Auslandstätigkeit, die ihn in viele Länder Europas führte. Inzwischen war er Oberstleutnant geworden und übernahm 1932 das Jägerbataillon des IR 4 in Kolberg. Regimentskommandeur war Oberst Strauß, der im Zweiten Weltkrieg die 9. Armee in Rußland führte (RK am 27. 10. 1939).

In Kolberg erlebte Manstein auch die »Machtergreifung durch Hitler«. Was ihn und alle Soldaten des Regiments beruhigte, war die Tatsache, daß es sich dabei um eine legale Beauftragung durch den in Verfassungsfragen peinlich genauen Reichspräsidenten von Hindenburg handelte.

Am 1. Februar 1934 wurde Erich von Manstein Chef des Stabes des Wehrkreises III. Am 2. August 1934 starb Reichspräsident von Hindenburg. Die Wehrmacht wurde auf Hitler als Führer und Reichskanzler vereidigt. Sieben Monate später – am 16. März 1935 – wurde die Wehrpflicht in Deutschland wieder eingeführt. Die Heeresstärke wurde auf 12 Armeekorps mit 36 Divisionen festgesetzt.

Am 1. Juli 1935 erhielt Oberst von Manstein seine Ernennung zum Chef der I. (Operations-)Abteilung des Generalstabes des Heeres. Bereits zu dieser Zeit schloß er die eben im Aufbau begriffene Panzerwaffe in seine Planungen ein, ohne daß es ihm jedoch gelang, Guderians Forderungen für den Auf- und Ausbau dieser Waffe voll zu erfüllen.

Noch 1935 legte Manstein in einer Denkschrift dem OB des Heeres seinen Vorschlag vor, die Sturmartillerie – wie er sie nannte – aufzubauen und zur unmittelbaren Unterstützung der Infanterie einzusetzen. Jede Infanteriedivision sollte eine Abteilung mit drei Batterien und insgesamt achtzehn Geschützen erhalten. Damals sagte ihm der Chef des Generalstabes, General Beck:

»Na, mein lieber Manstein, diesmal haben Sie aber fehlgeschossen!«

Doch Sturmgeschütze setzten sich durch, und viele Infanteriedivisionen verdankten ihnen im Zweiten Weltkrieg immer wieder die Rettung aus schwerer Krisenlage. Nur waren infolge der ersten Ablehnung zu wenige Divisionen mit diesen Sturmgeschützen ausgerüstet, als sie bitter benötigt wurden.

Am 1. Oktober 1936 wurde Manstein unter Beförderung zum Generalmajor Oberquartiermeister I und gleichzeitig damit auch Vertreter des Chefs des Generalstabes, Generaloberst Beck. Im Frühjahr 1938 übernahm er als Kommandeur die 18. ID in Liegnitz.

Als Hitler im Frühjahr 1939 die Aufmarschanweisung »Weiß« – Feldzug gegen Polen – ausarbeiten ließ, war darin Generalmajor von Manstein als Chef des Generalstabes der Heeresgruppe Süd vorgesehen. OB dieser Heeresgruppe sollte der bereits im Ruhestand lebende Generaloberst von Rundstedt werden.

Am 19. August 1939 erhielt von Manstein wie auch von Rundstedt die Weisung, sich am 21. August zu einer Besprechung bei Hitler auf dem Obersalzberg einzufinden.

Hitler erläuterte den versammelten Oberbefehlshabern und Chefs sein Vorhaben, die deutsch-polnische Frage zu einer Entscheidung zu bringen.

Am 1. September 1939 begann der Feldzug gegen Polen, der den Zweiten Weltkrieg auslöste. Die Heeresgruppe Süd war in Schlesien und in der Slowakei aufmarschiert.

Der Feldzug war bereits am 20. September entschieden, wenn auch noch nicht beendet. Am 17. September 1939 hatten die Sowjets in diesen Kampf eingegriffen, um sich rasch und billig ein gutes Stück von Ostpolen einzuverleiben.

Zwei Soldaten seiner 18. ID – die Manstein ja zu Beginn des Polenfeldzuges abgeben mußte – erhielten als erste das Ritterkreuz. Es waren Oberleutnant Dietrich Steinhardt und Leutnant Josef Stolz. Beide Soldaten starben im Rußlandfeldzug den Soldatentod.

In Lodz nahm der Stab des Generalobersten von Rundstedt – der am 3. Oktober 1939 zum OB Ost ernannt worden war – Quartier. Hier erhielt Generalmajor von Manstein Befehl, sich am 21. Oktober beim OKH in Zossen zu melden, um die Aufmarschanweisungen für den Westen entgegenzunehmen. Darin wurde von Rundstedt die Heeresgruppe A anvertraut.

Am 24. Oktober bezog das Oberkommando der Heeresgruppe A in Koblenz Quartier. Das Hotel »Riesen-Fürstenhof« nahm den Stab auf.

Daß schließlich ein anderer Plan als die Aufmarschanweisung »Gelb« zur Grundlage für die Westoffensive wurde, ist das Verdienst Mansteins. Die

Gedanken, die dem neuen Plan zugrunde lagen, sind von ihm ausgegangen. Er hatte jene Denkschriften ausgearbeitet, die vom Oberkommando der Heeresgruppe A dem OKH vorgelegt wurden.

Im Februar 1940 hatte Manstein sogar die Möglichkeit, Hitler darüber Vortrag zu halten. Die wichtigsten Passagen dieses »Neuen Planes«, der schließlich den Blitzfeldzug im Westen ermöglichte, seien im folgenden skizziert:

1. Das Ziel der Westoffensive muß die Herbeiführung einer Entscheidung zu Lande sein. Das Anstreben von Teilzielen, wie sie in der Aufmarschanweisung des OKH niedergelegt sind, rechtfertigt weder den politischen noch den militärischen Einsatz. Die Angriffskraft des Heeres für Teilziele zu verbrauchen, ist nicht angängig.
2. Der Schwerpunkt unserer Angriffsoperationen muß bei der Heeresgruppe A liegen, nicht bei der Heeresgruppe B.
   Die wirklichen Chancen liegen bei der Heeresgruppe A, durch einen den Gegner überraschenden Vorstoß durch die Ardennen in Richtung auf die untere Somme.
   Allein auf diese Weise ist eine Vernichtung des ganzen feindlichen Nordflügels in Belgien als Vorbedingung für das Erreichen einer endgültigen Entscheidung in Frankreich zu erhoffen.

Am 17. Februar 1940 trat Generalleutnant von Manstein Hitler in dieser Sache zum zweitenmal gegenüber. Er war am 27. Januar darüber informiert worden, daß er zum Kommandierenden General des XXXVIII. AK ernannt worden sei, das in der Heimat neu aufgestellt werden sollte. Für Manstein war es klar, daß man mit dieser »Beförderung« nur einen lästigen Dränger loswerden wollte.

Als er Hitler in dessen Arbeitsraum gegenübersaß, forderte dieser ihn auf, *seine* Gedanken über die Führung der Westoffensive vorzutragen. Am Schluß des Vortrags stimmte Hitler ihm voll zu. Drei Tage darauf erging eine Anordnung Hitlers, die endgültige Aufmarschanweisung nach den Vorschlägen des Generalleutnants von Manstein herauszugeben.

Der Feldzug der sechs Wochen in Frankreich wurde zum größten Triumph der deutschen Militärgeschichte. In hohem Maße war es der tatkräftigen Führung des Generalobersten von Rundstedt und dem ungeheuren Elan des Generals Heinz Guderian zu verdanken, daß die Operationsidee Mansteins in die Tat umgesetzt werden konnte.

Generalleutnant von Manstein erlebte den Westfeldzug als Kommandierender General des XXXVIII. AK. Am 1. Juni 1940 wurde er General der Infanterie. Mit seinem Korps praktizierte er das Beispiel einer weiträumigen Verfolgung, die von der Somme über die Seine bis zur Loire führte. In diesem Sturmmarsch zur Loire legten die Divisionen des Korps von Manstein über 500 Kilometer zurück.

Am 19. Juli 1940 erhielt General der Infanterie von Manstein das Ritterkreuz. Alle hohen Führer der Wehrmacht waren an diesem Tag in Berlin versammelt. Hitler sah den Krieg als gewonnen an. Er ernannte Raeder zum Großadmiral, Brauchitsch und Keitel sowie die OB der drei Heeresgruppen, vier OB von Armeen und drei Luftwaffenführer zu Feldmarschällen. Göring wurde zum Reichsmarschall ernannt und erhielt das Großkreuz des Eisernen Kreuzes.

Das Korps Manstein sollte am Unternehmen »Seelöwe« teilnehmen, das schließlich überhaupt nicht stattfand. In seiner Scheu vor dem Risiko, das in einer Invasion Großbritanniens gelegen hätte, ging Hitler das weit größere Risiko des Zweifrontenkrieges ein. Darüber hinaus hatte er ein kostbares Jahr verschenkt.

Ende Februar 1941 wurde Manstein Kommandierender General des neuaufzustellenden LVI. Panzerkorps. Am 22. Juni 1941 begann der Rußlandfeldzug.

In den ersten vier Tagen legten die Divisionen des Korps Manstein den Weg über die Dubissa bis nach Dünaburg zurück. Der Handstreich auf die Dünabrücken glückte. Doch nun mußte erst das Herankommen des XXXXI. Panzerkorps abgewartet werden. Damit war der vom Korps errungene Vorteil wieder verspielt.

Die Krisenlage bei Stolzy, der Angriff über Luga auf Leningrad und der Gegenstoß gegen durchgebrochene Feindkräfte südlich des Ilmensees folgten. Es gelang von Manstein am 19. August, den Feind entscheidend zu schlagen.

Am Abend des 12. September – General von Manstein saß mit einigen Herren seines Stabes im Zelt, auf das ein starker Regen niederprasselte – klingelte der Feldfernsprecher. Mansteins Freund, Generaloberst Busch (RK am 26. 5 1940; 274. E am 21. 8. 1943), der OB der 16. Armee, las ihm ein Fernschreiben des OKH vor:

»General der Infanterie von Manstein ist sofort zur Heeresgruppe Süd in Marsch zu setzen zwecks Übernahme der 11. Armee.«

Der Ordonnanzoffizier Mansteins, Specht, und die beiden Fahrer Nagel und Schumann begleiteten Manstein nach dem Süden der Ostfront.

Hier erlebten sie den eingangs geschilderten Einsatz der 11. Armee im Kampf um die Krim und um Sewastopol.

Die Krim und die Halbinsel Kertsch schienen fest in der Hand der 11. Armee. Nur um Sewastopol wurde noch gerungen. Im Dezember 1941 erfolgten russische Landungen bei Kertsch und Feodosia. General von Manstein beorderte das IR 213 der 73. ID nach Feodosia. Diese Division hatte an sich von der Krim abmarschieren sollen.

Am 30. Dezember mußten die Angriffsoperationen gegen Sewastopol eingestellt werden. Es war Manstein gelungen, Hitler von der Notwendigkeit dieser Maßnahme zu überzeugen.

Am 5. Januar 1942 landeten die Sowjets auch bei Eupatoria. Stalin wollte die Krim zurückgewinnen. Doch Feodosia war am 18. Januar wieder in deutscher Hand. Oberst Otto Hitzfeld hatte mit seinem IR 213 den Gegner geworfen. (RK am 30. 10. 1941; 65. E am 17. 1. 1942.)

Die Stalinoffensive ging weiter. Am 29. Januar 1942 standen bereits wieder dreizehn sowjetische Großverbände auf der Halbinsel Kertsch. Diese Divisionen und Brigaden traten am 27. Februar an der Parpatschfront zum Großangriff an. Bis zum 11. April wurde hier gekämpft, erst dann wich der Gegner zurück.

Am 8. Mai begann die Operation »Trappenjagd«, die Schlacht, die bis zum 18. Mai 1942 dauerte und die gesamte Halbinsel Kertsch zurückgewann. 170 000 Gefangene wurden gemacht. Erich von Manstein erhielt die Beförderung zum Generaloberst.

Mitte April 1942 hatte von Manstein Hitler bereits seinen Plan des Angriffs gegen die Festung Sewastopol vorgelegt. Nach Ende des Kampfes auf Kertsch wurden die Divisionen der 11. Armee zu diesem Angriff umgruppiert. Schwere und schwerste Artillerie wurde herangeschafft, mehrere Flak-Regimenter vom VIII. Fliegerkorps für den Erdkampf herangezogen.

Am 3. Juni – unmittelbar vor Beginn des Kampfes um Sewastopol – unternahm der OB der 11. Armee auf einem italienischen Schnellboot eine Erkundungsfahrt. Das Boot führte ein italienischer Leutnant. Mit dabei waren Ordonnanzoffizier Specht und Fahrer Nagel. Der Hafenkommandant von Jalta, Kapitän z. See Joachim von Wedel, begleitete Manstein zur maritimen Information.

Auf der Rückfahrt – das Boot befand sich bereits dicht vor dem Hafen Jalta – stießen zwei russische Jäger auf das Schnellboot herunter. Feuerstöße peitschten ins Boot. Schreie gellten. Krachen und Splittern toste. Neben dem OB brach von Wedel tot zusammen. Ein italienischer Oberbootsmannsmaat war ebenfalls sofort tot. Fahrer Nagel lag auf den Planken. Aus seiner aufgerissenen Oberschenkelschlagader spritzte Blut. Sieben der sechzehn Bootsinsassen waren tot oder verwundet.

Das Boot brannte. Der Kommandant sprang zu Nagel, riß sein Hemd in Streifen und band die Oberschenkelschlagader ab. Generaloberst von Manstein sah, daß das Boot manövrierunfähig war.

»Specht«, wandte er sich an seinen Ordonnanzoffizier, »Sie müssen Hilfe holen!«

»Pepo« Specht sprang ins Wasser, schwamm ans Ufer und hielt einen Lastwagen an. Mit diesem Fahrzeug raste er nach Jalta und holte ein dort liegendes kroatisches Motorboot, mit dem das Schnellboot in den Hafen geschleppt wurde.

Am 4. Juni 1942 starb Oberfeldwebel Fritz Nagel. An seinem Grabe sprach der Armeeoberbefehlshaber. Seine letzten Worte waren:

»Nun ruhe in Frieden, mein bester Kamerad!«

Am Morgen des 7. Juni eröffnete die Belagerungsartillerie den Angriff auf Sewastopol. Dann folgten Luftangriffe. Nach dieser Vorbereitung und stetig weiter von der Artillerie und Luftwaffe unterstützt, griff schließlich die Infanterie an. Der Kampf um die »Erde aus Eisen« dauerte fast einen Monat.

Schlag um Schlag wurde dem wildentschlossen kämpfenden Gegner versetzt. Die Führungskunst des OB der 11. Armee feierte hier ihren größten Triumph.

Am Abend des 1. Juli 1942 – von Manstein saß mit seinen engsten Mitarbeitern in seinem Gefechtsstand, einem Tatarenhaus in Juchary Karales – ertönten im Rundfunk die Fanfaren der Sondermeldung. Danach erfolgte die Durchgabe eines Fernschreibens aus dem FHQ:

»An den Oberbefehlshaber der Krimarmee, Generaloberst von Manstein.

In dankbarer Würdigung Ihrer besonderen Verdienste um die siegreich durchgeführten Kämpfe auf der Krim, die mit der Vernichtungsschlacht von Kertsch und der Bezwingung der durch Natur und Bauten mächtigen Festung Sewastopol ihre Krönung fand, befördere ich Sie zum Generalfeldmarschall.

Mit Ihrer Beförderung und durch die Stiftung eines Erinnerungsschildes für die Krimkämpfer ehre ich vor dem gesamten deutschen Volke die heldenhaften Leistungen der unter Ihrem Befehl fechtenden Truppen.

Adolf Hitler«

Da der Armee nun einige Wochen Ruhe gegönnt werden konnten, fuhr Feldmarschall von Manstein zu einem Erholungsurlaub in die Karpaten. Auch sein Sohn Gero, der gerade Leutnant geworden war, und seine Frau begleiteten ihn.

Am 12. August 1942 kehrte der Feldmarschall auf die Krim zurück. Hier erfuhr er, daß er mit der 11. Armee für die Wegnahme von Leningrad vorgesehen sei. Er sagte dazu:

»Es war ein unverzeihlicher Fehler, die 11. Armee in dieser kritischen Phase vom Südflügel weg nach dem Norden auf einen Nebenkriegsschauplatz zu bringen. Sie mußte in jedem Falle für die Teilnahme an der inzwischen in Gang befindlichen deutschen Offensive in Südrußland vorgesehen bleiben.«

Am 27. August traf das AOK 11 an der Leningrader Front ein. Als der Gegner den Antransport dieser Armee bemerkte, griff er sofort die nach Osten gerichtete Front der 18. Armee an.

Anstatt auf Leningrad antreten zu können, mußte die 11. Armee nunmehr ihre Divisionen gegen diesen neuen Angriff ansetzen. Zwar gelang es bis zum 2. Oktober, diese Feindkräfte aufzureiben und die Lage wiederherzustellen, doch zum Angriff auf Leningrad war die 11. Armee nicht gekommen.

Am 29. Oktober 1942 fiel ganz in der Nähe Leutnant Gero von Manstein bei einem feindlichen Fliegerangriff.

Am 20. November 1942 – Feldmarschall von Manstein weilte in seinem Heim in Liegnitz – erhielt er die Nachricht, daß er sofort den Befehl über eine neuzuschaffende »Heeresgruppe Don« im Abschnitt beiderseits Stalingrad zu übernehmen habe.

Am 24. November 1942, seinem 55. Geburtstag, traf er mit seinem engsten Stab bei der Heeresgruppe B ein, die noch den Befehl in dem von der Heeresgruppe Don zu übernehmenden Abschnitt hatte. Feldmarschall von Manstein hatte mit dem AOK 11, nunmehr Heeresgruppenkommando Don, den Befehl über die 4. Panzerarmee, die 6. Armee und die 3. rumänische Armee zu übernehmen. Das Ringen um die Erhaltung der 6. Armee begann.

In seinem Werk »Verlorene Siege« hat Feldmarschall von Manstein dieses Ringen um die Erhaltung und Rettung der bei und in Stalingrad eingeschlossenen 6. Armee eingehend geschildert. Aus seinem Hauptquartier in

Nowotscherkassk leitete er jene dramatischen Versuche und mußte darüber hinaus verhindern, daß der gesamte Südflügel der Ostfront vernichtet wurde. Er sagte zu diesem unerbittlichen Ringen:

»Daß es überhaupt gelungen ist, die in den kritischen Novembertagen zwischen der 6. Armee und der übrigen Heeresgruppe B klaffende riesige Lücke am Tschir mit einem schwachen Abwehrschleier zu überziehen, ist zwei Persönlichkeiten zu verdanken:

Einmal dem OB der 4. Panzerarmee, Generaloberst Hoth (Auszeichnungen siehe Anlage »Schwerterträger«), zum anderen dem Oberst i. G. Walther Wenck (RK am 28. 12 1942), der zum Chef des Generalstabes der 3. rumänischen Armee ernannt war.«

Der Kampf der 6. Armee, das vergebliche Ringen der Entsatzverbände, zu ihr durchzustoßen, ging am 1. Februar 1943 zu Ende. Am 5. Februar wurde Feldmarschall von Manstein ins FHQ befohlen. Dort sagte ihm Hitler:

»Für Stalingrad trage ich allein die Verantwortung.«

Der Generalfeldmarschall schrieb nach dem Kriege:

»Die Offiziere und Soldaten dieser Armee haben dem deutschen Soldatentum durch ihre unvergleichliche Tapferkeit und Pflichterfüllung ein Denkmal gesetzt, das, wenn auch nicht aus Erz oder Stein errichtet, doch über die Zeiten dauern wird.«

Die Frage nach dem Sinn oder Unsinn des Ausharrens dieser Armee im Raum Stalingrad wird nicht verstummen. Der Ansicht, daß man sie sinnlos verheizt und Ausbruchsmöglichkeiten versäumt habe, steht die Tatsache gegenüber: Hätte die 6. Armee nicht so lange in verzweifelten Kämpfen in Stalingrad standgehalten, dann hätten die sowjetischen Armeen alle Voraussetzungen besessen, so rasch durchzustoßen, daß der gesamte Südflügel der Ostfront vernichtet worden wäre.

Nach dem Untergang von Stalingrad schlug von Manstein Hitler vor, die Kräfte der Heeresgruppen A und Don hinter den Don bzw. hinter den unteren Dnjepr zurückzunehmen. Er hatte einen Plan ausgearbeitet, mit dem großzügige Rückzugsbewegungen zu einer Umfassungsoperation des ungestüm nachdrängenden Feindes umgewandelt und der nachdrängende Feind ans Meer gedrängt und vernichtet werden konnte.

Hitler lehnte diesen Plan ab.

Wenn die nun folgenden gefährlichen Operationen der Roten Armee von der Heeresgruppe Süd überstanden wurden, so war dies einzig und allein der Führungskunst Mansteins und dem unbedingten Vertrauen aller Soldaten auf ihn zu danken.

Auch dieser Kampf kann nur umrissen werden. Die Leistungen von Führung und Truppe darzulegen, reicht der Raum nicht aus.

Es gelang von Manstein, die »Große Rochade« durchzuführen. Die 4. und 1. Panzerarmee kamen heran. Der Feind wurde zwischen Donez und Dnjepr vernichtend geschlagen. Südlich Charkow holte die Armeeabteilung Kempf (RK am 3. 6. 1940; 111. E am 10. 8. 1942) zum entscheidenden Schlag aus; auch hier wurde der Feind überwunden.

Damit hatte von Manstein die Frontlinie des Jahres 1942 vom Asowschen Meer bis Bjelgorod wiederhergestellt. Und was noch wichtiger war: Die Initiative war wieder auf die deutsche Seite übergegangen.

Am 14. März 1943 erfuhr der Feldmarschall durch Fernschreiben, daß ihm als 209. Soldaten das Eichenlaub zum Ritterkreuz verliehen worden sei.

Im Unternehmen »Zitadelle«, dem letzten Versuch deutscherseits, im Osten die Vorhand zurückzugewinnen, führte Feldmarschall von Manstein die Südgruppe.

Es ging darum, den Kursker Frontbogen von Bjelgorod über Sumy und Rylsk bis in die Gegend südostwärts von Orel auszuräumen. Dieser Bogen verlängerte die deutsche Front um 500 Kilometer. Am 1. Juli 1943 waren alle Befehlshaber und Kommandierenden Generale bei Rastenburg in der »Wolfsschanze« versammelt. Hitler unterrichtete sie davon, daß »Zitadelle« am 5. Juli beginnen würde.

An der nördlichen Angriffsfront gelang es der 9. Armee binnen zweier Tage nach Angriffsbeginn, vierzehn Kilometer tief in die feindlichen Stellungen einzudringen. Bis zum 9. Juli wurde gegen zähen Widerstand eine Höhenstellung bei Olchowatka erreicht. Hier liefen sich die Angriffe fest.

Die Rote Armee trat am 11. Juli an dieser Stelle mit starken Kräften zur Offensive gegen die 2. Panzerarmee an, die südlich der 9. Armee stand. Der Angriff der 9. Armee mußte eingestellt werden, um die 2. Panzerarmee zu unterstützen.

Auf dem Südflügel erwies sich der erste Durchbruch als sehr schwer. Das XI. Armeekorps und das III. Panzerkorps hatten hart zu kämpfen. Erst am 11. Juli gelang dem III. Panzerkorps der Durchbruch. Der Weg in die Tiefe des Raumes schien frei zu sein. Auch die 4. Panzerarmee hatte zu diesem Zeitpunkt Ausgangsstellungen zum Weiterstoß gewonnen. Starke Gegenangriffe wurden abgewehrt. Es zeigte sich, daß der Gegner bereits seine sämtlichen Reserven eingesetzt hatte.

Die Schlacht stand auf dem Höhepunkt. Die Entscheidung, ob Sieg oder Niederlage, stand kurz bevor. Mansteins Entschluß, die Schlacht fortzusetzen, stand fest. Noch standen ihm die 17. PD und die Waffen-SS-Division »Wiking« als Reserven zur Verfügung – entscheidende Trümpfe in seiner Hand.

So stand die Schlacht, als er zusammen mit Feldmarschall von Kluge ins FHQ befohlen wurde. Hitler erklärte ihnen, daß die Lage auf Sizilien – genau wie es Manstein bei einer der vorangegangenen Besprechungen am 4. Mai 1943 vorausgesagt hatte – ernst sei. Aus der Ostfront müßten Kräfte abgezogen werden, um die Italienfront zu verstärken. Somit müsse er »Zitadelle« abbrechen.

Damit war das Unternehmen vor der Entscheidung von der obersten deutschen Führung abgebrochen worden. Hitler hatte kräftemäßig – durch Verweigerung einiger Infanteriedivisionen, die er natürlich aus anderen Fronten hätte entnehmen müssen – wie auch zeitlich dem Risiko auszuweichen versucht. Durch das Vermeiden der beiden genannten Risiken hat er den Sieg aus der Hand gegeben.

Auf dem Ostkriegsschauplatz hatte Rußland die Initiative übernommen. Die Sowjets traten zur Großoffensive an.

Wieder stand die Heeresgruppe Süd in Schlachten, die um Sein oder Nichtsein gingen. Zum letztenmal kam Hitler am 27. August 1943 nach Winniza. Feldmarschall von Manstein erklärte ihm, daß das Donezgebiet mit den augenblicklich zur Verfügung stehenden Kräften nicht gehalten werden könne. Hitler sagte Unterstützungen zu, ohne jedoch auch nur eine seiner Zusagen zu halten.

Am 15. September gab Feldmarschall von Manstein den Befehl, die Heeresgruppe Süd auf die Linie Melitopol–Dnjepr (bis oberhalb Kiew) und den Desna-Abschnitt zurückzunehmen.

Der Dnjepr war eine starke natürliche Barriere. Dennoch gelang es den Sowjets im Laufe des Oktober, hart nördlich Kiew auf dem Westufer des Flusses Fuß zu fassen.

Erbittert harte Winterkämpfe folgten. Am 4. Januar 1944 war Manstein wieder im FHQ, um von Hitler die Räumung des Dnjeprbogens zu verlangen. Hitler lehnte in der Lagebesprechung ab. Da bat Erich von Manstein ihn darum, ihn allein sprechen zu dürfen.

Es wurde ein dynamitgeladenes Gespräch. Manstein legte eindeutig dar, daß die kritische Lage der Wehrmacht vor allem durch die Art herbeigeführt worden sei, wie sie geführt werde. Manstein schlug vor, daß Hitler für die

Gesamtkriegführung einen wirklich verantwortlichen Generalstabschef einsetzen möge, auf dessen Rat er sich verlassen können müsse, dazu für den Westen wie für den Osten selbständig führende Oberbefehlshaber.

Hitler lehnte eisig ab. Eines seiner Argumente war:

»Selbst mir gehorchen die Feldmarschälle nicht. Glauben Sie, daß sie zum Beispiel *Ihnen* besser gehorchen werden?«

»Die Befehle«, erwiderte Manstein, »die *ich* gebe, werden auch von Feldmarschällen befolgt werden.«

Unverrichteterdinge flog Manstein zurück. Eines hatte er jedoch bewirkt: Hitler sehnte den Tag herbei, da er Manstein nicht mehr brauchte.

Am 27. Januar 1944 kam es zu einem zweiten Zusammenstoß. Doch die Sorgen des Feldmarschalls hießen im Augenblick nicht Hitler, sondern Nikopol, Tscherkassy und Rowno.

Hier brach im Februar 1944 der Sturm los. Es wurde ein Kampf auf Leben und Tod. Bis zum Abend des 23. März 1944 kamen Spitzengruppen der sowjetischen 1. Panzerarmee bis dicht an den Dnjestrübergang Czernowitz heran. Die feindliche 4. Panzerarmee erreichte den Übergang bei Kamenenz-Podolsk. Damit drohte der deutschen 1. Panzerarmee die Einschließung.

Abermals mußte Feldmarschall von Manstein die Genehmigung zum Durchbruch seiner 1. Panzerarmee nach Westen von Hitler erzwingen. Er wurde zum Berghof befohlen. Am 25. März flog er von Lemberg ab. Er trug Hitler vor. Dieser versuchte, die unglückliche Entwicklung der Lage auf Manstein abzuschieben. Es wurde eine scharfe Auseinandersetzung.

Am 26. März flog Feldmarschall von Manstein zur Heeresgruppe zurück, wurde aber bereits am 30. März erneut nach Berchtesgaden befohlen.

Am Abend dieses Tages überreichte Hitler ihm im Berghof als 59. deutschen Soldaten die Schwerter zum Ritterkreuz mit Eichenlaub. Anschließend erklärte er, daß er sich entschlossen habe, die Heeresgruppe anderweitig zu besetzen. Erich von Manstein sagte Hitler abschließend:

»Ich wünsche Ihnen, mein Führer, daß Ihr heutiger Entschluß sich nicht als nachteilig erweisen möge.«

Feldmarschall Model (Auszeichnungen siehe Anlage »Schwerterträger«) wurde sein Nachfolger.

Feldmarschall von Manstein fuhr nach Liegnitz und hatte die Freude, Frau und Kinder, außer dem gefallenen Sohn, gesund wiederzusehen. Den weiteren Vorstoß der Roten Armee erlebte er als nicht mehr Handelnder. Eine notwendige Staroperation schaltete ihn auch praktisch aus jeder Einflußnahme auf die Geschehnisse aus. Als sich die Russen Liegnitz näherten, mußte seine Familie nach Schleswig-Holstein ausweichen. So kam es, daß sich Feldmarschall von Manstein nach Kriegsschluß General Montgomery stellte.

Vom Lazarett Heiligenhafen wurde er ins Gefangenenlager nach Lüneburg und von dort in den Zeugenflügel des Nürnberger Gerichtsgefängnisses gebracht.

Zusammen mit Feldmarschall von Brauchitsch und General Warlimont übernahm Manstein die Beratung des offiziellen Generalstabsverteidigers Dr. Laternser. Das Ergebnis ihrer Arbeit war, daß der Generalstab, der ja angeklagt war, eine verbrecherische Organisation zu sein, freigesprochen werden mußte.

Im Herbst 1946 kam Erich von Manstein in ein Generalslager nach England. Dort blieb er zwei Jahre in »Verwahr«. Im Sommer 1948 wurde er nach Deutschland gebracht, mit ihm Feldmarschall von Brauchitsch, Feldmarschall von Rundstedt und Generaloberst Strauß. Gegen diese vier Soldaten hatten die Engländer Prozesse vorbereitet.

Generalfeldmarschall von Brauchitsch starb in einem englischen Lazarett zu Hamburg. Feldmarschall von Rundstedt und Generaloberst Strauß wurden wegen Krankheit freigelassen. Erich von Manstein machte man im Curio-Haus in Hamburg den Prozeß.

Der britische Rechtsanwalt Reginald Paget stellte sich – nach Kräften von seinen englischen Kollegen behindert – kostenlos zur Verteidigung zur Verfügung. Es wurde ein Prozeß, den der indische Richter Rahabinode Pal – der am internationalen Gericht in Tokio amtierte – folgendermaßen umriß:

»Ein Prozeß unter einem derart vorgeschriebenen Recht ist nichts weiter als eine Scheinanwendung von Recht und Gesetz zur Befriedigung des Rachedurstes.«

Ein französischer Journalist beschrieb die Persönlichkeit des angeklagten Generalfeldmarschalls:

»Manstein im Zeugenstand erinnert mich an einen sich zur Wehr setzenden Hirsch – auch da ist das Opfer soviel edler als seine Verfolger.«

Reginald Paget forderte Freispruch. Das Gericht verurteilte Feldmarschall von Manstein zu achtzehn Jahren Gefängnis.

Es war – nach Liddel Hart – »ein Versuch, mit den Urteilen von Nürnberg Schritt zu halten«.

Drei Jahre seines Lebens verbrachte Feldmarschall von Manstein im Zuchthaus Werl. Im Jahre 1952 wurde eine Operation seines zweiten Auges notwendig. Im Mai 1953 verfügte die britische Regierung seine vorzeitige Entlassung.

Feldmarschall von Manstein, ein Soldat, ein Herr und ein Feldherr, war wieder frei.

Erich von Manstein, geboren am 24. November 1887 in Berlin
Letzter Dienstgrad: Generalfeldmarschall
Letzte Dienststellung: Oberbefehlshaber der Heeresgruppe Süd
Ritterkreuz am 19. Juli 1940
209. Eichenlaub am 14. März 1943
59. Schwerter am 30. März 1944
Erich von Manstein lebt in Irschenhausen im Isartal.

GENERAL DER PANZERTRUPPE WALTHER K. NEHRING

Theoretiker und Praktiker der Panzerwaffe

»In der Erwartung, daß die technische Entwicklung der Kampfwagen weiter fortschreiten wird, erscheint der schnelle, bewegliche, außerordentlich kampfkräftige Panzerverband durchaus geeignet, die derzeitige Art der Kriegsführung grundlegend zu ändern. Für den weiteren Verlauf des Krieges werden gepanzerte Kampffahrzeuge in jeglicher Gestalt die Hauptrolle auf der Erde spielen.«*

Diese Meinung über Panzerverbände wurde von dem damaligen Reichswehroffizier Walther K. Nehring in den frühen dreißiger Jahren geäußert, als sie sich noch wie Prophetie anhörte. Doch sie war nicht unbegründet, denn bereits als junger Infanterieoffizier hatte Nehring im Ersten Weltkrieg erkannt, daß das trotz aller Hilfen nicht wesentlich zu erhöhende Angriffstempo der Infanterie nicht mehr ausreichte, um operative Erfolge zu erzielen. Auf diese Tatsache hatte ihn zunächst ein Ereignis des Herbstes 1914 aufmerksam gemacht, als zur schnellen und damit überraschenden Verschiebung französischer Infanterie gegen den rechten deutschen Flügel die Autodroschken von Paris benutzt wurden; sodann war es der erfolgreiche Einsatz neuartiger Kampfwagen auf der alliierten Seite ab September 1916.

Die Möglichkeiten der Motorisierung und Panzerung der neuen schnellen Kräfte faszinierten ihn, ließen ihn nicht mehr los. Unter diesen neuen Eindrücken entstand im Jahre 1934 Nehrings zweites Werk »Heere von Morgen«, in dem er erneut für eine Motorisierung eintrat und dessen Kernsatz lautete:

»Es hat den Anschein, als wenn nach dem Zeitalter des Reiters und des Infanteristen das Zeitalter des Mannes am Motor angebrochen ist.«**

So wurde Walther K. Nehring einer der Vorkämpfer für eine deutsche Panzerwaffe, der er sich ebenso wie Guderian verschrieben hatte. Woher kam dieser Offizier? Was befähigte ihn dazu, in zwei Weltkriegen als Offizier, Panzertaktiker und Heerführer, aber auch als Autor fundierter Werke über den Panzerkrieg hervorzutreten?

---

* Nehring, Walther K.: »Die Geschichte der deutschen Panzerwaffe 1916 bis 1945«
** ders.: »Heere von Morgen«

Walther K. Nehring entstammt einer alten westpreußischen Familie, die aus den Niederlanden über Wesel und Brandenburg dorthin gekommen war. Seine Vorfahren waren Bauern und Gutsbesitzer. Bereits im Jahre 1430 war ein Nehring im Danziger Bürgerbuch urkundlich erwähnt.

Auf dem Gut Stretzin, Kreis Schlochau, wurde er am 15. August 1892 geboren. Er besuchte in Zoppot und Danzig die Schule. Am Realgymnasium St. Johann in Danzig bestand er im Frühjahr 1911 sein Abitur.

Während seiner Schulzeit wuchs die Liebe zu der Stadt, in deren Mauern er weilte. In den Ferien fuhr er nach Groß-Bendomin im Kreis Berent, dem Gut der Familie seiner Mutter. Hier erwachte seine Liebe zur Natur und zur Jagd, die er als Hege und Pflege des Wildes verstand.

Im Jahre 1911 trat der Abiturient Nehring als Fahnenjunker in das Deutschordens-Infanterieregiment Nr. 152 in Marienburg ein.

Wenn wir der Reihe seiner Vorfahren nachgehen, so zeigt sich, daß er mit dieser Berufswahl nicht aus der Art schlug, denn einige seiner Vorfahren waren Soldaten gewesen. So hatte sein Ururgroßvater, Johann Bogislav von Zitzewitz, vom Estandartenjunker ab 1742 bis zum Regimentskommandeur beim altpreußischen Kürassierregiment 4 gedient. Am 24. August 1785 wurde er vom »Großen König« zum Chef des Dragonerregiments Nr. 9 ernannt. Er errang den Pour le mérite. Sein Sohn Gottlob Wilhelm von Zitzewitz wurde Anfang 1800 Lieutenant im Dragonerregiment »Bayreuth«, machte 1806/07 mit und übernahm dann seine Güter in Pommern und Westpreußen. Das war der Urgroßvater von Walther K. Nehring. Offenbar ist Nehring, der 1913 – mit dem Patent von 1911 – Leutnant wurde, aus dieser Richtung erblich belastet.

Aber auch als Verfasser von Büchern und Schriften hat er in der Familie ein großes Vorbild: seinen Ururgroßvater Heinrich Jacob Zernecke, um 1724 Bürgermeister der Freien Stadt Thorn, Dr. jur. und Historiker, dessen Werke noch heute Gültigkeit haben, so z. B. seine »Chronica Toruniensis«.

Walther K. Nehring zog als Leutnant 1914 ins Feld. In der Schlacht bei Tannenberg kämpfte er an der Front seines Regiments. An den Masurischen Seen wurde er als Zugführer am 11. September 1914 zum erstenmal verwundet. Beim Sturmangriff auf Schloß Beynuhnen in Nordostpreußen traf ihn ein russisches Infanteriegeschoß an Kopf und Hals. Er erhielt das EK II.

Am 2. November 1914, soeben aus dem Lazarett entlassen, wurde Nehring Adjutant des neuaufgestellten »Mobilen Ersatzbataillons 148«, das im Verband einer behelfsmäßig zusammengestellten Division die Grenzen Ostpreußens deckte. Ab Weihnachten, wieder bei seinem alten Regiment, kämpfte er im Raum Kutno, in Litauen und Kurland und wurde am 6. Juni 1915 zum Oberleutnant befördert.

Zwei Tage später wurde er zum Armeeflugpark 8 nach Schaulen kommandiert, stürzte am 21. Juni als Beobachter ab und wurde nur mit Mühe aus dem brennenden Flugzeug gerettet.

Nach seiner Wiederherstellung kam Nehring an die Westfront. Er übernahm die 1. MG-Kompanie des IR 22 »Keith«, kämpfte in den Schlachten im Artois, in Flandern und in der Siegfriedstellung und wurde mit dem EK I ausgezeichnet.

Als junger Oberleutnant führte er während der Frühjahrsoffensive 1918 mehrere Wochen das III. Bataillon seines Regiments. Am 1. Juli 1918 erhielt er am Kemmelberg einen schweren Bauchschuß. Damit war sein Einsatz als Frontoffizier beendet.

Ende November 1918 übernahm Nehring nach dem Waffenstillstand, wieder genesen, die Adjutantenstelle beim Kommandeur der Maschinengewehrtruppen des XX. AK in Allenstein. Er wurde am 1. Januar 1921 als einer der ersten in das neugebildete Reichsheer übernommen und in verschiedenen Dienststellen verwendet, ehe er am 1. März 1923, nach genau zwölf Dienstjahren, Hauptmann wurde.

Die Ausbildung als Generalstabsoffizier absolvierte er beim Wehrkreiskommando I und beim Generalstabslehrgang des Reichswehrministeriums. Am 1. Oktober 1926 erfolgte seine Versetzung in den nun »Wehrmachtsamt« genannten Generalstab, in die Aufmarschgruppe der Operationsabteilung.

Bereits hier erkannte Nehring den ungeheuren Vorteil beweglicher und schneller Truppen, die »motorisiert, gepanzert und stark bewaffnet sein« müßten.

Die Versetzung im Jahre 1929 zur üblichen Dienstleistung in der Truppe wurde für ihn eine wichtige Etappe, da er zur Kraftfahrabteilung 6 nach Münster kommandiert wurde, die mit organisatorischen und technischen Versuchen beauftragt war. Er erhielt hier den Auftrag, aus einer Kraft*fahr*kompanie die *erste* Kraftfahr*kampf*einheit des deutschen Heeres – eine Kraftrad-Schützenkompanie – aufzustellen, für die es bisher weder Vorschriften noch ein Vorbild gab.

Dieser Versuch bewährte sich, und damit schuf Nehring eine der Grundlagen der späteren Heeresmotorisierung. Die Mitarbeit am Aufbau einer Waffe begann, der sich Nehring zeit seines Lebens eng verbunden fühlte.

Am 1. Januar 1932 kehrte er ins Reichswehrministerium zurück und übernahm die Dienststellung des 1. Generalstabsoffiziers der Inspektion der Kraftfahrtruppen, deren Chef des Stabes Oberstleutnant Heinz Guderian war. Bald danach wurde er Major.

In dieser Dienststellung war Major Nehring neben Oberstleutnant Guderian einer der engsten Mitarbeiter von General Lutz, dem die deutsche Panzertruppe und die Heeresmotorisierung sehr viel zu verdanken haben.

Am 1. Oktober 1934 wurde Nehring – seit einem Monat Oberstleutnant – 1. Generalstabsoffizier des Kommandos der Kraftfahrtruppen in Berlin. Chef des Stabes war Oberst i. G. Guderian und später Oberst i. G. Paulus, der 1942/43 Stalingrad verteidigte.

Viele Kommandos und Einsätze folgten in den nächsten Jahren, darunter auch der einjährige Besuch der Wehrmachtakademie für höhere Führeranwärter. Walther K. Nehring lernte dabei alle drei Wehrmachtteile kennen. Sein stolzester Tag war der 1. Oktober 1937, an dem er als Kommandeur das PR 5 in Wünsdorf bei Berlin übernahm. Seit dem 1. März dieses Jahres war er Oberst.

Hier konnte er seine taktischen und technischen Ideen über operative Panzerführung und über Panzertaktik, die er in mehreren vielbeachteten Schriften veröffentlicht hatte, in die Wirklichkeit umsetzen.

General Guderian, Chef der Schnellen Truppen, bewirkte, daß Oberst Nehring am 1. Juli 1939 als Chef des Generalstabes des neuaufzustellenden XIX. Panzerkorps (dessen Führung Guderian bei Kriegsbeginn übernahm) nach Wien berufen wurde. In dieser Dienststellung machte Nehring den Polenfeldzug mit, der Guderians und seine Theorie voll bestätigte. Er erhielt die Spangen zu beiden Eisernen Kreuzen.

Vor dem Frankreichfeldzug hatte er neben seinen sonstigen Aufgaben als Chef des Stabes die generalstabsmäßigen Voraussetzungen für den kühnen Durchbruch des XIX. Panzerkorps (Guderian) durch die Ardennen und über die Maas vorzubereiten und später die Entschlüsse seines ständig weit vorn befindlichen Kommandierenden Generals als Korpsbefehle der Truppe schnell zuzuleiten.

Der überraschende tiefe Vorstoß dieses Panzerkorps zur Kanalküste und von hier aus bis westlich Dünkirchen ist mit ein Verdienst von Oberst Nehring.

In dieser Zeit sammelten Nehring und Guderian erneut wertvolle Erfahrungen, wie sie damals hofften, für lange Friedensjahre.

Als am 28. Mai 1940 die »Panzergruppe Guderian« gebildet wurde, ernannte man Oberst Nehring zum Chef des Generalstabes dieser Gruppe und Major Fritz Bayerlein (Auszeichnungen siehe Anlage »Schwerterträger«) zu seinem Ia.

Nach diesem Feldzug wurde Nehring am 1. August 1940 zum Generalmajor befördert. Er war von Guderian zum Ritterkreuz vorgeschlagen worden. Doch wurde zu jener Zeit noch die Verleihung des Ritterkreuzes für hervorragende Führungsleistungen im Generalstab abgelehnt.

Mit besonderem Stolz übernahm Generalmajor Nehring am 26. Oktober 1940 in Chemnitz die 18. PD, die zu dieser Zeit noch in der Aufstellung begriffen war. Er machte diese Division in kürzester Zeit zu einem schlagkräftigen homogenen Verband, der sich wenige Monate später im Ostfeldzug den härtesten Belastungsproben gewachsen zeigte. Daß ihm dies gelang, ist nach seiner Auffassung mit ein wesentliches Verdienst seines ausgezeichneten damaligen Ia, Fritz Estor, und aller damaligen Kommandeure.

Mit Beginn des Rußlandfeldzuges stürmte die 18. PD nördlich von Brest-Litowsk über den Bug. Die I./PR 18 rollte mit ihren Tauchpanzern in den Fluß hinein, fuhr – geführt von Major Manfred Graf Strachwitz – unter Wasser durch den Fluß, schob sich am jenseitigen Ufer heraus dem Feind entgegen, gefolgt von der III. Abteilung unter Major von Zeschau. Sie bildeten einen vorwärtsrollenden Brückenkopf und sicherten das Nachziehen der übrigen Division; bei ihnen der Divisionskommandeur, Nehring, und der Kommandierende General, Heinz Guderian.

Die 18. PD erreichte unter ständigen Kämpfen am 29. Juni Minsk. Mit seinem Adjutanten, Major von Reinhard, fuhr Generalmajor Nehring alle Angriffe mit, um die Führung straff in der Hand zu behalten.

Am Abend dieses 29. Juni erhielt Nehring den Befehl, südlich an Minsk vorbeizustoßen und auf der Moskauer Autobahn Borissow, den wichtigen Brückenkopf über die Beresina, zu gewinnen, um den zügigen Vormarsch der folgenden Panzergruppe Guderian zu ermöglichen.

Am frühen Morgen des 30. Juni trat die Division – auf sich allein gestellt – an. Während Teile den Gegner frontal banden, setzte Nehring das SR 101 umfassend an. Zugleich warf er Major Teege, den Kommandeur des II./PR 18, als Vorausabteilung mit dem K 18 unter Major Sperling (RK am 6. 4. 1944) und der II./PAR 88 unter Major Teichert geradenwegs auf die Brücke Borissow vor. Voraus Spähtrupps, dahinter der Divisionskommandeur.

Bereits gegen Mittag stand Major Teege vor Borissow, das Kadetten und Unteroffiziere der dortigen russischen Panzerschule ebenso wie die Brücke über die Beresina hart verteidigten.

Die Vorausabteilung blieb liegen. Als das Gros der Division eintraf, setzte Nehring das SR 52 an. Unteroffizier Bukatschek erreichte mit seinem Zug als erster die Brücke. Obgleich durch Schulterschuß verwundet, rannte er hinüber und verhinderte ihre Sprengung. Nehring reichte ihn zum Ritterkreuz ein, das Otto Bukatschek am 24. Juli 1941 erhielt.

Der Übergang über die Beresina war geschafft. Der Weg der Panzergruppe Guderian auf Orscha und Smolensk war von der 18. PD erzwungen worden. Die Division selbst erhielt Orscha als nächstes Angriffsziel.

Bei Lipki kam es zum ersten Panzerduell gegen die neuen sowjetischen T 34. Dieser Panzer war durch seine 7,62-cm-Kampfwagenkanone und seine starke Panzerung den deutschen Panzern überlegen. Es war eine unangenehme Überraschung. Doch die Panzerkommandanten unterliefen das Feuer der Feindpanzer und schossen auf nahe und nächste Entfernung den Gegner zusammen. General Nehring sagte dazu in einem seiner Briefe:

»Hier hatte nicht die deutsche Waffe, sondern der deutsche Soldat mit seiner Tapferkeit, seiner Disziplin, seiner Schießausbildung und seinem vorzüglichen Führungsmittel – dem Funksprechgerät – gesiegt.«

Für den großen Erfolg von Borissow und den Sturmlauf zur Beresina erhielt Generalmajor Walther K. Nehring am 31. Juli 1941 aus der Hand von Generaloberst Heinz Guderian (RK am 27. 10. 1939; 24. E am 10. 7. 1941) das Ritterkreuz des Eisernen Kreuzes. Nach Nehrings Auffassung war dies eine Ehrung für die gesamte 18. Panzerdivision.

An der Desna und jenseits des Flusses stand die 18. PD vom 25. August bis zum 22. September in einer Art von Kleinkrieg. Erst nach der Verlegung in den Raum Nowgorod–Ssewersk kam es wieder zu heftigen Kämpfen. Im Verband des XXXXVII. Panzerkorps unter General der Panzertruppe Lemelsen (RK am 27. 7. 1941; 294. E am 7. 9. 1943) stürmte die 18. PD am 30. September bei Ssewesk über den Ssew, drang auf Tschamliysch vor, nahm am 3. Oktober Karatschew und überwand nicht weniger als vier Flüsse. Hart nördlich Karatschew dauerten die erbitterten Kämpfe bis zum 10. Oktober 1941 an.

Am 17. Oktober erhielt Nehring den Auftrag, mit seiner Division sofort über Orel auf Kursk vorzugehen, um das im Raum westlich von Fatesh von feindlichen Panzern eingeschlossene und ohne Treibstoff im Herbstschlamm festliegende XXXXVIII. Panzerkorps des Generals der Panzertruppe Kempf (RK am 3. 6. 1940; 111. E am 10. 8. 1942) freizukämpfen. Generaloberst Guderian gab den Befehl dazu persönlich.

Ein schweres Ringen setzte ein; aber bereits am 20. Oktober nahm die 18. PD, erstmalig von Sturmgeschützen unterstützt, Fatesh und hatte damit ihren Auftrag erfüllt.

Am 13. November trat die Division als Flankendeckung der 2. Panzerarmee Guderians von Orel über Mzensk auf Jefremow an. Es gelang Generalmajor Nehring, trotz Schneefalls und starken Kälteeinbruchs, die ihm gestellte Aufgabe zu erfüllen und nach 200 Kilometer Marsch und erbitterten Kämpfen die Stadt Jefremow am 20. November in Besitz zu nehmen.

Die PzAA 88 unter Major von Seydlitz stieß nördlich davon bis zur Ortschaft Skopin vor, dem ostwärtigsten Punkt, den das deutsche Heer 1941 erreichte.

Am 14. Dezember begann auch bei der 18. PD der von Guderian angeordnete begrenzte Rückzug. Sie erreichte am ersten Weihnachtsfeiertag die neue Verteidigungslinie auf dem Südufer des Susha, ostwärts Mzensk, die gehalten wurde.

Anfang 1942 erhielt die Division eine neue große Aufgabe. Sie sollte die 216. ID, die seit drei Wochen im Raum Suchinitschi eingeschlossen war, freikämpfen. Dieser Einsatz, über hundert Kilometer Tiefe in den Feind hinein, forderte bei grimmiger Kälte und hohem Schnee das Letzte von jedem Soldaten der 18. PD. Bis zum 24. Januar gelang es Nehring, dem dazu noch die 208. ID und Teile der 4. PD unterstellt worden waren, den Einschließungsring aufzubrechen und die 216. ID und somit die gesamte »Gruppe Gilsa«, die sich dort tapfer verteidigt hatte, zu befreien. (Generalmajor Frhr. von und zu Gilsa: RK am 5. 6. 1940; 68. E am 24. 1. 1942.)

In einem Sondererlaß Hitlers vom 28. Januar 1942 wurde Nehring und seiner Truppe die besondere Anerkennung der Obersten deutschen Führung ausgesprochen. Hitler sagte:

»Ich bin in dankbarer Anerkennung stolz auf Euch, Verteidiger und Angreifer von Suchinitschi! Eure Leistung wird in die Geschichte eingehen als Beweis dafür, daß deutsche Soldaten auch im russischen Winter zu kämpfen wissen.« (Siehe dazu: General Nehring: »Die Geschichte der deutschen Panzerwaffe 1916 bis 1945«, Anhang S. 32.)

Am 1. Februar 1942 wurde Walther K. Nehring zum Generalleutnant befördert und gleichzeitig ins FHQ befohlen. Hitler wies ihn dort am 5. Mai 1942 in seine neue Aufgabe ein. Er wurde Kommandierender General des Deutschen Afrikakorps. Klimatisch bedeutete dieser Wechsel der Kriegsschauplätze einen Unterschied von 30 Grad minus auf rund 30 Grad plus.

Operativ ging der Feldzug in Afrika einer entscheidenden Phase entgegen, denn gut vierzehn Tage zuvor war Rommel zu seiner neuen Offensive am 21. Januar 1942 aus Marsa el Brega nach Osten angetreten.

KAPITÄN ZUR SEE
WOLFGANG LÜTH

Begegnung zweier U-Boote

Eine neue Feindfahrt hat begonnen

GENERALFELDMARSCHALL
ERICH VON MANSTEIN

Kampf um Sewastopol

GENERAL DER PANZERTRUPPE
WALTHER K. NEHRING

Nach der Schlacht von Charkow im Mai 1942: einer der vielen zerschossenen Panzer, die auf dem Schlachtfeld zurückgeblieben waren

Dezember 1943. Ein im Vorfeld vernichteter sowjetischer Kampfwagen

GENERAL DER INFANTERIE
HERMANN RECKNAGEL

Oberstleutnant Friedrich Musculus, 1942/43 Kommandeur der Panzerjägerabteilung 111 in der 111. ID

Herbst 1943. General Recknagel am Dnjepr bei den Divisions-Pionieren. Links Hauptmann Richard Schwamberger, Kommandeur III./Grenadierregiment 117

Als Generalleutnant Nehring im März 1942 in Afrika eintraf, übergab ihm General Crüwell, der Rommel im Augenblick vertrat, das Deutsche Afrikakorps. Die Panzerarmee Afrika hatte binnen siebzehn Tagen die gesamte Cyrenaika zurückerobert. Sie rüstete sich nunmehr zum Angriff auf Tobruk.

In dieser entscheidenden Phase führte Nehring die Sturmspitze der Panzerarmee Afrika. Er führte von vorn, wie dies im Panzerkrieg mit seinen ständig wechselnden Lagen unerläßlich war.

So war er auch weit vorn, als am Nachmittag des 27. Juni 1942 das DAK südlich um die Gazala-Linie umholend bis nach Acroma vorgestoßen war und der Gegner mit sechzig neuen schweren Panzern, von Osten angreifend, tief in die Flanke der 15. PD hineinstieß. Eine Katastrophe bahnte sich an.

Generalleutnant Nehring, der sich gerade mit Oberst Wolz, dem Kommandeur des FR 135, auf einer Erkundungsfahrt befand, sah sich plötzlich von zurückflutenden Troßeinheiten überschwemmt. Schließlich trafen sie auf die ebenfalls zurückgehende Führungsstaffel des Korps, und dann – waren die beiden Offiziere mit ihren Fahrzeugen allein.

Plötzlich tauchte aus dem wabernden Staub eine zurückgehende Flak-Batterie auf, und mit ihr erschien auch Rommel.

»Warum schießen Sie nicht?« fragte Rommel. »Die Flak, Wolz, ist an allem schuld, weil sie nicht schießt!«

Oberst Wolz brachte die Batterie zum Stehen. Es waren drei Geschütze. Drei weitere »Achtacht« der Kampfstaffel des DAK kamen hinzu. Und schon brandeten mindestens vierzig schwere Panzer gegen diese kleine Flak-Gruppe an. Die Flak eröffnete das Feuer. Die ersten Feindpanzer blieben liegen. In dieser Sekunde, als das Gros der Feindpanzer zögerte, hatte Generalleutnant Nehring eine entscheidende Idee.

»Eine Flak-Front, Wolz! Ihre Kanonen schießen weiter als die Feindpanzer. Bauen Sie aus allen verfügbaren Kanonen eine Flak-Front auf!«

Oberst Wolz (RK am 17. 6. 1943) baute die Front auf. Rommel und Nehring zogen persönlich die einzelnen Flak-Batterien zusammen. Bald darauf stand eine drei Kilometer breite Flak-Front. Da schoben sich auch schon die Panzer erneut heran. Als sie bis auf 1200 Meter herangekommen waren, eröffneten sechzehn »Achtacht« das Feuer.

Bei Einfall der Dunkelheit lagen vierundzwanzig brennende Panzer auf der Plaine.

Knapp einen Kilometer hinter dieser Front stand Nehring mit seinem MTW-Befehlswagen so lange, bis die feindlichen Panzer nach Osten, in Richtung Tobruk, abrollten.

Doch das DAK hing zwischen den britischen Fronten fest. Es mußte nach

Westen ausbrechen und dabei die britische Gazala-Linie von rückwärts her durchstoßen. Auf der Suche nach einer Lücke stieß das DAK – an der Spitze Nehring und sein Chef des Generalstabes, Oberst Bayerlein – auf den bisher unbekannten britischen Stützpunkt Got el Ualeb. Von Osten her, mit verkehrter Front, wurde diese Befestigung angegriffen und nach schwerem Kampf überwunden.

Neben Generalleutnant Nehring wurde der Kommandeur der III./PGR 104, Major Curt Ehle (RK am 27. 7. 1941; 673. E am 29. 11. 1944) verwundet. Aber sein Bataillon kämpfte dann unter seinem Vertreter, Hauptmann W. Reißmann (RK am 1. 8. 1942), den Weg nach Westen frei. Der Ausbruch war gelungen.

Als schließlich nach wechselvollen Kämpfen am 11. Juni der südliche Eckpfeiler der Gazala-Linie, das Fort Bir Hacheim, fiel, war die Entscheidung erzwungen. Wieder stürmte das DAK nach Nordosten. Die feindlichen Panzerkräfte wurden zerschlagen, die Festung Tobruk mit starker Fliegerunterstützung unerwartet von Osten her angegriffen und binnen vierundzwanzig Stunden erobert.

Generalleutnant Nehring hatte mit seinem Stab, seinen Kommandeuren und seinem stets bewährten Afrikakorps eine besondere Leistung vollbracht: Erstmals hatte die Panzertruppe eine starke Festung erobert!

Auf Vorschlag Rommels erfolgte seine Beförderung zum General der Panzertruppe, wobei er Nehring die bisher von *ihm* getragenen Generalssterne überreichen ließ.

Doch Rommel – wie auch Nehring – rastete nicht. Die Verfolgung der Briten nach Osten, in Richtung Alexandria und Kairo, ging weiter. Das DAK stand in den folgenden Wochen des Sturmes bis nach El Alamein und in den Kämpfen um diese letzte Barriere vor dem Suezkanal in wechselvollen schweren Einsätzen. Dann erlahmte auf beiden Seiten die Kraft.

Am 30. August ließ Rommel abermals antreten. Bei der 21. PD fuhr General Nehring den Angriff im SPW-Befehlswagen mit. Bei ihm befanden sich noch sein Chef des Generalstabes, Oberst i. G. Bayerlein, und sein Ordonnanzoffizier, Oberleutnant von Burgsdorff. Es ging durch ein tiefgestaffeltes Minenfeld. Generalmajor von Bismarck, der Kommandeur der 21. PD, fiel. Generalmajor Kleemann, Kommandeur der 90. Leichten Division, wurde verwundet.

Am Morgen des 31. August stürzten sich britische Bomber und Schlachtflieger auf die erkennbaren Ziele. Auch der SPW des Kommandierenden Generals wurde angegriffen. Eine Bombe schmetterte dicht neben der Vorderachse des SPW in den Sand. Nehring wurde von der Wucht der Detonation gegen die Stahlwand geschleudert. Splitter durchschlugen den dünnen

Panzerstahl. Der General spürte einen harten Schlag gegen den Arm, gleichzeitig einen stechenden Schmerz im Schädel. Blut lief ihm über das Gesicht und tropfte aus seinem rechten Ärmel. Trotzdem hielt er sich aufrecht.

Oberst Bayerlein und die beiden Funker wurden durch das Funkgerät gerettet, das die Splitter auffing. Oberleutnant von Burgsdorff, der soeben den SPW verlassen hatte, war tödlich getroffen zusammengebrochen. Der bei ihm stehende Korps-Verpflegungsoffizier, Oberleutnant Schmitt, wurde ebenfalls tödlich verwundet.

General Nehring wurde von Unteroffizier Voller, dem Fahrer des Generals-Kübelwagens, zum HVPl gefahren und dort versorgt. Von hier aus gelangte er ins Lazarett nach Marsa Matruk und wurde am 10. September im Flugzeug über Kreta und Athen in die Heimat geschafft.

Der erste Afrikaeinsatz des Generals war zu Ende.

Nachdem die Alliierten am 8. November 1942 überraschend in Casablanca, Oran und Algier gelandet waren, wurde der noch nicht völlig wiederhergestellte General der Panzertruppe Nehring am 15. November 1942 zum Befehlshaber in Tunesien mit dem Auftrag ernannt, einen tiefen Brükkenkopf zu bilden, der den Einsatz starker deutscher und italienischer Kräfte gestatten würde.

Bereits am 14. November war General Nehring in Begleitung seines Ia, Major i. G. Josef Moll, ferner des Majors Hinkelbein und seines Begleitoffiziers, Leutnant Sell, in La Marsa zur ersten Erkundung eingetroffen. Die Maschine des Generals machte eine Bruchlandung. Zum Glück wurde niemand verletzt.

In La Marsa hatte General Nehring eine erste Unterredung mit Oberst Martin Harlinghausen, dem Fliegerführer Tunesien, der ihm melden konnte, daß die erste Besetzung von Tunis aus der Luft ohne französische Gegenwehr erfolgt sei und daß er bereits die notwendigen Maßnahmen zur Sicherung der Stadt, des Hafens und der Flugplätze durchgeführt habe.

In Oberst Harlinghausen (RK am 4. 5. 1940; 8. E am 30. 1. 1941) traf Nehring einen tatkräftigen und entschlossenen Helfer in schwerer Krisenlage; ebenso in dem Gesandten Dr. Rudolf Rahn und seinem Konsul E. F. Moellhausen tüchtige politische Berater.

Anschließend flog Nehring nach Bizerta weiter, um dort mit dem Führer der ersten deutschen Verbände Fühlung aufzunehmen und deren Auftrag festzulegen.

In einer Transport-Ju 52 flog Nehring sodann nach Trapani auf Sizilien zurück und von dort mit einer He 111 direkt nach Rom weiter. In Frascati schilderte er dem OB Süd, Feldmarschall Albert Kesselring (Auszeichnungen siehe Anlage »Schwerterträger«), die Lage in Tunis aufgrund seiner eigenen Eindrücke. Die Hauptforderungen von Nehring für die neue Aufgabe in Tunesien waren:

a) Aufstellung eines Generalkommandos, um führen zu können;
b) Nachrichtenmittel, ohne die jede Führung illusorisch bleiben mußte;
c) kampfkräftige Truppenverbände mit Kommandeuren und Stäben.

Die zu erwartenden feindlichen Absichten wurden ebenso erörtert wie die Notwendigkeit, diesen begegnen zu müssen. Aus beiden Fakten – den feindlichen Angriffsabsichten und den notwendigen eigenen Gegenmaßnahmen – kristallisierte sich sehr rasch das heraus, was als der »Wettlauf nach Tunis« in die Kriegsgeschichte einging.

Am 16. November 1942 flog der General endgültig als Kommandierender General des XC. AK nach Tunesien. Der neue Kriegsschauplatz unterstand dem OB Süd, Feldmarschall Kesselring, in Frascati bei Rom.

Nach und nach trafen Truppen für das XC. AK ein; es blieben aber zuwenig. Der Kommandierende General mußte improvisieren. Neben den deutschen Truppen stießen bald auch die ersten italienischen Verbände – die 50. Spezialbrigade unter Generalmajor Giovanni Imperiale – hinzu.

Bei Medjez el Bab kam es am 18. November zum ersten Kampf der Fallschirmjäger des FJR 5 unter Oberstleutnant Koch (RK am 10. 5. 1940; verunglückt am 27. 10. 1943) mit der 78. britischen ID.

Spähtrupps und Stoßtrupps stießen in die Tiefe des Raumes vor. Der Süden des Landes blieb die ständige Sorge von General Nehring. Er mußte die offensive Abwehr im Raum Medjez el Bab und jene an den auf Bizerta und Mateur führenden Straßen, gleichermaßen aber auch die Verteidigung von Tunis nach Süden und die Rundumverteidigung um diese Stadt organisieren. Geschickt führte er hier »Armeleutekrieg«, um im geeigneten Augenblick mit einem Paukenschlag aufzuwarten: der Schlacht um Tebourba.

Am 1. Dezember 1942 begann diese Schlacht. Der General setzte alles auf eine Karte und griff die bis Tebourba vorgeschobenen feindlichen Streitkräfte mit nachhaltiger Unterstützung durch Harlinghausens Flieger an. Vier Tage lang wogte der Kampf hin und her. Als die Schlacht zu Ende war, lagen 134 abgeschossene Feindpanzer auf dem Kampffeld. Dieser Erfolg verzögerte den alliierten Angriff auf Tunis um mindestens drei Monate. Er stellte zugleich auch General Nehring in die vorderste Reihe der kühn operierenden und improvisierenden Panzerführer.

Im amtlichen USA-Generalstabswerk heißt es über diese Schlacht:

»The Germans won the race for Tunis – Die Deutschen gewannen den Wettlauf nach Tunis!«

Das britische Generalstabswerk urteilt ähnlich und stellt fest, daß die deutsche Führung in Tunesien schnell und erfolgreich reagiert habe.

Durch Generalmajor Gause erfuhr Nehring am 5. Dezember, daß eine neue 5. Panzerarmee in Tunesien aufgestellt werden und daß der neue Oberbefehlshaber, Generaloberst von Arnim (RK am 4. 9. 1941), am 8. Dezember eintreffen solle. In einem Tagesbefehl verabschiedete sich General der Panzertruppe Nehring von seinen Soldaten in Afrika. Er sagte darin unter anderem:

»Unsere Lage, die jetzt völlig gefestigt ist, war damals einmalig in der Kriegsgeschichte. Meine besten Wünsche begleiten die 5. Panzerarmee auf ihrem weiteren Siegesmarsch.«

Zwanzig Jahre später erinnert sich der italienische General Imperiali in einem persönlichen Schreiben an General Nehring an diesen Abschieds-Tagesbefehl und bestätigte dazu die Einmaligkeit der damaligen Lage.

Im Südabschnitt der Ostfront übernahm General Nehring dann das XXIV. Panzerkorps, das im Rückzug vom Don zum Dnjepr schwer gelitten hatte. Bei Taganrog, Charkow und Isjum und schließlich ostwärts Stalino stand es unter seiner Führung in schweren, aber erfolgreichen Kämpfen. Am 2. August 1943 wurde Nehring zum fünftenmal, aber glücklicherweise nur leicht verwundet.

Die folgenden Monate waren erfüllt mit Aufgaben und Einsätzen, von denen oftmals nicht nur die Existenz des Korps, sondern der gesamten Armee abhingen. In diesen Kämpfen erwies sich Nehring als jeder Aufgabe gewachsen. Als schließlich am Dnjeprknie im Raum Pekari–Shandra–Dukari starke feindliche Fallschirmkräfte aus der Luft her eingesetzt wurden, konnte sie das XXIV. Panzerkorps vernichten.

Die Front am Dnjepr beruhigte sich schließlich in diesem Abschnitt. Als dann die Sowjets den Schwerpunkt ihrer Angriffe in den Raum Kiew verlegten und bei Kasatin am 24. Dezember die Front des XXXXII. AK durchbrachen, ließ General Raus (RK am 11. 10. 1941; 280. E am 22. 8. 1943) Nehring und dessen Ordonnanzoffizier, Oberleutnant Lach, mit Flugzeug in den gefährdeten Raum holen und erteilte ihm den Auftrag, mit den dort befindlichen Kräften die Front zu stabilisieren.

Auch diesen Auftrag erfüllte General Nehring. Am 8. Februar 1944 erhielt er für seinen schlachtentscheidenden Erfolg als 383. Soldat das Eichenlaub.

Im Frühjahr 1944 war General Nehring mit seinem alten XXIV. Panzerkorps im Verband der 1. Panzerarmee des Generalobersten Hans Hube (Auszeichnungen siehe Anlage »Schwerterträger«) im »Hube-Kessel« eingeschlossen. In den Tagen vom 24. März bis 8. April 1944 brach die Armee nach Westen durch. Bei diesen Durchbruchskämpfen deckte Nehring mit seinem Korps erfolgreich den Nordflügel nach Osten ab.

Im Sommer übernahm der General im Rahmen der Heeresgruppe Mitte stellvertretend die 4. Panzerarmee, die er im Juli hinter die Weichsel in den Raum südlich Warschau zurückführte. Eine Lungenentzündung zwang ihn dazu, die Front zu verlassen.

Als er Mitte Oktober 1944 sein altes XXIV. Panzerkorps übernahm, stand dieses kämpfend am Duklapaß. Zwei Wochen später übernahm er in Kielce die Führung der neugebildeten Heeresreserve, die aus der 16. und 17. PD und der 20. PGD bestand.

Am 12. Januar 1945 begann die russische Winteroffensive aus dem Baranow-Brückenkopf heraus. Im ersten Anlauf wurde die vorn in der HKL stehende Infanterie von weit überlegenen sowjetischen Kräften zerschlagen. Durch ein Loch von sechzig Kilometer Breite brandeten russische Panzer auf Kielce vor. General Nehring erhielt Befehl, den Eckpfeiler Kielce zu halten. Bald aber riß die Verbindung zur eigenen Armeeführung (4. Armee) ab, da deren Gefechtsstand vom Feind überrollt worden war.

Als der General in der Nacht zum 15. Januar einen Funkspruch der 9. Armee auffing, wonach der allgemeine Rückzug angeordnet sei, stand er vor einem schweren Entschluß. Er sagte dazu:

»Es ergab sich trotzdem für mich und mein Panzerkorps die von kameradschaftlichen Empfindungen bestimmte neue Aufgabe, noch so lange im Raum Kielce weiterzukämpfen, bis die noch weit an der Weichsel vorgestaffelten Divisionen des XXXXII. AK unter General Recknagel (siehe Kapitel »General der Infanterie Recknagel«) auf mein Panzerkorps zurückgenommen sein würden, um dann zusammengefaßt zurückgehen zu können. Dieser für mich selbstverständliche Entschluß zum Ausharren bedeutete für die drei Divisionen meines Korps harte Kämpfe bis zum Abend des 16. Januar. In der Nacht zum 17. Januar wird endlich der Rückmarsch nach Norden angetreten und in den grauen Schneenächten des 18. und 19. Januar fortgesetzt, ständig von allen Seiten vom Feind umgeben und angegriffen, vor allem mit starken Bomben- und Jägerangriffen gegen die leicht erkennbaren Marschkolonnen und Rasträume.«

Es würde bei weitem den Rahmen dieses Kapitels sprengen, wollte man hier die einmalig dramatischen Kämpfe und das tapfere Ausharren des Korps Nehring darstellen, denn in diesem sich elf Tage und Nächte kämpfend zurückziehenden »wandernden Kessel«, der am 22. Januar 1945 den letzten sowjetischen Einschließungsring südlich Lask durchbrach, war noch einmal von jedem einzelnen Soldaten das Letzte gegeben worden. Allein die Tatsache, daß die Kommandierenden Generale des XXXXII. AK, Recknagel, und des LVI. Panzerkorps, Block (RK am 22. 12. 1941; 351. E am 20. 11. 1943), im Kampf fielen, zeigt *dies* auf: daß die Generale mit den letzten Grenadieren Schulter an Schulter gekämpft hatten.

Am 22. Januar 1945 wurde General Walther K. Nehring als 124. deutscher Soldat mit den Schwertern zum Eichenlaub ausgezeichnet.

Er selbst hatte Generalleutnant Jauer, den Kommandeur der 20. PGD – eine der stets bewährten Panzergrenadierdivisionen der Wehrmacht –, für seine Verdienste um den »wandernden Kessel« zum Eichenlaub eingereicht, das Jauer als 733. Soldat am 10. Februar 1945 erhielt. Darüber hinaus hatte General Nehring den Generalmajor Dietrich von Müller, den tapferen Kommandeur der stets einsatzbereiten 16. PD, der bereits das Eichenlaub trug (Auszeichnungen siehe Anlage »Schwerterträger«), zur Auszeichnung mit den Schwertern vorgeschlagen.

Walther K. Nehring stellt des weiteren zu diesem Einsatz fest:

»Oberst Brux, der Kommandeur der 17. PD, ging leider leer aus, obwohl er sich für die Gesamtheit geopfert hatte; verwundet fiel er in Gefangenschaft, aus der er erst 1955 zurückkehren sollte.«

In seinem Beitrag zum Buch »Männer und Taten« hat General Nehring diesem Ringen, seinen Mitkämpfern und allen beteiligten Soldaten unter dem Titel »Der wandernde Kessel« ein literarisches Denkmal gesetzt. Wer diesen Bericht einer Schlacht liest, der weiß um Treue, Einsatz- und Opferbereitschaft deutscher Soldaten, die – selbst den Tod vor Augen – dennoch ihr Leben einsetzten, um Kameraden zu retten.

Der Tagesbefehl von General Nehring, nach Ende dieses Kampfes, wurde auch im Rundfunk durchgegeben. Und der Kernsatz dieses Befehls, in dem sich auch widerspiegelte, warum sie dem drohenden Verhängnis entkamen, lautet:

»Nichts konnte uns hindern, unseren Willen durchzusetzen, den Feind zu überrennen, wo er sich uns entgegenstellte, *indem wir zusammenhielten!*«

Hier hatte Nehring bewiesen, daß er nicht nur der kluge Theoretiker, sondern auch der zielbewußte Truppenführer war, der diese Theorien in die Tat umzusetzen verstand.

An der Oder baute er Ende Januar 1945 noch einmal eine Verteidigungsfront auf. Während der Rückzugskämpfe hinter die Lausitzer Neiße, beim Freischlagen von Lauban, Anfang März 1945, kämpften er und seine Soldaten für die Zivilbevölkerung dieses Teiles Deutschlands.

Am 21. März 1945 wurde er OB der 1. Panzerarmee, die in Oberschlesien und Mähren in schweren Abwehrkämpfen ihre Front bis zum bitteren Ende hielt. Auch hier arbeitete er unermüdlich daran, den Hunderttausenden von schlesischen und sudetendeutschen Flüchtlingen einen Weg nach Westen offenzuhalten.

Am Morgen des 9. Mai 1945 übergab General der Panzertruppe Nehring seine 1. Panzerarmee an die 26. US-Division. Bis zum 30. September 1947 blieb General Nehring in US-Gefangenschaft. Dann wurde er entlassen und baute sich eine neue Existenz auf. Heute ist er ein bekannter Militärschriftsteller, dessen 1969 im Propyläenverlag, Berlin, erschienenes Buch »Die Geschichte der deutschen Panzerwaffe« zu den fundamentalsten Werken dieses Genres zählt.

Walther K. Nehring, geboren am 15. August 1892 in Stretzin/Westpreußen
Letzter Dienstgrad: General der Panzertruppe
Letzte Dienststellung: Oberbefehlshaber der 1. Panzerarmee
Ritterkreuz am 24. Juli 1941
Verwundetenabzeichen in Gold am 2. September 1943
383. Eichenlaub am 8. Februar 1944
124. Schwerter am 22. Januar 1945

GENERAL DER INFANTERIE HERMANN RECKNAGEL

Er kämpfte mit seinen Soldaten

Hermann Recknagel wurde am 18. Juli 1892 in Strauchmühle im Kreis Hofgeismar geboren. Er entstammt einer nordhessischen Familie, deren Vorfahren zum Teil Hugenotten waren. Als jüngster Sohn der Familie genoß er eine unbeschwerte Kindheit und Jugend und trat im Jahre 1913, nach seinem Schulabschluß, als Fahnenjunker in das Infanterieregiment von Wittich (3. Kurhess.) Nr. 83 in Kassel ein.

Mit Beginn des Ersten Weltkrieges war Recknagel an der Front, nahm als Leutnant an den Kämpfen teil, wurde mehrfach verwundet und mit den Eisernen Kreuzen II. und I. Klasse ausgezeichnet.

Unter General Maerker stand er nach Kriegsschluß im Freikorps und wurde schließlich in die Reichswehr übernommen, wo er zunächst im IR 12 in Halberstadt Regimentsadjutant war.

Als Hauptmann übernahm er eine in Quedlinburg stehende Kompanie seines Regiments, die er lange Jahre ausbilden und führen durfte.

»Es waren die schönsten Jahre meines Soldatenlebens«, sagte er einmal zu seinen Angehörigen.

Als er im Jahre 1934 Major wurde, übernahm er das II. Bataillon des IR 54 in Glogau/Schlesien. Im Jahre 1937 wurde er Oberstleutnant und wenig später Regimentskommandeur.

Als Kommandeur führte er das IR 54 im Polenfeldzug. Bereits hier zeichnete er sich als kompromißloser Kämpfer aus.

Doch erst der Frankreichfeldzug gab ihm die Chance zur Bewährung in vorderster Linie. Seit Februar 1940 Oberst, führte er sein Regiment im Sturmlauf durch Belgien und war an der Eroberung von Dünkirchen maßgeblich beteiligt. Dafür erhielt Hermann Recknagel am 5. August 1940 das Ritterkreuz.

Im Rußlandfeldzug durchbrach Oberst Recknagel mit seinem Regiment die Stalin-Linie, wurde wenig später verwundet und kehrte nach seiner Genesung wieder zur Truppe zurück. Die blutigen Wintereinsätze, der Kampf gegen die grimmige Kälte und der Rückzug sahen ihn in schweren Krisenlagen, die er meisterte.

Am 1. Januar 1942 übernahm er – noch als Oberst – die Führung der 111. ID. Fast zwei Jahre sollte er diese Infanteriedivision in schweren und schwersten Lagen führen und manche Krise bereinigen.

Als er diese Division – die später den »Nagel« im Wappen führte – übernahm, stand sie in erbitterten Abwehrkämpfen im Industriegebiet des Donezbeckens. Unter seiner Führung hielt sie den schweren Angriffen stand.

Am 1. März 1942 wurde Hermann Recknagel Generalmajor und zugleich Divisionskommandeur. Der mittelgroße General, mit den energischen Gesichtszügen und dem Einglas im rechten Auge, wurde ein Symbol für die Soldaten der Division.

Mit Beginn der deutschen Sommeroffensive des Jahres 1942 stürmte die 111. ID vorwärts, durchbrach Mitte Juli die tiefgestaffelten sowjetischen Stellungen im Raum Debalzewo–Jekaterinowka und setzte die rasche Verfolgung des weichenden Gegners über Donez, Don und Manytsch fort.

In einem einzigen Sturmlauf ging es durch die Kalmückensteppe. Elista wurde genommen, der Terekübergang bei Mosdok erzwungen. Es ging in den Nordkaukasus hinein. Die Ölstadt Malgobek wurde von der 111. ID im Sturm erobert. Hermann Recknagel war inzwischen für jeden Mann der Division »der Reck« geworden. In dieser Zeit der Siege wurden am 18. September 1942 Oberst Otto Herfurt, Kommandeur des IR 117, und am 10. Oktober 1942 Hauptmann Konrad Lyhme, Bataillonskommandeur des III./IR 50, mit dem Ritterkreuz ausgezeichnet.

Doch an dieser exponierten Stelle der Front im Südosten Rußlands war die Kraft des Angriffsstoßes vorbei. Ein Rückzug setzte ein, der über 600 Kilometer im Winter, vom Feind verfolgt, über die Kuma und den Don auf Rostow führte und am Mius, ostwärts von Taganrog, endete. In Nachtmärschen mußte diese Distanz zurückgelegt werden. Die Terek-Divisionen des XXXX. Panzerkorps, die beinahe bis auf »Steinwurfweite« an Baku, dem erstrebten Ziel, herangekommen waren, mußten weichen. Mit den Einheiten der 370. und 50. ID waren auch die Regimenter der 111. ID dabei.

Bei diesem Rückzug setzte Generalmajor Recknagel immer wieder die Panzerjägerabteilung 111 ein. Unter Führung von Major Friedrich Musculus sicherte sie die Rückzugsstraße der Division. Am Tage wurde gegen den nachrückenden Gegner gekämpft. Jeden Abend gegen 20.00 Uhr – oder später, wie die Lage es ermöglichte – erfolgte der Aufbruch zum Weitermarsch. In endlosen Kolonnen zog die Division zurück. Hinter ihr standen als eiserner Wall die Panzerjäger des Majors Musculus. Sie schossen den nachdrängenden Panzerfeind zusammen.

Bis zum 6. Januar 1943 wurde Soldato-Alexandrowskoje und damit der Kuma-Abschnitt erreicht. Nach dem Abmarsch vom Terek hatte die Division hier wieder ein natürliches Hindernis zur Unterstützung, und Generalmajor Recknagel nutzte dies aus. Vor allem wollte er hier den Rückzugsweg und die Brücken über den Fluß für die noch folgenden Divisionen des Korps sichern und auch die noch zurückhängenden eigenen Trosse auffangen.

»Wir halten, bis alles drüber ist!« lautete der Befehl des Divisionskommandeurs.

Drei Tage lang legte Major Musculus mit seiner zur Kampfgruppe aufgestockten Abteilung einen eisernen Riegel vor diese wichtigen Brücken und die am Nordufer der Kuma verlaufende Bahnlinie, die noch zum Abtransport der lebenswichtigen Güter des Korps, ja der gesamten 1. Panzerarmee benötigt wurde.

Mit seinen Panzerjägern, zugeführten Grenadieren und Pionieren vom IR 50 kämpfte Musculus drei Tage und Nächte gegen einen mehrfach überlegenen Gegner, der aus Süden und Osten angriff und entschlossen war, diesen wenigen Deutschen den wichtigen Platz zu entreißen. Eine Batterie des AR 117 baute zusammen mit der 2./Panzerjägerabteilung 111 im Sumpfgebiet, dicht an der Straße nach Soldato-Alexandrowskoje, einen Sperriegel auf. Als die Sowjets hier zuerst mit Kavallerie durchzubrechen versuchten, wurden sie abgewiesen. Drei Attacken wurden geritten. Dreimal wurde der Gegner im MG-Feuer niedergemäht.

Jenseits der Solka hatte Generalmajor Recknagel die Panzerjäger abermals eingesetzt.

»Sie müssen halten, Musculus!« waren die Worte, die er dem Major mitgab.

Mit seiner 1. Kompanie hielt der Major das Dorf Michailowskij. Seine Kampfgruppe wurde eingeschlossen, kämpfte sich durch den Fluß auf das andere Ufer durch. Die Nichtschwimmer wurden von Hand zu Hand weitergereicht. Schrittweise wich die Kampfgruppe auf die Kumabrücken zurück.

Und so schaffte sie es, den Regimentern der 111. ID zwei Tage Vorsprung vor den Russen zu verschaffen und auch noch der 3. PD die Brücken freizuhalten.

Generalmajor Recknagel reichte Major Musculus zum Ritterkreuz ein, das dieser Offizier am 26. Februar 1943 erhielt.

Damit hatte Hermann Recknagel das Wettrennen der 1. deutschen Panzerarmee gegen die verfolgenden sowjetischen Divisionen zu deutschen Gunsten entschieden.

Erst am 9. Januar 1943 wurde die Kumabrücke gesprengt. Hier war es Unteroffizier Paul Ebel, Gruppenführer im Pionierzug des GR 50, der zweimal zur Brücke ging und im stärksten feindlichen Feuer die beim erstenmal nur teilweise gesprengte Brücke noch einmal hochjagte. Dafür erhielt er am 26. Februar 1943 das Ritterkreuz.

Am 31. Januar 1943 wurde der Raum Bataisk erreicht. Am nächsten Tag begann der Marsch auf der »Eisstraße« des Asowschen Meeres. Am Abend dieses Tages erreichten die Spitzenverbände des XXXX. Panzerkorps Taganrog.

Doch die 111. ID hielt mit ihren Nachhuten noch bis zum 6. Februar die Brücken bei Bataisk. Hier hatten am 5. Februar noch einmal die Panzerjäger mit Achtacht-Geschützen auf die nachdrängenden sowjetischen Panzer geschossen und eine Reihe von ihnen vernichtet, damit sich die Nachhuten der 4. Panzerarmee nach Rostow absetzen konnten. Erst dann gingen auch sie über diese Brücke, zogen durch Rostow und richteten sich in Taganrog zur Verteidigung ein.

Hier residierte Generalmajor Recknagel in der alten Zarenstadt am Asowschen Meer. Am 1. März 1943 wurde er Generalleutnant. Feldmarschall von Manstein, der mehrfach die Division besuchte, nannte schließlich den Divisionskommandeur den »Fürsten von Taganrog«.

In diesem Abschnitt hatte die 111. ID nach den erbarmungslosen Kämpfen des Winters von Februar bis Juli 1943 einen »ruhigen« Stellungskrieg. Die Lücken in den einzelnen Truppenverbänden konnten durch Nachersatz aufgefüllt werden. Hier erhielt auch Hauptmann Richard Schwamberger, Kommandeur des III./GR 117, am 28. April 1943 für seine Leistungen in den Winterkämpfen das Ritterkreuz.

Im Juli 1943 gelang es, mit der Masse der nach Norden geworfenen 111. ID im Verein mit Panzerdivisionen einen tiefen sowjetischen Einbruch im Raum Kuybischewo–Uspenskaja zu beseitigen. Doch das sollte nicht von langer Dauer sein, denn am 18. August 1943 griff der Gegner mit einer gewaltigen Übermacht an Panzern und Infanterie abermals an.

Hermann Recknagel wurde mit seiner Division und den anderen Divisionen des XXIX. AK am Asowschen Meer eingeschlossen. Reste der 15. Luftwaffen-Felddivision und der 336. ID kämpften sich in den Kessel durch. Hermann Recknagel übernahm das Kommando über die »Gruppe Recknagel«.

Er führte nun die 336. und 17. ID, die 15. LFD und dann auch noch Teile der 13. PD neben seiner eigenen. Hier stellte er seine Qualitäten als Führer größerer Truppenverbände unter Beweis. Bis zum 30. August hielt er dem Druck von allen Seiten stand.

Im Raum Kamyschewacha, Many und Uspenskaja wurde mit Front nach Osten und Norden verteidigt. Feindliche Einbrüche wurden im Gegenstoß beseitigt. Panzerverbände, die in den Kern des Igels vordrangen, wurden mit allen vorhandenen Mitteln und im Panzernahkampf abgeschossen. Am 30. August standen vor der Rundumfront der Gruppe Recknagel nicht weniger als 273 abgeschossene Panzer.

Der russische Einbruch von Norden, der mit starken Panzer- und Kavalleriekräften fünfzig Kilometer weit nach Westen durchdrang und hinter der Front der Gruppe Recknagel bis zum Asowschen Meer reichte, konnte nicht vereitelt werden. Die Gruppe Recknagel war endgültig eingekesselt. In der Funkstelle fing der Ia, Oberstleutnant i. G. Franz, einen offenen Funkspruch des russischen Oberbefehlshabers der 51. Sowjetarmee mit folgendem Inhalt auf:

»Bis zwölf Uhr mittags steht der deutsche General Recknagel als Gefangener vor mir auf dem Marktplatz von Taganrog.«

Doch es kam ganz anders. Generalleutnant Recknagel hatte den Ausbruchsbefehl nach Westen erhalten. Er trat am Morgen des 31. August zum Ausbruch mit Stoßrichtung Mariupol–Melitopol an.

Niemand, der dabei war, wird den Augenblick vergessen, als der General plötzlich bei der Durchbruchsgruppe erschien und sich Gehör verschaffte:

»Seitengewehr – pflanzt auf! – Auf geht's!«

Die Kampfgruppe der 111. und 336. ID trat an. Zwischen Mius und dem Asowschen Meer brauste noch einmal ein »Hurra!« über das Gelände, als sie vom General bis zum letzten Troßknecht vorwärts stürmten.

Der Durchbruch gelang. Der Gegner wurde vor diesem entschlossen anrennenden Block deutscher Soldaten weich. Der Durchbruch nach Melitopol ging klar.

Der Wehrmachtsbericht gab diesen »husarenstreichartigen« Ausbruch in der Abendmeldung des 1. September 1943 bekannt. Generalleutnant Recknagel wurde vom XXIX. Panzerkorps zum Eichenlaub eingegeben, das er am 6. November 1943 als 319. Soldat erhielt.

In der Wotansstellung bei Melitopol und in den riesigen Obstplantagen im Bereich dieser Stadt tobten im Oktober 1943 erneut blutige, verlustreiche Kämpfe, in denen die 111. ID abermals als »Fels in der Brandung« stehenblieb und den Rückzug zum Dnjepr deckte.

Am 23. Oktober fiel Melitopol in die Hand des Gegners. Die Rückzugskämpfe wurden erbittert geführt. Der Gegner sollte an einem schnellen Stoß nach Süden zur Krim gehindert werden.

Hier kämpfte auch die Panzergruppe von Hake der 13. PD. Oberst Friedrich von Hake verhinderte an dieser Stelle den schnellen Durchbruch und errang das Ritterkreuz, das ihm am 23. November 1943 verliehen wurde.

Die Grenadiere der 111. ID kämpften mit dem Mute der Verzweiflung. Am 27. Oktober hatte die Division noch 200 einsatzfähige Grenadiere. Alle schweren Waffen der Division waren zerschlagen.

Im großen Brückenkopf von Nikopol hielt die 111. ID in der Gruppe Schörner (Auszeichnungen siehe Anlage »Schwerterträger«) wiederum eisern stand. Hier erhielt Generalleutnant Hermann Recknagel am 21. November 1943 den Befehl, die 111. ID, die er beinahe zwei Jahre geführt hatte, zu verlassen. Er übergab sie seinem Nachfolger, Generalmajor Gruner.

Im Juni 1944 übernahm Recknagel, der am 1. Juli 1944 zum General der Infanterie befördert wurde, das XXXXII. Armeekorps in der Heeresgruppe Mitte. Durch seine geschickte, wendige und entschlossene Führung gelang es dem Korps mehrfach, der Einschließung – die nach dem Zusammenbruch der Heeresgruppe Mitte drohte – zu entgehen. Es war ihm und seinem Korps mit zu verdanken, daß sich die Front im großen Weichselbogen festigte. Für diese Führungsleistung erhielt er am 23. Oktober 1944 als 104. deutscher Soldat die Schwerter.

Die Persönlichkeit dieses Generals hat einer seiner ihm unterstellten Offiziere, der Oberstleutnant Friedrich Musculus, einmal folgendermaßen umrissen:

»Er war eine überragende Persönlichkeit. So erlebte ich, daß nach einer kurzen Ansprache an eine Alarmeinheit aus Urlaubern fremder Divisionen im Kampf um Rostow sich diese kampfunlustigen Soldaten als ›alte Recknägel‹ fühlten. Sie griffen an und – hielten!

So steht unser General auch heute noch vor unseren Augen: bald hier, bald dort auf den Gefechtsständen der Truppenteile – orientierend, befehlend, anfeuernd.

Im Kübelwagen fährt er in die vorderste Linie und reißt die Truppe wieder vor. Bei aller Härte hat er beeindruckende menschliche Züge der Fürsorge, des Wohlwollens für den einzelnen Soldaten. Nach den Kämpfen feierte er mit seinen ›Fürsten‹ die Feste, wie sie fielen; oft mit seinem Lieblingsmarsch ›Prinz Eugen der edle Ritter‹.

Im Tagebuch des Obergefreiten Alsleben ist anläßlich der Abgabe der 111. ID an Generalmajor Gruner der Satz zu lesen:

›Das war ein Soldat und ein Mensch! So einen bekommt die Division so bald nicht wieder.‹«

Die letzte Etappe des Kampfes begann. In der Heeresgruppe A stand das XXXXII. AK unter General der Infanterie Recknagel am 12. Januar 1945 zwischen Lagow-Daleszyce und der Weichsel nördlich von Sandomierz. Daneben stand das XXXXVIII. Panzerkorps unter General der Panzertruppe von Edelsheim (Auszeichnungen siehe Anlage »Schwerterträger«). Hier griffen vierzehn sowjetische Schützendivisionen und zwei Panzerkorps am 12. Januar 1945 an. Sie brachen die deutsche Front auf und erweiterten den Durchbruch nach beiden Seiten.

Kurz vor Beginn der russischen Winteroffensive war noch ein ehemaliger Divisionskamerad bei General Recknagel auf dem Gefechtsstand gewesen. Er fand den General tief erschüttert, denn Recknagel war nüchtern und selbstkritisch genug, den bevorstehenden Zusammenbruch vorauszusehen. Seine Gedanken kreisten um seine alte Garnisonstadt, der sich der sowjetische Gegner bereits genähert hatte.

Mit Beginn der russischen Winteroffensive also kämpfte der General so, wie er bei der 111. ID gekämpft hatte. Er konnte jedoch nicht verhindern, daß sein Korps am 14. Januar in Kielce eingeschlossen wurde.

In General der Panzertruppe Walther K. Nehring mit seinem XXIV. Panzerkorps fand Recknagel eine kompromißlose Unterstützung. Nehring (siehe auch Kapitel »Nehring«) hielt dem XXXXII. AK den Weg aus der Umklammerung frei.

Die noch weit an der Weichsel vorgestaffelten Divisionen des Korps mußten zurückgeführt werden. Noch einmal stellte sich General der Infanterie Recknagel an die Spitze der Divisionsteile der 88., 168. und 291. ID. Ein letztes Mal versuchte er, das drohende Schicksal der Gefangenschaft zu wenden. Mit seinem Chef des Generalstabes, Oberstleutnant i. G. Drabich-Wächter, stürmte er in der Nacht zum 23. Januar 1945 vorwärts.

Bei diesem Sturm, bei dem es Teilen dieser Divisionen gelang, auf das XXIV. Panzerkorps zu treffen, fielen der General und sein Chef.

So erlebte General der Infanterie Recknagel den Zusammenbruch Deutschlands nicht mehr.

Hermann Recknagel, geboren am 18. Juli 1892 in Strauchmühle, Kreis Hofgeismar
Letzter Dienstgrad: General der Infanterie
Letzte Dienststellung: Kommandierender General des XXXXII. AK
Ritterkreuz am 5. August 1940
319. Eichenlaub am 6. November 1943
104. Schwerter am 23. Oktober 1944
Gefallen am 23. Januar 1945 in der Gegend von Petrikau

GENERALOBERST DR. LOTHAR RENDULIC

Als Soldat in stürzenden Reichen

Am frühen Morgen des 23. Oktober 1914 war der Regimentsadjutant des IR »Georg I. König der Hellenen« Nr. 99, Leutnant Rendulic, zur Erkundung bis an den San vorgeritten, als plötzlich ein russischer Artillerieüberfall einsetzte. Granaten hämmerten in den Boden, rissen Krater auf. Schrapnellkugeln surrten, und noch ehe der Leutnant vom Pferd springen und in Deckung gehen konnte, wurde er von einem Schrapnell schwer am Schädel getroffen und stürzte in das flache Uferwasser.

Er wäre sicherlich ertrunken, denn er war bewußtlos. Doch seine Ordonnanz, Josef, war ihm heimlich gefolgt. Er zog den Leutnant aus dem Wasser und schaffte ihn zurück. Vom HVPl kam Leutnant Rendulic ins Lazarett. Die Untersuchung ergab eine elf Zentimeter lange Sprengung der Schädeldecke und der darunter liegenden »Glasplatte«.

Aus dem Reservelazarett Brünn wurde er später nach Hause entlassen. Als er im Landhaus seiner Eltern in Katzelsdorf bei Wiener Neustadt eintraf, war eben seine Braut aus Triest eingetroffen. Er verlebte mit ihr einige schöne Wochen, und was niemand zu hoffen gewagt hatte, das geschah. Bereits am Rande des Todes stehend, genas der Leutnant völlig und kehrte zur Truppe zurück.

Lothar Rendulic wurde am 23. Oktober 1887 in Wiener Neustadt geboren. Dort besuchte er auch das Gymnasium. 1906 legte er seine Reifeprüfung ab und schrieb sich an der Rechts- und Staatswissenschaftlichen Fakultät der Universität Wien ein. Doch bereits 1907 trat er – nachdem sein Entschluß sich gefestigt hatte – in die berühmte Militärakademie Wiener Neustadt ein.

Am 18. August 1910 – des Kaisers Geburtstag – wurde sein Jahrgang zu Leutnants ernannt. Leutnant Rendulic kam ins IR Nr. 99, das in Wien lag. Auf einem Ball lernte er seine spätere Frau kennen. Sie war die Tochter eines Marineoffiziers, die zu Studienzwecken aus Triest nach Wien gekommen war.

Als erster seines Jahrgangs legte Leutnant Rendulic im Januar 1914 die erste Prüfung zur Kriegsschule ab.

Mit Empörung reagierte er auf die Ermordung des österreichischen Thronfolgers. Am 23. Juli – Rendulic hatte gerade seinen Jahresurlaub angetreten – wurde er zum Regiment zurückgerufen. Am 28. Juli erklärte Österreich Serbien den Krieg. Der Erste Weltkrieg begann.

Bereits bei den Kämpfen von Stary Zamsc erhielt Leutnant Rendulic eine Tapferkeitsauszeichnung. Als der Regimentsadjutant fiel, wurde Rendulic sein Nachfolger.

Nach seiner schweren Schädelverwundung kam Leutnant Rendulic zur 14. Division in die Karpaten. Hier erlebte er im Sommer 1916 die Brussilow-Offensive.

Den folgenden Urlaub benutzte er zu einer persönlichen Angelegenheit. In der Hietzinger Kirche heiratete er am 4. September 1916. Nach dem Urlaub mußte er an die Italienfront. Hier erlebte er die achte Isonzoschlacht. Die neunte und zehnte folgten. Bei einem Feuerüberfall im Oktober 1917 – Oberleutnant Rendulic fuhr gerade von der Brigade zur Division zurück – gingen die Pferde durch. Der Wagen wurde gegen einen Felsen geschleudert, Rendulic wurde hinausgewirbelt und erlitt einen Armbruch. So kam er ins Reservelazarett Laibach. Hier entfernte er sich unerlaubt *zur* Truppe und erlebte die Offensive von Karfreit. Nach der Geburt seines Sohnes im November 1917 erhielt er Kurzurlaub.

Die Monteloschlacht, den Gebirgskampf bei Belluno und die letzte am 24. Oktober 1918 losbrechende italienische Offensive sahen ihn als Hauptmann im Einsatz.

Der Waffenstillstand wurde am 3. November 1918 in der Villa Giusti bei Padua unterzeichnet. Die österreichischen Truppen zogen sich auf die Linie Reschen–Scheideck–Brenner zurück. Am 5. November kehrte Lothar Rendulic zu Frau und Sohn Lothar nach Wien zurück.

Hauptmann Rendulic, im Kriege hochdekoriert, wurde im Ministerium für Heereswesen eingeteilt. Bis 1920 beendete er seine Studien in Wien und promovierte Weihnachten 1920 zum Doktor der Rechts- und Staatswissenschaften. Anfang Oktober 1921 wurde er Lehrer an der neueingerichteten Heeresschule und unterrichtete in den Fächern Organisation und Taktik. Das war seine erste Verwendung im neuen österreichischen Bundesheer.

Herbst 1923 erfolgte seine Versetzung zur Generalstabsschule. Nach zweijähriger Studienzeit – er war inzwischen zum Major befördert worden – ging er als Bataillonskommandant zum IR 4.

Seine nächste Verwendung führte ihn wieder in das Ministerium für Heereswesen. Dort hatte er die Aufgabe, eine »Allgemeine Dienstvorschrift«

auszuarbeiten. Dann folgte eine »Allgemeine Gefechtsvorschrift«. Am 3. Januar 1928 wurde sein zweiter Sohn geboren.

Er wurde Oberstleutnant, und Mitte 1933 – inzwischen zum Oberst i. G. befördert – wurde er zum Militärattaché für Frankreich und England, mit Sitz in Berlin, ernannt.

Er besuchte England und Frankreich, nahm an den berühmten Tankmanövern in Salisbury Plain teil und wurde am 1. Februar 1936, ganz überraschend, in den zeitlichen Ruhestand versetzt. So erlebte er am 1. April 1936 als Außenstehender die Wiedereinführung der allgemeinen Wehrpflicht in Österreich.

Oberst i. R. Rendulic konnte nun seine Studien über das Wesen der Politik fortsetzen. Er erlebte das Bündnis der Achse und nahm Anteil am Besuch des Bundeskanzlers Dr. Schuschnigg am 12. Februar 1938 auf dem Berghof bei Berchtesgaden.

Am 11. März wurden die Bundestruppen in Alarmbereitschaft versetzt. Am folgenden Tag marschierten deutsche Truppen in Österreich ein. Das Bundesheer hatte am Abend vorher Weisung erhalten, keinen Widerstand zu leisten.

Lothar Rendulic erlebte diesen Einzug und schrieb darüber:

»Den Empfang der deutschen Truppen in Wien wiedergeben zu wollen, scheitert an den Grenzen meiner Feder. Ich hätte es nicht für möglich gehalten, daß Menschen derart in Ekstase geraten könnten.«

Am 13. März 1938 erklärte Hitler den Anschluß Österreichs an das Reich. Damit war *das* vollzogen, was bereits am 10. September 1919 in Österreich durch eine Volksabstimmung gebilligt, aber durch die Alliierten verboten worden war.

Das Leben des Privatiers Rendulic erhielt eine grundlegende Wende, als der österreichische Generalstabschef ihm eine telefonische Anfrage Berlins übermittelte, ob er bereit sei, Chef des Generalstabes des in Wien neuaufzustellenden XVII. AK zu werden.

Oberst Rendulic nahm an.

Am 10. April 1938 stimmten Österreicher und Deutsche mit über 99 Prozent für den Anschluß an das Reich. Erzbischof Dr. Innitzer ließ ein Plakat anschlagen mit dem Text:

»ICH STIMME MIT JA!«

Oberst Rendulic fuhr nach Berlin. Er wurde vom Chef des Generalstabes des Heeres, General Beck, empfangen, der ihm viel Glück für die neue Aufgabe wünschte.

Ende Oktober 1938 hatte Oberst Rendulic seine erste Begegnung mit Hitler. Es war nach der Besetzung des Sudetenlandes. Hitler weilte in Wien und besuchte auf der Fahrt nach Stockerau auch das Kasino eines Dragonerregiments. Oberst Rendulic sprach mit Hitler über den Anschluß Österreichs und konnte sich ein erstes Bild über die Persönlichkeit Hitlers machen, dessen starker Wille ihm besonders auffiel.

Oberst Rendulic baute sein Korps auf, das am 2. August 1939 nach Freiburg in Schlesien verlegt wurde, wo es der 14. Armee (Feldmarschall von List) unterstand.

Am 1. September 1939 begann mit dem Polenfeldzug der Zweite Weltkrieg. Der schwerste Schlag für Oberst Rendulic war der Tod seines Sohnes Lothar am 22. September 1939 in der Gegend von Warschau. Wenig später erkrankte er schwer und mußte zum Krankenurlaub nach Hause. Am 1. Dezember wurde er Generalmajor.

Man schrieb den 8. Juni 1940. Der zweite Teil des Frankreichfeldzuges hatte begonnen, als Generalmajor Rendulic nach Brüssel kommandiert und dort mit der Führung der 14. ID beauftragt wurde. Doch sie kam hier nicht mehr zum Einsatz, denn das Unternehmen »Seelöwe« fand nicht statt.

Von der Atlantikküste wurde die 14. ID nach Leipzig verlegt und dort in eine Division mot. umgerüstet. Generalmajor Rendulic übernahm nun die Führung der 52. ID und verlegte mit ihr am 18. Juni 1941 in den Raum Lodz. Als er am Morgen des 22. Juni in Begleitung des Divisionsadjutanten aus Wien abfuhr, hörte er gegen Mittag bei der Rast in einem schlesischen Dorf, daß der Krieg mit Rußland begonnen habe.

Auf der großen Brücke bei Brest-Litowsk rollte seine Division über den Bug. Bis zum 14. Juli wurde marschiert, Bobruisk erreicht. Der erste Einsatz am Drut leitete die Kampfphase der Division ein. Generalmajor Rendulic führte sie über die große Straße Bobruisk–Rogatschew. Sechzehn Kilometer Gelände mußten kämpfend überwunden werden. Vier russische Divisionen stellten sich der 52. ID entgegen. Zwei Wochen lang griff der Gegner pausenlos an. Einmal in fünf Angriffswellen hintereinander. Am sechzehnten Tag dieses Einsatzes beschoß die russische Artillerie den gesamten Divisionsabschnitt. Es wurde Rendulic anheimgestellt, sich zurückzuziehen. Doch er gab den Befehl:

»Wir halten!«

Am 2. August stellten die Sowjets ihre Angriffe gegen die Division ein. Zwei Wochen später erhielt Rendulic den Auftrag, den Gegner am diesseitigen Dnjeprufer zu werfen. Stukas leiteten am 17. August diesen Angriff ein. Mit motorisierten Gruppen gelang es, den Übergang über den Dnjepr unversehrt zu nehmen.

Mit seinem Gefechtsstab fuhr Rendulic hinter der Kolonne, die auf den Drut eingesetzt war. Als sie den Fluß erreichten, war die Brücke bereits gesprengt.

Es ging über die zweite Brücke, und nun galt es, im Waldkampf den Gegner, der sich auf dem Ostufer festgesetzt hatte, zu werfen. Am zweiten Angriffstag erbeutete die Division fünfzehn schwere Batterien der Moskauer Artillerieschule. 15 000 Gefangene wurden gemacht. Dann erhielt die 52. ID einige Rasttage.

Der Weitermarsch zur Desna auf von Regengüssen verschlammten Straßen stellte hohe Anforderungen. Am 7. Oktober wurde Suchinitschi erreicht. Als die Vorausabteilung dort eintraf, flog auf dem Bahnhof ein russischer Munitionszug in die Luft. Ein russischer Kommandotrupp hatte ihn gesprengt.

Am 9. Oktober griff die 3. sowjetische KD Suchinitschi an. Vier Regimenter zu je 1000 Reitern stürmten. Rendulic befahl Rundumverteidigung. Die Winterschlacht begann. Es wurde eine Zeit härtester Prüfungen. Das OKW empfahl Hitler eine großräumige Absetzbewegung. Hitler lehnte ab. Entgegen der landläufigen Meinung, daß dies ein Fehler gewesen sei, schreibt Dr. Rendulic:

»Die von allen Ostfrontkämpfern vertretene Meinung geht mit mir einig, daß Hitler in diesem Augenblick entgegen den Ratschlägen seiner Berater den *einzig richtigen* Entschluß gefaßt hat. Die Truppe begrüßte ihn. Hätte Hitler diesem Rückzugsbefehl zugestimmt, wäre das gesamte deutsche Heer im Winter 1941/42 verloren gewesen.«

Im Waldkampf bei Aserowo erlebte die 52. ID das Weihnachtsfest. Am 26. Dezember mußte sie sich einen Austritt nach Westen aus dem Wald erkämpfen. Generalmajor Rendulic begab sich zur Vorhut und trat mit ihr an. Der Angriff zog durch.

Mitte Januar 1942 erreichte die Division den Raum Juchnow. Als die Sowjets sie hier aus dem Dorf Bolscheno, das für den Divisionsnachschub wichtig war, hinausdrängte, trat Rendulic im Nachtangriff zum Gegenstoß an. Ein geballter Feuerschlag ließ die Häuser als lodernde Fackeln aufgehen. Dann gingen die Sturmtrupps vor. Auf drei Schlittenwegen stürmten sie in die Ortschaft. Wieder war der Kommandeur vorn bei seinen Soldaten. Das Dorf wurde genommen.

Erfrierungen häuften sich. Die Kampfstärke der Division betrug nur noch 1000 Mann. Als die Rote Armee südwestlich Juchnow durchbrach, damit den Nachschub der fünf deutschen Divisionen sperrte und 2000 Mann mit Geschützen einkesselte, erhielt Generalmajor Rendulic Befehl, den Feind zu werfen. Dazu wurde ihm ein motorisiertes IR mit 1000 Mann als Verstärkung unterstellt.

Am 9. Februar 1942 trat die Division an. Es wurde eines der schwersten Gefechte. Oftmals sackten die Männer brusttief in den Schnee ein. Aber die Einbruchsstelle wurde geschlossen, der Gegner in den Wald gedrückt, auf den dreißig Batterien Artillerie einhämmerten.

»Der große Herr befiehlt, im Walde auszuharren!« lauteten die Funksprüche des russischen Oberkommandos.

Die Russen schlachteten zuletzt ihre Pferde. Überläufer sprachen am vierten Tag von 4000 Mann, die noch im Wald seien. Neun Tage wurden die Rotarmisten im Wald gebunden, der den Lidijagrund südwestlich Juchnow bedeckte. Dann war der Gegner restlos vernichtet. Der Ia der Division, Major i. G. Worgitzky, mußte nun die Treppe verlassen. Bis Ende Juli blieb die Division in dieser Stellung.

Am 6. März 1942 erhielt Lothar Rendulic, inzwischen zum Generalleutnant befördert, das Ritterkreuz.

Ende Juli wurde die gesamte 52. ID in Rosslawl verladen und fuhr nach Briansk. Das Briansker Waldgebiet sollte nach Partisanen durchkämmt werden. Am nächsten Morgen marschierte die Division dreißig Kilometer tief durch Partisanengebiet nach Shisdra. Von dort ging es abermals achtzig Kilometer weiter in den Raum südlich Suchinitschi. Hier sollte eine tiefe, im dichten Waldgelände gelegene Fronteinbuchtung begradigt werden. Vier Panzerdivisionen sollten als Stoßkeil der 52. ID vorausrollen.

Im Kampf um diesen Wald nahm die Division 3000 MG-Bunker im Sturm und oftmals im Nahkampf mit Handgranaten. Hier erlebte Generalleutnant Rendulic die Treue und den Opfermut seiner Soldaten. Es war die schönste Stunde seines Soldatenlebens, als sie ihm nach dem Durchbruch durch diese russische Dnjeprstellung am Morgen nach dem verlustreichen Kampf zuriefen:

»Heil, Herr General!«

Am 23. Oktober 1942 erhielt Generalleutnant Rendulic seine Ernennung zum Kommandierenden General des XXXV. AK. Es war der Tag seines 55. Geburtstages. Ihm unterstanden nun die 34., 56., 262. und 299. ID.

Im Winterkampf hielten diese Divisionen ihre Stellungen. Mitte Juni 1943 wurde das Korps von Feldmarschall von Kluge besucht. Als er die geringen Grabenstärken der einzelnen Kompanien sah, rief er entsetzt:

»Das ist der reinste Wahnsinn!«

Die Schlacht bei Orel bahnte sich an. Am Morgen des 12. Juli begann die russische Großoffensive mit einem starken Trommelfeuer. Um 06.00 Uhr griffen sechs Feinddivisionen im Abschnitt des XXXV. AK an. Über drei Pionierbrücken der Sowjets rollten Panzer über die Sush. Sechzig wurden abgeschossen, der Gegner abgewiesen. Am 13. Juli wurden abermals vierzig Panzer vernichtet, zwölf davon durch eine einzelne Pak. Am Nachmittag sagte Generaloberst Model die Zuführung von dreißig Sturmgeschützen und acht Hornissen zu.

Am 14. Juli griffen acht russische Divisionen und 250 Panzer an. Die Abwehr gelang, 120 Panzer wurden abgeschossen und im Nahkampf vernichtet.

Die 36. ID, die Model geschickt hatte, traf ein. Sie löste das GR 432 der 262. ID ab, das in den vergangenen Tagen beispiellos gekämpft hatte.

Der Angriff des 16. Juli wurde wieder von acht sowjetischen Divisionen mit 300 Panzern geführt. Generalmajor Hans Gollnick, Kommandeur der 36. ID (RK am 24. 11. 1942) erkämpfte sich hier das Eichenlaub, das ihm am 22. August 1943 als 282. Soldaten verliehen wurde.

Zwanzig Panzer der 8. PD unterstützten die Abwehr.

Der 17. Juli wurde ein Krisentag. Zehn Feinddivisionen und 400 Panzer griffen das Korps Rendulic an. Die 36. ID wurde acht Kilometer zurückgedrückt. Bei der 56. ID waren Panzerrudel durchgebrochen. Die 262. ID war ebenfalls angeschlagen.

Mittags fuhr General Rendulic zur 36. ID. Als er eben dort mit Generalmajor Gollnick die nächsten Maßnahmen besprach, erhielt er einen Anruf seines Generalstabschefs, Oberst i. G. Staedke, mit der Nachricht, daß das linke Nachbarkorps gezwungen sei, seinen an das Korps Rendulic anschließenden Flügel zurückzunehmen.

Auf der Rückfahrt zu seinem Gefechtsstand wurde der Kommandierende General von drei russischen Panzern beschossen und verfolgt. Er kam noch einmal durch.

Am Abend dieses Tages meldete die 56. ID, daß vor ihrem Abschnitt 56 Feindpanzer abgeschossen seien. Es waren jene Panzerrudel, welche die Abwehrfront der Division durchbrochen hatten.

Im Gefechtsstand empfing ihn Oberst i. G. Staedke mit der Fliegermeldung, daß sich zwischen der 36. und 252. ID starke Feindkräfte vor einer Lücke bereitstellten, darunter 100 Panzer.

»Das gilt der wichtigen Ausladestation in Archangelskoje, Staedke! Sie leiten sofortige Gegenmaßnahmen ein!«

Oberst i. G. Staedke sammelte alle mobilen Teile der Panzerabwehr und die soeben eingetroffene Abteilung der 2. PD und führte diesen Verband zur bedrohten Stelle.

Der 18. Juli begann. Die Rote Armee nahm ihren Großkampf mit rund 600 Panzern wieder auf. Der Angriffsraum hatte nun eine Breite von 120 Kilometern. Außer der 3. russischen Panzerarmee waren noch 42 Schützendivisionen der 48. und 63. Sowjetarmee eingesetzt.

Die 100 Panzer vor der großen Lücke traten ebenfalls an. Die Gruppe Staedke war zur Stelle. Der Oberst nahm den Kampf auf. Seine Gruppen schossen 43 Feindpanzer ab. Die übrigen Panzer wichen zurück. Damit war eine große Gefahr für das Korps abgewehrt. Rendulic reichte seinen Chef des Generalstabes zum Ritterkreuz ein, das Oberst i. G. Helmut Staedke am 18. August 1943 erhielt.

Insgesamt wurden bis zum Abend dieses Tages rund 300 Feindpanzer abgeschossen. Die Stellung wurde gehalten.

Am 19. Juli gelangen den Angreifern einige Einbrüche. Doch nun kamen mehrere Entsatztruppen heran. Die Front hielt auch am 20. Juli, dem neunten Tag der russischen Offensive. Dann war die Kraft des Gegners erschöpft. Die Schlacht um Orel war zu Ende. Rund sieben deutsche Divisionen unter General der Infanterie Rendulic hatten zweiundzwanzig sowjetische Divisionen abgewiesen, gegen 1500 Panzer gekämpft und 819 davon abgeschossen.

Am Morgen des 5. August erhielt General Rendulic zu seiner eigenen Überraschung den Befehl, sich im FHQ in Rastenburg zu melden. Am nächsten Tag flog er von der Front ab. Zunächst ging es zum HQ der Heeresgruppe Mitte. Feldmarschall von Kluge sagte ihm nach seiner Meldung:

»Als ich am 12. Juli die Meldung vom russischen Angriff auf Ihren Korpsbereich erfuhr, war ich davon überzeugt, daß Ihr Korps in alle Winde zerstreut und daß die Russen am Abend in Orel stehen würden. Was Sie da zustande gebracht haben, das ist mir trotz aller Berichte immer noch ein Rätsel.«

Zum Schluß sagte Feldmarschall von Kluge:

»Sie werden eine Armee erhalten, Rendulic! Der Führer rief mich an und befahl mir, einen OB zu benennen, der eine Armee in schwieriger Lage und Aufgabe besonders zu führen geeignet sei. Da habe ich – Sie benannt!«

Von General Jodl, dem Chef des WFSt, wurde Rendulic unterrichtet, daß er OB einer auf dem Westbalkan aufzustellenden Armee werden solle.

Nach der »Abendlage« kam es zu einem Gespräch zwischen Rendulic und Hitler, in dem Hitler ausführte:

»Nützen Sie die Wehrkraft Kroatiens aus. Zerschlagen Sie Tito. Schalten Sie im Bedarfsfalle die Italiener im Küstengebiet aus, möglichst durch Gefangennahme. Besetzen Sie sodann Dalmatien, Montenegro und Albanien und verteidigen Sie die Küste!«

Dieser Einsatz als OB der Armee war verbunden mit der Entwaffnung der Italiener, die am 7. August 1943 »umgefallen« waren. Fallschirmjäger der 7. Waffen-SS-Gebirgsdivision »Prinz Eugen« sprangen ins Hauptquartier der 9. italienischen Armee, nahmen den General gefangen und brachten ihn nach Belgrad, wo er im Hotel Dajati die Kapitulation gegenüber der Armee Rendulic unterzeichnete. 270 000 Italiener gingen in die Gefangenschaft.

Am 15. September stand Rendulic abermals Hitler bei der Abendlage in Rastenburg gegenüber. Hitler sprach ihm seine Anerkennung für die rasche Beseitigung der Gefahr aus. Er kam dann auf Orel zu sprechen, gedachte »des glänzenden Erfolges« dort und überreichte General Rendulic das 271. Eichenlaub, das ihm bereits am 15. August verliehen worden war.

Am 1. April 1944 wurde Lothar Rendulic zum Generaloberst befördert.

Die britischen Landungen auf den Inseln Viš (Lissa) und Brač durch eine Sturmbrigade wurden zurückgeschlagen. Die Überlebenden der Kommandogruppe zogen sich auf die Schiffe zurück. Unter den vielen Gefangenen befand sich auch Oberstleutnant Jack Churchill, ein Neffe des britischen Kriegspremiers.

Titos Hauptquartier Jejce war besetzt worden. Als Nachrichten durchsickerten, daß sich der Partisanenführer in einer Höhle zwischen Petrovac und Drvar versteckt halte und dort sein Hauptquartier eingerichtet habe, ließ Generaloberst Rendulic im Mai 1944 ein Kommandounternehmen nach Drvar starten. Fallschirmjäger und Lastensegler wurden eingesetzt. Die Höhle wurde umstellt, die Leibwache im Kampf überwunden. Zwei Berichterstatter großer US-Blätter und ein russischer Korrespondent wurden gefangengenommen. Winston Churchills Sohn, Randolph, konnte entkommen. Tito hatte sich zur Zeit des Handstreichs nicht in der Höhle aufgehalten, sondern auf der Insel Viš.

Generaloberst Rendulic wurde in der Nacht zum 24. Juni 1944 durch einen Telefonanruf geweckt. Hitler befahl ihn zum Berghof. Als Rendulic in Salzburg eintraf, wurde ihm von General Böhme mitgeteilt, daß er die Führung der 20. Gebirgsarmee in Lappland übernehmen solle. Generaloberst Dietl war am Vortag beim Flug über die Alpen tödlich verunglückt. Er solle dessen Armee übernehmen.

Am Abend dieses Tages im Gespräch mit Hitler sagte dieser:

»Die Mine von Kolosjoki in Nordlappland ist das einzige Nickelvorkommen, über das wir verfügen. Deshalb haben Sie, lieber Rendulic, Lappland zu halten. Sie begeben sich auf den exponiertesten Posten. Mit der 20. Gebirgsarmee übernehmen Sie die beste Armee, die ich vergeben kann. – Sie werden viele Landsleute dort oben finden.«

Dr. Rendulic wurde dem OKW und damit Hitler direkt unterstellt. Am 28. Juni machte er seinen Besuch bei Marschall Freiherr von Mannerheim in dessen Hauptquartier Mikkeli. Dann flog er zu seiner Armee weiter und besuchte deren Korps. In Helsinki erfuhr er vom Attentat auf Hitler am 20. Juli 1944.

Ende Juli 1944 verhandelten Russen und Finnen. Wenige Tage später – am 2. August 1944 – traten Staatspräsident und Regierung Finnlands zurück. Marschall Mannerheim wurde neuer Staatspräsident. Die Lapplandarmee mußte zurückgeführt werden, wenn sie nicht den Gegnern in die Hand fallen sollte. Ein letzter Besuch bei Marschall Mannerheim zeigte Dr. Rendulic, daß er sofort handeln mußte, wenn er die Armee retten wollte, denn Mannerheim ließ durchblicken, daß er die Bedingungen Rußlands akzeptiert hatte und daß die Finnen gegebenenfalls, mit den Russen zusammen, gegen die Deutschen kämpfen müßten.

In der Nacht zum 9. September 1944 begann eine der schwierigsten Operationen der Kriegsgeschichte: die Rückführung der Lapplandarmee. Bis in die zweite Dezemberhälfte dauerte dieser Marsch nach Norwegen. Russische Truppen griffen immer wieder aus Süden an. Unter ständigen Abwehrkämpfen in einem Gelände, das härteste Anforderungen stellte, gelang die großartige Leistung.

Erneut wurde Rendulic ins FHQ befohlen. Als sich Generaloberst Dr. Rendulic am Abend des 17. Januar 1945 bei Hitler meldete, sagte dieser:

»Generaloberst Rendulic, Sie haben Deutschlands beste Armee gerettet, ich danke Ihnen!«

Nach diesen Worten überreichte er ihm als 122. deutschen Soldaten die Schwerter zum Eichenlaub.

Generaloberst Rendulic sollte nun eine neue Aufgabe in Kurland übernehmen. Er hatte einige Urlaubstage in Seewalchen am Attersee eingeschoben, wohin seine Familie wegen der täglichen Luftangriffe auf Wien verzogen war.

Am 26. Januar 1945 flog er nach Kurland. In Goldungen, dem Hauptquartier der Heeresgruppe Kurland, erhielt er am folgenden Tag den Befehl, die Führung der Heeresgruppe Nord zu übernehmen und Ostpreußen zu verteidigen.

Hier stauchte er den Gauleiter von Ostpreußen, Koch, zusammen und setzte fünfzig Feldküchen zur Verpflegung der Flüchtlinge ein.

Bis zum 12. März hielt er in Ostpreußen einer fünffachen sowjetischen Übermacht stand. Dann erhielt er den Funkbefehl, den Oberbefehl in Kurland zu übernehmen. Hier wurde er am 4. April 1945 erneut abberufen und erhielt am 6. April von Hitler in Berlin Anweisung, die Heeresgruppe Süd zu übernehmen und die Russen am Eindringen in die Alpen und Vorrücken ins Donautal zu hindern.

Daß Wien nicht dem Erdboden gleichgemacht wurde, ist ihm zu verdanken, denn er ließ die Truppen dort abziehen.

Am 1. Mai 1945 erhielt Generaloberst Rendulic die Nachricht von Hitlers Tod. Fünf Tage später entsandte er Generalmajor Gaedcke (RK am 6. 4. 1944), Chef des Generalstabes der 6. Armee, zu General Patton, der die im Rücken der Heeresgruppe Süd stehende 3. US-Armee befehligte. Sein Hauptersuchen war: Rückführung der Truppen durch die US-Linien, um sie gegen die Russen einzusetzen. Dies wurde verweigert.

Am Abend dieses 6. Mai erließ Dr. Rendulic seinen letzten Befehl:

»Einstellung der Feindseligkeiten gegen die Amerikaner und Absetzen der gegen die Russen stehenden Divisionen am Abend des 7. Mai, mit Einbruch der Dunkelheit, nach Westen.«

Das Loslösen vom Feind gelang. Als der Waffenstillstand in Kraft trat, hatten bereits 600 000 Mann seiner Heeresgruppe die US-Linien passiert. Insgesamt entkamen rund 800 000 deutsche Soldaten dank Rendulics letzter Maßnahme den Russen, die die Auslieferung des Generalobersten forderten. Dieses Ansinnen wurde verweigert.

Nur die 3. Waffen-SS-PD wurde an die Russen ausgeliefert, weil diese den Amerikanern noch am 6. Mai bei Linz eine schwere Niederlage beigebracht hatte.

Generaloberst Rendulic ging in die Gefangenschaft. Er passierte viele Lager, erkrankte schwer und wurde am 14. September 1946 nach Nürnberg geschafft. Dort wurde er in einem Militärprozeß – in dem drei *zivile* Richter saßen und das damit ein ungesetzliches »Sondergericht« darstellte – zu zwanzig Jahren Gefängnis verurteilt. Dies für Delikte, die sämtlich widerlegt werden konnten!

Mit den Feldmarschällen Milch und Küchler, mit Alfried Krupp und anderen saß er in Landsberg. Am 15. Dezember 1951 wurde er entlassen. Seine völlige Unschuld konnte nicht verheimlicht werden.

Im September 1951 hatte er noch erfahren, daß 600 österreichische Offiziere, darunter achtzehn Generale, in einer Petition an Präsident Truman seine Freilassung gefordert hatten.

Generaloberst Dr. Lothar Rendulic war wieder frei. Bei Efferding in Österreich ließ er sich nieder. Viele Bücher zur Kriegsgeschichte erschienen aus seiner Feder in den folgenden Jahren. Sie fanden in der ganzen Welt Beachtung.

In Efferding ist Generaloberst Rendulic im Januar 1971 im Alter von 83 Jahren gestorben.

Dr. Lothar Rendulic, geboren am 23. Oktober 1887 in Wiener Neustadt
Letzter Dienstgrad: Generaloberst
Letzte Dienststellung: Oberbefehlshaber der Heeresgruppe Süd
Ritterkreuz am 6. März 1942
271. Eichenlaub am 15. August 1943
122. Schwerter am 17. Januar 1945
Gestorben im Januar 1971 in Efferding/Österreich

GENERALFELDMARSCHALL ERWIN ROMMEL

In Afrika wurde er der Wüstenfuchs

»Weiter, Männer, nicht steckenbleiben!« feuerte Oberleutnant Rommel seine Kompanie an. Die Soldaten der Kompanie Rommel des Württembergischen Gebirgsbataillons kletterten weiter. Es ging steil bergauf, und der hohe Gipfel, der ihr Ziel war, hieß Monte Matajur und war der Eckpfeiler der italienischen Dolomitenfront.

An diesem 24. Oktober 1917 ging das Alpenkorps in die zwölfte Schlacht. Die Bayerische Garde kämpfte im rechten Angriffsstreifen, und deren rechte Flanke sollte das Gebirgsbataillon unter Major Sprösser decken.

Rommels Kompanie erreichte die erste Verteidigungslinie der Italiener und überwand sie im geschlossenen Sprung. Dann stieß sie auf ein Grabenstück der zweiten Verteidigungslinie. Heftiges Feuer empfing sie.

»Wir tarnen uns als Italiener!« befahl Rommel.

Eine Gruppe versorgte sich mit italienischen Waffenröcken und Stahlhelmen. Dann ging es über einen schmalen Pfad weiter. Sie erreichten die Feindstellung, brachen ein, kämpften sie nieder.

Damit war Oberleutnant Rommel als einzigem der Einbruch gelungen, und nur noch die dritte Verteidigungsstellung, auf dem Gipfel des Monte Matajur, war zu überwinden.

Doch die Bayerische Garde war liegengeblieben, und General Graf Bothmer, ihr Kommandeur, befahl Rommel, daß er das Garderegiment unterstützen müsse und nicht weiter vorprellen dürfe.

»Ich möchte bemerken«, erwiderte Rommel, »daß ich meine Befehle von meinem Bataillonskommandeur, Major Sprösser, erhalte!«

Major Sprösser, bei dem sich Rommel am späten Abend meldete, war mit einem weiteren Durchstoß am Morgen des 25. Oktober einverstanden und unterstellte Rommel noch eine weitere Gebirgskompanie und eine MG-Kompanie.

Im ersten Morgengrauen des 25. Oktober 1917 wurde der Angriff fortgesetzt. Am Abend dieses Tages standen sie dicht vor dem Ziel. Zwölf Offiziere und 200 Soldaten waren gefangengenommen.

»Morgen gehen wir den Monte Matajur an, Männer!« erklärte Rommel, als sie nach Einfall der Dunkelheit in einer Senke unterhalb des Höhenzuges kampierten.

Der 26. Oktober dämmerte herauf. Major Sprösser schickte sein ganzes Bataillon durch die geschlagene Bresche nach, während Rommel vorn an der Spitze den Gebirgspfad überwand, noch in der Dämmerung ungesehen durch offenes Gelände schlüpfte und dann auf der Matajur-Straße weiterging. Wo Gruppen liegenzubleiben drohten, dort war der energische Oberleutnant zur Stelle und trieb sie an. Er selbst übernahm die jeweiligen Spähtrupps, die den weiteren Weg erkundeten.

Dann stießen sie auf die Brigata Salerno, die den Monte Matajur verteidigte. Der erste Widerstand wurde gebrochen. 43 Offiziere und 1500 Mann gaben sich gefangen. Damit war der Einbruch gelungen.

Rommel aber wollte mehr. Er stieß durch, nahm die gesamte Breite des Höhenzuges ein, rollte die Stellungen in die Tiefe hinein auf, und als es Abend wurde, war der Monte Matajur in deutscher Hand. 150 Offiziere und rund 9000 Soldaten waren von Rommels Kompanie gefangengenommen worden.

Der britische Historiker Cyril Falls schrieb zu dieser Schlacht und zu Rommels Einsatz:

»Die Tatsache dieses Angriffs, den Rommel beschreibt, bietet ein ungewöhnliches Beispiel für eine geschickt und wagemutig durchgeführte Unternehmung, wie man sie in den Annalen des modernen Krieges nur selten findet.«

Für die Eroberung des Monte Matajur erhielt Oberleutnant Erwin Rommel am 10. Dezember 1917, als jüngster Offizier der Armee, den Pour le mérite.

In Longarone, an der Piavefront, krönte er seinen Erfolg durch einen zweiten unvergleichlichen »Husarenstreich«. Er stieß mit seiner Kompanie als erster in diese Stadt hinein, und als er drinnen war, marschierte eben eine italienische Division durch. Rommel schnitt den Marschweg dieser langen Kolonne ab, ließ seine Soldaten von den Flanken heranrücken, spiegelte eine gewaltige Truppenstärke vor und – nahm rund 10 000 Italiener gefangen. Große Beute kam hinzu.

Nun wurde er zum Stab des Generalkommandos 64 versetzt. Zum Hauptmann befördert, erlebte er die letzte Phase des Krieges. Der Zusammenbruch des Kaiserreiches sah ihn als jungen Hauptmann, der seit dem 27. November 1916 verheiratet war und der sich entschloß, Soldat zu bleiben.

Erwin Johannes Eugen Rommel wurde am 15. November 1891 in Heidenheim an der Brenz geboren. Er erlebte seine Kindheit in dieser Stadt und trieb seine ersten Jungenstreiche in Aalen, wohin sein Vater als Direktor des Realgymnasiums im Jahre 1898 versetzt worden war.

Nach dem Abitur trat er im Juli 1910 als Fahnenjunker in das Infanterieregiment König Wilhelm I. (6. Wttbg.) Nr. 124 ein und durchlief die übliche Ausbildung, ohne daß er besonders aufgefallen wäre.

Mit Ausbruch des Ersten Weltkrieges änderte sich das. Sofort zeichnete er sich als Kämpfer und als zäher, entschlossener Führer aus.

Am 22. August 1914 übernahm er – obwohl erkrankt – den Auftrag, im Nebel einen Stoßtrupp vorzutreiben, das Dorf Bleid bei Longwy zu erreichen und dort aufzuklären. Für diesen Einsatz erhielt er das EK II.

Ende September 1914 wurde er zum erstenmal verwundet. Drei Monate blieb er im Lazarett, dann kehrte er zur Truppe zurück, unternahm sofort wieder einen Angriff auf eine französische Feldbefestigung, nahm mehrere Blockhäuser in Besitz, wehrte einen französischen Gegenangriff ab und zog sich schließlich auf die Ausgangsstellungen zurück. Dafür wurde ihm das EK I verliehen.

Zum Oberleutnant befördert, kam er schließlich zu einem Eliteverband: dem Württembergischen Gebirgsbataillon unter Major Sprösser. Er gehörte ihm vom 4. Oktober 1915 bis zum 10. Januar 1918 an und errang in diesem Kampfverband auch in den Karpaten Erfolge. Seine Devise, die damals von Mund zu Mund lief, lautete:

»Jeden Angriff führe ich selber! Alle Strapazen, die ich meinen Soldaten zumute, leiste ich vorher!«

So gelang ihm bei Gastegi der erste Erfolg, als er 500 Gefangene machte. Zu dieser Zeit verbreitete sich noch ein zweites geflügeltes Wort:

Wo Rommel ist, dort ist die Front!

So kam es, daß sich der spätere Truppenführer Rommel in diesen Abschnitten seines Einsatzes in Frankreich, Rumänien und Italien jene Erfahrungen und jene Freiheit des Denkens und Handelns zu eigen machte, die ihn im Zweiten Weltkrieg als Führer der 7. Panzerdivision und schließlich als Oberbefehlshaber in Afrika auszeichneten.

Im 100 000-Mann-Heer war Rommel einer jener 4000 Offiziere, die im aktiven Dienst der Armee blieben. Seine Laufbahn war normal. Als das IR 124, zu dem er zurückkehrte, aufgelöst wurde, kam Rommel 1921 zum IR 13 nach Stuttgart. Neun Jahre stand er hier als Hauptmann. Am Heiligen Abend 1928 wurde sein einziges Kind, der Sohn Manfred, geboren.

Die Infanterieschule Dresden sah ihn ab Oktober 1929 als Lehrer. Er wurde Major, erhielt 1933 ein Gebirgsbataillon und sah sich am Ziel seiner

Wünsche. Dieses Bataillon erzog er nach seinen Vorstellungen. In Goslar setzte Rommel das in die Tat um, was er in seinem Buch »Infanterie greift an!« an Erfahrungen niedergelegt hatte.

Als Hitler im Jahre 1935 dieses Bataillon besichtigte, wollte die SS zu seinem Schutz vor Rommels Bataillon einen Sicherheitsschleier von SS-Leuten aufbauen. Rommel sagte dazu:

»Ich weigere mich, dies zu akzeptieren. Meine Truppe und ich empfinden diese Maßnahme als beleidigend.«

Die Maßnahme unterblieb, und Rommel lernte den »Führer« kennen. Ende 1935 wurde er als Oberstleutnant zur Kriegsschule nach Potsdam kommandiert. Kurz darauf erhielt er eine zusätzliche »Ehrenaufgabe«. Er wurde Verbindungsoffizier der Wehrmacht beim Stab des Hitlerjugendführers Baldur von Schirach. Hier hatte er die vormilitärische Ausbildung der »HJ« zu inspizieren.

In dieser Zeit las Hitler Rommels Buch »Infanterie greift an«. Er war nach der Lektüre derart fasziniert, daß er Rommel, inzwischen Oberst, zum Kommandeur des soeben aufgestellten »Führerbegleit-Bataillons« machte. Das Bataillon hatte den Schutz Hitlers bei dessen Fahrten im Wehrmachtsdienstbereich zu übernehmen.

Mit diesem Bataillon begleitete Rommel Hitler während der Besetzung des Sudetenlandes im Oktober 1938, ebenso während der Besetzung der Tschechoslowakei und des Einmarsches in Prag.

Auch im Polenfeldzug war Rommel mit Hitler unterwegs. Er allein war verantwortlich für Hitlers Sicherheit.

Nach Ende des Polenfeldzuges bat er Hitler um ein neues Kommando, und zwar um eine der neuen Panzerdivisionen. Hitler stimmte zu. Erwin Rommel, der im August 1939 zum Generalmajor befördert worden war, übernahm am 15. Februar 1940 die im Raum Godesberg neuaufgestellte 7. PD, die soeben aus der 2. Leichten Division umgerüstet wurde. Generalleutnant Stumme, der zweieinhalb Jahre später in Afrika für kurze Zeit Rommels Stellvertreter sein sollte, übergab ihm diese Division.

Im Westfeldzug stürmte die 7. PD mit ungeheurer Bravour. Obgleich Rommel lediglich Auftrag hatte, die rechte Flanke der Heeresgruppe A (Generaloberst von Rundstedt) zu schützen, nutzte er jede sich bietende Chance zum Vorstoß aus. Am 12. Mai befahl er den Angriff über die Maas bei Dinant.

Rommel war überall. Er war bei den Pionieren, die eine Brücke schlugen, er sprang auf einen Panzer IV, um ihn persönlich an ein zu bekämpfendes Ziel zu führen und das Feuer zu lenken.

Am Mittag des 13. Mai war der Brückenkopf über die Maas gesichert. Aus dem Brückenkopf setzte Rommel die übergesetzten Panzer auf die von ihm vermuteten feindlichen Bereitstellungen zum Gegenstoß an. Diese Bereitstellungen wurden zerschlagen.

»Hier begann die Rommelbahn«, schrieb General der Panzertruppe Manteuffel (Auszeichnungen siehe Anlage »Schwerterträger«) in der Geschichte der 7. PD.

Von nun an geschah das, was von diesem Tage an »rommeln« hieß. Im Panzergefecht bei Flavion wurden 33 Panzer vernichtet. Ein Angriff auf Philippeville schlug durch. Doch die nachfolgenden Divisionen blieben liegen.

Mit der Kompanie Schulz des PR 25 fuhr Rommel sofort in Richtung Philippeville zurück; er zwang ein französisches Kradschützenbataillon zur Übergabe und vernichtete im weiteren Angriff am Südrand von Vodecée dreizehn Panzer.

Am Abend des 17. Mai befahl Rommel vor La Cateau:

»Weiterer Marschweg: La Cateau–Arras–Amiens–Rouen–Le Havre!«

Allen blieb »die Spucke weg«. Doch der Angriff begann. Die Maginotlinie wurde erreicht. Rommel ließ eine Gasse schießen und führte seine Division hindurch. Beiderseits Cambrai wurde eine Brückenkopfstellung gewonnen. Am 20. Mai wurde der Angriff von hier aus auf Arras fortgesetzt. Es ging weiter bis zum La-Bassé-Kanal. Am 26. Mai – Rommel hatte soeben Genehmigung erhalten, im Angriff über den La-Bassé-Kanal vorzuprellen – ging eine Nachricht ein, die alle Divisionsangehörigen aufhorchen ließ.

»Dem Divisionskommandeur der 7. PD, Generalleutnant Rommel, Ritter des Ordens pour le mérite, wurde für die Erfolge der 7. PD vom 16./17. Mai 1940, die für den Verlauf der Gesamtoperation von entscheidender Bedeutung waren, und für sein todesmutiges persönliches Verhalten das Ritterkreuz des Eisernen Kreuzes verliehen.«

Am 28. Mai führte Rommel wieder persönlich die Spitzenverbände seiner Division auf Lommé. Die Somme wurde überschritten. Am 3. Juni erhielt Oberst Karl Rothenburg, Kommandeur des PR 25, das Ritterkreuz. Oberstleutnant von Bismarck, Leutnant Neubrandt und Hauptmann Schulz (weitere Auszeichnungen siehe Anlage »Schwerterträger«) wurden zur gleichen Auszeichnung eingegeben und erhielten sie auch. Rouen fiel am 9. Juni 1940.

Im zweiten Teil des Frankreichfeldzuges stand die 7. PD weiterhin in hartem Einsatz. Die Division wollte den Durchstoß zur Atlantikküste in einem Zuge erreichen. Es »rommelte« wie noch nie. Die Entfernung der Division zum Korps betrug 200 Kilometer. General Rommel funkte:

»Schnelle Fahrt voraus!« Eine halbe Stunde später: »Schnellste Fahrt voraus!« Und schließlich: »Schnellste, höchste Fahrt voraus!«

In der Lagemeldung an das Korps ließ er funken:

»Vorn alles ruhig! Feind ist zerplatzt!«

Der Durchstoß zum Meer wurde geschafft. Am frühen Morgen des 11. Juni war Fécamp in deutscher Hand. Bei St. Valéry kam es zu harten Kämpfen. Englische Kriegsschiffe schossen aus dem Hafenbecken. Rommel rief über Funk:

»Schwere Frölichs in den Hafen! Die Kerle kapitulieren noch immer nicht!«

»Schwere Frölichs«, das waren die Granaten der schweren Abteilung des AR 78 unter Oberst Frölich.

Einige Minuten später, als der Gegner das Feuer noch nicht eingestellt hatte, funkte Rommel abermals:

»Noch mehr Feuer in das Nest!«

Und dann kam sein entscheidender Befehl:

»Vorstoß bis ans Meer! – Wünsche erstes gutes Bad!«

St. Valéry kapitulierte.

Während der Übergabeverhandlungen fragte einer der gefangenen französischen Generale Rommel, welche Division sie denn überwältigt habe. Rommel antwortete:

»Es war meine 7. Panzerdivision!«

»Verdammt«, rief der General, »die Gespensterdivision!« Und als Erklärung führte er aus: »Ich bin Ihrer Truppe bereits in Belgien, bei Arras, an der Somme und nun wieder hier begegnet. Immer wieder gerieten wir an Ihre kreuz und quer durch ganz Frankreich geisternde Division.«

Der Name »Gespensterdivision« wurde nun so bekannt, daß er weithin sogar für die offizielle Bezeichnung gehalten wurde.

Der Stoß nach Le Havre am 13. Juni und die Fortsetzung der Verfolgung auf Cherbourg folgten. Durch feindbesetztes Gebiet fahrend, legte die Gespensterdivision an einem Tag 310 (!) Kilometer zurück. Es war auch dies nach Liddel Hart »ein Rekord in den Annalen des Kriegswesens«. Hier entstand – in Anlehnung an das Reeperbahnchanson – das Lied, das bald darauf jeder Mann der 7. PD kannte:

»Auf der Rommelbahn nachts um halb eins,
ob du ein Marschziel hast oder hast keins,
ja, du wunderst dich, doch das findet sich
auf der Rommelbahn nachts um halb eins!

Wer noch niemals in düsterer Nacht
einen Rommelbahnbummel gemacht,
kennt die Taktik nicht, macht ein dummes Gesicht
auf der Rommelbahn nachts um halb eins!«

Am 25. Juni schwiegen in Frankreich die Waffen. Der Oberbefehlshaber der 4. Armee, Generaloberst von Kluge, schrieb über die 7. PD:

»Unter den Taten des deutschen Heeres in den Kämpfen des Mai und Juni 1940 nimmt die 7. PD einen besonderen Platz ein. Kühn und zugleich besonnen geführt von einem schon im Weltkrieg besonders bewährten Kommandeur, eilte sie von Sieg zu Sieg ...

Der dann auf sich allein gestellten 7. PD brachte schließlich der Vorstoß durch die Normandie und die Eroberung von Cherbourg die Krönung ihres sechswöchigen Siegeszuges durch Belgien und Frankreich.

Besonders hervorgehoben seien der persönliche Mut und die ständige Einsatzbereitschaft des Divisionskommandeurs, Generalmajor Rommel, der — obgleich verwundet — immer wieder an der Spitze seiner Panzer die Division vorwärts riß. Er wird für alle Zeiten ein Vorbild deutscher Truppenführung sein.«

Am 30. März 1941 erhielt Erwin Rommel für den zweiten Teil des Frankreichfeldzuges als zehnter deutscher Soldat das Eichenlaub zum Ritterkreuz. In der Würdigung zur Eichenlaubverleihung heißt es:

»Generalleutnant Rommel war im Westfeldzug einer der erfolgreichsten Panzerkommandeure, der durch heldenhaften persönlichen Einsatz und durch Kühnheit in selbständigen Entschlüssen sich in kürzester Zeit den Weg zum Atlantik bahnte und damit der deutschen Führung wesentliche Möglichkeiten zur endgültigen Vernichtung des französisch-englischen Heeres gab.«

Ende Januar 1941 erhielt Generalleutnant Rommel im FHQ zu seiner eigenen Überraschung den Befehl, ein deutsches Expeditionskorps in Afrika zu übernehmen. Dieses Expeditionskorps sollte vorerst nur aus der 5. Leichten Division bestehen, der später noch die 15. PD zugeführt werden würde. Mit diesen Truppen sollte Generalleutnant Rommel einen Sperrverband bilden und den Italienern bei der Abwehr eines neuen englischen Angriffs helfen.

Diese Hilfe war auch in der Führerweisung Nr. 22 niedergelegt, die Hitler am 11. Januar 1941 erlassen hatte und die er Mussolini zu dessen Besuch auf dem Obersalzberg am 18. Januar 1941 bekanntgab. Generalleutnant Rommel wurde dem italienischen Oberkommando taktisch unterstellt.

Am 12. Februar 1941 traf er in Tripolis ein. Vorher hatte er bereits einen Erkundungsflug unternommen. Als die ersten deutschen Einheiten in Tripolis ausgeladen wurden, stand Rommel auf dem Kai und begrüßte Major Frhr. von Wechmar und die AA 3.

»Wechmar«, befahl Rommel nach der Begrüßung, »Sie müssen in fünf Stunden ausgeladen haben und marschbereit sein!«

Fünf Stunden später rollte die AA 3 – die »Schwertspitze des Deutschen Afrikakorps« – gemeinsam mit der Panzerjägerabteilung 39 unter Major Jansa an Generalleutnant Rommel und einem italienischen General vorbei – ostwärts. Als die Kolonne am nächsten Mittag vor dem Wüstenhotel in Sirte anhielt, stand dort – Rommel.

»Willkommen in der Wüste, Wechmar!« sagte er, um sofort fortzufahren: »Ich habe für Sie folgenden Auftrag:

1. Sicherung der rechten Flanke der auf den Höhen ostwärts Sirte eingesetzten Division ›Pavia‹.
2. Aufklärung in Richtung Nofilia–el Agheila.
3. Zusammenarbeit mit der italienischen Aufklärungsabteilung ›Santa Maria‹, deren Kommandeur gleich hier sein wird.«

Und zum Schluß kam eines der bei Rommel seltenen Lobesworte:

»Ihre Abteilung ist gut marschiert!«

Rommel fotografierte die anmarschierenden Männer der AA 3, während sein Chef des Stabes einen FT-Spruch an das FHQ aufgab:

»Die ersten deutschen Truppen sind soeben an der vordersten Front in Afrika eingetroffen!«

Der Vorstoß nach Osten begann. Rommel war überall und nirgends. Er tauchte bei der kleinsten Gruppe auf, riß sie zu großen Leistungen mit. Am 26. Februar 1941 gab der Wehrmachtsbericht bekannt:

»An der lybischen Küste, südostwärts von Agedabia, stießen in den Morgenstunden des 24. Februar 1941 ein deutscher und ein englischer motorisierter Spähtrupp zusammen. Eine Anzahl englischer Kraftfahrzeuge, darunter mehrere Panzerspähwagen, wurden vernichtet, einige Gefangene eingebracht. Auf deutscher Seite entstanden keine Verluste.«

Das war der Anfang. Und Rommel, der am 19. März 1941 ins FHQ geflogen war, um das Eichenlaub entgegenzunehmen, erhielt von Hitler die Erlaubnis, die Einnahme von Bengasi zu versuchen.

Am 31. März 1941 begann Rommel seine Offensive. Marsa el Brega war das erste Ziel. In kürzester Zeit erkannte er die günstigen Möglichkeiten, die das Gelände ihm bot, und er spürte intuitiv, daß *dies seine* Stunde war. Er griff an, eroberte Agedabia zurück. Er schrieb in dieser Kampfphase in sein Kriegstagebuch:

»Ich entschließe mich, dem weichenden Gegner zu folgen und, wenn möglich, die ganze Cyrenaika im Handstreich zu nehmen!«

Agedabia fiel am 2. April.

Nun stieß Rommel quer durch die Wüste vor, um dem auf der Küstenstraße zurückweichenden Gegner den Weg abzuschneiden und ihn zu vernichten. Der Kampf um Mechili gestaltete sich dramatisch. Generalleutnant Johannes Streich (RK am 31. 1. 1941) fuhr nach Rommels Befehl, Mechili zu nehmen, am Morgen des 8. April vor. Sie schossen eine englische Kolonne zusammen, die aus Mechili herauskam. Drei englische Generale und 2000 Mann wurden gefangengenommen. Am Abend dieses 8. April erreichte auch das MG-Bataillon 8 unter Oberstleutnant Ponath, über Bir Tengender auf Derna angesetzt, den Raum ostwärts Mechili. Auf dem Flugplatz von Derna kämpfte es Teile der 9. australischen Brigade nieder, machte 800 Gefangene, darunter die Generalleutnante Neame und O'Connor. Damit hatten die Engländer fünf ihrer besten Generale verloren.

Aber um ein Haar wäre auch Rommel am 7. April in Gefangenschaft geraten. Er flog mit dem »Storch« an die Front und sah unter sich eine Fahrzeugkolonne, die in die »falsche« Richtung marschierte. Als er bereits Weisung gegeben hatte, daneben zu landen, stellte der Flugzeugführer fest, daß es – Engländer waren.

Am 10. April versammelte Erwin Rommel seine Kommandeure um sich.

»Meine Herren«, sagte er, »Ziel unseres Angriffs ist der Suezkanal! Doch zuerst müssen wir Tobruk gewinnen!«

Im Kampf um Tobruk fiel als erster Deutscher Generalmajor von Prittwitz, Kommandeur der 15. PD, der noch vor seinen Truppen nach Afrika geflogen war und für Rommel eine Artilleriestellung zur Beschießung von Tobruk erkunden sollte.

In den nächsten Tagen war Generalleutnant Rommel unermüdlich bei der Truppe. Als er am 15. April mit seinem »Mammut« – einem erbeuteten englischen Befehlswagen – hinter den Panzern des PR 5 nach Norden fuhr, gerieten sie in Artilleriefeuer. Ein Granatsplitter riß die Antenne herunter. Sie mußten umkehren. Als er am nächsten Morgen zum Drahthindernis vorfuhr, um die Festung zu beobachten, wurden sie wieder beschossen, und kurz darauf wurde der Fahrer des »Mammut« durch den Sehschlitz tödlich getroffen. Rommel setzte sich selbst hinter das Steuer und fuhr zum Gefechtsstand zurück.

Tobruk konnte nicht genommen werden. Es wurde zum »Verdun in der Wüste«. In der Nacht zum Ostersonntag, dem 14. April 1941, starb vor Tobruk das MG-Bataillon 8. Am 16. April wollte Rommel mit achtzehn Panzern der italienischen PD »Ariete« das Werk Ras el Madauer erobern. Der Angriff schlug fehl. Am 30. April wurde dieser Angriff wiederholt. Diesmal gelang er. Oberleutnant Muntau stürmte mit der 3./MG-Bataillon 2 (von der 15. PD) den Ras el Madauer. Am 4. Mai 1941 stellte Rommel den Angriff auf Tobruk ein.

Zwei Kampfgruppen waren unterdessen an Tobruk vorbei nach Osten vorgestoßen. Einmal die AA 3 unter Oberstleutnant von Wechmar, sodann das K 15 unter Oberstleutnant Knabe (RK am 1. 6. 1941). Bardia wurde von der AA 3 genommen. Oberstleutnant von Wechmar hatte am 13. April 1941 das Ritterkreuz erhalten.

Der Halfayapaß wurde genommen, wieder verloren und von der Kampfgruppe Herff unter Oberst Maximilian von Herff (RK am 13. 6. 1941) endgültig in Besitz genommen.

Dann war die Kraft des DAK – Mitte Mai war die gesamte 15. PD ebenfalls in Afrika versammelt – gebrochen.

Die Schlacht von Sollum, die britische Offensive Battleaxe, sollte am 15. Juni beginnen. Rommel kam den britischen Panzerverbänden zuvor. Er setzte – mit der Absicht, dem Gegner *seine* Pläne aufzuzwingen – einen Angriff der 5. Leichten und der 15. PD an diesem Morgen auf Sidi Suleiman an.

Deutsche Flak-Kampfgruppen hielten den Gegner auf, vor allem auf der blutgetränkten Höhe 208, an der eine ganze englische Panzerbrigade zerschellte.

Am Morgen des 17. Juni war der britische Angriff verpufft. Die Masse der englischen Panzer lag zerschossen in der Wüste. Rommel, der drei Tage und Nächte ununterbrochen draußen war, setzte zum Gegenschlag an.

Am selben Nachmittag meldete General Wavell, der britische Oberbefehlshaber in Kairo, der nach vorn gefahren war, nach England:

»Ich bedaure melden zu müssen, daß Battleaxe mißlungen ist.«

Für Churchill, dem britischen Kriegspremier, war dies eine Katastrophe. Am 21. Juni ließ er General Wavell durch General Claude Auchinleck ablösen.

Die Kämpfe des Sommers 1941 und Rommels Absichten kreisten um Tobruk. In Bardia arbeitete er mit seinem neuen ersten Generalstabsoffizier, Oberstleutnant i. G. Westphal, im eben gebildeten Kommando der Panzergruppe Afrika die Pläne für einen neuen Schlag aus. Rommel verlegte mit dem Stab zuerst nach Gazala, dann nach Gambut, um näher »dran« zu sein.

Der beabsichtigte Angriff auf Tobruk verzögerte sich. Es kam einfach nicht genug Nachschub über das Mittelmeer heran.

Rommel wollte um den 24. November herum angreifen. Doch diesmal, am 18. November 1941, kamen ihm die Engländer zuvor. Die Offensive mit dem Namen »Crusader« (Kreuzfahrer) rollte in Rommels Vorbereitungen hinein. Rommel hatte eine Schlacht zu bestehen, die bestmöglich vorbereitet war.

In der Nacht zu diesem 18. November hatte es wolkenbruchartig geregnet. Deutsche Soldaten waren in der Wüste – ertrunken! Der erste Angriffstag überraschte Rommel zwar nicht operativ, doch taktisch. Mit 100 000 Mann, 800 Panzern und 1000 Flugzeugen war die Stoßkraft der britischen 8. Armee stärker denn je zuvor.

Rommel war wieder bei der Truppe. Er führte die 120 Panzer des PR 5 unter Oberstleutnant Stephan am 19. November gegen die 4. britische Panzerbrigade und zerschlug diese. Tagelang tobte die Schlacht, die am Totensonntag, dem 23. November 1941, mit der Panzerschlacht bei Sidi Rezegh ihren Höhepunkt erreichte. Am anderen Morgen meldete Generalleutnant Crüwell, der Kommandierende General des DAK, an der Achsenstraße:

»Der Feind ist bei Sidi Rezegh vernichtet und nur mit Teilen entkommen.«

Rommel, inzwischen General der Panzertruppe geworden, war in seinem Element. Er gab seinen typischen Befehl heraus:

»Die Angriffsgruppe Tobruk ist zum großen Teil erledigt. Wir fallen jetzt über den Feind an der Ostfront her und vernichten die Neuseeländer und die Inder, bevor sie sich mit den Resten der geschlagenen Hauptgruppe vereinigen und gemeinsam auf Tobruk vorgehen können. Gleichzeitig nehmen wir Habata und Maddalena, um die feindliche Versorgung abzuschnüren.

Es ist höchste Eile geboten! Wir müssen die Schockwirkung der Niederlage ausnützen und sofort in schärfstem Tempo mit allen Teilen nach Sidi Omar vorgehen!«

Der Ia der Panzergruppe Afrika, Oberstleutnant i. G. Westphal (RK am 30. 11. 1942), warnte. Doch Rommel ließ sich nicht umstimmen.

Rommel fuhr in seinem »Mammut« zur 21. PD, um an deren Spitze weiterzustürmen. Auf dem Weg nach Sidi Omar blieb sein Befehlswagen wegen eines Motorschadens liegen. Mit hereinbrechender Abenddämmerung tauchte glücklicherweise der »Moritz« von Generalleutnant Crüwell auf. Rommel und sein Chef des Stabes, Generalleutnant Gause (RK am 13. 12. 1941), stiegen in Crüwells Befehlswagen um und versuchten, den Grenzzaun Ägyptens zu erreichen.

Während dieser Zeit kam es im Raum Tobruk zu einer Krise. Oberstleutnant Westphal versuchte Rommel zu erreichen – vergebens. Da rief er aus eigenem Entschluß das DAK zurück. So wurde das DAK aus schwieriger Lage befreit.

Am 1. Dezember 1941 schickte Rommel einen FT-Spruch an das FHQ:

»Panzergruppe Afrika hat vom 18. November bis 1. Dezember 1941 814 Panzer und Panzerspähwagen des Gegners vernichtet!«

Vier Tage später kam es zur Schlacht bei Bir el Gobi. Gleichzeitig mit dem DAK sollte das AK »Gambarra« antreten. Doch dieses Korps der Italiener kam nicht. Lediglich die Division »Jungfaschisten« erreichte das Kampffeld und stand Schulter und Schulter mit dem DAK im Einsatz. Die Truppen des DAK wurden geschlagen. Der Rückzug in den Raum Agedabia gelang. In der Marsa-el-Brega-Stellung sammelte die Panzergruppe Afrika.

Am 20. Januar 1942 erhielt General der Panzertruppe Rommel als sechster deutscher Soldat die Schwerter zum Eichenlaub.

Einen Tag darauf griff Rommel – ganz überraschend für den Gegner – aus der Marsa-el-Brega-Stellung wieder an. In der neuen Offensive stürmte die Panzerarmee Afrika nach Osten. Nacheinander wurden Agedabia und Msus von der Kampfgruppe unter Oberstleutnant Marcks erobert (RK am 5. 2. 1942; 593. E am 21. 9. 1944). Rommel war immer wieder bei dieser Kampfgruppe. Bengasi war das nächste Ziel, und als Rommel Marcks fragte, ob er nach Erreichen von Bengasi noch weiter nach Osten vorprellen könne, erwiderte der Kampfgruppenführer:

»Die Kampfgruppe wird jeden ihr gegebenen Auftrag erfüllen!«

Rommel schmunzelte und sagte dem Oberstleutnant:

»Halten Sie bei sich einen Platz für mich und meine Kampfstaffel frei!«

Im schweren Ghibli übernahm am Abend des 26. Januar 1942 der nunmehrige Generaloberst Rommel den »Lotsendienst«. Dann brach Regen herein, alles blieb stecken. Doch am 28. Januar wurde Bengasi im Handstreich genommen. Die Indische Brigade wurde zerschlagen, und ein amerikanischer Rundfunksprecher sagte in einer Sendung darüber:

»Generaloberst Rommel, der Schlingel unter den modernen Generalen, hat wieder ein neues Kaninchen aus dem Hut gezaubert!«

Tocra und Maraua folgten. Cirene wurde erobert und der letzte in der Cyrenaika stehende Feind bei Tmimi vernichtet. In den sechzehn Tagen hatte die neue Panzerarmee Afrika den Gegner aus der Cyrenaika hinausgeworfen. Oberstleutnant Marcks erhielt aus der Hand Rommels das Ritterkreuz. Er sagte dazu:

»In einem solchen Symbol stecken Blut, Tränen und Vernichtung. Gleichzeitig damit aber auch Tapferkeit, Zuverlässigkeit und die selbstlose Einsatzbereitschaft vieler braver Männer.«

Der zweite Teil des Vormarsches in Afrika begann am 26. Mai 1942. Rommel ließ die stark armierte britische Gazalalinie, die von Ain el Gazala an der Küste über mehrere Forts bis Bir Hacheim fünfundsechzig Kilometer tief in der Wüste verlief, umgehen und stand damit im Rücken des Gegners. Der Kampf tobte hin und her. Bir Hacheim – von Franzosen und einem jüdischen Bataillon verteidigt – hielt sich bis zum 11. Juni, dann geriet die Front ins Wanken. Rommel, der kurz vor der Einkesselung der eigenen Truppen gestanden hatte, sah seine Chance. Vor Tagesanbruch des 20. Juni 1942 befand er sich auf dem vorgeschobenen Gefechtsstand bei Punkt 149, zwischen El Duda und El Adem. Er hob sein Fernglas, als die Stukas heranröhrten, sah, wie sie abkippten und Tobruk bombten. Dann lief der Angriff.

Um 09.00 Uhr wurde bereits die Eroberung von zehn Werken gemeldet. Rommel warf alles in die Schlacht, was er hatte. Vierundzwanzig Stunden später war Tobruk in deutscher Hand. General Klopper, der Befehlshaber von Tobruk, ging mit über 30 000 Mann in Gefangenschaft. Rommel gab einen seiner charakteristischen Tagesbefehle heraus:

»Soldaten!

Die große Schlacht in der Marmarica hat mit der raschen Erstürmung von Tobruk ihre Krönung gefunden. Insgesamt wurden über 45 000 Gefangene gemacht, über 1000 Panzerkampfwagen, fast 400 Geschütze vernichtet oder erbeutet.

Durch eure unvergleichliche Tapferkeit habt ihr in dem harten, langen Ringen der letzten vier Wochen dem Gegner Schlag auf Schlag versetzt. Anerkennung der Führung und Truppe für diese hervorragenden Leistungen!

Jetzt gilt es, den Gegner vollends zu vernichten. Wir wollen nicht ruhen, bis wir die letzten Teile der 8. Armee zerschlagen haben. In den nächsten Tagen fordere ich nochmals große Leistungen von euch, damit wir das Ziel erreichen. – Rommel.«

Das Ziel war der Nil, und am Nachmittag des 21. Juni 1942 führte nicht mehr der Generaloberst, sondern der Generalfeldmarschall Erwin Rommel die Panzerarmee Afrika. Doch zum Feiern kam niemand.

»Ausnützen, ausnützen!« befahl Rommel.

Der Vorstoß ging weiter. Bardia, der Halfayapaß und Marsa Matruk wurden erreicht und – erobert. Am 1. Juli 1942 stellten sich die Verbände der total erschöpften Panzerarmee Afrika zum Angriff auf El Alamein bereit. Das DAK hatte noch ganze 55 Panzer zur Verfügung.

Kämpfend erreichte die 90. Leichte Afrikadivision bis zum Abend des 3. Juli den Rand der Betonstellung von Alamein. Hier blieb sie – am Ende ihrer Kraft – liegen. Der Durchstoß durch die Alameinstellung auf Alexandria war gescheitert.

In den folgenden Wochen kam es zu erbitterten Panzergefechten. Das DAK hielt allen Gegenstößen stand. Feldmarschall Rommel ließ alle Angriffe einstellen. Doch vom OKW und Hitler selbst bedrängt, trat er am 30. August 1942 abermals an.

Schwere Kämpfe tobten. Generalmajor von Bismarck, Kommandeur der 21. PD, fiel. Generalmajor Kleemann, Kommandeur der 90. Leichten, wurde verwundet. Am 31. August traf es auch General der Panzertruppe Nehring, der schwer verwundet wurde. Das »Sechstagerennen bei Alamein« ging am 4. September zu Ende. Die Front erstarrte.

Nun flog Feldmarschall Rommel – seit dem ersten Tag in Afrika – zu einer Kur in die Heimat.

Am 24. Oktober 1942 – Rommel war im Sanatorium, um sich zu kurieren – erhielt er einen Anruf. Am Apparat war Hitler.

»Rommel«, sagte Hitler, »die Nachrichten aus Afrika klingen schlecht! Die Lage sieht düster aus. Fühlen Sie sich wieder gesund genug, um zurückzukehren?«

Rommel sagte sofort zu. General Stumme, sein Vertreter, war in der Nacht zum 24. Oktober gefallen.

Am 25. Oktober traf er an der Alameinfront ein. Dort schien alles verloren, seit die Briten am Abend des 23. Oktober 1942 ihre Gegenoffensive begonnen hatten.

Zehn Tage lang hielt die Panzerarmee stand. Am 2. November gab Rommel einen Bericht an das OKW:

»Die Kraft der Abwehr ist nach zehn Tagen härtesten Kampfes erschöpft. Die Armee wird daher nicht mehr in der Lage sein, einen heute oder morgen zu erwartenden erneuten Durchbruchsversuch starker feindlicher Panzerkräfte zu verhindern.

Bei dieser Lage muß trotz des heldenhaften Widerstandes und vorzüglichen Geistes der Truppe mit der allmählichen Vernichtung der Armee gerechnet werden.«

Rommel zog sich zurück. Er versuchte, sich vom Gegner zu lösen, um zu retten, was zu retten war. In diese eingeleiteten Bewegungen platzte ein Befehl Hitlers. Darin hieß es:

»In der Lage, in der Sie sich befinden, kann es keinen anderen Gedanken geben, als auszuharren, keinen Schritt zu weichen.

Trotz seiner Überlegenheit wird auch der Feind bald am Ende seiner

Kraft sein. Es wäre nicht das erstemal in der Geschichte, daß der stärkere Wille über die stärkeren Bataillone triumphiert.«

Rommel gehorchte, machte mitten in den Rückzugsbewegungen kehrt und gab den Befehl:

»Kampf bis zur letzten Patrone!«

Doch sehr bald erkannten er und sein Chef des Generalstabes, Oberst i. G. Westphal, daß dieser Führerbefehl undurchführbar war. Rommel entschloß sich, den Führerbefehl zu ignorieren. Er gab den Rückzugsbefehl auf die Fukalinie. Und Hitler – genehmigte den Rückzug.

Während sich Rommels Panzerarmee zurückzog, landeten weit im Westen, im Raum Algerien–Marokko, alliierte Verbände. Die Invasion Nordwestafrikas begann.

Im Großraum Tunis baute General der Panzertruppe Nehring einen Brükkenkopf auf (siehe Kapitel »General der Panzertruppe Walther K. Nehring«).

Rommels Panzerarmee marschierte westwärts. Von El Alamein bis Bengasi wurden in zwei Wochen 1100 Kilometer zurückgelegt. Am Morgen des 23. Januar 1943 zogen Truppen der britischen 8. Armee in Tripolis ein.

Vier Wochen später wurde die Heeresgruppe Afrika gebildet.

Noch einmal versuchte Rommel einen Husarenstreich, als er im Februar 1943 einen gewaltigen Panzerraid durch den Kasserinepaß bis nach Thala durchzog und den Gegner in Gefahr brachte, von seinem Nachschub abgeschnitten zu werden. Doch auf dem Höhepunkt der Schlacht mußte sie abgebrochen werden, weil der Feind bei Mareth erneut antrat.

Am 7. März 1943 verließ Feldmarschall Rommel Afrika. Er wollte ins FHQ zu Hitler, um ihm klarzumachen, daß nur eine Rückführung der Heeresgruppe Afrika über das Mittelmeer nach Italien die Rettung bedeutete. In Rom machte er Station, um sich bei Mussolini zu melden und Unterstützung für seine Operationen zu erwirken. Dann flog er ins FHQ weiter. Am 11. März 1943 stand er Hitler in Rastenburg gegenüber. Hitler war entgegengesetzter Meinung. Zum Schluß sagte er zu Rommel:

»Erholen Sie sich, treten Sie Ihre Kur an, damit Sie bald wieder in Form kommen. Ich garantiere Ihnen, Sie werden unsere Operationen gegen Casablanca führen!«

Hitler verlieh Rommel an diesem 11. März 1943 als sechstem deutschen Soldaten die höchste Tapferkeitsauszeichnung: die Brillanten.

Erwin Rommel trat ab. Er fuhr in Kur und wurde nachher in den Stab Hitlers übernommen, in welchem er die Rolle eines militärischen Beraters erhielt. Als im Mai 1943 das OKW den Plan »Alarich« vorbereitete, erhielt Rommel darin den Oberbefehl über eine Heeresgruppe in Norditalien. Am 23. Juli flog Rommel in Hitlers Auftrag nach Saloniki, um die Lage in Griechenland zu überprüfen. Er wurde nach der Festnahme Mussolinis am 26. Juli zurückgerufen. Hitler sagte ihm:

»Marschall Rommel, ich erwarte, nach Italien einmarschieren zu müssen. Sie führen die Heeresgruppe H in Norditalien.«

Am 17. August 1943 errichtete Rommel in Norditalien sein Stabsquartier. Zwischen Pisa und Rimini bereitete er Verteidigungsstellungen vor. Im Oktober aber ernannte Hitler den Feldmarschall zum Inspekteur des Atlantikwalles. In dieser Eigenschaft hatte er alle Verteidigungsanlagen im Westen zu inspizieren und Hitler persönlich darüber vorzutragen. Kurz darauf wurde er OB der Heeresgruppe B im Westen und führte hier die 15. und 7. Armee.

Am 6. Juni 1944 begann die Invasion, und Rommels Plan, starke Panzerkräfte dicht an der Einsatzstelle zum sofortigen Gegenstoß bereitzuhalten, stellte sich als richtig heraus. Doch dieser Plan war verworfen worden, und nun lagen die Panzerdivisionen über 150 Kilometer von der Landungsstelle entfernt.

Somit war Rommel durch Hitler daran gehindert, die vorhandenen Panzerverbände – von denen Hitler drei Divisionen als OKW-Reserve sich selbst unterstellt hatte – richtig einzusetzen.

Am 7. Juni trafen Rommel und Hitler in Margival bei Soisson zusammen. Rommel schlug seinen Plan vor, der, obgleich er Aussicht auf Erfolg hatte, von Hitler verworfen wurde.

Genau einen Monat später, am 17. Juli 1944, fuhr Rommel zur Front, zum Gefechtsstand des I. Waffen-SS-Panzerkorps. Er besprach dort mit Oberstgruppenführer Sepp Dietrich die Lage. Gegen 16.00 Uhr trat er die Rückfahrt nach La Roche Guyon an. Bei Livator bog sein Fahrer, Unteroffizier Daniel, auf eine Nebenstraße ein. Fünf Kilometer vor Vimountiers mußte er wieder auf die Hauptstraße zurück.

»Tiefflieger!« rief Feldwebel Holke plötzlich.

»Fahren Sie schneller, Daniel!« befahl Rommel.

Der Fahrer trat das Gaspedal durch. In nur dreißig Meter Höhe kamen die Jabos von rückwärts angeflitzt. Unteroffizier Daniel jagte auf das nächste Dorf zu. In der Kurve erreichte ihn der vorderste Jabo. Er schoß! Granatsplitter und MG-Geschosse peitschten in den Wagen hinein. Daniel erhielt einen Schulterschuß. Der Wagen rutschte, prallte gegen einen Baumstumpf an der rechten Straßenseite, drehte sich um die eigene Achse und stand dann quer auf der Straße.

Rommel war mit dem Kopf gegen die Windschutzscheibe geschlagen. Er wurde aus dem Wagen geschleudert, stürzte schwer auf die Straße und blieb liegen.

Hauptmann Helmuth Lang, Rommels Begleitoffizier, Major Niehaus und Feldwebel Holke waren unverletzt geblieben. Sie rannten zurück, zogen den Feldmarschall hinter eine Hecke und brachten ihn, als die Jabos abgedreht hatten, in das nahe Dorf. Es trug den Namen St. Foy de Montgommery. Von hier aus wurden Rommel und Daniel in das Luftwaffenlazarett nach Bernay gebracht.

Rommel hatte einen Schädelbasisbruch, zwei Brüche an den Schläfen, Zertrümmerung der Backenknochen, eine Wunde am linken Auge und Verletzungen durch Glassplitter erlitten. An seinem Aufkommen wurde gezweifelt. Aber der Wüstenfuchs überlebte. Noch stand ihm der letzte Akt der Tragödie bevor.

Der 20. Juli war vorüber, das Attentat auf Hitler mißlungen. Bei den Gestapoverhören hatte General von Stülpnagel vermutlich den Namen Rommel genannt. Damit war das Schicksal des Feldmarschalls an sich bereits besiegelt; denn Hitlers Rachebedürfnis sah ein »verdächtig« als »schuldig« an, zumal er in der Endphase des Krieges mehr und mehr dazu neigte, alle Generale des Heeres, die je sich selbständiges strategisches Denken bewahrt hatten, als »Verräter« zu betrachten. Rommel reiste nach der Genesung nach Herrlingen in sein Heim. Hier besuchte ihn General Speidel am 6. September 1944, um ihn zu warnen.

Wenig später wurde Speidel verhaftet. Rommel als sein Oberbefehlshaber protestierte dagegen. Er erhielt nicht einmal eine Antwort. Statt dessen befahl Keitel am 7. Oktober Rommel nach Berlin.

Rommel ahnte, welcher Art die »wichtige Besprechung« sein würde, zu der man ihn gerufen hatte. Er weigerte sich, nach Berlin zu gehen, und sagte, sein Arzt habe es ihm verboten. Zu Vizeadmiral Ruge, der am 11. Oktober 1944 bei Rommel weilte, sagte der Feldmarschall:

»Ich werde nicht nach Berlin fahren, denn ich werde nicht lebend hinkommen!«

Drei Tage später kamen als Hitlers Schergen die Generale Burgdorf und Maisel vom Heerespersonalamt. Rommel sprach mit ihnen in seinem Arbeitszimmer. Danach ging er zu seiner Frau und sagte:

»Ich muß mich verabschieden, denn in einer Viertelstunde werde ich nicht mehr am Leben sein.«

Man hatte ihm zwei Möglichkeiten gelassen: Entweder er fuhr mit nach Berlin, dann würde er von einem Volksgerichtshof zum Tode verurteilt, oder er müsse eine Pille nehmen, die man ihm mitgebracht hatte. Wenn er letzteres tue, werde für seine Familie gesorgt, und man werde amtlich verlautbaren, er sei seinen Verletzungen erlegen, und er würde dann ein Staatsbegräbnis erhalten.

Rommel entschied sich für das Gift und – für seine Familie. Drei Sekunden nachdem er die Kapsel, im Auto des Abgesandten, zerbissen hatte, sackte er zur Seite.

Der geniale Soldat, der Wüstenfuchs, der unzweifelhaft eine ritterliche Behandlung erfahren hätte – wenn er seinen britischen oder anderen Gegnern in die Hände gefallen wäre, war von seinem Obersten Befehlshaber in den Tod getrieben worden.

Erwin Rommel, geboren am 15. November 1891 in Heidenheim
Letzter Dienstgrad: Generalfeldmarschall
Letzte Dienststellung: Oberbefehlshaber der Heeresgruppe B
Pour le mérite am 10. Dezember 1917
Ritterkreuz am 27. Mai 1940
10. Eichenlaub am 30. März 1941
6. Schwerter am 20. Januar 1942
6. Brillanten am 11. März 1943
Ermordet am 14. Oktober 1944

GENERALMAJOR MAX SACHSENHEIMER

Vom Kompaniechef zum Divisionskommandeur

Am Abend des 14. Juni 1940 stand das IR 75 der 5. ID als Divisionsspitze dreißig Kilometer südlich der Marne im Raum Soudron. Für den folgenden Tag war die Verfolgung des weichenden Gegners auf zwei Straßen nebeneinander in südwestlicher Richtung befohlen. Das verstärkte IR 75 hatte Auftrag, die Brücken über die Aube bei Plancy und Boulages zu gewinnen. Vortruppkompanie war die 1./IR 75 unter Führung von Oberleutnant Sachsenheimer.

Es war noch dunkel, als die Erste aus Villeseneuse aufbrach. Max Sachsenheimer hatte eine sMG-Gruppe und eine Gruppe mit schwerem GRW der 4./IR 75 erhalten.

Die Kompanie erreichte am Nachmittag die Aube bei Plancy. Die Brücke über den Fluß war vom Gegner gesprengt. Dicht daneben wurde ein Fußgängersteg entdeckt.

»Sachsenheimer«, befahl Hauptmann Vogt, der Bataillonsführer, »Sie stoßen, ohne auf die übrigen Bataillonskräfte zu warten, nach Méry sur Seine vor und bilden südlich davon, bei La Belle Etoile, einen Brückenkopf.«

Die Kompanie ging über den Steg. Beim Schloß, am Südausgang von Plancy, ließ Sachsenheimer die Kompanie sammeln.

»Männer«, verkündete er, »wir haben vom Regiment einen neuen Auftrag erhalten, der uns über die Seine nach La Belle Etoile führt!«

Er teilte seine Kräfte ein und bildete eine Vorausgruppe, mit der er in Richtung Méry zur Erkundung vorausfuhr.

Sie waren noch nicht lange unterwegs, als von den Höhen südlich Charny Gewehrfeuer und MG-Salven zu vernehmen waren.

Ein Reiter des Regiments-Reiterzuges, der Sachsenheimer ebenfalls unterstellt war, meldete wenig später die Höhen südlich Charny feindbesetzt. Dann kam ein zweiter Reiter angaloppiert. Es war Leutnant Göppinger, der Zugführer. Er meldete:

»Höhen südlich Charny feindbesetzt. Beiderseits der Straße Charny—Méry gehen Feindgruppen in insgesamt Bataillonsstärke zurück.«

»Melder zu Leutnant Kurz. Er soll das Gros der Kompanie so rasch wie möglich vorbringen. Wir gehen zusammen mit Ihrem Reiterstoßtrupp gegen die Höhen vor.«

Die kleine Gruppe fuhr der Höhenrippe entgegen. Als sie den oberen Rand erreichte, erhielt sie Gewehr- und MG-Feuer. Max Sachsenheimer stürmte an der Spitze der wenigen Männer über das Gelände. Nach kurzem Feuergefecht waren zwölf Franzosen gefangen. Der Rest floh in ein Waldstück jenseits der Höhen.

Durch sein Fernglas sah Sachsenheimer das von Leutnant Kurz nachgeführte Gros der Kompanie. Er ließ es auf die Höhe nachziehen und versammeln.

»Wir werden von hier aus mit zwei Zügen zunächst in Richtung Punkt 119 und von dort durch den Wald auf Méry sur Seine vorstoßen. Der dritte Zug unter Feldwebel Huber sichert unseren Vorstoß von dieser Höhenrippe aus.«

Huber zog mit seinem Zug ab. Der übrigen Kompanie erklärte der Oberleutnant, daß sie mit ihrem Vorstoß dem Gegner, der noch nördlich des Flusses stand, den Rückzug über die Seine abschneiden würden.

Dann stürmten sie los. Sie überholten den Gegner in der Flanke. Der Gegner ging zurück und geriet in ihr Feuer. Sachsenheimer setzte die beiden sMG und den schweren Granatwerfer ein. Der Gegner blieb liegen, und die Erste stürmte dem Punkt 119 entgegen.

Sie erreichten ein Wäldchen, stießen hindurch. In breiter Schützenkette, Meter um Meter springend, blieben sie schließlich am jenseitigen Waldrand vor einer starken Widerstandsgruppe liegen. Das Feuer verdichtete sich. Der Wald hallte wider vom Getöse der Waffen.

»Handgranaten!« befahl Sachsenheimer.

Sie warfen gleichzeitig. Dann sprangen sie auf, stürmten den Gräben und Löchern der Franzosen entgegen. Plötzlich aus zwanzig Metern wieder MG-Feuer aus einem Straßengraben. Als sie ihn erstürmen wollten, sprang ein französischer Offizier auf, richtete aus wenigen Metern Entfernung seine Pistole auf Sachsenheimer. Im gleichen Augenblick wurde einem ebenfalls hochschnellenden Franzosen von einem Querschläger der Kopf abgerissen. Der Offizier sah dieses entsetzliche Bild und ließ die auf Sachsenheimer gerichtete Pistole sinken. Der Gegner ergab sich. Es waren insgesamt über hundert Mann.

Der französische Major, der auf Oberleutnant Sachsenheimer schießen wollte, übergab seine Pistole. Max Sachsenheimer hob diese Pistole noch lange auf.

Die Kompanie hatte das Wäldchen bei Punkt 119 überwunden und stürmte nun auf der Straße in Richtung Méry weiter. Mit ganzen zwanzig Soldaten erreichte der Oberleutnant den Ortseingang. In direktem Stoß stürmten sie hindurch, erreichten die Kanalbrücke, liefen hinüber und stießen kurz darauf noch vor der Seinebrücke auf eine starke Gegnergruppe. Noch einmal flackerte das Feuer auf. Dann zeigte der Gegner die weiße Fahne.

Mit wenigen Männern setzte Max Sachsenheimer seinen Vorstoß fort. Sie erreichten die Seinebrücke und rissen die Zündschnüre aus den Sprengladungen. Sachsenheimer ließ einen Funkspruch an das Bataillon absetzen:

»Vorausgruppe hat Brücken über Seinekanal und Seine unversehrt in Besitz genommen. Stößt weiter vor und bildet Brückenkopf!«

Mit dem Spitzenzug ging Max Sachsenheimer schließlich weiter vor und stieß südlich der Kirche von Méry auf die Vorausabteilung der 88. ID, die an anderer Stelle die Seine ebenfalls überschritten hatte und von der Flanke nach Méry hineingestoßen war.

Insgesamt machte die Vorauskompanie während dieses Sturmlaufes zur Seine 1400 Gefangene. Oberleutnant Sachsenheimer hatte eine der wichtigsten Voraussetzungen zum schnellen Weiterstoß geschaffen. Am 16. Juni 1940 erhielt er dafür als einer der ersten Soldaten des Regiments das EK I, nachdem er schon am 25. Mai 1940 mit dem EK II ausgezeichnet worden war.

Max Heinrich Sachsenheimer wurde am 5. Dezember 1909 zu Mühlbach bei Eppingen im Kreis Sinsheim/Baden geboren. Er besuchte die Realschule in Eppingen, machte dort sein Einjährigen-Examen und ging anschließend zur Oberrealschule nach Heilbronn.

Mit Abschluß der Primareife trat er bei seinem Vater – dem Architekten und Steinbildhauer Johannes Sachsenheimer – in die Lehre ein, um Architekt zu werden.

Doch 1927 ging er zur Reichswehr. Die 2./IR 14 in Meiningen nahm ihn auf. Er durchlief die harte Reichswehrschule, hatte es bis 1932 zum Unteroffizier gebracht und absolvierte später in Ulm einen Ausbildungskurs für Offiziere aus dem Unteroffiziersstand. Am 1. Juli 1934 wurde er Leutnant.

Vom 1. Juli 1934 an war er Kompanieoffizier in der 1./IR 75. Das Regiment gehörte zur 5. ID, eine der Friedensdivisionen.

In den folgenden Jahren war er gleichzeitig Nachrichtenoffizier und Führer des Stabspersonals des Bataillons in Villingen. 1936 wurde er Oberleutnant, und im Herbst 1937 wurde er als Regiments-Nachrichtenoffizier zum Stab des IR 75 nach Freiburg versetzt.

Mit seinem Regiment marschierte Oberleutnant Sachsenheimer ins Sudetenland. Nach Rückkehr aus dem »Blumenkrieg« wieder in die Garnison zurückgekehrt, wurde er Chef der 1. Kompanie.

Während des Sommermanövers 1939 wurde die 5. ID am 25. August 1939 alarmiert. Generalleutnant Fahrmbacher, der Divisionskommandeur (RK am 27. 6. 1940), erhielt den X-Befehl und übernahm mit seiner Division einen Abschnitt des Westwalles.

Der »drollige Krieg« an der Westgrenze begann. Am 9. Oktober wurde die Division abgelöst und gelangte über die Ruhequartiere eingangs November in den neuen Einsatzraum in der Eifel. Hier wurde sie am 9. Mai 1940 alarmiert.

Am nächsten Morgen begann der Westfeldzug. Das, was er als seine Aufgabe gegenüber den Soldaten seiner Kompanie ansah, legte Max Sachsenheimer in einem Brief an seine Frau nieder:

»Mein ganzes Streben geht dahin, Menschen zu schonen. Dies ist mit vielen Sorgen und mit großem Einsatz des Willens und aller Seelenkraft verbunden.

Wissen, Können und Verantwortungsgefühl sind Voraussetzungen, um Blut zu sparen. Der beste Soldat ist der, der den lautersten Charakter hat und sich für alles verantwortlich fühlt. Nur gute Menschen können auch gute Soldaten sein und Menschen führen. Es wird mir immer klarer, daß im Felde dem Charakter *vor* allen anderen Voraussetzungen die entscheidende Stelle einzuräumen ist.«

In diesem Sinne führte Max Sachsenheimer seine Kompanie in Frankreich. Als der Feldzug beendet war, bildete er seine Kompanie weiter aus.

Am 1. Januar 1941 wurde Sachsenheimer mit Wirkung vom 1. April 1940 zum Hauptmann befördert.

Bis zum April 1941 blieb die 5. ID in Frankreich. Dann verlegte sie ins südliche Ostpreußen in das Masurenstädtchen Neidenburg und in das Truppenlager des Übungsplatzes Mlawa.

Mit Beginn des Rußlandfeldzuges wurde Hauptmann Sachsenheimer von der Division als »Stabsoffizier für die Verkehrsregelung« eingesetzt. Die Brücke über die Düna bei Ulla war sein schwierigstes Wirkungsfeld, denn hier mußte im Beschuß und im Angriff feindlicher Bomber und Schlachtflieger übergesetzt werden.

Bis zum 25. Juli war Sachsenheimer auf diese Weise »beschäftigt«. Dann erhielt er Befehl, das II./IR 75 zu übernehmen, dessen Kommandeur schwer an Ruhr erkrankt war.

Als Hauptmann Sachsenheimer am 26. Juli das Bataillon übernahm, war der Widerstand der Russen bei Wydra fast gebrochen.

Bei seinem Bataillon wurde er von seinem Kameraden Oberleutnant Stephanie, genannt »Stumpen«, begrüßt. Mit knappen Worten erfolgte die Einweisung. Dann suchte er die Kompanien seines Bataillons auf, um sich als neuer Chef vorzustellen. Auch bei seinem Freund, Hauptmann Kassebeer, der das I. Bataillon führte, machte er kurzen Besuch. Dieser gab der Hoffnung Ausdruck, daß sie bald weiter vorgehen würden.

Tatsächlich ging es schon am 27. Juli weiter. Mit seinem Bataillon durchstieß Sachsenheimer den Malweikiwald und stürmte dem Oljschankaabschnitt entgegen. Bis zum Abend wurde der Raum Tetschino erreicht.

Am 28. Juli wurde der Angriff entlang der Rollbahn fortgesetzt. Erstmals stießen sie auf Rotarmisten, die sich als Volksdeutsche zu erkennen gaben. Immer wieder feuerten russische Kampfgruppen aus den hohen Kornfeldern links und rechts der Straße. Am 29. Juli war das Bataillon Sachsenheimer so weit vorgeprellt, daß ein Vorsprung von zwei Kilometern zum Nachbarregiment bestand. Auch zum I. Bataillon, das links von ihnen angetreten war, klaffte die offene Flanke.

»Wir überschreiten den Bachgrund vor uns, gehen bis zur Hochfläche empor und graben uns dort ein, bis die anderen herangekommen sind!« befahl der Hauptmann.

Die Senke wurde durchschritten, ohne daß ein Schuß fiel, aber beim Anstieg zur Höhe bekamen sie Einzelfeuer. Bald richteten sie sich oben auf der Kammlinie ein. Durch sein Fernglas sah Sachsenheimer die Abschüsse von Panzerkanonen beim I. Bataillon. Dann überblickte er die Hochfläche. Sie war ungefähr 500 Meter breit.

»Weiter rechts auf der Höhe Panzer, Herr Hauptmann!« meldete in diesem Augenblick einer der Männer.

Sachsenheimer spähte in die gewiesene Richtung und sah die Panzer, die, noch ungefähr 500 Meter entfernt, im Getreide herumkurvten, dann aber plötzlich hielten und ihre Kanonen in das sich eben eingrabende Bataillon abfeuerten.

Im Krachen der Einschläge schrie Oberleutnant Stephanie auf. Im selben Moment spürte Sachsenheimer einen harten Schlag an der linken Hand. Der gleiche Einschlag hatte auch den Kompanietruppführer tödlich getroffen. Max Sachsenheimer starrte auf seine Hand. Er sah mit einem Blick, daß Zeige- und Mittelfinger weggerissen, der Ringfinger krummgeschlagen und der Daumen aufgerissen war.

Ohne zu wissen, was er tat, sprang er auf, schüttelte drohend die Rechte und schrie:

»Warte, du Sauhund! Der Sachs kommt wieder!«

Einer der Offiziere riß ihn in Deckung. Er wurde vom Bataillonsarzt Dr. Futterer verbunden, ebenso Oberleutnant Stephanie, der am Oberarm verwundet war.

Sachsenheimer wurde, da er freiwillig seinen Posten nicht verlassen wollte, vom Divisionskommandeur, Generalmajor Seeger, zurückbefohlen.

Im Feldlazarett operierte ihn Professor Dr. Thiess (von der Universitätsklinik Tübingen). Von Suwalki aus gelangte er in ein Lazarett nach Berlin.

Hier in Berlin hatte er im März 1941 geheiratet. Seine Frau war im Amt Canaris beschäftigt. So konnte Max Sachsenheimer wenige Tage nach seiner Ankunft aus dem Lazarett in die Wohnung seiner Frau entlassen werden.

Mit einer Nachoperation war seine Hand notdürftig wieder in Ordnung gekommen. Am 22. November 1941 – dem Geburtstag seiner Frau – mußte er Abschied nehmen und einen Urlauberzug nach Frankreich besteigen. Dorthin war die 5. ID verlegt worden, um in eine »Jägerdivision« umgerüstet zu werden.

Er übernahm wieder sein II. Bataillon. Die Division war in zwei Jägerregimenter – JR 56 und 75 – umgegliedert worden. Im Dezember ließ jede Nachricht, die über die schweren Kämpfe im Osten durchgegeben wurde, vorausahnen, daß die 5. ID bald wieder nach Rußland geworfen werden würde. Im Januar wurde die Division alarmiert.

Über Ostpreußen ging es ins Baltikum. Der Schnee wurde höher, die Kälte grimmiger. Staraja Russa wurde erreicht, die 5. JD lud aus.

Unmittelbar nach dem Ausladen in Ruleblja – es war Mitte Februar geworden – fuhr Sachsenheimer mit dem Stab nach vorn, Richtung JR 56, das bereits im Einsatz stand. Am Nordrand des Kosankawaldes, hart südlich Staraja Russa, erhielt Sachsenheimer am 17. Februar 1942 folgenden Befehl:

»II. Bataillon stößt von Norden nach Süden durch den Kosankawald und schlägt das JR 56 heraus, das mitten im Wald steckt.«

Am frühen Morgen des 18. Februar trat das Bataillon Sachsenheimer an. Der Hauptmann übernahm die Führung. Es ging durch urwaldartigen Wald. Plötzlich peitschte Gewehrfeuer aus Baumwipfeln.

»Baumschützen!« schrie einer.

Leichte MG streuten die Baumkronen ab.

Mit harten Schlägen ratterten plötzlich schwere russische MG los. Es ging sprungweise weiter. Die Männer sackten im Schnee ein, krabbelten sich heraus, kämpften sich weiter in den Wald hinein. Dann erreichten sie die russischen Feldstellungen. Im Nahkampf überwanden sie Gräben und Einmannlöcher. Mitten im Wald aber versteifte sich der Widerstand.

»Wir umgehen diese Stellung!« befahl der Bataillonskommandeur. Aus dem Raum Uteschkino, wo das JR 56 stand, hallte ihnen Gefechtslärm entgegen.

Dann erreichten sie den Ostrand des Waldes und sahen die Ortschaft Derewkowa. Von zwei Seiten stürmten sie hinein, schossen den Gegner hinaus und richteten sich zur Verteidigung ein.

Mit der Fünften ging Sachsenheimer zu einer Querrippe, eineinhalb Kilometer ostwärts Garisha, vor. Sie erstürmten die Höhe, richteten sich darauf ein. Nach hier ließ er schwere Waffen nachziehen. Es war dem II. Bataillon gelungen, den Kosankawald zu säubern.

Generalmajor Karl Allmendinger, dem Divisionskommandeur (RK am 17. 7. 1941; 153. E am 13. 12. 1942), gelang es, die einzeln in den Kampf geworfenen Regimenter seiner Division zu sammeln, den Feind südlich Staraja Russa zum Stehen zu bringen und bis Ende Februar in der Linie Iwanowskoje–Wolyschowo–Derewkowo Stellungen zu beziehen. Damit war eine durchgehende HKL entlang des Polistabschnitts aufgebaut.

Mitte März erhielt die 5. JD einen neuen Auftrag. Sie sollte auf dem linken Angriffsflügel zum Entsatz von Demjansk antreten. Der Angriffsgruppe gehörten noch die 8. Leichte ID und die 329. ID an. Generalleutnant von Seydlitz-Kurzbach übernahm diese Korpsgruppe.

Nach dem am 20. März einsetzenden Artilleriefeuer begann am folgenden Tag der Angriff. Oberst Jost (RK am 9. 4. 1942, gefallen 1945 als Generalleutnant und Divisionskommandeur) führte das JR 75.

Als der Zeiger auf die X-Zeit ruckte, stieß Max Sachsenheimer den Arm in die Höhe. Die Männer stürmten aus ihren Schneedeckungen heraus, arbeiteten sich durch den manchmal brusttiefen Schnee, erreichten die ersten Feindbunker, warfen Handgranaten hinein. Es ging langsam vorwärts. Erst als das Bataillon einen Buschwald erreichte, ging es rascher. Eine Feldstellung der Sowjets wurde im Sprung genommen. Dann war das Ziel erreicht, und die Orange-Rauchzeichen für die Stukas wurden geschossen.

Stukas röhrten jetzt heran, stürzten brüllend und heulend der Erde entgegen, setzten ihre Bomben genau in die russischen Hauptstellungen. Doch der nachfolgende Angriff blieb vor einer tiefgestaffelten Pak- und MG-Front liegen. Panzer, im Gebüsch getarnt, eröffneten das Feuer. Lediglich dem III. Bataillon, von Oberst Jost geführt, gelang es, Podzopotschje zu erobern.

Am frühen Morgen des 23. März wurde der Angriff fortgesetzt. Doch auch an diesem Tag wurde das Ziel – der Punkt 38,1 – nicht erreicht.

Am nächsten Morgen griffen sie nach einem neuerlichen Bombeneinsatz der Stukas an. Sie durchliefen ein Minenfeld. Die Pioniere buddelten im Feindfeuer 84 Minen aus. Abermals tobte der Waldkampf. Sie erreichten den Kreuzungspunkt 38,1, und hier stießen sie auf die Moskauer Garde mit weißen Sternen auf den Mützen. Sachsenheimer überwand sie im Nahkampf. Dann blieben sie abermals liegen.

Während sie wenig später erkundeten, wurde Oberleutnant Weber, der Führer des I. Bataillons, dicht neben Sachsenheimer durch Gesichtsschuß schwer verwundet. Nun faßte der Hauptmann beide Bataillone zu einer Kampfgruppe zusammen.

Drei Tage dauerten die Kämpfe. Immer wieder versuchten die Russen, diesen vorgeschobenen Verteidigungsigel zu überrennen. Doch Sachsenheimer hielt und – griff am 25. März wieder an. Er bildete auf Befehl des Regimentskommandeurs eine Kampfgruppe, stieß nach Bolowino hinein, verfolgte den Gegner nach Bol. Gorby, stürmte durch das lichterloh brennende Dorf und richtete sich am Ortsrand zur Verteidigung ein. Hier meldete er dem Regimentskommandeur, daß er voraus bereits Jaswy sehen könne und daß er Jaswy ebenfalls nehmen wolle.

Oberst Jost kam sofort nach vorn. Mit dem I. Bataillon stürmte Sachsenheimer auf Jaswy los. Sie erreichten das Dorf im Finstern und überwanden die russische Gegenwehr. Oberst Jost schrieb in seinem Gefechtsbericht:

»Ein großer Erfolg ist errungen. Die große Straße Staraja Russa–Demjansk, eine der wichtigsten Nachschublinien des Feindes, ist erreicht und unterbrochen.«

In den nächsten Tagen wurde das JR 75 mehrfach angegriffen. Die Sowjets versuchten mit allen Mitteln, Jaswy wieder zurückzugewinnen. Max Sachsenheimer organisierte die Abwehr. In schweren Nahkämpfen stand er Schulter an Schulter mit seinen Jägern, griff mit seinen letzten Reserven ein und warf die eingebrochenen Sowjets.

Dann kam der 11. April 1943. Überraschend erschien der Regimentskommandeur auf dem Gefechtsstand Sachsenheimers. Im Freien nahm Oberst Jost die Meldung des Bataillonskommandeurs entgegen. Dann nahm er ein flaches schwarzes Kästchen aus der Aktentasche, holte daraus ein Ritterkreuz hervor und sagte:

»Hauptmann Sachsenheimer, der Führer und Oberste Befehlshaber der Wehrmacht hat Ihnen das Ritterkreuz verliehen. In Anerkennung Ihrer Führungsleistungen, Ihrer Umsicht und Entschlußkraft haben Sie im Kampf um Jaswy–Demjansk einen schlachtentscheidenden Beitrag geleistet.

Ich habe die besondere Ehre und Freude, Ihnen jetzt diese Auszeichnung anlegen zu dürfen.«

Oberst Jost hängte dem Hauptmann das Ritterkreuz um. In diesem Moment setzte eine schwere Schießerei ein. MG-Salven surrten durch den Wald und pfiffen über die Köpfe der Männer hinweg, die vor dem niedrigen Gefechtsbunker standen. Doch die Soldaten, die hier versammelt waren, warfen sich nicht hin, sondern blieben eisern stehen.

Max Sachsenheimer sagte zu dieser und den späteren Ordensverleihungen:

»Es sind Auszeichnungen, die jeder einzelne Mann meiner Truppe verdient hat. Es gibt keine Einzelleistung eines Offiziers, die nicht durch seine Soldaten erst geschehen und durchgeführt werden muß.«

Wenige Tage später erreichten die Spitzen der Korpsgruppe den Lowat. Die 5. JD richtete sich in den erreichten Stellen zur Verteidigung ein. Hier verteidigte sie in den nächsten Monaten. Immer wieder versuchten die Sowjets durchzubrechen. Doch wo sie beim JR 75 – beiderseits des Gridinoweges – angriffen, dort wurden sie abgewiesen. Am 5. Mai 1942 wurde die 5. JD im Wehrmachtsbericht genannt.

Dann erhielt das JR 75 einen neuen Kampfauftrag: »Verbreiterung des Verbindungsweges zum II. AK. Inbesitznahme des Waldstückes nördlich des Gridinoweges.«

Die ersten Junitage brachten während dieses Angriffs wieder schwere Kämpfe. Am 10. Juni wurde die 5. JD abermals im Wehrmachtsbericht genannt. Oberst Jost wurde leicht verwundet und mußte ins Lazarett. Als er zurückkam, übernahm er die Divisionsführung in Vertretung von Generalmajor Allmendinger. Hauptmann Sachsenheimer wurde von der Division als Regimentsführer eingesetzt.

Als Regimentsführer hatte er im Sommer 1942 einige kritische Situationen zu meistern. Am 5. August trat das JR 75 den Marsch über den Lowat nach Osten an. Es wurde am 10. August alarmiert und der 8. JD für einen Gegenangriff gegen eingebrochene Sowjetverbände unterstellt. Hier übernahm Oberstleutnant Frhr. von der Mühlen (RK am 9. 11. 1942; 690. E am 9. 1. 1945) die Regimentsführung, und Sachsenheimer kehrte zu seinem Bataillon zurück.

Am 23. August konnte er seinen Urlaub antreten. Er war seit über neunzehn Monaten nicht mehr in der Heimat gewesen.

Zum Regiment zurückgekehrt, erlebte er das Unternehmen »Michael«, das den Schlauch zum II. AK im Kessel Demjansk erweitern sollte, um die Versorgung der dort eingeschlossenen Divisionen auch über den kommenden Winter zu sichern. Bis zum 3. Oktober dauerte dieser Einsatz.

Bereits am 5. Oktober unterstützte das II. Bataillon das von Major Freudenberger geführte I. Bataillon im Angriff auf Lipno. Wieder überwand

Sachsenheimer mit seinen Männern den Gegner und setzte sich in den sowjetischen Gräben fest. Russische Gegenangriffe, die bis auf achtzig Meter an Sachsenheimers Gefechtsstand herankamen, wurden abgewehrt. Bis zum 10. Oktober wurde hier verteidigt. Dann bezog das Regiment eine Winterstellung.

Wenig später erkrankte Hauptmann Sachsenheimer an einer akuten Blasenentzündung und mußte ins Lazarett nach Freiburg. Am 1. Dezember 1942 wurde er dort Major und kehrte am 11. Februar 1943 zur Truppe zurück.

Oberst Thumm – bekannt als Vati Thumm – (RK am 30. 6. 1941; 166. E am 22. 12. 1942) führte jetzt die Division. Generalleutnant Allmendinger hatte ein Korps übernommen.

Am Tag der Roten Armee – dem 23. Februar – griffen die Russen mit starken Kräften an. Major Sachsenheimer leitete in der HKL die Abwehr. Sein Bataillon hielt. Als links davon ein russischer Einbruch gemeldet wurde, ging »Sachs« mit einer Stoßgruppe dagegen vor und bereinigte ihn.

Hier stieg strahlend der Stern von Oberjäger Otto Doser auf, der sich mit fünfzehn Mann einem russischen Angriff entgegenwarf, abriegelte und dann mit der Reservegruppe seiner Kompanie den Gegner vernichtete. Major Sachsenheimer reichte ihn zum Ritterkreuz ein, das Doser am 19. März 1943 erhielt.

Während des Penna-Unternehmens am 30. März zeichnete sich Sachsenheimer abermals aus. Er wurde zur Generalstabsausbildung kommandiert. Dann übernahm er die Führung des JR 56 vertretungsweise. Ein Einsatz als Ib der Division folgte. Im Oktober 1943 ging er nach Hirschberg zum Generalstabslehrgang. Er schnitt als einer der Besten ab.

Am Ende der Ausbildung in Hirschberg erhielt er am 6. Februar 1944 das Deutsche Kreuz in Gold. Zur Front zurückgekehrt, übernahm er das JR 75, das wenig später in eine HKL am Dünaknie, südwestlich Staroje Selo, eingeschoben wurde. Doch bereits am 19. März wurde die gesamte 5. JD in den Raum Brest-Litowsk verlegt. Der Auftrag für die Division im neuen Abschnitt lautete:

»Verhindern weiteren Vorgehens des Feindes über den Pripjet nach Süden.«

Ein Kampf stand bevor, der der Kampfgruppe Sachsenheimer schwerste Opfer abverlangte und in dem sich Max Sachsenheimer vor entscheidende militärische Befehle gestellt sah, an denen er sich – in hundert Schlachten erprobt – auf das höchste bewähren würde.

Am 24. März 1944 begann der Vorstoß der Gruppe Sachsenheimer durch den Wald von Tur auf Zyrycze. Als sie kurz vor der Brücke von Zyrycze waren, flog diese in die Luft. Major Sachsenheimer stürmte nach Zyrycze hinein und bildete einen Brückenkopf. Von hier aus stieß er mit unterstellten Verbänden zur Erweiterung des Brückenkopfes vor.

Im Kampf um Prochod, bei der Eroberung von Komarowo und im Angriff durch den Sumpf des Pripjet auf die Brücke von Turski und die anderen vier Brücken dieses Bereichs leisteten Sachsenheimer und seine Truppe Unvorstellbares. Der Angriffsversuch durch dieses Quellgebiet des Pripjet auf Kowel scheiterte. Aber Kowel mußte entsetzt werden, sonst waren die dort stehenden deutschen Truppen verloren. Der Stoß sollte von Piaseczno-Brunetowka aus geführt werden. Dazu mußte das Regiment in der nächsten Nacht fünfunddreißig Kilometer weit durch teilweise hohen Schnee marschieren. Der Kommandeur war bei seinen Männern. Er trug das MG des übermüdeten Gefreiten Schultze. Sie erreichten das Ziel, stellten sich bereit.

Am Abend des 31. März gingen die ersten Floßsäcke über den Wyzowka, nachdem die diesseitigen russischen Brückenköpfe umgangen worden waren.

Doch auch hier mußten die Soldaten umkehren, denn das jenseitige Ufer war so tief versumpft, daß niemand durchkam.

Nun blieb nur noch der russische Brückenkopf bei Osowka. Sachsenheimer ließ zangenartig angreifen. Sie vernichteten den Brückenkopf, kämpften in der Nacht um das Fußfassen am anderen Ufer. Es gelang. Sie erstürmten Piaseczno und warfen den Gegner hinaus.

Doch am anderen Tag mußte sich das Regiment wieder auf das Westufer der Wyzowka zurückziehen. Dann wurde es auf Lesniaki angesetzt, das im nächtlichen Handstreich genommen werden sollte. Doch erst am kommenden Morgen hatten sie die Sturmausgangsstellungen erreicht, und hier faßte Sachsenheimer den Entschluß, einen Frontalangriff zu vermeiden, der unnötig hohe Opfer gekostet hätte. Er drehte das I./JR 75 in den Raum nördlich Lesniaki ab.

Am 1. April war er zum Oberstleutnant befördert worden. Doch dieses Ereignis war im Wirbel der Angriffe und Marschleistungen untergegangen.

Nach einem Feuerschlag aus allen Rohren griff er mit dem I./JR 75 an. Um 13.00 Uhr war Lesniaki gefallen.

Nun stieß Sachsenheimer mit zwei Bataillonen nach. Tarasowka wurde genommen. Bis zum Abend des nächsten Tages gelang es der Kampfgruppe, den gesamten Wald ostwärts Krasny Dub zu säubern, den Bahndamm zu überschreiten und zu sichern.

An diesem Abend erhielt Max Sachsenheimer den Fernspruch, daß es der 4. PD gelungen war, Kowel zu entsetzen. Damit hatte auch sein Angriff das

Ziel erreicht. Das JR 75 ging in den erreichten Stellungen zur Verteidigung über.

Am 15. Mai 1944 ging ein Fernschreiben aus dem FHQ ein:

»Herrn Oberstleutnant Sachsenheimer, Führer Jägerregiment 75, über Heeresgruppe Mitte, 2. Armee, 5. Jägerdivision:

In dankbarer Würdigung Ihres heldenhaften Einsatzes im Kampf für die Zukunft unseres Volkes verleihe ich Ihnen als 472. Soldaten der deutschen Wehrmacht das Eichenlaub zum Ritterkreuz des Eisernen Kreuzes.

Adolf Hitler, Führerhauptquartier, den 14. Mai 1944«

Zur Eichenlaubverleihung wurde Oberstleutnant Sachsenheimer ins FHQ befohlen. Am 31. Mai 1944 nahm er zusammen mit weiteren ausgezeichneten Soldaten auf dem Obersalzberg aus der Hand des Führers das Eichenlaub entgegen.

Als Oberstleutnant Sachsenheimer zum Regiment zurückkam, war die Front in Bewegung geraten. Am 14. Juli brach auch vor der Front der 5. JG der sowjetische Großangriff los. Aus dem Raum Tarnopol–Kowel stießen russische Divisionen vor. Die Rückzugskämpfe vom Bug zum Narew begannen. Südlich Wlodawa erkämpfte sich die Division am 19. Juli den Rückzug über den Bug.

Am 27. Juli erhielt der Oberstleutnant auf dem Gefechtsstand von Generalleutnant Thumm die Nachricht, daß er einen Divisionsführer-Lehrgang besuchen solle. Wieder fuhr er nach Hirschberg. Hier wurde er am 1. September 1944 zum Oberst befördert.

Am 10. September erhielt Sachsenheimer den Befehl, die 17. ID, zunächst als Divisionsführer, zu übernehmen. Diese Division lag zu jener Zeit in breiter Front am Pulawy-Brückenkopf. In seinen Erinnerungen sagt Generalmajor Sachsenheimer:

»Mein eigener schwerer Entschluß, in jüngeren Lebensjahren eine so verantwortungsvolle Aufgabe, wie sie die Führung einer Division bedeutet, zu übernehmen, wurde mir durch die Angehörigen dieser Division, und zwar aller Dienstgrade, leicht gemacht.«

Der Divisionsabschnitt hatte eine Breite von dreiundsechzig Kilometern. Oberst Sachsenheimer organisierte die Abwehr. Am 1. Dezember 1944 wurde er Generalmajor und gleichzeitig Divisionskommandeur.

Am 14. Januar 1945 brach der sowjetische Angriff los. Im Abschnitt der 17. ID griffen allein elf Schützendivisionen und ein sowjetisches Kavalleriekorps an. Hinzu kam ein Panzerkorps. In einem gigantischen Feuersturm wurden die Stellungen der gesamten Division zerfetzt. Der sowjetische Durchbruch war unaufhaltbar. Dennoch gelang es den Grenadieren, über 100 Feindpanzer zu vernichten.

Die Division kämpfte verbissen. Noch am Morgen des 15. Januar wurde ein Entsatzangriff auf Zwolen angesetzt. Doch dann geriet die Front in Bewegung. Fünf Tage und Nächte zogen sich die Grenadiere, mitten unter ihnen der Divisionskommandeur, kämpfend zurück. Über 350 Kilometer ging diese Absetzbewegung, zeitweilig im Rücken vorgeprellter Feindkräfte, ehe sie die rettende Oder erreichten, an der den Sowjets Halt geboten werden konnte.

Es waren noch 1000 Mann Kampftruppen, die die unsäglichen Kampf- und Marschleistungen überstanden hatten. Nach dramatischen Zwischenfällen, nach tödlichen Gefahren boxten sie sich bis zu den Nachhuten der 72. ID unter General Höhne durch. (RK am 30. 6. 1941; 238. E am 17. 5. 1943.)

In der Nacht zum 24. Januar 1945 wurden sie schließlich nach einer grauenvollen Odyssee von der GD »Großdeutschland« aufgenommen.

Der Krieg neigte sich seinem Ende entgegen. Max Sachsenheimer erhielt den Auftrag, das Giftgaswerk Dyherrnfurth zurückzuerobern, damit den Russen nicht das dort lagernde Gift in die Hände fiel. Am 5. Februar zog er diesen Angriff durch.

Bei den Kämpfen um Breslau machte er noch einmal von sich reden. Maltsch wurde zu einer letzten großen Schlacht.

Am 6. Februar 1945 war Max Sachsenheimer als 132. Soldat mit den Schwertern ausgezeichnet worden, und zwar für die Kämpfe im Vorfeld von Breslau und für die Rückgewinnung von Dyherrnfurth. Bis Kriegsschluß kämpfte der Kommandeur mit seiner Division in Schlesien zur Rettung der fliehenden Zivilbevölkerung.

Nordwestlich Görlitz traten die Grenadiere am 19. und 20. April noch einmal an. Bei Niesky-Petershain sicherten sie den Vorstoß der 20. PD unter Generalmajor von Oppeln-Bronikowski auf Bautzen und Weißenburg und hatten damit Anteil an der Rettung der dort eingeschlossenen Deutschen.

Generalmajor Sachsenheimer entließ zum 9. Mai 1945 seine Soldaten aus dem Eid. Er selbst schlug sich mit einer Kampfgruppe bis zu den Amerikanern durch. Dreiundzwanzig Monate blieb er in Gefangenschaft. Dann wurde er in die Heimat entlassen.

Max Sachsenheimer, geboren am 5. Dezember 1909 in Mühlbach bei Eppingen, Kreis Sinsheim/Baden
Letzter Dienstgrad: Generalmajor
Letzte Dienststellung: Divisionskommandeur
Ritterkreuz am 5. April 1942
Deutsches Kreuz in Gold am 6. Februar 1943
472. Eichenlaub am 14. Mai 1944
132. Schwerter am 6. Februar 1945

OBERSTURMBANNFÜHRER GÜNTHER-EBERHARDT WISLIZENY

Soldat mit der Goldenen Nahkampfspange

Hauptsturmführer Wislizeny drückte den Stahlhelmriemen unter das Kinn. »Zwölfte Kompanie – fertigmachen!«

Er blickte nach vorn. Im Dunst des Frühmorgens sah er im Norden die Zitadelle von Istra aufragen. Das war ihr Ziel.

Für einen Augenblick dachte er daran, was er gestern, am 25. November 1941, gesehen hatte: Die Kameraden des Kradschützenbataillons der Aufklärungsabteilung des Regiments waren durch die Waldbunkersperre gebrochen, hatten gegen die 78. sibirische Schützendivision gekämpft, waren reihenweise gefallen und hatten ihnen dennoch den Durchgang zur Ausgangsposition für diesen Angriff auf das Kernstück der letzten Moskau-Schutzstellung ermöglicht.

Hauptsturmführer Klingenberg (RK am 15. 5. 1941; gefallen am 22. 3. 1945) war auch heute wieder dabei.

Rechter Hand, dort wo der Regimentskommandeur des Regiments »Der Führer« der Waffen-SS-Division »Das Reich« im vorgeschobenen Gefechtsstand lag, stiegen die beiden Leuchtkugeln hoch.

»Sprung auf – marsch, marsch!« rief Wislizeny.

Die Grenadiere seiner Kompanie sprangen hoch, rannten vorwärts, in der Kälte dicke weiße Atemwolken ausstoßend. Von vorn, dort, wo die Bunker den südlichen Stadtrand abschirmten, peitschten die Abschußblitze einiger MG. Sekundenlang war nichts zu vernehmen als das harte, langsame Tacken der Maxim-MG; dann krachten auch Werfergranaten und zeichneten kreisrunde schwarze Flecke im gefrorenen Boden.

Günther-Eberhardt Wislizeny sah, daß ein Feuerstoß auf ihn einschwenkte. Mit drei Sätzen erreichte er eine Bodenwelle und warf sich kopfüber hinein.

Hinter ihm schrien einige Männer. Rechts und links landete das Gros seiner Kompanie in der Senke. Sie rappelten sich auf, rannten geduckt weiter, erreichten den Knick, krochen durch Gebüsch vorwärts.

Der Morgen des 26. November 1941 war tobsüchtig geworden. Nun hämmerten auch im Norden vor der Stadt die Waffen. Dort griffen die Kampfgruppen der 10. PD unter Generalleutnant Schaal (RK am 13. 7. 1940) an.

Rechts stürmten die übrigen Kompanien des Bataillons. Der Divisionskommandeur hatte das Regiment »Der Führer« im Zentrum antreten lassen.

Wislizenys Männer erreichten die erste russische Feldstellung, warfen Handgranaten, sprangen in die Gräben, rollten sie auf und hasteten durch die Verbindungsgräben weiter bis zu den Bunkern, aus deren Schießschlitzen pausenlos Abschüsse zischten.

Den ersten Bunker räucherten sie mit geballten Ladungen aus. Die anderen, darunter einen dreistöckigen, machten sie mit Handgranaten und MPi-Salven kampfunfähig.

Dann waren sie durchgestoßen, wurden in der Flanke mit Pak- und Panzerbüchsenfeuer belegt, erreichten die ersten Häuser und arbeiteten sich sprungweise – Haus für Haus niederkämpfend – durch die Straßenzüge vor.

»Straßensperre, Hauptsturmführer!« meldete der Zugführer von der Spitze, die sich zunächst festgerannt hatte.

»Erster Zug nach links umholen und aus dem Rücken angreifen!«

Während der Gegner frontal gebunden blieb, wich der erste Zug seitlich aus und gewann jenseits der Häuserzeile die Flanke des Gegners. Zehn Minuten vergingen, dann krachten Handgranatendetonationen.

»Alles mir nach!«

Sie stürmten, drangen in die Sperre ein, kämpften sie nieder und stürmten weiter. Sibirier tauchten vor ihnen auf. Sie schossen in die Gruppen hinein, drangen immer weiter vor. Dann verstummte plötzlich das Feuer. Wenig später war die Verbindung zur 10. PD hergestellt, die von Norden nach Istra eingedrungen war. Die Hauptzitadelle der letzten Moskauer Schutzstellung war überwunden.

Günther-Eberhardt Wislizeny ließ seine Kompanie sammeln. Viele Kameraden waren gefallen, viele verwundet; aber sie hatten es geschafft.

Der hochgewachsene, breitschultrige Mann mit dem vollen Gesicht und dem EK I auf der Feldbluse verspürte jetzt, da es vorüber war, Erleichterung; die Verluste seiner Kompanie waren doch nicht so schwer, wie zu befürchten gewesen wäre.

Am nächsten Tag, dem 27. November 1941, wurde der Vorstoß auf Moskau fortgesetzt und Polewo genommen. Am darauffolgenden Tag stürmten sie nach Wysokowo hinein.

»Noch dreißig Kilometer bis Moskau, Hauptsturmführer!« freuten sich die Männer.

Es war bitterkalt geworden. Die Männer hatten keine rußlandgeeignete Winterbekleidung. Zweiunddreißig Grad minus zeigte das Thermometer am 2. Dezember 1941, als sie Lenino erreichten. Auch Ssolnetschnogorsk wurde noch genommen. Damit hatte die SS-Division »Das Reich« den weitest vorgeschobenen Punkt erreicht.

Am 5. Dezember begannen die sowjetischen Gegenangriffe mit schwerem Artilleriefeuer auf die Stellungen der Division »DR«. Dann griffen frische sibirische Truppen an. Sie wurden abgewiesen.

Am Morgen des 6. Dezember wurde Hauptsturmführer Wislizeny vor Moskau schwer verwundet. Über den HVPl und das Feldlazarett kam er nach Deutschland. Er blieb bis zum 23. März 1942 im Lazarett.

Günther-Eberhardt Wislizeny wurde am 5. September 1912 in Regulowken, Kreis Angerburg/Ostpreußen, geboren. Nach den ersten Lebensjahren in Ostpreußen wuchs er in Schlesien auf, wohin seine Familie 1919 verzog. In Beuthen/Oberschlesien und in Breslau besuchte er die Schule bis zur Mittleren Reife. Nach dem Tode seines Vaters im März 1930 nahm er eine Tätigkeit als Bergpraktikant unter Tage in Beuthen auf. Drei Jahre arbeitete er hier.

Im März 1933 trat er in Berlin-Lichterfelde in die durch Sepp Dietrich aufgestellte Stabswache der SS ein, aus der im September des gleichen Jahres die »Leibstandarte Adolf Hitler« entstand.

Am 10. März 1935 wurde Wislizeny Untersturmführer und war damit Offizier. Bis zum 31. Mai 1938 gehörte er der »Leibstandarte« an, zuletzt als Bataillonsadjutant. Im November 1936 wurde er Obersturmführer.

Danach ging er als Zugführer zu einer MG-Kompanie des II. Bataillons des SS-Regiments »Der Führer« in Graz. Auch hier wurde er schließlich Bataillonsadjutant.

Am 22. Oktober 1939 ging er als Kompaniechef zum neuaufgestellten SS-Regiment 11. Während des Feldzuges in Serbien führte er die 8. Kompanie. Mit dieser Kompanie ging er auch in den Rußlandfeldzug. Der Vorstoß über Swislotsch und die Beresina, der Durchbruch durch die Dneprstellung, wo er das EK II erhielt, und der Einbruch in die Desnastellung sahen ihn mit seiner Kompanie im Einsatz.

Die Abwehrkämpfe bei Jelnja und im Jelnjabogen, die Verfolgungskämpfe in der Schlacht um Kiew und die Schlacht im Raum ostwärts Kiew folgten.

Wislizeny zeigte bereits hier, daß er einen Truppenverband zu führen wußte. Am 7. August 1941 erhielt er das Verwundetenabzeichen.

Der Durchbruch durch die Desnastellung und der Vorstoß über Gshatsk auf die Moskau-Schutzstellung mit derem folgenden Durchbruch und wiederum die Abwehr verbissener russischer Gegenstöße brachten ihm am 7. November 1941 das EK I. Es folgten die eingangs geschilderte Einnahme von Istra und schließlich seine Verwundung am 6. Dezember 1941 vor Moskau.

Am 25. November 1941 war das SS-Regiment 11 in SS-Regiment »Der Führer« umbenannt worden.

Als Hauptsturmführer Wislizeny genesen war, wurde die Division »DR« soeben auf dem Truppenübungsplatz Fallingbostel-Bergen neu aufgestellt. Er übernahm wieder seine alte 8. Kompanie und verlegte mit ihr nach Frankreich, wo er im Sommer 1942 das III. Bataillon des SS-Regiments »Deutschland« übernahm.

Als es im Januar 1943 erneut nach Rußland ging, hatte sein Bataillon zueinander gefunden. Mit Brettmann, dem Ordonnanzoffizier, Sailer, seinem Adjutanten, und den Chefs der einzelnen Kompanien, Schreiber, der die Zehnte führte, Eckert von der 12. und den anderen umspannte ihn ein Band fester Kameradschaft, die allen Belastungen standhielt. Während der Abwehrschlacht und in den Rückzugskämpfen zwischen Don und Oskol und in der folgenden Abwehrschlacht im Raum Charkow wurde sie sehr bald auf harte Proben gestellt.

Die nächsten Wochen stürzten das Bataillon Wislizeny in eine Kette von Ereignissen, die im einzelnen darzustellen den Rahmen des Kapitels sprengen würde. Er machte den Vorstoß auf Nowomoskowsk mit, stürmte mit seinen Soldaten Pawlograd, nahm mit ihnen trotz heftigsten Widerstandes Lossowaja und wehrte einen Feindüberfall in Regimentsstärke auf Jurjewka ab.

Jeder dieser Einsätze hätte die Verleihung des EK I für Wislizeny gerechtfertigt. Seine Kameraden vertrauten auf ihn, und er konnte sich felsenfest auf sie verlassen. Helmut Schreiber und Hans Eckert waren seine Kampfgefährten auch in der Kesselschlacht von Jefremowka. Als bei Krassna starke Feindgruppen die Front des Bataillons zu durchbrechen versuchten, wurden sie blutig abgewiesen.

Günther-Eberhardt Wislizeny wußte ebensogut wie jeder andere Mann der Division »Das Reich«, daß es dem Kommandierenden General des II. SS-Panzerkorps, Obergruppenführer Hausser, zu verdanken war, wenn sie nicht das gleiche Schicksal erlitten, das in Stalingrad der 6. Armee ungefähr um die gleiche Zeit widerfuhr.

Am 5. März 1943 begann die Angriffsschlacht im Raum Charkow. Mit seinem Bataillon stand Wislizeny in den Brennpunkten des Kampfes um die Rückgewinnung der Stadt. Seine Grenadiere stießen Schulter an Schulter mit

GENERALOBERST
DR. LOTHAR RENDULIC

Rußlandwinter 1941/42: MG-Sicherung in einer eroberten russischen Stadt

Flammenwerfer im Einsatz

GENERALFELDMARSCHALL
ERWIN ROMMEL

Rommel mit seinem Chef des Stabes, Bayerlein, während des Angriffs auf Tobruk am 21. Juni 1942

Treffen anläßlich des Geburtstages von General Crüwell am 20. März 1942 *unter den Palmen von Umm er Rzem*

GENERALMAJOR
MAX SACHSENHEIMER

Zerstörte gegnerische Schützenpanzer

M. Sachsenheimer im Raum Tarasowka, Mai 1944

OBERSTURMBANNFÜHRER
GÜNTHER-EBERHARDT WISLIZENY

Überquerung des Don durch Sturmboote

Eine Panzerabwehrkanone in Feuerstellung

HAUPTSTURMFÜHRER
MICHAEL WITTMANN

Rußland-Winter.
Ein Kettenkrad als Zugmaschine

Michael Wittmann, mit 138 Abschüssen der erfolgreichste Panzerkommandant des 2. Weltkrieges, zusammen mit seiner Besatzung. Dahinter der »Tiger«, mit dem Wittmann in Rußland 88 feindliche Panzer vernichtete

GENERALMAJOR
HORST NIEMACK

Stukas über Stalingrad

Vormarsch im Mittelabschnitt der Ostfront, Sommer 1941

OBERST
HEINZ-GEORG LEMM

Ritterkreuz-Verleihung

Straßenkampf

den Kameraden der übrigen Bataillone in die Stadt, drangen in die Widerstandsnester und räucherten sie aus. Charkow wurde zurückgewonnen.

Von hier aus ging es weiter. Tschugujew wurde ebenfalls zurückgewonnen, Bjelgorod erreicht und die Donezlinie bis Bjelgorod wieder besetzt.

Am 20. April wurde Wislizeny zum Sturmbannführer (Major) befördert. Vier Tage später erhielt er das Deutsche Kreuz in Gold. Helmut Schreiber wurde ebenfalls mit dem Deutschen Kreuz in Gold ausgezeichnet.

Die Division wurde zur Auffrischung aus der HKL gezogen und stellte sich schließlich im Raum Charkow und Bjelgorod bereit. Das Unternehmen »Zitadelle« begann.

Der Morgen des 5. Juli 1943 zog herauf. In den Sturmausgangsstellungen lagen die Männer des III./SS-Regiment »Deutschland« und warteten auf das Angriffssignal. Auf dem Gefechtsstand dieses Regiments standen Obergruppenführer Hausser und Obersturmbannführer Hans Harmel (der für die Erfolge seines Regiments bei der Rückeroberung von Charkow am 31. März 1943 das Ritterkreuz erhalten hatte). Harmel berichtete über die einlaufenden Meldungen der Bataillone und endete dann unvermittelt:

»Es geht los, Obergruppenführer!«

Im ganzen Abschnitt jagten Leuchtkugeln hoch. Zur gleichen Zeit sprangen die Grenadiere des III. Bataillons auf und folgten Wislizeny, der wieder einmal die Spitze übernommen hatte.

Der wuchtige Sturmbannführer rannte ein Dutzend Schritte, mußte im dichten Feindfeuer in Deckung gehen und sprang abermals auf, mitten hinein in die erste Feldstellung der Sowjets. Wislizeny jagte lange Feuerstöße aus seiner MPi. Die Rotarmisten waren sofort zum Gegenstoß übergegangen. Rechter Hand schossen die Männer der Zehnten. Dort lag Schreiber. Links sprang eben wieder der Chef der 12. Kompanie auf.

»Folgen!« brüllte Wislizeny, als die Feindgruppe zu Boden gegangen war. Sie erhielten dichtes Feuer, einige Männer stürzten. Dann sprangen sie in die zweite Grabenstellung. Handgranaten zerbarsten, Spaten blitzten. Der Nahkampf tobte.

Dann drohte der Angriff zu erlahmen.

Wislizeny war verwundet worden. Er wußte, was von seinem Bataillon abhing. Es bildete die Speerspitze! Er mußte mit seinen Männern eine Bresche in diese tiefgestaffelte Stellung boxen, durch die das Gros – sie überflügelnd – vordringen konnte. Deshalb blieb er bei der Truppe.

»Vorwärts!« rief er. Drei, vier Männer folgten ihm. Unter ihnen Brettmann und Sailer und die Gefechtsmelder. Sie rangen ein Grabenstück nieder, brachen den nachfolgenden Kompanien Bahn und stürmten weiter.

Auf sie konzentrierte sich das Feuer des Gegners, denn nur an dieser einzigen Stelle war der Angriff durchgedrungen.

»Melder zur Zehnten. Sie soll an uns vorbei durch den Panzergraben vorstoßen, wir binden den Gegner!«

Helmut Schreiber wußte, was sein Freund wollte. Er riß seine Kompanie nach vorn. Sie erreichte den Panzergraben, sprang hinein, kletterte auf der anderen Seite empor und verkrallte sich im Gelände, als die Sowjets angriffen; sie hielten, bis das Gros des Bataillons zu ihnen aufgeschlossen hatte.

Noch einmal tobte der Nahkampf. Dicht bei dicht kamen russische Gegenstoßtruppen. Sie wurden abgewiesen. Das Bataillon Wislizeny hatte das Loch geschlagen. Die Meldung ging zurück. Der Regimentskommandeur wandte sich dem Kommandierenden General zu.

»Es läuft, Obergruppenführer!« rief Harmel begeistert.

»Sofort das ganze Regiment hinein! Regiment ›DF‹ daneben. Dann noch die Division ›Totenkopf‹, die ›Leibstandarte‹ und die 167. ID einschleusen!« befahl der Kommandierende General sofort.

Während Wislizeny mit seinen Grenadieren bis zum nächsten Tag hielt, rückten die übrigen Korpstruppen im Eilmarsch nach, wurden in den Einbruchsraum geleitet und überflügelten das dezimierte Bataillon, das ihnen diese Bresche geschlagen hatte. Der Angriff drang in die Tiefe der Feindstellungen.

Die Sowjets wehrten sich verbissen. Doch jetzt gab es für das II. SS-Panzerkorps kein Halten mehr. Die einzelnen Verbände boxten sich durch. Das Höhengelände wurde erreicht, die Höhenfeldstellungen durchstoßen. Das Korps Hausser hatte die Verteidigungsstellung der 6. Gardearmee durchbrochen. Spitzenverbände standen bereits vor dem Gefechtsstand des Oberbefehlshabers dieser Armee, General Tschistjakow.

Günther-Eberhardt Wislizeny und Herbert Schreiber wurden für ihren schlachtentscheidenden Anteil am Erfolg zum Ritterkreuz eingereicht. Beide erhielten diese Auszeichnung am 20. Juli 1944.

Der Kampf ging weiter. Aus dem Raum nördlich Bjelgorod stürmte die Division »DR« nach Norden. Bis zum Mittag des 6. Juli wurden zwanzig Kilometer Feindstellungen durchstoßen. Lutschki wurden vom Regiment »DF« genommen. Teterowini war das nächste Ziel. Noch immer war »Das Reich« vorn. Bis dicht an Prochorowka kamen sie heran. Über den Sjem kamen ihnen die ersten Verbände der 5. Gardepanzerarmee von Norden entgegen. Aus Osten stürmten die Verbände der Operativen Reserven der Steppenfront heran. Wenn es jetzt dem XXXXVIII. Panzerkorps unter General Kempf und dem III. Panzerkorps unter General Breith gelang, auf der Landbrücke ostwärts Prochorowka ins Quellgebiet von Sjem und Donez vorzustoßen, dort die Operativen Reserven der Steppenfront aufzuhalten und damit die ostwärtige Flanke des Waffen-SS-Panzerkorps zu decken, dann verlief alles nach Plan.

General Breith hatte die stärksten Panzerdivisionen der Wehrmacht zur Verfügung. Doch sie waren trotz aller Anstrengungen nicht schnell genug im Einsatzraum. So stießen die Divisionen der russischen 5. Gardepanzerarmee bei Prochorowka auf das II. SS-Panzerkorps.

Zwei gigantische Panzerkeile rollten aufeinander zu. 1500 Panzer und Sturmgeschütze! Vom Gefechtsstand des Regiments »DF« aus beobachtete Generaloberst Hoth, Oberbefehlshaber der 4. Panzerarmee, am 12. Juli diese Schlacht.

Hier kämpften auch Wislizenys Grenadiere gegen Teile des 2. sowjetischen Panzerkorps.

SS-Sturmbannführer Sylvester Stadler, Kommandeur des Regiments »Der Führer« (Auszeichnungen siehe Anlage »Schwerterträger«) meldete Generaloberst Hoth, daß die Flankenangriffe ihnen schwer zu schaffen machten. Hermann Hoth versuchte, das III. Panzerkorps schneller heranzuziehen. Sein Chef des Stabes, Generalmajor Fangohr (RK am 25. 6. 1944), verwies auf die Schwierigkeit, daß das Korps bei Rschawez stehe und den Donez noch überwinden müsse. Alles stand auf des Messers Schneide. Aber schließlich kam das III. Panzerkorps doch gerade noch rechtzeitig und kämpfte den Gegner nieder.

Dann fiel die Entscheidung. Nicht an der Front, sondern Tausende Kilometer weiter westlich im Führer-Hauptquartier! Hitler brach die Operation »Zitadelle« ab. Als er diese – wieder einmal einsame – Entscheidung traf, wogen für ihn alle bisher geleisteten Opfer und alle bisher geschaffenen Voraussetzungen für den Gesamterfolg des Unternehmens nicht so schwer wie der zur gleichen Zeit drohende Verlust Siziliens.

Die Abwehrkämpfe bei Obojan, die Kämpfe am Mius und die Wiedergewinnung der Miuslinie waren Einsätze, die dieser letzten deutschen Großoffensive folgten.

Mit seinen Männern trat Wislizeny den Rückzug über den Dnjepr an. Am 26. September 1943 wurde er schwer verwundet und mußte nach Deutschland. Er blieb bis zum 9. März 1944 im Lazarett und kehrte dann zu seiner Division zurück, die als Besatzungstruppe in Südfrankreich lag. Hier wurde er am 15. März 1944 mit der Führung des SS-Panzergrenadierregiments 3 »Deutschland« beauftragt. Dieses Regiment der Division »DR« führte er bis Kriegsende.

Am 10. April 1944 wurde er zum Obersturmbannführer befördert. Als am 6. Juni 1944 in der Normandie die Invasion begann, blieb die Division unter Führung von Gruppenführer Lammerding (RK am 25. 4. 1944) zunächst in Südfrankreich, weil man auch hier alliierte Truppenlandungen erwartete. Doch dann wurde sie für die immer kritischer werdenden Kämpfe in der Normandie benötigt und in den Kampfraum verlegt. In der Schlacht um St. Lô zeichneten sich die Panzergrenadiere Wislizenys immer wieder aus. Der Regimentskommandeur führte sie in schwerster Krisenlage, in der Abwehr und bei Gegenstößen sicher und souverän.

Kurzzeitig der Panzerlehrdivision unterstellt, stieß die Division am 9. Juli von der Höhe 32 aus vor und erreichte am Nachmittag Chateau de la Mare de Cavigny. Das IR 120 der 30. US-Division wurde von den Grenadieren Wislizenys völlig zerschlagen. Generalleutnant Fritz Bayerlein wußte, was er an diesem Waffen-SS-Regiment hatte, das ihm unterstellt worden war, nachdem seine Division in den Kämpfen um Tilly-Caen die Hälfte ihres Bestandes verloren hatte.

Bei Mortain schafften die Panzergrenadiere wieder eine große Abwehrleistung. Und nochmals bildeten die Kämpfe im Kessel Falaise—Trun und die Abwehrkämpfe um Elbeuf—Rouen an der Seine einen Höhepunkt. Nordfrankreich, Südbelgien, die Rückzugskämpfe durch die Ardennen und die Schlacht in der Schnee-Eifel, die Verteidigung des Westwalls im Eifelraum folgten.

Am 4. September 1944 erhielt Wislizeny das Verwundetenabzeichen in Silber. Am 1. April 1944 hatte er bereits die Nahkampfspange in Silber erhalten.

Er war nach den Kämpfen in der Normandie und bei Elbeuf zum Eichenlaub eingereicht, jedoch erhielt er es erst am 26. Dezember 1944 als 687. deutscher Soldat.

Vom 31. Oktober bis zum 19. November 1944 war er im Heimatkriegsgebiet eingesetzt. Seit Beginn der Schlacht in den Ardennen stand er wieder in vorderster Front. Noville wurde von der Division genommen. Bis zum 31. Januar 1945 kämpfte Wislizeny in dieser Schlacht. Dann wurde die gesamte 6. SS-Panzerarmee herausgezogen, aufgefrischt und der Heeresgruppe Süd zugeführt.

Auch in der letzten Phase des Krieges, hier nun in der Schlacht um Ungarn, zwischen Velence und Plattensee, im Gegenangriff auf Komaron und in der dortigen Abwehrschlacht, setzte sich Wislizeny vorn bei seinen Grenadieren voll ein. Er wurde abermals verwundet, erhielt am 12. März 1945 das Verwundetenabzeichen in Gold und am 31. März 1945 die Goldene Nahkampfspange.

Und nochmals zeichnete er sich im ungarischen Grenzgebiet, im Leithagebirge und in der Schlacht um Wien aus. Bei der Durchbruchsschlacht am Bisamberg öffnete er die Bresche für seine Division. St. Pölten und der Raum Passau waren seine letzten Einsatzorte.

Am 8. Mai 1945 kapitulierte er mit dem gesamten Regiment in Enns. Zwei Tage vorher waren ihm als 149. deutschen Soldaten die Schwerter zum Eichenlaub verliehen worden.

Bis zum 12. Juli 1951 blieb Günther-Eberhardt Wislizeny in amerikanischer und französischer Kriegsgefangenschaft. Er ging durch Kriegsgefangenen- und Sonderlager und französische Gefängnisse, ohne daß man ihm auch nur den Schein einer Schuld andichten konnte.

Er war nichts anderes gewesen als Soldat. Als einer der ganz wenigen, die neben anderen hohen Auszeichnungen die Goldene Nahkampfspange *und* das Goldene Verwundetenabzeichen trugen, wertete er sich selbst nie anders als jeden deutschen Grenadier und jeden seiner Gegner — so sie ihre Pflicht fürs Vaterland bis zum Letzten erfüllt hatten.

Günther-Eberhardt Wislizeny, geboren am 5. September 1912 in Regulowken, Kreis Angerburg
Letzter Dienstgrad: Obersturmbannführer
Letzte Dienststellung: Regimentskommandeur
Deutsches Kreuz in Gold am 24. April 1943
Ritterkreuz am 20. Juli 1943
687. Eichenlaub am 26. Dezember 1944
Goldenes Verwundetenabzeichen am 12. März 1945
Goldene Nahkampfspange am 31. März 1945
149. Schwerter am 6. Mai 1945

HAUPTSTURMFÜHRER MICHAEL WITTMANN

Der erfolgreichste Panzerkommandant des Zweiten Weltkrieges

Unterscharführer Wittmann sah die russischen Panzer, die aus dem Waldrand, ungefähr 400 Meter voraus, hervorbrachen. Sein Sturmgeschütz stand unterhalb einer Hangspitze, nur die Kanone ragte darüber hinaus. Er zählte die Panzer. Bei zwölf angekommen, sah er, wie ungefähr 500 Meter weiter links noch sechs Panzer das bergende Dickicht verließen.

»Zurücksetzen!« befahl er. »Dann links um den Huckel herumschwenken!«

Fahrer Koldenhoff führte den Befehl aus.

»Gefechtsbereitschaft!« rief Wittmann unterdrückt.

»Kanone mit Panzergranate geladen und gesichert!« meldete Petersen, der Ladeschütze.

»Sobald wir freies Schußfeld haben, mit Vollgas heranrollen. Schießhalt bei zweihundert Meter Entfernung und gut anrichten!«

Sie verließen die Deckung des Hügels. Als Wittmann den Gegner sah, war der Spitzenpanzer 300 Meter entfernt. Mit Vollgas rollten sie dem feindlichen Panzerpulk entgegen. Dann stand das Geschütz. Klinck brauchte nicht viel nachzurichten. Der Schuß peitschte aus dem Rohr. Die Granate hämmerte in die Flanke des Gegners. Flammen sprangen aus dem Innern des Stahlkastens heraus, dann dröhnten die Schläge der detonierenden Munition.

Ohne Befehl rollte Koldenhoff weiter, schwenkte ein, trat die Bremse. Ladeschütze Petersen hatte inzwischen die nächste Granate in die Kammer gewuchtet. Wieder ein peitschender Abschuß und das Nachwippen des Geschützes. Die leere Hülse klirrte gegen den Auffänger und fiel in den Hülsensack. Der zweite Panzer hatte den tödlichen Treffer erhalten.

Mit hoher Fahrt rollten sie dem Waldstück entgegen, aus dem vorhin die sechs Nachzügler gekommen waren. Sie walzten hinein, während die ersten Panzergranaten der Russen hinter ihnen herschwirrten und die Baumwipfel rasierten.

Nach einem halben Kilometer ließ Wittmann nach Süden einschwenken. Sie rollten 2000 Meter weiter, ehe sie wieder nach Westen drehten und rund eine Minute darauf den Waldrand zwei Kilometer südlich der Einfahrstelle erneut erreichten.

»Stoppen!« befahl Wittmann. Das Luk klirrte zurück. Er stieg aus, sprang von der Kettenabdeckung auf den Waldboden, pirschte sich so weit wie möglich vor, spähte durch sein Fernglas. Er sah die Plaine und die Höhe 56,9, von der sie gekommen waren. Weiter rechts rollte das Gros der feindlichen Panzer, die sich – im Schrittempo – dem Waldrand näherten. Ein einzelner Kampfwagen rollte aus der Formation heraus und kam direkt auf Wittmann zu. Mit langen Sätzen rannte der Kommandant des Sturmgeschützes zurück.

»Die Lücke anrichten, Klinck! Paß auf, gleich muß er kommen!«

Klinck preßte die Stirn an die Gummiwulst der Richtoptik. Im Fadenkreuz erschien die Lichtung. Plötzlich schob sich der lange Kanonenrüssel eines russischen KW I ins Bild. Dann der Bug und schließlich der Turm mit dem MG.

Die Granate peitschte hinaus. Der schmetternde Schlag des Abschusses und der berstende Einschlag verschmolzen fast miteinander. Dem KW I wurde der Turm aus dem Drehkranz gerissen. Irgendwo begann ein MG zu schnattern.

Wittmann fuhr ein paar hundert Meter am Waldrand entlang. Plötzlich krachte und schepperte es. Aus zehn Panzerkanonen schlugen Granaten um sie her ein. Feuer grellte in den Kampfraum hinein, als eine der Granaten dicht neben ihnen in den Waldboden schlug. Mit Vollgas preschten sie los. Klinck sah einen braunen Schatten, dann eine grelle Mündungsflamme. Er richtete nach, schoß.

Der vierte Feindpanzer ging in Flammen auf.

Sie drehten nach Westen zurück und sahen, daß noch drei Feindpanzer auf ihrer alten Höhe standen. Die übrigen schienen verschwunden.

Sie durchfurteten vorsichtig einen fünf Meter breiten Bach, gelangten unbeschossen – weil ungesehen – zum Hinterhang der Höhe 56,9 und rollten zur Kammlinie empor.

Bis auf 400 Meter kamen sie in die Flanke der drei Gegner. Einer dieser Gegner zeigte ihnen das Heck. Klinck zielte, drückte die Abfeuerung. Der Schuß bohrte sich in den Motorraum des Panzers, der Sekunden später in hellen Flammen stand. Die beiden letzten drehten, rollten heran, wollten den Kampf aufnehmen.

Sie feuerten auf die Frontpanzerungen, sahen, daß die Granaten einschlugen und – keinerlei Wirkung erzielten.

Petersen keuchte. Verbissen mannte er die Granaten in die Kammer. Viermal schossen sie auf den Spitzenpanzer, dann hatten sie ihn an einer schwachen Stelle getroffen. Er blieb liegen. Qualm spiralte hoch. Männer booteten mit brennenden Kleidern aus, wälzten sich auf dem Boden. Drei Panzermänner waren der Hölle entkommen. Der Panzerkommandant war durch den Treffer getötet worden.

Zusammen mit seinem Funker stieg Wittmann aus. Sie verbanden die drei Russen, so gut es mit ihren Mitteln gehen wollte. Dann rollten sie zur Höhe hinauf, und Wittmann meldete über Sprechfunk:

»Feindlicher Flankenstoß mit achtzehn Panzern aufgehalten. Sechs Feindpanzer abgeschossen!«

»Bitte wiederholen! Hörfehler mit achtzehn?«

»Achtzehn Panzer versuchten auf der Flanke durchzustoßen. Wir haben sechs davon abgeschossen. – Bitte sendet Sanka! Wir haben hier drei verwundete Tankisten.«

Mit diesem Einsatz hatte Unterscharführer Wittmann den Stoß der Aufklärungsabteilung der Waffen-SS-Brigade »Leibstandarte« durch den Wald bei Rowno zur Verbindungsaufnahme mit der 25. ID (mot.) gedeckt. Als er am Abend zur Kompanie zurückkehrte, sagte ihm Untersturmführer Kling (RK am 26. 2. 1944 als Hauptsturmführer):

»Mensch, Michel, wasch dir die Brust! Sollst zum Divisionsgefechtsstand kommen. Der Sepp wird dir sicher die Leviten lesen.«

Obergruppenführer Sepp Dietrich hatte jedoch etwas anderes im Sinn, denn als sich Wittmann bei ihm meldete, heftete er ihm das Eiserne Kreuz I. Klasse an die Panzerbluse.

»Haben Sie einen besonderen Wunsch?« fragte der Divisionskommandeur.

»Ich möchte, daß die drei verwundeten Russen an der Höhe 56,9 versorgt werden, Obergruppenführer!«

Sepp Dietrich, Leutnant des Ersten Weltkrieges und wohl der älteste und erste Panzerkommandant, nickte.

»Wird erledigt, dafür werde ich sorgen, Wittmann!«

Als er den Gefechtsstand verließ, sagte Sepp Dietrich:

»Wenn dieser Junge so weitermacht, wird bald ganz Deutschland von ihm sprechen!«

Michael Wittmann wurde am 22. April 1914 in Vogelthal in der Oberpfalz geboren. Er wollte Landwirt werden und einmal einen eigenen Hof bewirtschaften. So trat er nach Besuch der Volksschule in eine landwirtschaftliche Lehre ein und schaffte es durch unbeugsame Entschlossenheit und Einsatz, mit knapp dreiundzwanzig Jahren als fertiger Landwirt einen eigenen kleinen Hof zu bewirtschaften.

Dann jedoch entschloß er sich zum Soldatenberuf und trat in das Regiment »Leibstandarte« ein, das damals noch in Berlin-Lichterfelde lag. Er lernte in dieser Stadt auch seine Kameraden kennen, die er in späteren Krisenlagen so meisterhaft führen sollte.

Nach Ausbruch des Zweiten Weltkrieges wurde diese kleine Truppe dem OKH zur Verfügung gestellt und den militärischen Gesetzen und Bestimmungen unterworfen. Damit wurde zwischen dem Truppenverband Wittmanns und der daraus sich entwickelnden Waffen-SS einerseits und der Allgemeinen SS andererseits ein klarer Trennungsstrich gezogen.

Als verstärktes Infanterieregiment (mot.) kämpfte die »Leibstandarte« im Polenfeldzug. Michael Wittmann war Kommandant eines Panzerspähwagens und soeben zum Unterscharführer befördert worden. Er kämpfte bei Lodz und Warschau.

Im Westfeldzug kämpfte die »Leibstandarte«, nunmehr zur Brigade aufgestockt, im Verband der 18. Armee in Holland. Bei Watten und im feindlichen Brückenkopf Esquelbek-Warmhout zeichnete die »Leibstandarte« sich aus.

Im zweiten Teil des Frankreichfeldzuges kämpfte sie im Verband der 6. Armee an der Somme. Sie überquerte die Marne und ging bis südlich Lyon vor.

Nun bekam die Brigade die ersten Sturmgeschütze, sechs an der Zahl. Eines erhielt Unterscharführer Wittmann als Kommandant. Damit fuhr er auch nach Griechenland in den Einsatz. Beim Durchbruch auf den Klidipaß schaltete er mehrere flankierende Geschützstellungen und MG-Nester der hier haltenden Neuseeländer aus. Dafür erhielt er das EK II.

Beim Sturm auf die Klusurahöhen half er seinen Kameraden, die 13. griechische Division zu werfen. 12 000 Gefangene wurden gemacht.

Der mittelblonde Oberpfälzer Wittmann war kein jungendlicher Draufgänger mehr. Er war einer jener ruhigen Vertreter, denen jede Heldenpose zuwider war. Er war *einer* aus der großen namenlosen Menge deutscher Soldaten, die nichts als ihre Pflicht tun wollten.

Was er aber besaß, das war sein Vertrauen in sich selbst und die Kraft zum Durchstehen jeder Krise. Und noch etwas: seine unabdingbare und bedingungslose Kameradschaft. Er dachte zuerst an seine Besatzung, später an seinen Zug, an die Kompanie.

Auf dem Lebensweg dieses Soldaten gibt es nicht den geringsten Schatten. Er war einer von jenen, die ihr Vaterland liebten und dafür kämpften, litten und – starben.

Nachdem es der Division »Leibstandarte« gelungen war, Verbindung mit der 25. ID (mot.) und damit zum III. AK (General der Kavallerie von

Mackensen, RK am 27. 7. 1941; 95. E am 26. 5. 1942) aufzunehmen, stand auch sie, von Feinden umgeben, im Raum Rowno.

Sturmbannführer Kurt Meyer (Auszeichnungen siehe Anlage »Schwerterträger«) umriß die Situation mit einem einzigen Satz:

»Ab heute steht der Feind überall!«

Die Brigade »LAH« stürmte mit den Heeresdivisionen durch die Stalinlinie bei Ljubar. Im Kampf um Kiew wurde Wittmann im Juli 1941 am Arm verwundet. Er sollte ins Lazarett, blieb jedoch bei der Truppe. Der Versuch der »LAH« in den ersten Augusttagen, Kiew im Handstreich zu nehmen, mißlang. Man mußte zur Verteidigung übergehen.

Die Brigade »LAH« bildete mit dem III. AK die Rückendeckung für den Kessel von Uman. Als diese Kesselschlacht am 9. August beendet war, rollte das III. AK nach Osten. Nikolajew wurde erreicht. Am 18. August tauchte die Dnjeprmündung und Chersson vor ihnen auf. Einen Tag später fuhren sie in Chersson ein. Bis zum 26. September 1941 blieb die »LAH« im Rahmen der 11. Armee im südlichsten Abschnitt der Ostfront eingesetzt. Dann war auch die Kesselschlacht um Kiew beendet, und die Leibstandarte rollte zur Krim.

Doch davor lagen der Tatarengraben und die Enge von Perekop.

»Fertigmachen!« drang die Stimme von Hauptsturmführer Fischer zu Wittmann hinüber. Weit im Osten färbte sich der Himmel heller.

»Maarsch!« befahl der Chef der Sturmgeschützkompanie.

Die Motoren röhrten lauter, die Sturmgeschütze setzten sich in Bewegung, rollten dem Tatarengraben und der Enge von Perekop entgegen. Aus Richtung Preobraschenko tauchten Reiter auf und verschwanden wieder im Frühdunst.

Dann sahen sie in der Morgendämmerung die ersten Häuser der Ortschaft.

Wenig später schob sich aus der rechten Flanke ein Panzerzug auf der Bahnlinie von Perekop nach vorn. Gleichzeitig damit eröffnete russische Artillerie das Feuer.

Rechts und links hinter sich hörte Wittmann die harten Trefferdetonationen.

»Absetzen, kehrt!«

Wer da durch wollte, der war verloren. Vier Kilometer westlich von Preobraschenko sammelten sie.

Im Nachtangriff sollte kurz darauf Melitopol genommen werden. Sie rollten mitten in der Nacht los, sahen sich auf einmal von Gegnern umgeben und mußten bis zum Morgen wild durch das Gelände kurven, bevor es ihnen gelang zu entkommen. Die Stadt war zu stark verteidigt, als daß ein Handstreich hätte glücken können.

Die Infanterieregimenter der 73. ID unter Generalleutnant Bruno Bieler (RK am 26. 10. 1941) durchbrachen am 26. September die russischen Stellungen bei Perekop, überwanden den Tatarengraben und nahmen Perekop im Sturm. Zur gleichen Zeit waren jedoch starke russische Kräfte im Norden durchgebrochen. Die »Leibstandarte« zog nicht auf die Krim, sondern trat gegen diesen durchgebrochenen Gegner an.

Taganrog wurde erobert, und am 22. Oktober drangen die Spitzengruppen in Rostow ein. Wittmann wurde zum zweitenmal verwundet. Diesmal mußte er ins Lazarett. Anschließend wurde er zum Offizierslehrgang auf der Junkerschule Bad Tölz kommandiert.

Als Wittmann, nun bereits Untersturmführer, zur »Leibstandarte« zurückkehrte, stand sie in Frankreich und sollte in eine Panzerdivision umgerüstet werden. Es war Juni 1942. Das SS-Panzerregiment 1 kam hinzu, und in der 13. (schweren) Kompanie gab es die ersten Tigerpanzer. Wittmann sah diesen Koloß mit der 8,8-cm-Kampfwagenkanone lang und ließ sich sofort bei Obersturmbannführer Georg Schönberger melden (RK am 20. 12. 1943; gefallen am 20. 11. 1943).

»Ich muß diesen Panzer fahren, Obersturmbannführer!« bat er.

»Also schön, Wittmann, Sie bekommen einen Zug der Dreizehnten!«

Auf dem Truppenübungsplatz Ploermel machte sich die Besatzung Wittmann mit dem Tiger vertraut. Hier lernte er seine neue Besatzung kennen.

Da waren der Richtschütze, Rottenführer Balthasar Woll, der Ladeschütze Kurt Berges, der Fahrer Gustl Kirschner und der Funker Herbert Pollmann. Sie wurden eine gute Kampfgemeinschaft.

So wurde es Weihnachten 1942, und Wittmann konnte wieder einmal auf Urlaub fahren, heim zu seiner jungen Frau. Es wurde ein unvergeßlicher Urlaub. Eine knappe Spanne Zeit, das Leben zu leben und den Hauch unbeschwerter Glückstage zu spüren.

Inzwischen hatte die sowjetische Winteroffensive begonnen. Im großen Donbogen hatten sich russische Heeresgruppen versammelt; ihr Ziel war die Vernichtung der in und um Stalingrad stehenden 6. Armee und der Weiterstoß auf Rostow. Fernziel war der Dnjepr.

Das I. Waffen-SS-Panzerkorps mit den Divisionen »Leibstandarte«, »Das Reich« und »Totenkopf« wurde alarmiert. Am 9. Januar 1943 wurde das

Korps in den bedrohten Raum verlegt. Ende Januar trafen sie im Raum Charkow ein.

Charkow lag hinter der schweren Tiger-Kompanie, als sie vor einem Nest mit Namen Merefa auf den Gegner stießen. Hauptsturmführer Heinz Kling führte die schwere Panzerkompanie, die nun auf dieses Nest vorrollte, um den Kradschützen unter Kurt Meyer Rückendeckung zu geben, denn diese waren bereits ausgeladen und mußten irgendwo vor ihnen herumkrebsen.

Sie fuhren in eine erkundete Bereitstellung. Von dort aus gingen Wittmann und sein Funker Pollmann zur Erkundung vor. Entlang einer Bachrinne schoben sie sich an Merefa heran, bis sie plötzlich vor zwei Pak-Stellungen standen. Sie schlichen noch weiter, erkannten eine Beobachtungsstelle und kehrten zum Panzer zurück. Über Sprechfunk meldete Wittmann dem Chef. Der befahl:

»Hören Sie, Wittmann! Sie rollen mit Ihrem Zug ins Dorf, schießen die Pak zusammen. Zug Wendorff fährt auf der rechten Flanke, umholt das Dorf und greift – wenn dies notwendig ist – von Südosten an.«

Wittmann wies seine Kommandanten ein:

»Kleber, du nimmst die Beobachtungsstelle. Lötzsch die eine Pak auf der linken, ich die auf der rechten Straßenseite. Höflinger und Warmbrunn fahren rechts und links herausgestaffelt und kämpfen unvorhergesehene Gegner nieder. Und noch eines: mit voller Pulle drauf und durch!«

Eine Minute später rollte der Zug Wittmann los. Über die verschneite Straße ging es dem Dorf entgegen. Plötzlich blitzten aus der russischen Pak-Stellung die ersten Abschüsse. Mit einem Ruck blieb der Tiger stehen. Woll hatte bereits vorgerichtet. Der Schuß knallte. Zwei Sekunden später der flammende Einschlag und eine sprühende Feuerkaskade.

Alle fünf Panzerkanonen des Zuges hämmerten los. Dann rollten sie weiter. Die B-Stelle und die Pak-Stellungen des Gegners waren vernichtet.

Eben rollte eine lange russische Fahrzeugkolonne von der anderen Seite ins Dorf ein. Wittmann sah Lkw, Selbstfahrlafetten und Panzer.

»Angriff!« rief er.

Die fünf Tiger-Kanonen spuckten Granaten aus. Feindpanzer flogen in die Luft, Lastwagen brannten. Dann ratterten auch die MG der Tiger los.

Auf einmal knallten auch Tiger-Abschüsse auf der rechten Flanke. Obersturmführer Kling kam mit dem zweiten Zug heran. Der Gegner wurde vernichtet. Sie öffneten die Luken und warteten. Als es dunkel wurde, hörten sie heftiges Schießen. Das war die Aufklärungsabteilung von Kurt Meyer. Es wurde Mitternacht, bis diese zurückkam.

In den nächsten Tagen erlebte Wittmann das gespenstische Ringen um Charkow und hörte vom Untergang der 6. Armee in Stalingrad.

Der Angriff auf Alexejewka am 11. Februar gelang. Die Russen wollten es mit starken Kräften zurückgewinnen. In der Nacht zum 14. Februar brachen sie in Alexejewka ein. Wittmanns Panzer feuerten Sprenggranaten unter die Angreifer. Eine halbe Stunde dauerte der Kampf, dann war dieser Angriff zusammengebrochen.

Hitlers Befehl »Halten um jeden Preis!« traf ein. Doch Obergruppenführer Paul Hausser, der Kommandierende General des II. Waffen-SS-Panzerkorps, gab am 15. Februar selbständig den Befehl zum Absetzen in den Udy-Abschnitt. Mit der 13. Kompanie fuhr Wittmann in der Nachhut. Der Rückzug gelang. Paul Hausser hatte die Männer gerettet. Ohne seinen mutigen Entschluß wäre Charkow zu einem zweiten Stalingrad geworden.

Bis zum 4. März hatte seine elastische, unerhört einfallsreiche Taktik es so weit gebracht, daß er befehlen konnte:

»Wir erobern Charkow zurück!«

»Achtung, Chef an alle: Feindpanzer voraus!«

Die zehn Tiger der schweren Kompanie hatten den Stadtrand von Charkow erreicht. Sie schossen gleichzeitig. Granaten schlugen in die anrollenden T 34 hinein und ließen sie aufbrennen. Die lange 8,8-cm-Panzerkanone zerschlug jeden Feindpanzer bereits auf zwei Kilometer Distanz.

»Vorwärts!« rief Hauptsturmführer Kling.

Sie rollten nach Charkow hinein. An der Spitze das SPW-Bataillon unter Jochen Peiper (Auszeichnungen siehe Anlage »Schwerterträger«).

Die Tiger folgten dichtauf, vernichteten die noch feuernden Pak-Stellungen. Der Rote Platz wurde erreicht. Charkow war wieder in deutscher Hand.

Nun stand die Operation »Zitadelle« bevor. Auch die Sowjets rüsteten sich zu einer Großoffensive.

Nach dem in Rußland bewährten System war eine Zangenoperation vorgesehen. Die Nordzange wurde von der 9. Armee unter Generaloberst Model gebildet. In der Südzange, mit der 4. Panzerarmee unter Generaloberst Hermann Hoth, stand auch die Division »LAH«. Nicht weniger als 1000 deutsche Panzer und 400 Sturmgeschütze standen am Morgen des 4. Juli 1943 zum Angriff bereit.

Um 03.30 Uhr begann der Feuerschlag der Artillerie. Dann fuhren sie los: 300 Panzer und 120 Sturmgeschütze des II. SS-Panzerkorps. Unter ihnen auch die schwere Tiger-Kompanie und Michael Wittmann. Sie zerschossen die Pak-Stellungen, erreichten die Bunkerstellungen, die von den Stukas schon zertrümmert worden waren; dann stießen sie auf Feindpanzer.

Woll schoß dem ersten T 34 den Turm herunter. Schon ging es weiter, mitten durch ein russisches Panzerrudel hindurch. Treffer polterten gegen die Seitenschürzen. Vor ihnen tauchte ein Dorf auf. Wieder das Feuer einer Pak-Front. Erneut entschied sich Wittmann für einen schnellen Durchbruch. Nach einer Stunde hatten sie das russische Stellungssystem durchstoßen.

»Michel, es klappt!« rief Hellmuth Wendorff. »Wir kommen durch!«

»Mittagessen in Kursk!« hörte Wittmann Warmbrunn rufen.

Als sie wieder Rast machten, hörten sie einen Hilferuf von Wendorff, der den zweiten Zug führte.

Sie drehten, schwenkten auf das Wäldchen ein, aus dem Kampfgetöse herausschallte. Sie schalteten die Pak aus, griffen die Panzer an. Drei T 34 schossen sie ab, die Falle für den Zug Wendorff war geknackt.

Neu aufgetankt und voll munitioniert, rollten die Tiger Wittmanns am 6. Juli weiter vor. Bei Lutschki I wollte russische Pak sie aufhalten. Vier Feindpak wurden zerschossen.

Wittmann, Wendorff und Kling wurden zum Regimentsgefechtsstand befohlen. Obersturmbannführer Schönberger erklärte ihnen, daß an diesem 7. Juli der endgültige Durchbruch geschafft werden sollte.

»Das nächste Ziel ist Teterowino. Dann geht es auf Obojan!«

Im offenen Panzerluk stehend, sah Wittmann, wie Henschel-Kampfflugzeuge des neuen Typs Hs 129 – die fliegende Pak genannt – mit ihren 3-cm-Kanonen im Tiefflug über sie hinwegflitzten und weiter vorn auf die Bereitstellung der russischen Panzer niederstießen. Brände flackerten auf.

Hinterher tauchte eine Focke-Wulf-Schlachtgruppe unter Major Druschel (Auszeichnungen siehe Anlage »Schwerterträger«) auf. Die Schlachtflieger brachen den sowjetischen Infanterieriegel vor der Leibstandarte auf.

»Panzer maaarsch!«

Das war der Regimentskommandeur. Sie fuhren ins Gefecht, schossen sich mit Pak und Panzern herum. Drei Tiger fielen aus. Wittmanns Tiger vernichteten sieben T 34. Die Zahl der von ihm abgeschossenen Pak erhöhte sich auf neunzehn. Es war die 29. Pak-Brigade der Russen, die hier focht, eine Truppe, die Wittmann und seinen Kameraden den höchsten Respekt abforderte.

Durch eine von den Tigern freigeschossene Lücke jagte die 3. Kradschützenkompanie unter Hauptsturmführer Alfred Lex (RK am 10. 12. 1943; gefallen am 11. 3. 1944). Lex hob im Durchbruch und Durchstürmen einen russischen Brigadegefechtsstand aus und nahm den General mit seinen Offizieren gefangen.

Der 9. und 10. Juli vergingen. Bis zum Abend des 10. Juli schoben sie sich bis an das Psjolknie heran. Obersturmbannführer Karl Ullrich (RK am 19. 12. 1942; 480. E am 25. 5. 1944) überschritt mit seinen Pionieren den Psol und bildete einen Brückenkopf. Dann rollten die deutschen Panzer den beiden von General Rotmistrow geführten Korps der 5. sowjetischen Gardepanzerarmee entgegen.

Zuerst stieß die II./PR 1 unter Sturmbannführer Groß auf den Gegner. Drei Stunden dauerte der Panzerkampf. Neunzig Feindpanzer wurden abgeschossen. Sturmbannführer Groß erhielt am 22. Juli 1943 das Ritterkreuz.

Auf der linken Flanke unterstützte die 13. Kompanie den Durchbruchsversuch der Panzergrenadiere. Sechzig Feindpanzer stürmten ihr entgegen. Zweimal wurde Wittmanns Panzer getroffen. Funker Pollmann fiel durch Oberarmschuß aus. Die fünf Männer kämpften mit letztem Einsatz gegen einen mehrfach überlegenen Feind. Wittmann schoß eine Reihe T 34 ab, ehe er Befehl erhielt, mit seinem Zug die rechte vordere Flanke abzuschirmen. Warmbrunns und Klebers Tiger waren abgeschossen worden. Mit den drei übriggebliebenen rollte Wittmann, mit den Türmen auf 14.00 Uhr stehend, zur Spitze vor und fuhr durch ein Maisfeld weiter. Sie passierten Prochhe-rowka. Plötzlich kam der Warnruf des Kompaniechefs zu ihnen durch:

»Achtung, voraus starker Feindpanzerverband. Kommt rasch näher. Viele Panzer!«

Eine Minute später sah auch Wittmann den Gegner. Es waren mindestens 100 Panzer aller Typen.

»Schießhalt. Auf 1800 Meter Feuer eröffnen!«

Die drei Panzerkanonen schossen im Salventakt. Jeder ihrer Schüsse wurde ein Treffer. Die 181. Panzerbrigade des XVIII. russischen Panzerkorps wurde dezimiert.

Fünfzehn Feindpanzer erreichten den Nahbereich der drei Wittmann-Tiger.

»Den Spitzenwagen, Woll!« rief Wittmann.

Woll zielte, schoß. Der T 34 brannte. Dann traf es auch die übrigen. Die russische Panzerphalanx brach auseinander. Das Gefechtsfeld war mit zerschossenen und brennenden Panzern übersät.

Am Morgen des 13. Juli kämpfte Wittmann mit seinen Kameraden um den Durchbruch. Er schoß vier T 34 ab und brachte eine schwere Feindbatterie zum Schweigen.

Zur gleichen Zeit standen in der Wolfsschanze, Hitlers Hauptquartier, die Oberbefehlshaber der Ostfront vor Hitler. Der Führer hielt seine Rede. Sein letzter Satz lautete:

»Ich bin gezwungen, ›Zitadelle‹ einzustellen!«

Feldmarschall von Manstein, der für die Südzange Verantwortliche, war entsetzt. Die Schlacht stand auf dem Höhepunkt. Der Feind hatte 24 000 Mann, 1800 Panzer, 267 Geschütze und 1080 Pak verloren. Es wäre ein Wahnsinn, hier im Süden die Schlacht einzustellen. Doch Hitlers Befehl, durch die alliierte Landung auf Sizilien ausgelöst, blieb bestehen.

Bis zum 17. Juli kämpften die Divisionen der Südzange weiter. Am Abend dieses 17. Juli löste sich auch die 13. Tiger-Kompanie vom Feind. Während der vergangenen zehn Tage hatte Wittmann mit seinem Panzer allein dreißig Feindpanzer abgeschossen, achtundzwanzig Pak vernichtet und zwei schwere Batterien mit insgesamt acht Geschützen zum Schweigen gebracht.

Wenig später trat er den langverdienten Urlaub an.

Als Untersturmführer Wittmann zur Division zurückkehrte, war diese gerade auf dem Wege nach Italien. Die Italiener waren vom Achsenbündnis abgefallen. Unter Führung von Theodor Wisch (Auszeichnungen siehe Anlage »Schwerterträger«) wurde die Masse der italienischen Truppen binnen einiger Stunden entwaffnet.

Am 5. November 1943 wurde die Division alarmiert und im Eiltransport erneut an die Ostfront geworfen. Die russische Großoffensive im Raum Kiew hatte begonnen. Am 2. November traf die Division im Raum hart nördlich Rogosna ein und trat schon am nächsten Morgen in zwei Stoßkeilen zum Angriff nach Norden an. Erstes Ziel war die Straße Kiew–Shitomir.

Bis zum 20. November erreichten die Männer um Michael Wittmann den Raum ostwärts Chomutes. Hier erfuhren sie, daß es der 7. PD unter Generalmajor Hasso von Manteuffel (Auszeichnungen siehe Anlage »Schwerterträger«) gelungen war, das feindbesetzte Shitomir im Handstreich zurückzugewinnen.

Bei Brussilow kam es schließlich zum ersten großen Panzerduell. Mit seinen fünf Panzern schoß Wittmann bis zum Mittag dieses Tages zehn Panzer ab und vernichtete fünf Pak. Dann rollten sie zum Auftanken und Aufmunitionieren zurück. Am Nachmittag stießen sie auf neuen Panzerfeind. Bis zum Abend hatte Wittmann weitere zehn Panzer und sieben Pak abgeschossen.

Am 20. November fiel der Regimentskommandeur, Obersturmbannführer Schönberger, durch Volltreffer. Am 24. November stürmten sie nach Brussilow hinein. Nun wurde umgruppiert.

Es herrschte eine bittere Kälte, als die schweren Tiger am Morgen des 6. Januar 1944 auf Malin und Radomyschl antraten. Wittmanns Kompanie stieß auf eine Pak-Front. Wohin sie blickten: Feuerzungen, die aus Geschützrohren spritzten. Sie schossen im Salventakt, zerschlugen die Pak und rollten zum Südrand von Styrty vor. Das SPW-Bataillon schloß sich an.

Eine letzte Pak-Sperre wurde durchstoßen, dann rollten sie durch Styrty und erreichten die nach Osten führende Straße. Sie sahen eine riesige Lastwagenkolonne, dazwischen Geschütze und Panzer. Die lange Nachschubkolonne wurde zusammengeschossen. Der Zug Wendorff tauchte nun auch auf.

»Weiter!« rief der Kompaniechef, der bei Wendorff mitfuhr. »Nächstes Ziel ist Golowin!«

Abermals begann ein Panzergefecht. Wittmann schoß eine Reihe Panzer ab, und am Abend ließ der Regimentsführer, Max Wünsche, den Untersturmführer zu sich kommen.

»Wittmann, ich hörte soeben, daß Sie Ihren sechzigsten Panzer abgeschossen haben. Dann ist für Sie das Ritterkreuz fällig.«

»Danke, Obersturmbannführer. Aber ich meine, daß mein Richtschütze Woll der richtige Mann für diese Auszeichnung ist.«

Am frühen Morgen des 9. Januar 1944 wurde der Zug Wittmann alarmiert. Mit den beiden Kameraden Warmbrunn und Lötzsch fuhr Wittmann mit drei Tigern Aufklärung.

Wittmann fand in einer Balka die Bereitstellung russischer Panzer. Umholend drang er in die Balka ein und griff den Gegner aus dem Rücken an.

Seine drei Tiger schossen zehn Panzer in wenigen Minuten ab. Davon kamen sechs auf Wittmanns Konto.

Am 14. Januar 1944 erhielt er das Ritterkreuz. Einen Tag darauf meldete der Wehrmachtsbericht:

»Untersturmführer Michael Wittmann schoß am 9. Januar 1944 an der Ostfront mit seinem Tigerpanzer seinen 66. feindlichen Panzer ab.«

Am frühen 14. Januar begann jener Kampf, der jedem, der dabei war, nie mehr aus der Erinnerung schwinden kann. Wittmann rollte wieder mitten in einen Panzerpulk des Gegners hinein. Stunden dauerte das Gefecht. Bis zum Mittag schoß Wittmanns Tiger allein sechzehn T 34 und KW I ab. Als sie am Nachmittag noch einmal zur Hilfeleistung losfuhren, fielen der Kampfwagenkanone des kleinen Woll abermals drei Panzer und drei Sturmgeschütze zum Opfer.

Am 16. Januar 1944 erhielt Wittmanns Richtschütze, Balthasar Woll, aus der Hand seines Divisionskommandeurs das Ritterkreuz. Am späten Abend des 19. Januar meldete der Wehrmachtsbericht erneut:

»Der am 13. Januar 1944 im Wehrmachtsbericht genannte SS-Untersturmführer Michael Wittmann, Zugführer in einem Panzerregiment der SS-Panzerdivision ›Leibstandarte‹, aus Ingolstadt, wurde am 13. Januar 1944 mit dem Ritterkreuz ausgezeichnet. – In den Kämpfen am 13. Januar trat er gegen einen starken Panzerverband an und schoß neunzehn T 34 sowie drei überschwere Sturmgeschütze ab. Damit erhöht sich die Abschußzahl Wittmanns auf 88 Feindpanzer und Sturmgeschütze.«

In der Kate, wo die Männer zuhörten, brandete der Jubel auf.

»Michel«, rief Wendorff, der hereingestürmt kam, »weißt du, was das bedeutet? Das ist für dich das Eichenlaub!«

Am 20. Januar 1944 wurde Michael Wittmann wegen Tapferkeit vor dem Feind zum Obersturmführer befördert. Er war als Chef der schweren Tiger-Kompanie vorgesehen.

Der Kampf ging weiter. Im eisigen Schneesturm schoß Wittmann ein paar Tage später fünf T 34 ab, und am 30. Januar 1944 wurde er als 380. deutscher Soldat mit dem Eichenlaub ausgezeichnet. Auch Wendorff und Kling erhielten das Ritterkreuz.

Die PD »Leibstandarte« rollte im Februar 1944 zum Entsatz der im Kessel von Tscherkassy eingeschlossenen deutschen Divisionen, die von General der Artillerie Wilhelm Stemmermann (RK am 7. 2. 1944; 399. E am 18. 2. 1944; gefallen am 18. 2. 1944) geführt wurden.

Mit elf Tigern rollte Michael Wittmann auf den Gniloi Tikitsch vor. Wieder schoß Wittmann neun T 34 ab. Bis zum 8. Februar gelang es der »Leibstandarte«, den Schicksalsfluß des Kessels – den Gniloi Tikitsch – zu erreichen.

Hier fuhr Wittmann am 10. Februar in eine von achtzehn Sturmgeschützen gestellte Falle. Es war Unterscharführer Staudegger, der Wittmann warnen konnte, weil er mit Schalthebelschaden liegengeblieben war und aus seiner Position den Gegner frühzeitig erkennen konnte. Staudegger selbst schoß fünf T 34 ab. Den Rest besorgten Wittmanns Panzer. (Franz Staudegger aus Kärnten hatte am 6. Juli 1943 bereits allein sechzig T 34 aufgehalten, zweiundzwanzig davon binnen zweier Stunden abgeschossen und vier lahmgeschlagen. Dafür hatte er am 10. Juli 1943 das Ritterkreuz erhalten. Auch diesmal war er wieder das Zünglein an der Waage gewesen.) Am Abend dieses Tages wurden weitere sieben schmale weiße Ringe um die Kanone gemalt, die nun 107 solcher Abschußringe aufwies!

Rund 35 000 Mann entkamen dem Untergang von Tscherkassy. Michael Wittmann hatte mit dazu beigetragen, daß sie aus diesem Kessel herauskamen.

Wittmann übernahm die 13. Kompanie. Er führte sie in den nächsten Wochen an der Rollbahn ostwärts von Tarnopol. Dann wurde die schwer dezimierte Division herausgezogen, und Wittmann fuhr ins FHQ, um das Eichenlaub entgegenzunehmen.

Als er in Belgien die 2. Kompanie der schweren Waffen-SS-Panzerabteilung 501 der »Leibstandarte« übernahm, landeten kurz darauf die Alliierten an der Atlantikküste. Wittmann fuhr mit seiner Kompanie in Richtung Caen.

Am 12. Juni erreichten Wittmanns Tiger den Kampfraum Caen. Nordostwärts Villers Bocage stellte sich die Kompanie bereit. Die 1. Kompanie unter Hauptsturmführer Möbius schloß rechts an.

Wenig später fuhr Wittmann – wie schon so oft – zur Erkundung vor. Er entdeckte auf der Straße Villers Bocage–Höhe 213 einen Panzerverband, der eben nach Villers Bocage hineinfahren wollte.

Wittmann griff sofort allein an. Er konnte nicht warten, denn dann war es sicherlich zu spät.

»Wir erledigen sie im Vorbeirollen. Alles klar, Balty?«

»Klar, Michel!« erwiderte Woll, der Unverwüstliche.

Sie hielten an einer Wegebiegung hinter einer Hecke. Näher und näher kamen die Feindpanzer. Dann war es soweit. Der Tiger verließ sein Versteck, erreichte die Straße, eröffnete das Feuer. Als der zweite Schuß hinaus war und zwei Panzer brannten, stand die Kolonne. Der Tiger rollte langsam daran vorbei. Mit jedem weiteren Schuß vernichtete er einen der Panzer, der Spähwagen, der Lastwagen und der Schützenpanzer. Brände loderten, Explosionen grellten. Ein erster Feindpanzer schoß. Die Granate prallte ab.

Zwei Minuten dauerte der Feuerschlag. Dann hatte der Tiger jenen Panzerverband vernichtet, der bei Tilly die Entscheidung erzwingen sollte.

Untersturmführer Stamm kam nun mit den vier übrigen Wagen angerollt. Die fünf Tiger schlugen den Rest des Feindverbandes in die Flucht.

Es war die 7. englische Panzerdivision, und zwar die 22. Panzerbrigade, die hier siebenundzwanzig Panzer und sämtliche Ketten- und Räderfahrzeuge verlor. Michael Wittmann hatte im tollsten Alleingang der Kriegsgeschichte die »Schlacht um Villers Bocage« entschieden.

Am 22. Juni 1944 erhielt Wittmann als 71. Soldat die Schwerter. Bis zu diesem Zeitpunkt hatte er 138 Panzer und Sturmgeschütze und 132 feindliche Pak abgeschossen oder vernichtet.

Der Kampf um Falaise sah Wittmann wieder im Angriff. Von Oberführer Kurt Meyer, dem Kommandeur der 12. Waffen-SS-Panzerdivision »Hitlerjugend«, erhielt er am 8. August 1944 den Befehl, zum Wald von Garcelles hin anzugreifen.

»Wir werden es schaffen, Oberführer!« sagte Wittmann noch, und Kurt Meyer blickte ihm nach, wie er gelassen wie immer zu seinem Tiger ging, einstieg und losfuhr.

Wittmann fuhr seinen letzten Angriff gegen starke Sherman-Panzerrudel. Er soll hier noch drei Panzer abgeschossen haben. Doch als es Abend wurde, vermißte man den Wagen des Chefs.

Michael Wittmann war nicht mehr. Er hatte versucht, die Schlacht in seiner Manier aus dem Feuer zu reißen und sich mitten in das dichteste Panzerrudel gewagt. Fünf Sherman-Panzer sollen seinen Tiger zusammengeschossen haben. Kurt Meyer setzte dem gefallenen Kameraden in seinem Buch »Grenadiere« ein Denkmal, indem er dort schrieb:

»Michael Wittmann starb so, wie er gelebt hat – tapfer, mitreißend und seinen Grenadieren ein Vorbild gebend!«

Er war einer von jenen, die das Letzte wagten und dafür den höchsten Einsatz zahlten, den es gibt: das Leben.

Michael Wittmann, geboren am 22. April 1914 in Vogelthal/Oberpfalz
Letzter Dienstgrad: Hauptsturmführer
Letzte Dienststellung: Kompaniechef
Ritterkreuz am 14. Januar 1944
380. Eichenlaub am 30. Januar 1944
71. Schwerter am 22. Juni 1944
Gefallen am 8. August 1944 südlich Caen

GENERALMAJOR HORST NIEMACK

Letzter Kommandeur der Panzer-Lehrdivision

»Ritterlichkeit kommt von dem Wort Reiten. Sie umfaßt vornehme Gesinnung, Selbstlosigkeit, angemessene Zurückhaltung, Bescheidenheit und selbstverständlichen Respekt: charakterliche Werte, die heute selten geworden sind, ohne die aber derjenige niemals auskommen kann, der einmal andere Menschen führen soll.«

Diese Worte des Reiters Horst Niemack sind nicht nur leere Worte. Das Leben dieses Menschen und Soldaten, der sein Herz der Reiterei verschrieben hat, zeigt, wie *er* sie in die Tat umgesetzt hat.

In jeder Phase seines soldatischen Werdeganges wird dies deutlich, *und* auch in heutiger Zeit, einer Epoche der Überbewertung des Äußerlichen und der Äußerlichkeiten, geht von diesem ehemaligen Soldaten jenes Fluidum aus, das mit dem Worte Ritterlichkeit umrissen, aber nicht in seiner ganzen Tiefe ausgelotet werden kann.

Horst Niemack wurde am 10. März 1909 in Hannover geboren. Er entstammt mütterlicherseits alteingesessenen niedersächsischen Bauerngeschlechtern, denen die Liebe zum Tier und besonders zum Pferd seit eh und je in Fleisch und Blut steckte. So entwickelte sich auch der junge Niemack sehr rasch zum Pferdefreund. Bereits als Kind saß er im Sattel oder, ohne Sattel, auf dem Pferderücken.

Sooft Niemack vom Andreaneum zu Hildesheim und später vom humanistischen Ratsgymnasium zu Hannover in die Ferien heimkam, war er bei seinen Pferden. In erster Linie war es sein Großvater mütterlicherseits, ein bekannter Veterinärmediziner und Hippologe, der diese Passion des Schülers Niemack förderte.

Bereits als Schüler ritt Horst Niemack auf Turnieren mit, und es war für ihn eine besondere Auszeichnung, daß er auch die Jagden der Kavallerieschule Hannover (*das* Ausbildungszentrum der deutschen Militärreiterei) mitreiten durfte.

Nach bestandenem Abitur bewarb er sich beim Reichswehr-Reiterregiment 18, Stuttgart-Bad Cannstatt, um die Einstellung als Offiziersanwärter. Schon bevor er dort 1931 zum Leutnant befördert wurde, war er auf Turnieren hervorgetreten. Ununterbrochen bis kurz vor Kriegsbeginn 1939 war er auf allen großen Turnierplätzen zu finden. Bereits 1934 hatten ihm seine Siege in Springkonkurrenzen, Dressur- und Vielseitigkeitsprüfungen die höchste Auszeichnung im Reitsport, das Goldene Reiterabzeichen, eingetragen.

1933 ging für ihn der größte Wunsch, den ein junger Reiteroffizier haben konnte, in Erfüllung: die Versetzung zur Turnier- und Rennabteilung der Kavallerieschule Hannover. Die Erfolge, die er erzielte, durften ihn mit Stolz und Freude erfüllen; denn sie waren Ergebnisse harter, intensiver Arbeit von Reiter und Pferd. Eines seiner besten und erfolgreichsten Pferde war der Ostpreuße »Kronprinz«, mit dem Niemack wie zu einer Einheit verschmolzen schien.

Ab 1936 wirkte Niemack, inzwischen Oberleutnant, als Lehrer der zur Kavallerieschule kommandierten Kavallerie- und Artillerieoffiziere. Eine einmalige Dienststellung in der deutschen Wehrmacht erlangte er 1938, nun schon Rittmeister, als Master und Leiter des Jagdstalles der Kavallerieschule. Noch heute denkt er mit großer Freude an diese Zeit zurück.

Als am 1. September 1939 der Zweite Weltkrieg ausbrach, war vorläufig der friedliche Wettstreit um die Ehre bester Reitkunst beendet. Rittmeister Niemack wurde für einige Wochen Lehroffizier der Offiziersanwärter der Kavallerieschule in Potsdam-Krampnitz. Im Oktober 1939 kam er als Schwadronschef zur Divisions-Aufklärungsabteilung 5, die aus Einheiten seines alten RR 18 zusammengestellt worden war.

Am 1. April 1940 wurde Niemack Kommandeur der Aufklärungsabteilung 5, die er von Rittmeister Scupin übernahm. Die AA 5, zur 5. Infanteriedivision gehörend, lag im Herbst 1939 im Raum Neuwied, später in der Eifel. Von dort aus trat sie den Vormarsch durch Luxemburg und Frankreich an.

Seit dem 10. Mai 1940 – dem Beginn des Frankreichfeldzuges – war Rittmeister Niemack als Kommandeur der AA 5 mit dieser Abteilung stets weit vor der Division am Feind. Er konnte durch schnelle und tiefe Aufklärungsvorstöße wichtige Beobachtungen und Meldungen über den Gegner machen, die der höheren Truppenführung als Grundlagen für weitere Operationen dienten.

Der erste Teil des Frankreichfeldzuges war am 4. Juni 1940 beendet. Mit dem 5. Juni begannen die neuen Operationen für die Heeresgruppe B. Die Heeresgruppe A trat am 9. Juni an.

Die 5. ID, und damit auch ihre AA 5, die in der 2. Armee der Heeresgruppe A stand, setzte den Vormarsch am Morgen des 9. Juni 1940 fort. Rittmeister Niemack erhielt den Auftrag, mit der AA 5 auf die Aisnebrücke und die Brücke über den Aisnekanal anzutreten. Beide Brücken sollten im Handstreich genommen und ihre Sprengung verhindert werden.

Horst Niemack teilte seine Abteilung auf. Den Reiterspähtrupp führte Leutnant Blum, den Radfahrspähtrupp der Führer der Radfahrschwadron, Oberleutnant Bettag. Wachtmeister Hainle wurde als Spähtruppführer auf Savigny angesetzt. Niemack selbst befand sich bei der schweren Schwadron, die von Oberleutnant Steinhauser geführt wurde.

Auch an der Aisne leitete ein Feuerschlag der deutschen Artillerie den zweiten Teil des Feldzuges in Frankreich ein. Dann rollte die schwere Schwadron mit dem zugeteilten Pakzug los. Dichter Nebel stand über dem Aisnetal. Voraus tauchte die erste Brücke aus dem Morgendunst auf, und Sekunden später zerriß der Knall eines Abschusses den Morgen. Eine Sekunde darauf hämmerten abermals drei Abschüsse aus Richtung der Brücke.

»Panzer, Herr Rittmeister!« meldete der Ordonnanzoffizier.

Vier französische Panzer rollten aus einer kleinen Waldbürste heraus, blieben stehen, schossen abermals.

»Zum Waldrand hinüber!« befahl der Kommandeur.

Die schwere Schwadron drehte nach rechts ein. Eine Panzergranate zischte dicht über den Chefwagen hinweg. Am Waldrand ging die Pak blitzschnell in Stellung. Vier Abschüsse grellten. Der erste der Feindpanzer wurde getroffen und stand Sekunden später in Flammen. Zehn Minuten dauerte das Duell Pak gegen Panzer, dann waren die vier französischen Kampfwagen vernichtet.

Die schwere Schwadron rollte weiter, erreichte den Fluß. Von der Brücke her blitzten die Abschüsse einiger schwerer MG.

»Im gemeinsamen Sprung auf die Brücke vorprellen! Pak und KwK links und rechts der Brückenauffahrt sammeln und den Gegner am jenseitigen Ufer niederkämpfen!«

Nun rollte die schwere Schwadron durch das Feindfeuer auf die Brücke zu. Die 2-cm-Kanonen der Spähwagen erwiderten das feindliche MG-Feuer. Niemack und Oberleutnant Steinhauser rollten als erste über die Brücke. Am jenseitigen Ufer wurde ein Brückenkopf errichtet. Der Funkspruch an die Division ging ab:

»Aisnebrücke in deutscher Hand!«

Leutnant von Hassel meldete seinen Reiterspähtrupp am Ziel, und dann ging auch der FT-Spruch von Wachtmeister Rudolf Hainle ein. Er hatte Savigny erreicht.

Am frühen Morgen des 10. Juni stieß die AA 5 weiter nach Südosten vor. Niemack sollte für seine Division *den* Weg finden, der zur Straße des Sieges werden würde. Mit Reiterspähtrupps war der Rittmeister immer wieder vorn, riß feindliche Auffanglinien auf, zog die Abteilung nach, zwang den Gegner zum Abdrehen und zur Flucht. Am 10. Juni wurde die Vesle überwunden. Hier war es wieder die von Wachtmeister Hainle geführte sMG-Staffel, die den Gegner niederrang. Rudolf Hainle, äußerlich der Typ des gemütlichen Schwaben, innerlich geballte Energie, war der treibende Motor der Staffel. Er erhielt aus der Hand seines Rittmeisters das EK I. (Als Oberwachtmeister wurde Hainle am 22. September 1941 mit dem Ritterkreuz ausgezeichnet; er fiel am 22. Mai 1942 in Rußland.)

Immer wieder zeichnete sich hier auch Oberleutnant Köstlin aus, der Abteilungsadjutant. Rittmeister Handler, der Chef der Reiterschwadron*, Leutnant von Hassel, Oberleutnant Bettag, Leutnant Blum und andere Reiter waren es, die Niemack in besonderem Maße halfen, die stolzen Erfolge der Abteilung zu erringen.

Am 11. Juni wurde nach Überschreiten der Vesle Chaumuzy erreicht. Die AA 5 stürmte der Marne entgegen. Um 09.30 Uhr stand Horst Niemack auf den Höhen südwestlich Reims. Hier leistete der Gegner erbitterten Widerstand. Die AA 5 umging den Feind, vernichtete ihn nach kurzem, hartem Gefecht. Die Bewegungen kamen wieder in Fluß.

Am Abend sahen die Spitzengruppen der AA 5 das silbernschimmernde Band der Marne. Abermals schlug ihnen das feindliche Abwehrfeuer entgegen. Weit vor dem Gros der 2. Armee hielt die Abteilung dem starken Druck des weichenden Gegners stand, der versuchte, an dieser kleinen Kampfgruppe vorbei zu entkommen. Doch die AA 5 hielt. Der Gegner blieb vor ihr liegen. Ein Funkspruch ging durch den Äther, der alle aufhorchen ließ:

»Wir haben die Marne erreicht! Gegner wird gehalten! 5. Infanteriedivision rasch nachstoßen!«

So konnte die 2. Armee im Verlauf des 12. Juni den gesamten Vesle-Abschnitt gewinnen. Der OB der 2. Armee, General der Kavallerie von Weichs, reichte Rittmeister Niemack zum Ritterkreuz ein. Er begründete diesen Antrag wie folgt:

»Ohne das selbständige und wagemutige Vorstoßen der Divisions-Aufklärungsabteilung 5 auf die Marne, das Rittmeister Niemack aus eigenem Entschluß durchführte, wären die schnellen Erfolge der 2. Armee nicht denkbar. Es war insbesondere der begeisternde Schwung des Rittmeisters Nie-

---

* Oberst Handler ist heute Leiter der »Spanischen Reitschule« in Wien.

mack, der seine Männer mitriß und sie zu einer einmaligen Leistung beflügelte.«

So erhielt Rittmeister Horst Niemack am 13. Juli 1940, als einziger Rittmeister im Frankreichfeldzug, das Ritterkreuz des Eisernen Kreuzes.

Mit Beginn des Rußlandfeldzuges am 22. Juni 1941 ging die als Vorausabteilung verstärkte AA 5 in Richtung auf den Njemen vor. Um 12.05 Uhr stieß die Spitze seines Verbandes bei Aknociai auf starken Feindwiderstand. Niemack ließ die Abteilungsartillerie vorziehen und damit die russischen Widerstandsnester niederkämpfen. Dann setzte er sich an die Spitze der sMG-Staffel und preschte zum Durchstoßen der feindlichen Widerstandslinie vor. In den Flanken wurde dieser Vorstoß durch die eigenen Panzerspähwagen unterstützt. Um 18.00 Uhr erreichte die AA 5 den Njemen. Mit Sturmbooten wurde der Fluß überquert. Die Pak und die sMG-Staffel richteten sich am jenseitigen Ufer ein, um das Übersetzen der gesamten Abteilung zu sichern.

Der Vorstoß wurde fortgesetzt. Bis zum Morgen des 28. Juni wurde Orla erreicht. Kurz vor Orla erhielt die Reiterschwadron, die die Spitze bildete, Feindfeuer. Hier hatten sich sowjetische Verbände zu einem Brückenkopf zusammengeschlossen, um die Umklammerung ihres im Raum Bialystok gruppierten Armeekorps zu verhindern.

Der Gegner wurde nach verlustreichen Kämpfen geworfen. Als Niemack ihn mit der Reiterschwadron verfolgte, erreichte er die Hauptstraße des gegnerischen Rückzuges. Er erkannte sofort, daß der Gegner nichts anderes beabsichtigte, als seine Truppen an dieser Stelle aus dem sich bildenden Kessel herauszuziehen.

Niemack dachte an seinen Auftrag. Er lautete: Bildung eines Brückenkopfes bei Piaski. Gleichzeitig aber sah er *hier* seine Chance, den Rückzug der Russen abzuschneiden. Sofort dirigierte er seine Vorausabteilung um und marschierte im Eilmarsch nach Westsüdwesten.

Der Marsch führte durch unaufgeklärtes Gelände. Es erwies sich als feindfrei, so daß Niemack seine schwere Schwadron nachziehen konnte. Der Pak- und der Artilleriezug folgten ebenfalls nach. Die Abteilung erreichte die Szczara und sprengte die Brücke, über welche die Hauptrückzugsstraße führte. Die beiden Straßen, die von der Hauptrückzugsstraße zum Fluß führten, wurden von der Vorausabteilung gedeckt. Auf einer Breite von zehn Kilometern sperrte nunmehr die AA 5 den östlichen Rückzugsweg der Sowjets zwischen Piaski und Zdzieciol.

Kurze Zeit später begann der verzweifelte Ansturm der weichenden sowjetischen Verbände auf diesen Sperriegel. Rittmeister Niemack hatte seine vier Pak schräg rechts am Waldrand mit Schußfeld auf die Straße in Stellung bringen lassen. Die ersten Lkw rumpelten heran. Oberwachtmeister Hainle schoß das vereinbarte Signal. Die MG der sMG-Staffel eröffneten das Feuer. Die Pak fielen ein. Die ersten Lastwagen brannten, andere wurden zerschossen.

Dann war die russische Infanteriewelle herangekommen. Sie versuchte mit »Urrä!«, den Sperriegel zu durchbrechen.

Niemack hatte sämtliche Waffen eingesetzt. Artillerie und Pak, sMG, MG und Karabiner schossen in schnellster Schußfolge.

Drei Stunden lang griffen die Sowjets beinahe ununterbrochen an. Sechs Mannschaftswagen lagen brennend auf dem Gefechtsfeld. Gutgezieltes Artilleriefeuer schlug die Durchbruchsversuche auf der Hauptstraße zusammen. Dann griffen Panzer an.

Die Pak schoß zwei dieser Feindpanzer ab. Die übrigen schoben sich näher und näher heran. Eine Pak erhielt einen Treffer. Dann erhielt der dritte Panzer einen Volltreffer, und die übrigen drehten und rollten zurück. Der Panzerangriff war abgeschlagen.

Ein einzeln vorrollender Panzer wurde von Oberwachtmeister Hainle durch Nahkampfmittel vernichtet.

Plötzlich tauchten Reiter auf. Im wilden Galopp ritt eine ganze Schwadron gegen die Stellung der sMG-Gruppe.

Feuerstöße ratterten hinaus. Ein grausiges Durcheinander stürzender Pferde, fallender Menschen, verzweifelter Schreie drang durch den Abend. Noch ehe das Gros der Schwadron, die diesen todesmutigen Angriff ritt, wenden konnte, war sie vernichtet. Tote und sterbende Reiter und Pferde bedeckten den Angriffsstreifen.

Wenig später griff noch einmal russische Infanterie an. Die Russen kamen bis auf Handgranatenwurfweite an die Gräben und Löcher der Männer der AA 5 heran. Zwei Meter vor den Deckungslöchern stürzten die letzten Rotarmisten zu Boden.

Eine halbe Stunde später folgte ein neuer Angriff. Auch er konnte unmittelbar vor der Szczara gestoppt werden. Dann erlahmte die Kraft der Sowjets.

Mit einem Spähtrupp ging Horst Niemack weit über den Fluß vor, um die Standorte des Gegners und die Stärken festzustellen.

Am folgenden Vormittag wurde Rittmeister Niemack während einer solchen Erkundung im Feuergefecht am Oberschenkel verwundet. Er führte den

Spähtrupp sicher zurück und wurde auf dem Gefechtsstand verbunden. Der Adjutant meldete der Division die Verwundung des Rittmeisters, und Generalmajor Allmendinger, der Divisionskommandeur, befahl Niemack über Funk, sich sofort ins Feldlazarett fahren zu lassen.

Rittmeister Niemack ließ sich jedoch nicht zurückfahren. Er blieb bei seiner Abteilung, die er in dieser Krisenlage nicht verlassen zu können glaubte. Er leitete die weiteren Verteidigungsmaßnahmen.

Die Russen kämpften verzweifelt um den Durchbruch. In einem gewaltigen Ansturm versuchten sie am 29. Juni, bei Zdzieciol durchzubrechen. Der Gegner kam über die Szczara. Doch dann wurde er abermals gehalten. Unmittelbar vor den Stellungen der AA 5 brach auch dieser Angriff zusammen.

Um 11.00 Uhr erreichte Niemack die Meldung, daß die Munition knapp werde. Doch noch immer nicht war die Division nachgekommen. Generalmajor Allmendinger ließ sich mit der Luftflotte 2 (Feldmarschall Kesselring) verbinden und forderte Stukas zur Unterstützung des Abwehrkampfes der AA 5 an.

Um 13.05 Uhr dieses Tages strebten die Sowjets mit starken Kräften den endgültigen Durchbruch an. Und es sah so aus, als sollte es ihnen diesmal gelingen, den Verteidigungsriegel zu durchbrechen. Schon war eine Gruppe der Radfahrschwadron von Feindpanzern überrollt worden.

In diesem Augenblick tauchten die zugesagten Stukas auf. Fünfundzwanzig Maschinen röhrten heran, kippten über die Flügel zum Sturz auf den Gegner ab und setzten unter schreckverbreitendem Sirenengeheul ihre Bomben mitten in das Zentrum der russischen Ausbruchsgruppen.

Trotz der verheerenden Wirkungen, die die Stukas erzielt haben mußten, griffen die Sowjets an diesem Tage – wenn auch mit schwächeren Kräften – noch dreimal an. Mit der letzten Munition wurden diese Angriffe abgewehrt.

Am Abend dieses Tages trafen die von Generalmajor Allmendinger vorgeworfenen Radfahrkompanien der Division im Verteidigungsriegel ein. Horst Niemack baute sie in die Verteidigung ein. So konnte der letzte nach Einfall der Dunkelheit durchgeführte sowjetische Angriff mit frischen Kräften und neuer Munition ebenfalls abgeschlagen werden.

Während dieser Kämpfe sagte Generalmajor Allmendinger besorgt zu seinem Stab:

»Niemack ist sehr schneidig. Aber ich bin in großer Sorge um ihn.«

Am dritten Tag stellten die Sowjets an dieser Stelle ihre Angriffe ein. Sie versuchten nunmehr, diesen Sperriegel nach Süden zu umgehen. Mit dem wieder einsatzklaren Funkgerät meldete die AA 5 diese Wendung des Gegners, so daß die Division rechtzeitig dorthin abriegeln konnte.

Noch zwei weitere Tage versuchte das sowjetische Armeekorps den Ausbruch. Doch am vierten Tag war es Infanterieeinheiten des Nachbarkorps gelungen, zur AA 5 aufzuschließen und endgültig dichtzumachen.

Die Rückzugsstraße der Russen und das Gelände zu beiden Seiten war mit Panzerwracks, ausgebrannten Mannschaftswagen, schweren und leichten Geschützen übersät.

Im Wehrmachtsbericht des 6. Juli 1941 wurde die Waffentat der AA 5 und das Verhalten ihres Kommandeurs besonders gewürdigt:

»Rittmeister Niemack hat als Führer einer Aufklärungsabteilung gleich am ersten Tag des Feldzuges gegen Rußland in rücksichtslosem Zupacken einen starken russischen Gegenangriff bei Scirijai zurückgeworfen und stieß dann mit seiner Vorausabteilung über den Njemen vor.

Mit dieser Tat öffnete Rittmeister Niemack seiner Division den Weg über den Njemen. Diese erreichte damit einen Erfolg, der ohne den persönlichen Einsatz des Rittmeisters nicht möglich gewesen wäre.

Einige Tage nach dieser Waffentat sperrte Rittmeister Niemack mit seiner Abteilung im entscheidenden Augenblick eine wichtige Rückzugsstraße des Feindes. Trotz schwerer Verwundung blieb er bei seiner Truppe. Die tapferen Württemberger hielten unter der Führung ihres Kommandeurs die Stellungen, verhinderten den Rückzug und damit das Entkommen des Feindes. Das persönliche Verhalten des Rittmeisters war auch hier erneut überragend.«

Als 30. Offizier der Wehrmacht wurde Rittmeister Horst Niemack am 10. August 1941 das Eichenlaub zum Ritterkreuz des Eisernen Kreuzes verliehen. Er nahm diese Auszeichnung als erster Truppenoffizier nach General Dietl entgegen.

Im Kreise seiner Kameraden aber sagte Horst Niemack:

»Es waren die Leistungen meiner Männer, von denen ich, stellvertretend für alle, unseren tapferen Oberwachtmeister Hainle nennen möchte, der auch zum Ritterkreuz eingegeben worden ist. In besonderer Hochachtung denke ich auch an meine Gefallenen und an Leutnant Graf Adelmann, der bei dem Versuch, einen unserer vermißten Unteroffiziere zu bergen, den Tod fand. Es war die gesamte AA 5 und ihr hervorragender Mannschaftsgeist, der den Sieg errungen hat. Für diese meine AA 5 trage ich die hohe Auszeichnung.«

Wegen seiner Verwundung mußte Horst Niemack die AA 5 an Rittmeister Ballhorn abgeben, der sie weiter nach Rußland hineinführte.

Im Spätherbst des Jahres 1941 übernahm Horst Niemack, inzwischen zum Major befördert, die Kavallerie-Lehrgruppe an der Schule für Schnelle Truppen in Potsdam-Krampnitz als Kommandeur.

Wieder übte er eine Lehrtätigkeit aus, die dem geborenen Reiter große Freude bereitete. Doch es zog ihn wieder hinaus. Er wollte zur Front, wollte einen größeren Truppenverband führen.

Im Februar 1943 übernahm er als Oberstleutnant das Panzergrenadierregiment 26 der 24. PD, die nach den schweren, bei Stalingrad erlittenen Verlusten in der Normandie neu aufgestellt wurde.

Mit seinem Regiment stand er im Sommer 1943 zwei Monate in Oberitalien. Nach dem Abfall der Italiener im September 1943 wurde die Entwaffnung der italienischen Armee vom Regiment wie von der gesamten Division schnell und reibungslos durchgeführt.

Am 15. Oktober 1943 mußte er dieses Regiment verlassen. Er erhielt seine Versetzung zur Panzergrenadierdivision »Großdeutschland« und übernahm dort das Panzerfüsilierregiment »Großdeutschland« als Kommandeur.

Die Division unter der Führung von Generalleutnant Hoernlein stand zu diesem Zeitpunkt im Raum Kriwoi Rog am Dnjepr. Hier rüstete sich der Gegner zwischen Dnjepropetrowsk und Krementschug auf einer Breite von 235 Kilometern mit fünf Armeen und 1000 Panzern zu einem Großangriff.

Oberstleutnant Niemack stand mit seinen Füsilieren vor einer schweren Aufgabe. Bis zum 17. Oktober – zwei Tage nach Niemacks Ankunft – hielt die deutsche Dnjeprfront den russischen Angriffen stand. Vom 18. bis zum 25. Oktober mußte sich die Division »GD« von Akimowka bis Posselok-Schischrsk absetzen. Am 30. Oktober befand sich der Divisionsgefechtsstand in Jeristowka. Bis zum 4. November erzielten die Sowjets nur noch acht Kilometer Bodengewinn. Hier stand im Divisionsgefechtsstand in Krutoi Oberstleutnant Niemack dem Divisionskommandeur gegenüber. General Hoernlein sagte ihm:

»Jetzt wird es bitterer Ernst, Niemack. Ich fürchte, daß Sie der einzige sind, der bei Ljubimowka halten kann.«

Dann fuhr der Generalleutnant mit Niemack zum Gefechtsstand der Panzerfüsiliere vor. In der Kate, in der der Gefechtsstand eingerichtet war, dämmerte es bereits, obgleich es erst 15.00 Uhr war. Von Osten und Nordosten her dröhnten die Abschüsse russischer Artillerie. Im Abschnitt Neuweg – Krutoi versuchte der Gegner mit allen Mitteln, den Durchbruch durch die Kampflinie der Panzergrenadiere und der Panzerfüsiliere der Division zu erzwingen.

Immer wieder gelang es den Männern des Panzerfüsilierregiments, den Gegner zu werfen. Am 16. November wäre es den Rotarmisten um ein Haar gelungen, den Divisionsgefechtsstand zu kassieren. Zwischen Wessalaja-Dolina und Neuweg griffen sie nun mit starken Kräften an. Der Divisionsgefechtsstand wurde nach Wassiljewka verlegt.

Am nächsten Tag war Generalleutnant Hoernlein wieder im Gefechtsstand der Panzerfüsiliere, als ein russischer Feuerüberfall auf das Dorf niederging. Ein Nachbarhaus ging in Flammen auf. Durch das Fenster des Gefechtsstandes sahen Niemack und Hoernlein den Feuerschein. Der Divisionskommandeur wandte sich mit einer entschlossenen Gebärde dem Regimentskommandeur zu.

»Es wird heute am härtesten werden, Niemack! Wir müssen . . .«

»Herr Oberstleutnant«, rief die Stimme des Feldwebels von der Fernsprechvermittlung dazwischen, »der Gefechtsstand des I. Bataillons!«

Niemack griff zum Mithörer. Sein Gesicht straffte sich, als visiere er ein Hindernis an, das er zu nehmen hatte, als er die Stimme des Bataillonsadjutanten vernahm:

»Hier Gefechtsstand I. Bataillon! Die Russen sind bis auf achtzig Meter an unsere Linien herangekommen. Weitere Einheiten stoßen durch die Schlucht vor. Jenseits der Höhe Panzergeräusche.«

»Danke«, erwiderte Niemack. »Halten Sie den Laden dicht. – Wo steckt von Basse? – Wie? Hauptmann von Basse (RK am 25. 9. 1944) ist vorn in den Löchern? – Warten Sie!«

Niemack wandte sich an Generalleutnant Hoernlein.

»Herr General, bald habe ich keinen Offizier mehr. Blasen Sie unserem Hans-Dieter von Basse mal den Marsch!«

Der Divisionskommandeur lächelte. Er wußte, wie Niemack dies gemeint hatte, und kam mit einigen Schritten um den Tisch herum, nahm den Hörer entgegen und sagte:

»Hier spricht der Divisionskommandeur. Körner, schicken Sie einen Melder zu Hauptmann von Basse. Er soll sofort in den Gefechtsstand zurückkommen.« Dann, nach einer Pause, fuhr er fort: »Das I. Bataillon hält so lange, bis Befehl zum Absetzen durchgegeben wird. Dann schließt es sich der Absetzbewegung auf die C-Linie an. Notieren Sie den Verlauf der C-Linie: Rollbahnkreuz 2500 Meter südwestlich Guljai-Polje – 500 Meter südlich Viehhof – Höhen südlich Udowaschlucht und Grab Orlowa – Punkt 142. Die Panzerjägerkompanie soll sich anschließen, damit sie nicht vom Iwan geklaut wird. – Ende!«

Major Wätjen, der Kommandeur der Aufklärungsabteilung »GD«, erstattete dem Divisionskommandeur nun Meldung. Er hatte einundsechzig abgeschossene Feindpanzer gezählt.

Dann kam ein Oberleutnant in den Gefechtsstand und meldete, daß die Russen durch die Udowaschlucht mit Panzern anrollten.

Und während im Gefechtsstand der Panzerfüsiliere alle diese Dinge abliefen, hämmerten ununterbrochen feindliche Artillerieeinschläge in das Dorf.

Ein Einschlag unmittelbar neben der Kate ließ alle auffahren. Der Dekkenbewurf prasselte herunter. Splitter schlugen blaffend in die Lehmwände, die Kate ächzte und wankte.

Major Gomille erschien und meldete sich mit der Tiger-Abteilung zur Stelle. Er hatte im Gegenstoß gegen den Westflügel der angreifenden sowjetischen Panzerverbände neunundzwanzig T 34 abgeschossen.

Major Wätjen, dessen Abteilung noch genügend Sprit hatte, rollte wenig später in Richtung Udowaschlucht vor, um dort abzuriegeln. Die Sturmgeschütze sollten folgen.

Wenig später verließ Generalleutnant Hoernlein den Gefechtsstand Niemacks.

Auf Ljubimowka schmetterte wenig später Stalinorgelfeuer nieder. Immer neue Meldungen gingen ein, und die bei weitem erfreulichste war jene der Panzerjägerkompanie, die acht T 34 abgeschossen meldete.

Horst Niemack aß zu Abend; ein paar belegte Brote, eine Tasse heißen Tee. Dann zog er sich den schweren Fellmantel an, stülpte die Lammfellmütze auf den Kopf, hängte sich die MPi um und verließ den Gefechtsstand.

Schneidender Wind fuhr ihm entgegen, als er den Windschatten der Kate verließ. Er sah glosende Häuser. Hinter einer Baumreihe, wo Niemack die 3. Kompanie unter Oberleutnant Schewe wußte, stiegen ein paar Leuchtkugeln empor. Ein russisches MG ratterte los und verstummte wieder. Panzergeräusche hallten durch die Finsternis. Ab und zu setzte böiges Schneetreiben ein.

Der Oberstleutnant ging bis zu den Horchposten vor. Wieder zum Gefechtsstand zurückgekehrt, warf er sich auf eine Schütte Stroh und war bald darauf eingeschlafen.

Durch die Alarmmeldung »Russische Panzer im Anrollen!« wurde Horst Niemack bereits zwei Stunden später aus dem Schlaf gerissen. Mit einem Satz war er auf den Beinen. Als erster verließ er den Gefechtsstand, dicht gefolgt von Leutnant Boll, seinem Ordonnanzoffizier.

»Dort vorn rechts, Herr Oberstleutnant!« meldete einer der Männer.

Kein Zweifel, dort rollten Feindpanzer. Mit einem Blick auf die Uhr sah Niemack, daß es 04.13 war.

»Einsatzreserve zu mir!«

Eine Minute darauf hatten sich die Männer versammelt. Der Kommandeur führte sie zu einer Mauer. In diesem Augenblick erschien der Turm eines Panzers auf der gegenüberliegenden Höhe. Wenig später stand der ganze T 34 oben. Von rechts kam ein zweiter, und nach den Motorengeräuschen, die nun brüllendlaut wurden, mußte noch eine Reihe weiterer Kampfwagen folgen.

Und so kam es auch; binnen weniger Minuten war die kleine Gruppe, war auch der Regimentsgefechtsstand dreiseitig von Panzern eingeschlossen. Pak schoß, MG-Feuer ratschte. Weiter vorn am Dorfeingang bellten die hektischen Schläge russischer Maschinenpistolen.

Achtzehn Männer hatte Horst Niemack zur Verfügung, um die durchgebrochenen Feindpanzer abzuwehren. Der erste Feindpanzer wurde durch einen Panzerfaustschützen in Brand geschossen. Dann erwischte es den zweiten T 34.

»Wir gehen über die Schlucht hinter uns zum Gefechtsstand der Grenadiere zurück!« befahl Niemack, als er sah, daß die Einsatzreserve vom Gegner auf die Schlucht hinter dem Dorf zugedrückt wurde. »Wir sind hier zu schwach. Gegenstoß erst von dort aus, wo wir schwere Waffen zur Verfügung haben.«

Sie arbeiteten sich in kurzen Sprüngen zurück, erreichten die Schlucht, rannten hangabwärts, kletterten am Gegenhang hoch und erreichten den Gefechtsstand der Panzergrenadiere.

»Alle Männer zu mir!« befahl Niemack. Aus dem Gefechtsstand rannten einige Soldaten ins Freie.

»Was ist los, Herr Oberstleutnant?«

»Russischer Einbruch in Ljubimowka. Geben Sie an den Divisionsgefechtsstand durch, daß schnellstens Panzer hierher entsandt werden müssen, weil sonst der Gegner hier durchbricht.«

Nun hatten sich bereits achtundvierzig Männer um den Oberstleutnant geschart.

»Fertigmachen zum Gegenstoß!« sagte er nur.

Mit Panzerfäusten bewaffnet, von einem einzelnen Panzerjäger unterstützt, der plötzlich angerollt kam, ging es wieder auf die Sohle der Schlucht hinunter. In der Schlucht erledigte der Jagdpanzer einen T 34. Eine Reihe weiterer Feindpanzer eröffneten das Feuer. Zwei von ihnen schoß der Jagdpanzer ab, und als er den jenseitigen Höhenrand emporrollte, straffte sich Horst Niemack.

»Kampfgruppe macht einen geschlossenen Sprung! Auf – marsch, marsch!«

Sie schnellten hoch, rannten durch die Senke, stürmten die Höhe empor.

Irgendeiner schrie »Hurra!«, andere fielen ein. Sie erreichten den Höhenrand, sahen die leuchtenden Pfeile der MG-Salven. Aus den Häusern von Ljubimowka, vor Niemack und auch halblinks voraus, schoß russische Infanterie. In diesem kritischen Augenblick tauchte der Panzerjäger 150 Meter weiter links oben im Gebüsch auf, drehte zum Dorf und brachte mit dem ersten Schuß ein Feind-MG zum Schweigen.

»Vorwärts, alles mir nach!«

Abermals rannten die Männer, der Regimentskommandeur voraus, den Häusern entgegen. Sie eroberten Ljubimowka wieder zurück, erreichten den alten Gefechtsstand. Russische Panzer, von den Füsilieren mit Nahkampfmitteln und Panzerfäusten angegangen, lagen brennend und lahmgeschossen im Dorf und an der Schlucht.

Noch sechsmal griff der Gegner in dem schluchtenreichen Gelände den Regimentsgefechtsstand an. Doch nun hatte Niemack genügend Männer zur Verfügung, um halten zu können. Dabei wurde wieder eine Reihe Feindpanzer mit Nahkampfmitteln ausgeschaltet.

Am 19. November meldeten die vorgeschobenen Beobachter erneute feindliche Panzerbereitstellungen. Wieder galt es, die Abwehrkämpfe zu bestehen und in Gegenstößen verlorengegangenes Gelände zurückzugewinnen. Auch diesmal zeigte sich Horst Niemack als Soldat, der zu führen, zu improvisieren und zu halten verstand.

Am 20. November 1943 begann der sowjetische Großangriff auf die Nahtstelle zwischen dem Panzergrenadier- und dem Panzerfüsilierregiment der Division »GD«. Westlich Ljubimowka gelang dem Gegner ein Einbruch. Gemeinsam mit Oberstleutnant Lorenz, dem Kommandeur der Panzergrenadiere (RK am 20. 12. 1942; 395. E am 12. 2. 1944), führte Niemack den Gegenstoß. Der Einbruch der Sowjets, der sich bereits zum Durchbruch auszuweiten drohte, wurde bereinigt.

In den nächsten Tagen wurden immer wieder feindliche Angriffe abgewehrt. Der Großangriff des 26. November, bei dem die Rote Armee mit einer ganzen Panzerarmada in vier Stoßkeilen antrat, durchbrach die dünnen Linien der Division »GD«. Major Gomille warf sich mit achtzehn Tigern der Abteilung dem Panzerfeind entgegen, schoß neunundzwanzig T 34 ab und stoppte den Vorstoß. Im Gegenangriff am Abend des 26. November gelang es Horst Niemack mit seinem Panzerfüsilieren, die alte HKL zurückzugewinnen.

Am nächsten Abend wurde die Division in die vorbereitete E-Linie zurückgenommen. Hier hielt die Division. Der Winter setzte mit starken Frösten und Schneefällen ein.

Am Weihnachtsabend ging Horst Niemack mit Leutnant Boll zu seinen Soldaten hinaus. Er bescherte seine Füsiliere persönlich.

Die »Bescherung« durch die Russen kam am anderen Morgen. In eisigem Schneesturm, Stoßrichtung Wyssockij, griffen Panzer mit aufgesessener Infanterie an und stießen fünfmal in die Ortschaft vor. Mehrere Stunden tobte der Kampf. Wyssockij fiel, doch dann erlahmte auch die Kraft der Angreifer, nachdem sie achtundvierzig Stunden lang versucht hatten, die Panzerfüsiliere zu überwinden und in die Tiefe des Raumes vorzustoßen.

Am 3. Januar 1944 – Horst Niemack war soeben zum Oberst befördert worden – wurde die Division aus dem Einsatzraum herausgelöst und in Pawlozolije verladen. Es ging über Kamenka, Kasanka, Bobrinez, Rownoje in den Raum südwestlich Kirowograd. Hier wurde die Division angehalten und nach Nordosten abgedreht.

Die Russen waren am 5. Januar 1944 mit der 2. Ukrainischen Front unter General Konjew zum Angriff nördlich und südlich Kirowograd angetreten. Das VII. mechanische Korps hatte bei Ssewerinka den Ingul überschritten und die große Rollbahn von Kirowograd nach Westen unterbrochen. Hier mußte nun die Division neu eingesetzt werden.

Die PGD »GD« bezog bis zum Abend des 7. Januar 1944 eine stützpunktartige Abwehrstellung auf der Linie Kompanejewka über Rasdolja nach Tscherwonowerschka und von dort über Losowatka nach Anninska, die teilweise vom Gegner erkämpft werden mußte.

Mit der anschließenden 376. ID und der 14. PD wurde die Verbindung hergestellt. Wesentliche Aufgabe der Division war es, das Ssugoklejatal zu sperren und Verstärkungen des Gegners, deren Nachführung hier erwartet wurde, abzuschneiden.

Doch hier griff der Gegner nicht an. Die Front blieb ruhig.

Am 27. Januar 1944 verließ Generalleutnant Walter Hoernlein (RK am 30. 7. 1941; 213. E am 15. 3. 1943) diese Division, die er selbst aufgestellt hatte. Sein Nachfolger wurde der bisherige Kommandeur der 7. PD, Generalleutnant Hasso von Manteuffel (Auszeichnungen siehe Anlage »Schwerterträger«).

Bereits sehr bald sollte sich zeigen, daß dieser kleine, drahtige General ein würdiger Nachfolger Hoernleins war.

Die PGD »GD« blieb bis zum 8. März 1944 in ihrem Einsatzraum bei Kirowograd. Mehrere russische Angriffe wurden in dieser Zeit abgewiesen.

Wo der Druck des Gegners am stärksten war, dort tauchte der Oberst auf, dort bewies Horst Niemack, daß er sich als Soldat und Kämpfer mit jedem Füsilier seines Regiments eins fühlte.

Der russische Großangriff des 8. März 1944 erzielte mehrere tiefe Einbrüche in die HKL. Der tiefste war von den verbissen kämpfenden Rotarmisten 5000 Meter tief eingetrieben worden. Noch hielten die Füsiliere stand. Am nächsten Tag drang der Gegner in Dymino ein. Horst Niemacks Panzerfüsiliere mußten Nikolajewka aufgeben.

Von der 1. Ukrainischen Front der Roten Armee wurde Uman genommen. Damit waren die Nachschublinien der PGD »GD« im Rücken der Division bedroht. Eine vollkommene Umfassung bahnte sich an.

In dieser Situation mußten alle noch am Unterlauf des Dnjepr stehenden deutschen Verbände *vor* dem sowjetischen Durchbruch bei Uman nach Süden herausgeschafft werden. Generalleutnant von Manteuffel erhielt als Kampfkommandant der 8. Armee den Befehl, den Bugübergang bei Miglija, acht Kilometer südostwärts Perwomaisk, zu überwachen.

Der Division gelang es, den Gegner so lange aufzuhalten, bis sich sämtliche deutschen Truppen aus dem bedrohten Gelände abgesetzt hatten.

Am 14. März wurde dieser Einsatz im Wehrmachtsbericht gewürdigt. Kishinew war neuer Divisionsgefechtsstand. Die feindliche Panzerspitze stand bereits bei Cornesti-Targ an der Rollbahn Kishinew–Jassy.

Hier kämpften die Panzerfüsiliere zeitweilig im Verband der 14. PD. An der Spitze seines Regiments stürmte Oberst Niemack nach Chirova, kämpfte den Ort frei und richtete sich im Cula-Abschnitt zur Verteidigung ein. Niemack hielt mit seinen Füsilieren Cula gegen eine erdrückende Übermacht. Gegenstöße wurden geführt, der Gegner blieb liegen.

Oberst i. G. Grässel, der die 14. PD vertretungsweise führte, bedankte sich in einem Tagesbefehl vom 7. April 1944 bei der Kampfgruppe Niemack für diese Leistung. Er schrieb unter anderem:

»Dem Kommandeur des Füsilierregiments, Oberst Niemack, ist es zu verdanken, daß der Gegner der schwer ringenden 14. PD bei Chirova nicht in die offene Flanke stieß.«

Auch diesmal verwies Oberst Niemack auf die Tapferkeit seiner Soldaten, die diesen Abwehrerfolg errungen hatten.

Als der Feind wenig später in Stärke eines Armeekorps bei Targul Frumos durchgebrochen war, setzte Generalleutnant von Manteuffel Niemack mit den Füsilieren zum Gegenstoß an. Er unterstellte dem Oberst Panzer und Sturmgeschütze und die II./PAR »GD«.

Niemack erreichte am Mittag dieses Tages die Höhenzüge bei Danuan. Die in Podul Iloaei eingeschlossenen rumänischen Verbände wurden freigekämpft. Bei Valea Otlor wurde gegen Abend starker Feind geschlagen, und noch in der Nacht führte Niemack seine Truppen in Richtung Targul Frumos weiter. Diese Stadt, das Tor nach Rumänien, mußte den Russen wieder entrissen werden.

Am anderen Morgen rollte der Angriff auf Targul Frumos, von Niemack im Panzerspähwagen geführt. Der Stoßkeil der Sturmgeschütze erreichte den Ostrand von Targul Frumos und eröffnete das Feuer.

In einem erbitterten Kampf, den der Kampfgruppenkommandeur unentwegt vorn bei der Truppe führte, wurde das Zentrum von Targul Frumos erreicht. Der Kampf Mann gegen Mann begann. Als der neue Tag heraufzog, war die Stadt wieder in deutscher Hand. Der unterbrochene Nachschub rollte wieder.

Damit war der am 26. April begonnene sowjetische Großangriff zum Stehen gebracht worden. In Facuti richtete Niemack den Regimentsgefechtsstand ein.

Hier griff der Gegner am frühen Morgen des 2. Mai 1944 an und überschüttete Facuti mit einem Feuerhagel. Von allen Seiten stürmten sowjetische Verbände. Auf einmal war Facuti von Panzern umstellt. Die Drahtverbindung mit der Division war unterbrochen. T 34 und Stalin-Panzer griffen an. Die Füsiliere schossen einige mit Panzerfäusten ab. Dann waren auch diese Waffen nicht mehr verfügbar. Mit Faustpatronen, Hohlhaftladungen und Minen ging Niemack mit einer aus dem Stabsnachrichtenzug und Fahrern gebildeten Gruppe die Panzer an. Der Kommandeur kämpfte mit dem letzten Schreiber Schulter an Schulter gegen diese stählernen Giganten. Der Befehlspanzer der Russen wurde vernichtet. Flammen stoben aus Luks und Motorräumen empor. In Facuti tobte der Nahkampf. Dort, wo der Gegner mit Panzern durchbrechen wollte, dort stand Niemack mit seinen Füsilieren. Acht Feindpanzer, zum Teil die überschweren JS-Panzer, wurden von der Gruppe vernichtet. Insgesamt verlor der Gegner an diesem 2. Mai 1944 bei Targul Frumos und Facuti 96 Panzer. Davon wurden 56 durch das PR »GD« unter Oberst Langkeit (RK am 9. 12. 1941; 348. E am 7. 12. 1943) abgeschossen. Mit diesen Abschüssen hatte das PR »Großdeutschland« seit dem ersten Einsatz 1943 insgesamt 1015 Panzer abgeschossen.

Am 5. Mai war der Gegner erledigt. Der Wehrmachtsbericht des 8. Mai 1944 erwähnte die Division und deren Kommandeur, Generalleutnant von Manteuffel. Am Abend des 4. Juni 1944 meldete der Wehrmachtsbericht nach den Frontmeldungen im Anhang noch weiter:

»Der Führer und Oberste Befehlshaber der Wehrmacht verlieh am 4. Juni

1944 das Eichenlaub mit Schwertern zum Ritterkreuz des Eisernen Kreuzes an Oberst Horst Niemack, Kommandeur eines Panzerfüsilierregiments, als 69. Soldaten der deutschen Wehrmacht.«

General von Manteuffel hatte diesen vorbildlichen Offizier und Kommandeur zu dieser Auszeichnung eingereicht.

Als Oberst Niemack nach einem Urlaub zur Division zurückkehrte, verlegte diese wenig später nach Gumbinnen. Der Feind stand an der ostwärtigen Reichsgrenze.

Als am 12. Juli russische Divisionen in den Raum zwischen Dünaburg und Wilna nach Nordwesten durchstießen, geriet die Heeresgruppe Nord – der ein Zurückgehen vom FHQ verweigert worden war – in Gefahr, abgeschnitten zu werden. Die Division »GD« wurde eingesetzt. Im Blitztransport eilten die Verbände nach Nordosten. Am 3. August trafen sie in Eydtkau und Trakehnen ein.

Die Russen hatten am 2. August Wilkowischken genommen. Zwei Tage später traten sie abermals an und erreichten die Reichsgrenze.

Am 9. August ließ General von Manteuffel die Division antreten. An der Spitze des Angriffskeils stürmten die Panzerfüsiliere Niemacks. Sie erreichten den Ostrand von Wilkowischken. Die Stadt wurde eingeschlossen. Von drei Seiten drangen die Füsiliere in die feuerspeiende Hölle ein. Vom Nordrand der Stadt koordinierte Niemack die Angriffsstöße seiner Verbände. Als die Nacht einfiel, war die hier verteidigende russische Garde vernichtet. Wilkowischken war wieder in deutscher Hand.

Die PGD »GD« rollte auf Schaulen weiter. Es sah so aus, als würde der Angriff durchgreifen. Doch in der Nacht zum 20. August wurde er eingestellt. Zwei Tage später verlegte die Division in den Raum Kursenai.

Es war der 23. August, als General von Manteuffel den Befehl erhielt, mit der Division einen Vorstoß beiderseits des Lilaucesees nach Doblen durchzuziehen. Im Morgengrauen des 24. August traten Teile des Panzerfüsilierregiments – dem XXVIII. AK unterstellt – mit dem I. Bataillon des Grenadierregiments aus dem Raum ostwärts des Lilaucesees unter schwerstem feindlichem Werferfeuer zum Angriff an. Angriffsziel war der Sanatoriumsberg. Der Besitz dieser Höhe war die zwingende Voraussetzung für den Angriff auf Doblen.

Im Führungs-SPW rollte Oberst Niemack an der Spitze seiner Kampfgruppe vor, als dieser plötzlich das Feuer aus einer Batterie Stalinorgeln entgegenschlug. Wenig später schossen russische Schweige-Pak aus ungefähr eineinhalb Kilometer Entfernung. Das Buschwerk bot dem Gegner gute Deckung.

Einer der Tiger scherte aus dem Verband aus und schoß die erste Pak mit dem zweiten Schuß ab. Im Weiterrollen fuhren die Spitzenwagen auf Minen. Drei SPW blieben liegen.

»Alles stop! – Pioniere nach vorn!« befahl der Oberst.

Im gleichen Moment, als er das letzte Wort ausgesprochen hatte, sah Horst Niemack schräg voraus einen Feuerstrahl aus einem Gebüsch herauszischen. Sekunden später dröhnte ein harter Treffer vorn gegen den Stahl des Führungs-SPW. Die Zweizentimeterkanone, die das Feuer erwidert hatte, fiel aus. Dann noch ein krachender Einschlag dicht neben dem Kommandeur. Ein heftiger Stoß traf Niemacks Schulter, dann spürte er nichts mehr. Er nahm auch nicht wahr, wie er von seinen Soldaten aus dem brennenden SPW geborgen und unter Einsatz ihres Lebens zurückgeschleppt wurde.

Vom HVPl aus wurde Oberst Niemack sofort nach Berlin geflogen. Es bestand die Gefahr, daß sein linker Arm amputiert werden mußte. Doch in der Berliner Charité gelang es Professor Sauerbruch, den Arm zu retten.

Täglich besuchte der geniale Arzt den Verwundeten. Eine ganz besondere Freude wurde für Horst Niemack jener Tag, an dem ihn der Obergefreite Hans Sachs von der 5. Kompanie seines Regiments besuchte. Ein Kamerad war noch bei ihm. Sie brachten ihrem verwundeten Kommandeur die Genesungswünsche des gesamten Regiments mit. Und dazu noch – ein Modell des SPW, an dem sie mit weißer Farbe die Stelle markiert hatten, an der ihr Oberst immer gesessen hatte, wenn es losging.

Als General von Manteuffel die Division »GD« verlassen mußte, um die 5. Panzerarmee zu übernehmen, die in der Ardennenschlacht im Zentrum des Kampfes eingesetzt werden sollte, schrieb er seinem jungen Freund Niemack ins Lazarett:

»Lieber Niemack!

Nicht nur die Tatsache Ihrer Verwundung und der damit verbundenen Schmerzen hat mich tief betrübt, sondern ebensosehr auch der Umstand, daß Sie infolge Ihrer schweren Verwundung Ihr Regiment zu diesem Zeitpunkt verlassen mußten.

Sie und ich müssen uns damit abfinden, daß Sie Ihr Regiment nicht behalten werden. Sie wissen, daß Sie aufgrund Ihrer Leistungen und Ihres Könnens seit Monaten auf der Förderungsliste stehen. Dies hat zur Folge, daß Sie nach Wiederherstellung Ihrer Gesundheit mit oder ohne Lehrgang eine Division zu übernehmen haben.

Sie haben, unterstützt von vorbildlichen Offizieren aller Dienstgrade, diesem Regiment wahrhaft den Stempel Ihrer starken Persönlichkeit aufgedrückt. So wie Sie selbst beispielhaft tapfer, einsatzfreudig und auftragstreu gekämpft haben, hat Ihr Regiment – durch Ihr mitreißendes Beispiel geführt – höchsten Ruhm in Abwehr und Angriff erworben.

Ihr Ihnen dankbarer und getreuer Hasso von Manteuffel«

Am 24. Januar 1945 übernahm Horst Niemack von Generalleutnant Bayerlein die Panzer-Lehrdivision in der Eifel. Bis zum letzten Kampftag der Division führte er diesen Eliteverband. Bei der alten Siegfriedstadt Xanten traf das britische XXX. Korps mit 500 Panzern auf die PLD. Drei Tage dauerten die harten, erbitterten Kämpfe. Zwischen Alpen und Birten, südlich Xanten, kam es zu einer letzten großen Panzerschlacht. Niemack zeigte, daß er auch einen Divisionsverband zu führen verstand. Bei Veen führte er seine Division erneut gegen den Feind.

Doch dann mußte sich die PLD in den Brückenkopf Wesel zurückziehen. Am 10. März ging die PLD über den Rhein. Um 07.10 Uhr dieses Tages flog die Weseler Brücke in die Luft.

Über Mönchengladbach gelangte die PLD in den Ruhrkessel. Hier trat die Division zu ihrem letzten schweren Waffengang an. Sie hatte von Feldmarschall Model Befehl erhalten, von Winterberg aus die feindliche Umklammerung in Richtung Edertalsperre aufzureißen, damit den Ruhrkessel zu sprengen und die Verbindung nach Süden aufzunehmen.

Dieser mit letztem Einsatz geführte Angriff scheiterte an der gewaltigen alliierten Überlegenheit. Horst Niemack, inzwischen Generalmajor, wurde erneut schwer verwundet.

Auf Befehl von Feldmarschall Walter Model wurde er aus dem Kessel ausgeflogen und kam in ein Lazarett bei Potsdam. Mit knapper Not entging Niemack hier der Gefangennahme durch die Sowjets. Es gelang ihm, Schleswig-Holstein zu erreichen. Im Lazarett Eutin geriet er schließlich in britische Gefangenschaft.

Fünfundzwanzig Monate lang wurde Generalmajor Niemack ohne jede Begründung gefangengehalten. Zuletzt befand er sich im Generalslager Munster. Hier war er einst als Fähnrich ausgebildet worden, und hierher sollte er – wiederum zwölf Jahre später – als Brigadegeneral der Reserve der Bundeswehr in der Panzertruppenschule seine erste Übung ableisten. »Tempora mutantur!«

Im Beschluß des British Review Boards vom 14. April 1947 heißt es über Generalmajor Niemack in der ersten Spalte:

»Sie sind aus folgenden Gründen interniert: A convinced militarist (ein überzeugter Militarist).«

Jener britische General, der wenig später diese Begründung las, sagte zu dem Chairman Nr. 14, T. L. David:

»Auch ich bin ein überzeugter Militarist. Sonst wäre ich wohl kaum Soldat geworden. Es kommt doch immer darauf an, ob jemand mit fairen Mitteln gekämpft hat oder nicht. Und General Niemack hat niemals Ritterlichkeit und Fairneß verletzt. Er war ein vorbildlicher Soldat und ist sofort zu entlassen.«

Entschlossen und tatkräftig wie immer, ging Horst Niemack an seine selbstgestellte Friedensaufgabe heran. Sein Hauptanliegen war die deutsche Reiterei. Der General mit dem Goldenen Verwundetenabzeichen, den auch die schwerste Verwundung nicht für immer aus dem Sattel werfen konnte, wie ihn auch der Verlust aller seiner Habe in Potsdam-Krampnitz nicht zu brechen vermochte, begann von neuem.

Schon bald kam in Niedersachsen der erste Anstoß, in Kursen Reitlehrer und Turnierreiter auszubilden. In seiner Position als Vorsitzender der deutschen Dressurrichter-Vereinigung hat Niemack großen Einfluß auf die einmalige Entwicklung der deutschen Dressurreiterei genommen, die ja die Grundlage für alle anderen reiterlichen Disziplinen ist.

Im Jahre 1953 wurde Generalmajor a. D. Niemack in Madrid vom spanischen Staatschef, Generalissimus Franco, für seine Verdienste um die deutsch-spanische Reiterfreundschaft mit einer der höchsten spanischen Auszeichnungen geehrt. Er erhielt das Großkreuz des spanischen Militär-Verdienst-Ordens.

Als Equipechef der deutschen Dressurmannschaft bei den Olympischen Spielen von Stockholm, Rom, Tokio und Mexiko war er maßgeblich am Sieg der deutschen Dressurreiter beteiligt. Seine Auffassung von den Hauptpunkten der Dressur wurde in der Welt anerkannt. Bei internationalen Reitturnieren in Deutschland, in der Schweiz, England, Österreich, Südafrika, Kanada, Chile, Finnland, Dänemark und anderen Ländern ist Horst Niemack als Richter von hohen Graden begehrt.

Was Wunder, daß er auch als Vorstandsmitglied dem Deutschen Olympischen Komitee für Reiterei und dem Hauptverband der Deutschen Reiterei viele Jahre hindurch angehörte.

Publizistisch ist Horst Niemack in Fachzeitschriften über aktuelle Fragen der Reiterei tätig. Insbesondere über die Ausbildung und Dressur des Pferdes hat er wegweisende Arbeiten geschrieben, in denen sich jahrzehntelange Erfahrung zum Nutzen unserer jungen Reiter niedergeschlagen hat. In vielen Vorträgen bei den Reitervereinigungen der Bundesrepublik, an der tierärztlichen Hochschule in Hannover und im Ausland gibt Horst Niemack jungen Menschen den großen Schatz seines Wissens über den »besten Kameraden des Menschen« – das Pferd – weiter.

Auf Einladung der Generaldirektion des türkischen Sports hielt Niemack im April 1966 in Ankara und Istanbul Vorträge über reiterliche Ausbildung und Organisation. Im gleichen Jahr wurde er in die internationale Dressurkommission der FEI – Féderation Equestre Internationale – berufen.

Er hat die Leitung der deutschen Reitschule, die er lange Jahre innehatte, abgegeben, um sich besser als Vorsitzender der Deutschen Richtervereinigung für Pferdeleistungsprüfungen widmen zu können.

Auch seinen alten Kameraden, den Soldaten, ist Horst Niemack treu geblieben. Seit 1954 ist er Vorsitzender der Kameradschaft der ehemaligen Panzer-Lehrtruppen. Darüber hinaus war er lange Zeit Vorsitzender der Ordensgemeinschaft der Ritterkreuzträger, deren Präsident er heute ist. In den Leitsätzen dieser Gemeinschaft heißt es u. a.:

»Im Bekenntnis zu den unwandelbaren soldatischen Tugenden fühlen wir uns verpflichtet, ein ehrenhaftes Leben zu führen: selbstbewußt und doch bescheiden, aufrecht und treu, gottesfürchtig und wahrhaftig, pflichtbewußt und opferbereit, erfüllt von tiefer Vaterlandsliebe.«

Diesem Bekenntnis nachzuleben, ist General Niemack unablässig bemüht. Und überall – in der Welt wie in Deutschland –, wo sich Reiter treffen, wird er dabeisein, der sich aus der angeborenen Zurückhaltung niemals vorgedrängt hat, ohne den aber die deutsche Reiterei und ihre heutige Blütezeit undenkbar wäre.

Das Wirken und die besonderen Verdienste von Generalmajor a. D. Niemack um die Reiterei wurden an seinem 60. Geburtstag, dem 10. März 1969, durch die Verleihung des Deutschen Reiterkreuzes in Gold gewürdigt. In der Verleihungsurkunde hebt der Präsident der Deutschen Reiterlichen Vereinigung, Graf Landsberg-Velen, die »Anerkennung hervorragender Verdienste um die Förderung des Reit- und Fahrsports« durch den General hervor.

Nur wenige Monate später – am 12. Juni 1969 – erfolgte die Verleihung des Großen Verdienstkreuzes des Verdienstordens der Bundesrepublik Deutschland durch den Bundespräsidenten Lübke »in Anerkennung der um Staat und Volk erworbenen besonderen Verdienste«.

Horst Niemack, geboren am 10. März 1909 in Hannover
Letzter Dienstgrad: Generalmajor
Letzte Dienststellung: Divisionskommandeur
Ritterkreuz am 13. Juli 1940
30. Eichenlaub am 10. August 1941
69. Schwerter am 4. Juni 1944
Verwundetenabzeichen in Gold

OBERST HEINZ-GEORG LEMM

Mit dem Füsilierregiment 27 im Einsatz

Ein Melder war zu Leutnant Lemm, dem Führer des Reiterzuges, vorgeritten und deutete auf das Waldstück, dem sich der Zug als Vorausabteilung des Füsilierregiments 27 näherte.

»Voraus in dem Kusselgelände steckt der Gegner, Herr Leutnant!«

Heinz-Georg Lemm griff nach dem Fernglas, hob es vor die Augen und spähte durch die Kusseln zum Wald hinüber. Er sah aufblitzende Gewehrschüsse.

»Radfahrzug nach links umholen! Pak zieht vor und kämpft Widerstandsnester nieder! Wir heben den Gegner im Wald aus!«

Die ersten Tage des Polenfeldzuges waren vorüber, der Vorstoß der 12. Infanteriedivision verlief zügig. An dieser Stelle sah es so aus, als wollte der Gegner nachdrücklichen Widerstand leisten.

Die Füsiliere drangen in den Wald ein. Ab und zu klackerten Gewehrschüsse. Einzelne Handgranaten platzten. Die ersten Gefangenen wurden eingebracht. In breiter Front drangen die Reiter und Radfahrer vor und säuberten das Gelände. Plötzlich näherten sich von rückwärts über die Straße zwei Reiter.

Lemm blickte durch sein Fernglas. Er erkannte Generaloberst Frhr. von Fritsch und dessen Begleitoffizier, Oberleutnant Rosenhagen vom Artillerieregiment 12.

Der Generaloberst begleitete im Feldzug das Regiment, zu dessen Chef er ehrenhalber 1938 in einem unzureichenden Versuch, das ihm angetane Unrecht zu überdecken, ernannt worden war.

Fritsch kam mit weit sichtbaren Generalszeichen herangeritten. Es sah so aus, als biete er sich förmlich als Schießscheibe an. Leutnant Lemm ritt zu ihm zurück, meldete dem Generaloberst und sagte dann:

»Ich bitte Herrn Generaloberst, doch zurückzubleiben. Das Gelände ist noch nicht vom Gegner gesäubert. Ich melde sofort, wenn weitergeritten werden kann. Zunächst muß ich aber meinen Auftrag, dieses Waldgelände durchzukämmen, ausführen!«

Der Freiherr blickte durch sein Monokel den jungen Leutnant durchdringend an und sagte dann kurz:

»Bisher war es in der Armee so, daß die Generalobersten den Leutnanten befohlen haben, wohin sie zu reiten haben, und nicht die Leutnants den Generalobersten!« Sprachs und ritt ruhig weiter.

Leutnant Lemm winkte eine Gruppe Reiter heran und erteilte ihnen den Befehl, als Schleier vor dem Generalobersten so zu reiten, daß auf alle Fälle stets das Pferd eines Soldaten dort gegangen sei, wo auch der Generaloberst selbst reiten würde. Damit wollte der Leutnant wenigstens ein Minimum an Sicherheit für den Generaloberst erreichen. Der Auftrag wurde ausgeführt, und als Leutnant Lemm sich am Abend beim Regiment zurückmeldete, sagte ihm der Regimentskommandeur:

»Im übrigen, Lemm, ist Generaloberst von Fritsch heute abend noch einmal hiergewesen. Er hat mir gesagt, daß er bei Ihnen vorne war. Er läßt Ihnen für Ihre Fürsorge danken.«

Das war also die andere Seite der Rüge, die der Generaloberst dem jungen Leutnant erteilt hatte.

Wie kam nun dieser Leutnant, den seine Soldaten stets nur »Hein Lemm« nannten, zur Truppe?

Am 1. Juni 1919 wurde Heinz-Georg Lemm in Schwerin in Mecklenburg geboren. Seine Familie stammt väterlicherseits aus Brandenburg in Preußen. Sein Vater war während des Ersten Weltkrieges Oberintendanturrat. Sein Großvater war Schmiedemeister in der Nähe von Berlin gewesen.

Mütterlicherseits stammt Lemm aus Westpreußen, aus dem Danziger Raum, wo seine Mutter als Tochter eines höheren Militärindendanten, des Geheimen Kriegsrates Stach, aufwuchs.

Da Heinz-Georg Lemm seine Jugend in Mecklenburg verbrachte, fühlte er sich auch als Mecklenburger. In Schwerin besuchte er das Gymnasium Friedericianum. Schon damals beschäftigte er sich viel mit geschichtlichen Fragen und erhielt die wesentlichste Prägung seiner Kindheit durch die Bündische Jugend, zu der er bereits als Neunjähriger fand. Im Jahre 1933 wurde sein Bund aufgelöst.

Inzwischen war sein Vater nach Güstrow versetzt worden, wo sich Lemm auf sein Abitur vorbereitete. Er gehörte hier einem Ruderklub an, der ihn sportlich erfüllte.

Als schließlich im Jahre 1935 die Überleitung der Reichswehr in die Wehrmacht vollzogen wurde, faßte Lemm den für ihn selbstverständlichen Entschluß, Soldat zu werden. Sein Vater billigte dies, und so kam er 1936, nach kurzer Arbeitsdienstzeit, zum Rostocker Infanterieregiment 27, das gerade aus dem alten Reichswehr-Infanterieregiment 5 hervorgegangen war.

Die Persönlichkeit, die den jungen Soldaten hier tief beeindruckte und die immer sein Vorbild bleiben sollte, war der damalige Regimentskommandeur, Oberst Kurt von Tippelskirch, ein Edelmann im besten Sinne und eine Persönlichkeit von überragender Bildung.

Dann kam Lemm nach München zur Kriegsschule, ohne damals zu ahnen, daß er rund dreißig Jahre später Kommandeur der Münchener Offiziersschule der Bundeswehr sein würde.

Ins Rostocker Regiment zurückgekehrt, bildete er als junger Leutnant Rekruten aus und gewann hier unter seinen Kameraden die Freunde, mit denen er in Krieg und Frieden eng verbunden blieb. So den heutigen Oberst der Reserve Martin Steglich, mit dem zusammen er in einer Kompanie im Sommer 1938 Rekruten ausgebildet hatte, und den jetzigen Bundeswehr-Oberst Wilhelm Osterhold. Damals bereits bildete sich mit diesen drei Leutnanten das Dreigestirn der Männer heran, mit deren Namen alle schweren Kämpfe und großen Erfolge der Rostocker Füsiliere von 1939 bis 1945 eng verknüpft sind.

Bald wurde Lemm Reiterzugführer des Regiments und fand darin eine der faszinierendsten Aufgaben, vor die ein junger Offizier gestellt werden konnte. Die Reiterei machte ihm Freude. Er nahm auch an Dressurprüfungen und Turnieren teil, wobei der Sport nur eine Seite dieser Passion war; mehr bedeutete ihm die Liebe zum Tier und zur Natur seiner weiten norddeutschen Heimat.

Bei Kriegsausbruch befand sich die 12. ID, zu der das FR 27 gehörte, in Ostpreußen. Sie war im Seetransport dorthin verlegt worden, um angeblich an der Feier zur fünfundzwanzigjährigen Wiederkehr der Tannenbergschlacht teilzunehmen.

Als der Polenfeldzug begann, kämpften junge Offiziere wie Lemm, Steglich, Osterhold mit der Überzeugung, in diesem Feldzug gelte es, für die Deutschen in Danzig, Westpreußen und Posen Leben und Freiheit zu bewahren.

Mit seinem Reiterzug ritt Lemm als »Auge des Regiments« die ersten Spähtrupps, und dabei erlebte er auch das eingangs geschilderte Zusammentreffen mit Generaloberst von Fritsch, der wenige Tage später bei Praga den Soldatentod fand, dem er – so wird man es abseits aller spekulativen Gedanken ausdrücken dürfen – bereitwillig entgegengeritten war.

Der Vorstoß des Regiments 27 führte von Ostpreußen aus in südostwärtiger Richtung weit am linken Flügel der Kavalleriebrigade über Narew und

Bug hinweg in mehreren, teilweise sehr schweren Gefechten bis in den Raum ostwärts Warschau. Bei der polnischen Hauptstadt drehte die Division nach Westen ein, um den Ring um Warschau in der Höhe von Praga zu schließen.

Dem Reiter Hein Lemm ist der Kampf in Polen als ein fairer Feldzug, der mit Anstand und manchmal in ritterlich anmutenden Formen geführt wurde, in Erinnerung geblieben. Es galt in seinem Regiment als selbstverständliches Gebot, Gefangene ehrenvoll zu behandeln und Kampfunfähige genauso zu versorgen wie die eigenen Soldaten.

Fünfzehn Spähtrupps hatte Leutnant Lemm im Polenfeldzug zu reiten. Sein aufregendstes Erlebnis war es, als er mit einer einzelnen Reitergruppe acht Kilometer vor der Spitze des Regiments auf ein abziehendes polnisches Bataillon stieß.

Der Befehl zum Angriff wurde gegeben, obgleich Leutnant Lemm nur sieben Gewehre zur Verfügung hatte. Die Männer saßen ab. Einige blieben bei den Pferden zurück. Die anderen folgten dem Leutnant in das Buschgelände. Vom Rand dieser Büsche aus eröffneten sie das Feuer auf das sich zum Abmarsch formierende Bataillon des Gegners. Auftragsgemäß galt es, den aufgeklärten Feind zu stellen und sein Ausweichen zu verhindern, bis zur Überflügelung eingesetzte eigene Verbände eingreifen konnten.

Der Gegner brachte seine Truppe zum Stehen und entwickelte eineinhalb Kompanien gegen die sieben Soldaten.

Eine Stunde dauerte der Feuerkampf. Näher und näher kam der Gegner. Die Munition ging zur Neige. Plötzlich griffen Teile des polnischen Bataillons auch im Rücken an. Die Falle schien damit geschlossen zu sein. Nun mußte der Leutnant sehen, wie er aus der Umklammerung herauskam. Nach kurzer Lagebeurteilung blieb nur der Entschluß:

»Auf die Pferde und durch!«

Sie erreichten die Pferde, saßen auf und galoppierten, tief über die Mähnen der Tiere gebeugt, im feindlichen Feuer durch die Kusseln zurück. Als sie nachher sammelten, war Lemm lediglich die Feldflasche zerschossen worden, und sein Pferd »Rübezahl« hatte einen Streifschuß über die Kruppe erhalten. Der Auftrag war erfüllt, die Polen hatten zuviel Zeit verloren und erreichten den Anschluß an ihre Nachhut nicht mehr. Beim folgenden Angriff des Regiments wurde das gegnerische Bataillon aufgerieben.

Ein ebensolcher Erfolg war es, als Lemm mit seinen Reitern den Narew erreichte, mit einer Gruppe hinüberschwamm und die polnischen Stellungen für den Angriff des Regiments aufklärte. Der Tag von Cheisty wurde einer der schwersten Gefechtstage des Feldzuges für die Füsiliere. Leutnant Lemm erhielt das EK II.

Nach Ende des Polenfeldzuges wurde das Regiment ins Rheinland verlegt. Unmittelbar vor Beginn des Westfeldzuges mußte Leutnant Lemm seinen Reiterzug abgeben und wurde Bataillonsadjutant.

Am 10. Mai stürmte die 12. ID im Rahmen der Heeresgruppe von Rundstedt über den Losheimer Graben durch die Ardennen zur Maas. Beim Übergang über die Maas kam es zu den ersten schweren Gefechten. Am 16. Mai kämpfte die Division im Raum Philippeville an der verlängerten Maginotlinie. Der Divisionskommandeur, Generalmajor Walter von Seydlitz-Kurzbach, erhielt für diese Einsätze am 15. August 1940 das Ritterkreuz.

Die Division glaubte aufgrund der Luftaufklärung, daß sie die Befestigung im Handstreich nehmen könne. Sie griff an, ehe die Artillerie aufmarschiert war.

Leutnant Lemm arbeitete sich mit dem III. Bataillon, dem er zugeteilt war, durch das dichte Waldgelände an die Betonbunker heran. Auf dem Rücken liegend, durchschnitt er mit der Drahtschere den Stacheldraht des großen Hindernisses vor dem Panzergraben. Hinter ihm kroch der Stoßtrupp durch, den Major Pauli, der Bataillonskommandeur, persönlich anführte.

Im hellen Mondlicht arbeiteten sie sich weiter an die Bunker heran. Major Pauli, vom Kampfeifer gepackt, sprang als erster in den Panzergraben hinein. Leuchtkugeln gingen hoch. Ein in der Grabensohle in einem Knick eingebautes französisches MG eröffnete das Feuer. Major Pauli wurde tödlich verwundet. Lemm kroch heran und barg mit Hilfe einiger Kameraden den Kommandeur.

Die Nacht verwandelte sich in eine Hölle. Die Truppe lag vor den Bunkern fest. In dieser Situation versuchte plötzlich ein französischer Marokkanerverband, über die Männer um Leutnant Lemm hinweg nach rückwärts Anschluß an die eigene Truppe zu finden.

In diesem dramatischen Kampf, der wegen der Dunkelheit völlig unübersichtlich war und sich zu einem Nahkampf Mann gegen Mann entwickelte, wurde noch mit dem Bajonett gefochten. Leutnant Lemm erhielt einen Stich durch die Kartentasche. Das Vierkantbajonett wurde nach oben abgelenkt und traf eine Rippe.

Lemm mußte nach Marche in Belgien ins Lazarett. Dort ließ er sich ein paar Tage später von einem alten Sanitätsfeldwebel heimlich seine Uniform und Ausrüstung geben und verließ das Lazarett ohne Entlassungsschein. Noch nicht ausgeheilt, mit Heftpflastern verklebt, kehrte er zu seiner Truppe zurück.

Er fand sie im Raum La Bassée, als sich der Kessel von Lille um die belgische Armee und Teile des britischen Expeditionskorps schloß. Dort stieß er zum erstenmal auf Engländer, harte Soldaten, die erstklassig ausgebildet waren und mit großer Tapferkeit und Zähigkeit kämpften.

Am 5. Juni stand das Regiment wiederum Engländern gegenüber. Diesmal galt es, die Somme nördlich Abbeyville zu überwinden. Der Übergang über Somme und Sommekanal gelang, aber dann wehrte sich der Feind verbissen.

Die Füsiliere, unter ihnen in vorderer Linie Leutnant Lemm, griffen über einen Kartoffelacker an. In kurzen Sprüngen ging es durch MG- und Gewehrfeuer vorwärts. Schmale Ackerfurchen boten für Sekunden Deckung und Atempause vor dem Feuer des noch immer unsichtbaren Gegners. Als Lemm sich in einer solchen Furche hingeworfen hatte, hob sich plötzlich knapp fünfzehn Meter vor ihm ein Kopf mit einem flachen Stahlhelm empor. Ein Engländer, das Gewehr im Anschlag und den Finger am Abzug, blickte Leutnant Lemm an. Dieser hatte die Handgranate in der Hosentasche. Auf der Pistole lag er; er war wehrlos.

Nie würde er diese Situation vergessen, in der man sich sagt: »So ist das also! Jetzt macht der dort drüben den Finger krumm, und dann ist es aus!«

Der Leutnant wartete auf diesen Augenblick und sah seinen Gegner unverwandt ruhig an. Plötzlich warf dieser das Gewehr zur Seite, zog das Bein an, stand ganz ruhig auf und hob die Hände.

Zuerst war Lemm wie erstarrt. Dann stand er ebenfalls auf und sah, wie überall rechts und links und weiter in der Tiefe des Feldes weitere Engländer sich erhoben und ergaben. Sie gingen auf die deutschen Soldaten zu; ganz sachlich fragten sie:

»Where is the Prisoner-Camp?«

Dann griffen sie nach ihren Zigaretten und zündeten sie an.

»Warum haben Sie nicht geschossen?« fragte Lemm seinen Gegner.

»Warum sollte ich?« erwiderte der Engländer. »Mein Auftrag war erfüllt. Wir hatten Befehl, so lange zu halten, bis Sie herangekommen waren. Wir sind die Nachhut. Hätte ich Sie erschossen, dann wäre auch ich mit Sicherheit von Ihren Kameraden erschossen worden.«

Verfolgungskämpfe, die die Division in den Raum südlich der Loire führten, schlossen sich an. Die letzten Kämpfe gab es in Vendee gegen Truppen aus Chachinchina, die mit breiten Buschmessern ausgerüstet waren, auch gegen Spahi-Einheiten.

Im Frankreichfeldzug wurde Lemm mit dem EK I ausgezeichnet. Dazu trug er das Verwundetenabzeichen und das Infanterie-Sturmabzeichen.

Im Küstenraum des Kanals bereiteten sich nach dem Waffenstillstand auch die Füsiliere auf das geplante Unternehmen »Seelöwe« vor. Es herrschte ein merkwürdiges Gefühl gespannten Wartens.

Im Regiment hatte sich aus dem Kampferlebnis zweier Feldzüge eine Gruppe junger Offiziere zusammengefunden. Bereits in dieser Zeit wurden die drei jungen Oberleutnante Osterhold, Steglich und Lemm »Wenzel«, Kompaniechefs, die sich untereinander absprachen, die ihre tüchtigen Kommandeure respektierten und schwache ertrugen, ohne daß die Truppe Schaden litt.

Die Verlegung in den Raum Ostpreußen ließ sie mit dem Gedanken vertraut werden, daß eine kriegerische Auseinandersetzung mit Rußland bevorstand. Sie alle kannten den russischen Soldaten nicht. Die Geländeausbildung wurde forciert, denn eines war sicher, daß die Russen gute Schützen waren und hart kämpfen würden.

Am frühen Morgen des 22. Juni 1941 trat auch die 12. ID von Ostpreußen her an. Bereits im Kampf gegen die russischen Grenztruppen machte das FR 27 die Erfahrung, daß es einem ebenbürtigen Gegner gegenüberstand, einem Gegner, der sich mit ungeheurer Zähigkeit und Verbissenheit an jeden Meter seines Bodens klammerte.

So wurde der Vorstoß in den baltischen Raum für die 12. ID zu einer ungeheuren Anstrengung. Vor allem waren es die endlosen Märsche durch schwieriges Gelände, denn die wenigen Straßen wurden der Panzertruppe zugewiesen. Hitze und Staub taten ein übriges. Dazwischen immer wieder Gefechte und Überfälle des Gegners.

Es wurde von Tag zu Tag schwerer. Auch kleinere Gefechte waren verlustreich. Schließlich näherte sich das Regiment der Stalinlinie. Am 11. Juli 1941 begann ein Gefecht, an das sich der heutige Generalmajor Lemm noch nach dreißig Jahren genau erinnert. Er erzählte einmal davon:

»Der Russe hatte sich in Feldbefestigungen eingegraben. Wir griffen an. Unsere Stärke war damals das Gefecht im freien Gelände, weil wir dort die oft geübte Zusammenarbeit mit den schweren Waffen am besten anwenden konnten: den Einsatz unserer Granatwerfer und unserer Artillerie.

Meter um Meter arbeiteten wir uns an dieses feindliche Grabensystem heran. Ich sah vor mir den Eckpfeiler der russischen Stellung, eine Höhe, ihr Besitz würde das Gefecht entscheiden. Ich war mir wohl bewußt, daß ein frontales Anrennen fast aussichtslos sein würde. Deshalb ließ ich einen Zug durch sein Feuer den Gegner binden, während wir anderen uns, vorsichtig kriechend, Meter um Meter, nach rechts hinüber vorschoben, um uns auf Einbruchsentfernung heranzuarbeiten. Wir hatten noch – ein Relikt aus Friedenszeiten – beim Kompanietrupp einen Melder mit einem Signalhorn.

›Wenn wir stürmen‹, sagte ich dem Melder, ›dann blasen Sie, was die Lunge hergibt, das Signal zum Angriff, verstanden?‹

›Verstanden, Herr Oberleutnant!‹ erwiderte er, kniete in einem Loch nieder, schnallte das Horn ab, blies vorsichtig an, und als ich das Zeichen zum Einbruch gab, blies er los:

›Kartoffelsupp – Kartoffelsupp . . . !‹

Das Signal wurde sofort aufgenommen. Alles sprang auf, stürmte die Höhe hinauf. So seltsam dies in einer Zeit hochtechnisierter Kriegführung auch anmuten mag: Durch das Hörnerblasen wurde der Gegner demoralisiert. Er verließ seine Kampfstände, rannte von seinen Löchern weg. Nur noch einzelne verteidigten sich.

Wir erreichten die Kuppe. Ich sprang in das nächste Grabenstück hinein, stand plötzlich vor einem Russen, der sich auf mich stürzte. Ich kam nicht mehr zum Schuß, sondern konnte nur die Waffe des Russen beiseite drücken. Die Stellung wurde genommen. Ein Bluterguß an der Schulter, der von einem Kolbenschlag herrührte, erinnerte mich noch einige Zeit an diese recht handgreifliche Auseinandersetzung.«

Es ging weiter. Hunderte Kilometer wurde marschiert. Am großen Polakessel, südlich des Ilmensees, errang die Kompanie Lemm Anfang September 1941 neue Erfolge. Sie stieß nach Durchqueren eines Buschgeländes auf russische Panzer. Eigene Panzerabwehr war nicht nachgekommen. Über Funk leitete Oberleutnant Lemm zusammen mit einem VB das Artilleriefeuer, mit dem zwei KW II vernichtet wurden. Neben ihm wurde der VB verwundet.

Es kam schließlich der jähe Wintereinbruch nach den Tagen des Kampfes gegen den Schlamm. Die Division hatte die Waldaihöhen erreicht und stand im Raum Demjansk, der beinahe das Schicksal eines ganzen Armeekorps besiegelt hätte.

An einem Wintermorgen im Oktober griff das Regiment bei Krutiki im dicken Nebel an. Rechts und links wurde heftig geschossen. Das I. Bataillon überrannte eine russische Grabenstellung, dann eine Werferstellung. Die Kompanie Lemm machte rund fünfzig Gefangene und nahm eine Stellung mit zwei 7,62-cm-Geschützen. Oberleutnant Lemm war erstaunt, daß er so gut durchkam. Bis ihm plötzlich gemeldet wurde, daß die Gefangenen und Verwundeten nicht mehr nach rückwärts durchkämen. Der Gegner hatte hinter der 2. und der neben ihr angreifenden 1. Kompanie Oberleutnant Müllers abgeriegelt.

Die beiden Kompanien waren fast fünf Kilometer tief in die Feindstellungen eingebrochen. Über Funk fragte Lemm mehrfach an, wo die hinter ihm angesetzten Kompanien blieben. Doch sie kamen nicht mehr durch.

Die Männer igelten sich auf der Höhe 231,6 ein.

Mit heftigen Gegenangriffen versuchten die Russen mehrfach, die kleine Kampfgruppe zu vernichten. Es kam zu schwersten Nahkämpfen. Lediglich die eigene Artillerie konnte, durch die VB gut eingewiesen, helfend eingreifen.

Als Gegenstelle hatte Oberleutnant Lemm den Divisionskommandeur, Generalmajor von Seydlitz, am Funkgerät.

»Halten Sie, Lemm!« gab Seydlitz immer wieder durch. »Am anderen Morgen greifen alle Teile der Division an und holen Sie heraus!«

Mit hundertdreißig Mann und fünfzig Gefangenen lagen die beiden Kompanien in einer stündlich schwieriger werdenden Situation. Als alle Entsatzversuche der angreifenden Division nicht durchschlugen, gab der Divisionskommandeur nach fast vierzig Stunden Lemm Handlungsfreiheit. Oberleutnant Lemm und Oberleutnant Müller befahlen den Ausbruch.

Für den Gegner völlig überraschend, wurde angetreten. Kämpfend, durch Minenfelder laufend, von flankierendem Gegner beschossen und durch die Gunst eines starken einsetzenden Schneegestöbers unterstützt, erreichten sie – noch einmal alle Kräfte zusammenreißend und über die Russen hinwegstürmend – die eigenen Linien.

Alle Verwundeten und auch die Gefangenen wurden mitgebracht.

»Dieser Tag«, sagte Generalmajor Lemm, »wurde für mich die Wende. An ihm wurde aus dem fröhlichen Reiteroffizier ein seiner Verantwortung bewußter Kompaniechef, dessen Ziel es war, die Aufträge mit möglichst wenig Blut der eigenen Kameraden auszuführen.«

Das Regiment griff noch einmal an und erreichte das Ufer des Seligersees, dessen Fläche bereits mit Eis bedeckt war. Die Division erreichte noch die Quelle der Wolga. Dann war es mit dem Angreifen vorbei.

Was folgte, waren die Tage, Wochen und Monate im Kessel Demjansk.

Sechs deutsche Divisionen wurden im Demjansker Raum südlich des Ilmensees von russischen Truppen eingeschlossen. Das II. Armeekorps, von Graf Brockdorff-Ahlefeldt geführt, grub sich ein.

In den Januartagen mußte Hein Lemm mit einem rasch zusammengestellten Bataillon an der Südfront des Kessels in einer blinddarmartigen Stellung, die aus in aller Eile aufgeworfenen Schneewällen, mit ein paar Balken verstärkt, bestand, dem Ansturm von russischen Regimentern und Brigaden trotzen.

Die Russen hatten aus dem Fernen Osten frische, gut ausgerüstete, aber kampfunerfahrene Verbände herangeführt. Zum Teil auf Skiern, ließen sie die Masse ihrer Soldaten in Wellen über die freien Schneeflächen gegen die deutschen Maschinengewehre anrennen. Die Verluste der Russen waren fürchterlich.

Aber die eigene Front bestand auch nur aus dünn besetzten Stützpunkten, und so gelang den Russen oft ein örtlicher Einbruch. Dann galt es für Oberleutnant Lemm, mit wenigen Füsilieren im sofortigen Gegenstoß die Lage wiederherzustellen. Die Melder des Bataillonsstabes und die Kompanietruppe waren der Kern jener Eingreifgruppe, die er als Kompaniechef und als junger Bataillonsführer nach vorn riß, um den eingebrochenen Gegner zu werfen und die Lage wiederherzustellen.

Gerade in dieser kritischen Zeit erlebte Lemm nie, daß seine Soldaten unruhig wurden. Wir werden 'rausgeholt, sagten sie immer wieder. Als im April 1942 ein Verbindungsschlauch in den Kessel freigeschlagen worden war, mußte das Bataillon Lemm mehrfach als Feuerwehr dort antreten, wo dieser Schlauch – die Nabelschnur zur Versorgung von sechs Divisionen – in Gefahr war.

Einmal erlebte das Bataillon ein feindliches Unternehmen, das ebenso irrsinnig wie kühn und völlig unglaublich schien. Die Sowjets flogen nachts eine Brigade ein und setzten sie *ohne* Fallschirme aus fünf bis sechs Meter Höhe ab, indem sie ihre Soldaten in den Schnee hinunterwarfen.

Es war die Brigade Tarassow, eine Bewährungseinheit, die den Kessel von innen her aufsprengen sollte, aber bereits bei dem wahnwitzigen Absprung schwere Verluste erlitt. Die überlebenden Teile griffen im rückwärtigen Bereich der Trosse und Stäbe an, überfielen Feldküchen und Handwerker. Die Troßsoldaten igelten sich ein und nahmen den Kampf gegen die Tarassow-Soldaten auf.

Als der Brigadekommandeur, Oberst Tarassow, in einer der folgenden Nächte über den Abschnitt des Regiments hinweg zu den Russen gelangen wollte, wurde er gefangengenommen.

Tarassow war eine Persönlichkeit, die noch unter dem Zaren gekämpft hatte. Er war dadurch belastet gewesen, daß er angeblich enger Mitarbeiter von Marschall Tuchatschewski gewesen war. Er hatte dann lange Jahre im Lager gesessen und nun diesen Bewährungseinsatz erhalten.

Auch die Masse seiner Mannschaften bestand aus Bewährungssoldaten, die bei Zusicherung des Straferlasses diesen selbstmörderischen Auftrag übernommen hatten. Die gesamte Brigade wurde vernichtet.

Die »Feuerwehr Lemm« kämpfte auch im Bereich von Nachbardivisionen und -regimentern. Als Teile einer Infanteriedivision, aus Dänemark kommend, in den Kessel eingeflogen wurden, mußte die Kampfgruppe Lemm immer wieder bei diesen noch rußlandunerfahrenen Kameraden eingreifen. In dieser Zeit hat sich das gesamte Regiment 27 seinen guten Ruf erworben. Die Namen Osterhold, Steglich und Lemm wurden damals immer wieder genannt, wenn es darum ging, mit den kleinen, zusammengeschmolzenen Bataillonen, die sie führten, an Krisenpunkten die Lage wiederherzustellen.

Als schließlich am 17. Februar 1943 unter dem Deckwort »Ziethen« mit der Räumung des Kessels von Demjansk begonnen wurde, atmeten alle Soldaten auf. Fünf sowjetische Armeen hatten versucht, 100 000 deutsche Soldaten zu vernichten.

Nach zehn Tagen eines Marsches mit immerwährenden Abwehrkämpfen war am 27. Februar 1943 der letzte deutsche Soldat aus dem Kessel entkommen.

Bereits in Höhe von Staraja Russa, wo das FR 27 verladen werden sollte, wurde das Bataillon Lemm abgedreht. Die Soldaten, die geglaubt hatten, endlich Ruhe zu erhalten, sahen sich plötzlich vor neue Aufgaben gestellt.

Heinz Lemm, inzwischen zum Hauptmann befördert und zum Kommandeur des I./FR 27 ernannt, wurde an den Brennpunkt der sowjetischen Angriffe südlich Staraja Russa geworfen. Dort erlebte er zum erstenmal mit seinen Füsilieren den Masseneinsatz russischer Panzer. Zur Abwehr der Panzer gab es bei der Infanterie zunächst nur Minen und Sprengmittel. Die stärkste Stütze war die einzige weiter rückwärts hinter Schneewällen getarnt eingebaute 8,8-cm-Flak.

Zum Glück trat wenig später eine Heeres-Sturmgeschützbatterie unter Hauptmann Hegele hinzu, die bald mit den Füsilieren eine feste Kampfgemeinschaft bildete.

Im Zusammenwirken mit Hegele und seinen Sturmgeschützen führten die Füsiliere jeden Gegenstoß. Hauptmann Lemm saß immer auf dem Geschütz Hegeles und machte mit ihm zusammen die Ziele aus, während die Soldaten, teils gedeckt hinter den Sturmgeschützen, vorgingen, zum anderen Teil seitlich abgesetzt, die Geschütze sicherten. In dieser beweglich geführten Abwehr gelang es Lemm mit seinen wenigen Soldaten bei Penna immer wieder, die alten Stellungen zurückzugewinnen.

Binnen dreier Tage konnten die Füsiliere, teilweise im Nahkampf, sechsundvierzig Panzer vernichten. Über das Verhältnis der jungen Frontoffiziere zu ihren Untergebenen während der schweren Kämpfe in Rußland sagt Generalmajor Lemm heute:

»Ich habe es bei guten Verbänden in Rußland mehrfach erlebt, wie selbstverständlich junge Offiziere für die anvertrauten Soldaten standen. Ich erinnere mich des Beispiels eines Leutnants von Bülow aus unserem Schwesterregiment, dem IR 89. Während eines feindlichen Panzerangriffs sah dieser junge Offizier, daß sein Zugtruppführer mit einer Hafthohlladung an einen Panzer heransprang und daß diese Ladung nicht auf dem Panzer haftete, da die Russen ihre Panzer mit einer körnigen Zementmasse bestrichen hatten.

Leutnant von Bülow sprang vor, riß dem Kameraden die Ladung aus der Hand. Er rief dem Unteroffizier, von dem er wußte, daß er Frau und Kinder hatte, nur noch kurz zu: ›Weg, springen Sie in Deckung. Wenn es einer tun muß, muß ich es sein!‹

Dann sprang er den Panzer abermals an, und als die Hafthohlladung nicht klebenblieb, drückte er sie mit seinem Körpergewicht fest, zündete und lief im Schritt neben dem Panzer her. Dann dröhnte die Detonation, die den Panzer vernichtete und den jungen Leutnant tötete. Keiner war damals begeistert in diesen Schlachten. Aber das Eintreten für den Kameraden war selbstverständlich, und darüber wurden auch keine pathetischen Worte verloren.«

Inzwischen hatte Tauwetter eingesetzt. Viele Männer bekamen in dem Schneewasser Fieber und Erfrierungen. Das Bataillon, nur noch ungefähr sechzig Gewehre stark, wurde herausgezogen.

Doch als es auf der Höhe des Regimentsgefechtsstandes ankam und sich Lemm beim Kommandeur abmeldete, um wieder zur Division zurückzukehren, lief eine Meldung ein, daß die Russen bei den Nachfolgern der Füsiliere, die die Stellung gerade erst übernommen hatten, eingebrochen seien. Der Regimentskommandeur sah Lemm an.

»Wissen Sie, was das bedeutet?« fragte er.

»Das ist mir klar, Herr Oberst«, erwiderte der Hauptmann. »Jetzt muß der Lemm wieder 'ran!«

»Das werde ich beantragen«, sagte der Oberst.

»Nun, das brauchen Sie gar nicht beantragen, Herr Oberst, weil ich das lieber sofort machen werde. Jetzt kostet uns das weniger als in zwei Stunden«, lautete Lemms Antwort.

Das Bataillon machte kehrt. Zum Glück war Hauptmann Hegele mit seinen Sturmgeschützen noch da. Mit ihnen gingen die Füsiliere vor, warfen den überraschten Gegner, stellten die alte Front in voller Breite wieder her und machten eine große Zahl an Gefangenen. Fünf Panzer wurden abgeschossen. Die eigenen Verluste betrugen nur zwei Verwundete. Der Russe griff an dieser Stelle nicht mehr an.

Für diese erfolgreichen Kämpfe, in denen er oft ohne Befehl aus eigenem Entschluß gehandelt hatte, erhielt Hauptmann Lemm am 14. April 1943 das Ritterkreuz des Eisernen Kreuzes.

»Ich weiß wohl«, sagte Heinz-Georg Lemm, »daß das Ritterkreuz keine persönliche Auszeichnung für mich war, sondern daß sie von der Kampfgemeinschaft der einzelnen MG-Schützen, der alten Obergefreiten, der Unteroffiziere und Feldwebel und der Leutnante, die einander nie im Stich ließen, errungen wurde.

Nur so wurden bei uns im Regiment Auszeichnungen gesehen, nie anders; nie als persönliche Dekorierung von Lemm, Osterhold oder Steglich, sondern allein als Auszeichnung aller Füsiliere und ihres Regiments.«

Anschließend wurde das Bataillon Lemm weiter nach Süden an den Lowat verlegt. Es war ein Sommer, wie ihn der Infanterist in Rußland nun schon als selbstverständlich hinnahm, im Wechsel von Abwehr in der Stellung, mit Angriff und Gegenstoß. Nie kam die Truppe zur Ruhe, denn ständig mußten neue Bunker, Kampfstände und Gräben ausgebaut oder Hindernisse angelegt werden.

Heinz Lemm hatte am 1. April 1943 seine Beförderung zum Major erhalten. Er war mit seinen dreiundzwanzig Jahren wohl der jüngste Major des Heeres. Er sollte nun in die Generalstabsausbildung gehen. Doch als der von allen Füsilieren hochverehrte Regimentskommandeur, Oberst Stuppi, ausfiel, wurde Lemm aus der Vorausbildung zurückgeholt und im Herbst 1943 als junger Major interimistisch Regimentsführer des FR 27. (Als Major hatte Stuppi bereits am 5. Februar 1942 im Kessel von Demjansk das Ritterkreuz erhalten.)

Alle Offiziere, die Kompaniechefs und die Bataillonskommandeure, sind dem jungen Regimentsführer mit einer Selbstverständlichkeit und Bereitschaft gefolgt, die Lemm in den folgenden Monaten half, das ihm anvertraute Regiment sicher und erfolgreich durch alle Situationen zu führen.

Kurz vor Weihnachten wurde das Regiment – das sich in der Lowatstellung bereits die Weihnachtsbäume ausgesucht hatte und hoffte, in den Bunkern ein ruhiges Fest zu erleben – alarmiert. Es wurde ohne Gepäck und ohne seine Trosse auf Lastwagen verladen und in den Raum Newel gefahren. Hier war der Gegner aus dem Abschnitt Welikije Luki in breiter Front angetreten. Ein tiefer Einbruch drohte den Zusammenhang zwischen den

Heeresgruppen Nord und Mitte aufzulösen. Die Heeresgruppe Mitte war mit ihrem Nordflügel bereits zurückgeklappt.

Das Regiment wurde im Abschnitt der 290. ID eingesetzt. Als erstes war ein Gegenangriff im Waldgelände zu führen; ein Auftrag, den nur ein erfahrener, festgefügter Verband wie der der Rostocker Füsiliere erfolgreich erfüllen konnte. Nach schwerem Ringen gelang der Angriff. Das Füsilierregiment 27 feierte das Weihnachtsfest inmitten des Großkampfes bei Newel.

Durch einen Baumkrepierer wurde Major Lemm leicht verwundet. Es war eines der wenigen Male, da er seinen Stahlhelm trug, so daß diesmal die Stahlsplitter nur den Stahlhelm eindellten und nicht den Schädel zerschlugen.

Im Januar 1944 kehrte das Regiment zur Division zurück. Als er dort eintraf, mußten die Füsiliere feststellen, daß sie »aus dem Regen, unter Umgehung der Traufe, direkt in die Scheiße« gekommen waren, wie es einer der Obergefreiten des Regiments treffend ausdrückte.

Es waren die Schlachten um Witebsk, in die die 12. ID als nördlichster Verband der Heeresgruppe Mitte geworfen wurde. Im Kampfgebiet ostwärts Polozk, hart westlich Witebsk, erlebten sie, mit Front fast genau nach Norden, schwerste Angriffe, die jeden Mann dazu zwangen, das Letzte zu geben und ununterbrochen Krisensituationen durchzustehen. Hier mußte man als Regimentsführer starke Nerven haben. Es gab wenig Schlaf. Jedes Zögern im Handeln konnte schon verderblich sein. In den Waldstellungen der Füsiliere wurde um jeden Quadratmeter hart gerungen.

Damals kam der spätere Feldmarschall Walter Model zum Regiment. Er sagte zu Major Lemm:

»Nehmen Sie meine Anwesenheit in Ihrem Abschnitt als Zeichen dafür, daß hier in Kürze schwerste Kämpfe losbrechen werden.«

Die Modelsche Nase war für solche Prognosen berühmt. Und wie er gesagt hatte, so kam es auch.

Der Gegner griff mit vielfach überlegenen Kräften an. In jenem großen Waldgebiet, das als »Lemmwald« in die Karten eingezeichnet war, lagen die Füsiliere dem Gegner oft nur auf Handgranatenwurfweite gegenüber. Hier gab es kein Gehen, sondern nur ein Kriechen, Robben und Springen von Postenstand zu Postenstand. Und jedesmal konnte es geschehen, daß man mit einem Gegner in Nahkampf geriet.

Die alten Soldaten des Regiments wissen hier von vielen Namen zu berichten, von Männern wie dem Oberleutnant von Tippelskirch, einem Neffen von Lemms erstem Regimentskommandeur, oder dem Feldwebel Klischat, der hier das Ritterkreuz erhielt. Sie erzählen aber auch mit dem Schmunzeln des Frontsoldaten von dem Führer des III. Bataillons, Hauptmann Werner Ripcke (er erhielt als Kommandeur des I./GR 89 am 22. Dezember 1944 das Ritterkreuz), der bei einem Angriff von den Russen in seinem kleinen Gefechtsbunker umringt wurde und aus ihm heraus mit seinen Meldern schoß, während die Russen schon am Bunkereingang standen. Dann griff er zum Feldfernsprecher und gab seinem Regimentsführer in aller Ruhe durch:

»Der Iwan ist auf dem Dach meines Bunkers. Aber sonst geht es uns gut!«

Er hat es überstanden, er kam heraus.

Noch während der Witebsk-Schlachten kam der neue Regimentskommandeur, Oberstleutnant Gerhard Engel, zum Regiment, mit dessen Führung Lemm nur bis zum Eintreffen des neuen Kommandeurs beauftragt war.

In der ersten Nacht hätte Lemm allerdings seinen neuen Kommandeur um ein Haar bei den Russen abgeliefert. Er erinnert sich dieses Erlebnisses:

»Mit einem kleinen Schlitten, vor den ein Panjepferd gespannt war, fuhren wir nachts zu den Kompanien, damit Oberstleutnant Engel auch die Teile der Stellung kennenlernte, in denen wir uns bei Tage wegen der Feindeinsicht nicht bewegen konnten. Ich kannte die Stellung genau und hatte wegen der Feindnähe auf irgendeine Melderbegleitung verzichtet.

Breitbeinig stand ich hinten auf den Schlittenkufen und lenkte das Pferd mit der Leine. Der Kommandeur saß vor mir im Schlitten. Es herrschte leichtes Schneetreiben, ich gab dem Kommandeur kurze Hinweise auf Gelände und Lage. Durch Gegenfragen in Anspruch genommen, beunruhigte ich mich auch noch nicht, als einer meiner Orientierungspunkte, ein zusammengeschossener Bunker, nicht zu sehen war.

Gerade fuhren wir über eine freie Fläche, als eine dicke Wolke beiseite getrieben wurde und der Mond durchkam. Auf ungefähr sechzig Meter erkannte ich eine Gruppe von zwanzig Russen auf Skiern. Wir hatten eine Abzweigung verfehlt und waren über die eigene Linie hinausgefahren. Ich sprang von den Kufen herunter, stampfte, in den Schnee einbrechend, nach vorn, ergriff den Kopf des Pferdes, zog es kurz herum, während der Regimentskommandeur noch fragte: ›Was soll denn das, Lemm?‹

Doch ich hatte keine Zeit zu antworten. Ich deutete nur mit dem Peitschenstiel zurück und sagte: ›Iwan!‹

Die Russen waren stehengeblieben und waren sich offenbar auch nicht sicher, ob sie uns als Feind oder eigene zu betrachten hatten. Einige knieten und machten ihre Waffen frei. Aber im gleichen Augenblick, als von dort der erste Feuerstoß kam, hatte ich den Schlitten schon herumgezogen, und nun galoppierten wir in der eigenen Spur zurück.

Zu unserem Glück setzte das Schneetreiben wieder verstärkt ein, und eine neue Wolke verdunkelte den Mond. Wir hatten diesen kritischen Augenblick heil überstanden.«

Die schweren Einsätze der letzten Wochen waren an Major Lemm nicht gerade spurlos vorübergegangen. Zur Wiederherstellung seiner Gesundheit wurde er für kurze Zeit in die Heimat geschickt. Danach sollte er als Regimentsführer in einer Luftwaffen-Felddivision eingesetzt werden. Damals war es das einzige Mal, daß Lemm in sein soldatisches Schicksal selbst eingriff. Er bat dringend darum, sein altes Bataillon wieder übernehmen zu dürfen, und er erhielt es auch.

Im Abschnitt Mogilew, bei Tschaussy und im Pronja-Brückenkopf stand sein Bataillon im Einsatz. Dort erlebte er den großen Angriff der Russen am 22. Juni 1944 auf die Heeresgruppe Mitte.

Kurz vor Beginn des Angriffs besuchte Feldmarschall Busch noch den Divisionsabschnitt und informierte die Kommandeure, man sei im Führerhauptquartier der Auffassung, daß der gegnerische Angriff keinesfalls gegen die Heeresgruppe Mitte zu erwarten sei. Der Feind würde im Süden angreifen, man könne hier völlig beruhigt sein; denn sowjetische Bewegungen, die die Truppe täglich meldete, seien als Täuschungsmanöver erkannt.

Der Abzug der letzten Reserven, vor allem der letzten Panzer, wurde angeordnet. So führte der russische Großangriff »Bagration« sehr schnell zu tiefen Einbrüchen beiderseits der Front der 12. ID. Es gelang der Division, ihren Abschnitt – zum Teil in heftigen Nahkämpfen – zunächst noch zu halten. Doch vierundzwanzig Stunden darauf mußte auch sie zurück, um nicht abgeschnitten zu werden.

In den nächsten zweiundsiebzig Stunden führte Major Lemm die Nachhut der Division, die sich langsam auf Mogilew zurückkämpfte.

Mehrfach gelang es, frontale russische Angriffe zu stoppen. Einen letzten Brückenkopf ostwärts Mogilew konnte Lemm mit seinem Bataillon noch einige Stunden halten und Restverbände verschiedener Divisionen, die sich noch durchgeschlagen hatten, aufnehmen.

Mit den letzten Infanterieteilen saßen die Füsiliere auf die Sturmgeschütze auf, die Lemm beigegeben waren, um über den Dnepr zurückzugehen. Im gleichen Augenblick setzte ein neuer, von Panzern unterstützter schwerer russischer Angriff ein.

Es wurde fraglich, wer die Brücke eher erreichen würde, die sowjetischen Panzer oder die Sturmgeschütze mit den Füsilieren. Die Pioniere an der Brücke waren nervös. Schon war der Befehl zur Zündung gegeben, als die ersten Sturmgeschütze über die hölzerne Brücke rollten. Eben hatte die kleine deutsche Kampfgruppe die Brücke passiert, als der erste T 34 feuernd auf die ostwärtige Brückenrampe herunterfuhr. Dann detonierten die Ladungen an den Pfeilern und rissen den Russenpanzer mit den Trümmern der Brücke in die Tiefe.

Die Division hatte Befehl, im »Festen Platz Mogilew« zu verteidigen. Dieser Befehl war sinnlos. Munition, um im Kampf feindliche Kräfte zu brechen, war nicht mehr vorhanden; die Division, belastet mit vielen versprengten und kampfunfähigen Soldaten, war bereits auf engstem Raum zusammengedrückt. Der Divisionskommandeur, schwankend in seinen Entschlüssen, vermochte sich nicht zu entscheiden. Da handelten die Kommandeure, unter ihnen Oberstleutnant Engel, der bereits verwundet war, Major Lemm und Major Osterhold, auf eigene Faust.

In der folgenden Nacht trat das Regiment mit Teilen der Divisionsverbände in mehreren Kampfgruppen an und brach aus. Die Kampfgruppe, die Major Lemm führte, kam nach einem schweren, verlustreichen Nachtgefecht durch.

Kämpfend und marschierend ging es auf die Beresina zurück.

Der Gegner stand bereits an der Brücke. Der Fluß mußte durchschwommen werden. Die russischen Stellungen auf dem Westufer der Beresina wurden mit Stoßtrupps angegriffen, der Gegner vertrieben.

Bei diesem Angriff über die Beresina sah Lemm einen seiner Melder, der sein MG und mehrere Munitionsgurte trug, aber bis auf die Turnhose unbekleidet war. Major Lemm fragte ihn, wo er seine Uniform gelassen habe.

»Beim Durchschwimmen des Flusses«, antwortete der Obergefreite, »geriet ich in eine Strömung, da mußte ich entweder meine Klamotten oder aber mein MG loslassen. Nun habe ich mir gedacht: Klamotten bekommst du wieder. Aber so ein MG, das noch nie eine Ladehemmung gehabt hat, das wirst du nicht wiederbekommen. Das hältst du fest!«

Damals hatte Lemm, allen Vorschriften zuwider, diesem Soldaten mit einem Leukoplaststreifen sein eigenes EK I an die nackte Brust geklebt.

Als er sich später bei seinem alten Kommandeur, General von Tippelskirch, meldete – der inzwischen die Armeeführung übernommen hatte –, war diesem bereits gemeldet worden, daß die Kampfgruppe ohne Befehl aus Mogilew ausgebrochen sei und –, daß aus dem Führerhauptquartier eine kriegsgerichtliche Untersuchung des Falles gefordert wurde.

Als Major Lemm den Armeeoberbefehlshaber fragte, ob er selbst nicht in vergleichbarer Lage vom Truppenführer den Entschluß zum Ausbruch fordere, war die Antwort Tippelskirchs:

»Ihr Entschluß war in dieser Situation der einzig richtige. Hier konnte es allein noch darum gehen, möglichst viele Soldaten aus diesem Inferno zurückzubringen.«

Wenig später, am 11. Juli 1944, erhielt Major Heinz-Georg Lemm für seinen persönlichen Einsatz in Rückzugskämpfen, für das Zurückbringen seiner Soldaten und das Halten des Brückenkopfes ostwärts Mogilew als 525. deutscher Soldat das Eichenlaub zum Ritterkreuz des Eisernen Kreuzes.

Die Armee unterstellte sich den durch versprengte und einzelne Gruppen, die sich ebenfalls durchgeschlagen hatten, auf Regimentsstärke aufgefüllten Verband unmittelbar und setzte ihn als Feuerwehr und Nachhut immer wieder an Brennpunkten ein.

Die rund 600 Soldaten wurden bei Minsk erneut eingeschlossen, konnten aber noch einmal nach Süden durchbrechen und der drohenden Gefangennahme entgehen. Oberstleutnant Engel, der trotz seiner Verwundung bei der Truppe geblieben war, übergab im Raum Baranowitschi die Führung an Major Lemm, um selbst in die notwendige Lazarettbehandlung zu kommen.

Im Raum Baranowitschi wurde die Kampfgruppe Lemm mit ihren zwei Bataillonen in die 12. PD eingegliedert. Dieser guten, intakten Division war es gelungen, im Gegenangriff auf Bobruisk die Trümmer der dort auftauchenden 9. Armee freizukämpfen.

Die als Regiment gegliederte Kampfgruppe Lemm bildete in den Kämpfen der ersten Julihälfte einen seltsam bewaffneten und ausgerüsteten, schwierig zu führenden Verband. Eine 8,8-cm-Flak und ein 15-cm-sIG bildeten den Rückhalt. Funkgeräte gab es nicht. Die beiden Bataillone führte Lemm mit fast einem Dutzend Ordonnanzoffizieren, die auf Krädern die Befehle in den beiden Bataillonen überbrachten. Dafür hatte jede Gruppe mindestens zwei Maschinengewehre. Feldküchen gab es auch nicht mehr. Die Kraftfahrer der zum Teil auch abenteuerlich gemischten Kfz-Ausrüstung brutzelten für ihre Kameraden, während diese abgesessen in den Nachhutriegeln kämpften.

Mit der 12. Panzerdivision kämpfte sich auch die Kampfgruppe Lemm aus dem Kessel von Baranowitschi heraus. Mitte Juli wurden die gesammelten Reste der 12. Infanteriedivision nach Westpreußen verlegt, um personell neu aufgefrischt und ausgerüstet zu werden.

In der Nacht vom 20. zum 21. Juli stand Major Lemm im Führerhauptquartier jenem Mann gegenüber, dem er als siebzehnjähriger Rekrut – mit der Hand auf dem Säbel seines Kompaniechefs – den »unbedingten Gehorsam« geschworen hatte.

Am Morgen des gleichen Tages hatte ein anderer Offizier – Oberst Graf Stauffenberg – versucht, diesen Mann durch eine Bombe zu töten.

Graf Stauffenberg hatte kurz zuvor mit dem Kommandanten des Stabsquartiers, Oberst Streve, eine Tasse Kaffee getrunken. Oberst Streve hatte den wartenden jungen Major Lemm herangerufen und ihn aufgefordert, Graf Stauffenberg aus seinen Eindrücken von der Situation im Mittelabschnitt zu berichten.

Oberst Graf Stauffenberg hatte dabei ruhig zugehört. Einige kurze Zwischenfragen bewiesen, daß ihm der Ernst der Lage an der Front wohl bewußt war. Nur sein Blick zeigte, daß seine Gedanken auf etwas anderes konzentriert waren. Dann stand er auf, griff zur Aktentasche, um zu den Arbeitsbunkern des inneren Sperrkreises hinüberzugehen. Mittags erfolgte die Detonation. Selbst im Hauptquartier hatte man nachmittags noch keinerlei Klarheit über die Vorgänge in Berlin und im Reich.

Noch in der Nacht wurde auch Lemm vernommen. Er sollte sein kurzes Gespräch mit Graf Stauffenberg schildern. Lemm wünschte sich zu seiner Truppe zurück. Er stand hier im Führerhauptquartier vor einer Situation, für deren Beurteilung ihm – dem ausschließlich in vorderster Front verwendeten Truppenoffizier – das politische Wissen fehlte.

Nach Mitternacht wurde Major Lemm zu Hitler befohlen, um das ihm verliehene Eichenlaub zum Ritterkreuz in Empfang zu nehmen. Für Lemm war Hitlers Eindruck erschreckend. Die Verletzungen vom Attentat her waren geringfügig, aber der Gesamtverfall der Gesundheit war nicht zu übersehen.

Major Lemms erste Regung war noch Mitleid, dann erfaßte ihn die Sorge, ob dieser kranke, verbraucht wirkende Mann, der Deutschlands Geschick in seiner Hand hatte, die Dinge noch übersehen, klar urteilen und verantworten konnte, was er befahl.

Nachdenklich und zweifelnd kehrte Major Lemm zu seinem Regiment zurück und war froh, wieder bei seinen Füsilieren zu sein, die er kannte und die ihn kannten. Das waren auch die Tage, in denen Lemm einen ganzen Transport von Soldaten, die ohne Schulterklappen und Dienstgradabzeichen zu einer Bewährungseinheit in Marsch gesetzt waren, kurzerhand in sein Regiment eingliederte. Die belastenden Begleitpapiere ließ er noch auf dem

Bahnhof zwischen den Gleisen verbrennen. Er glaubte, daß diese Männer noch am ehesten bei der kämpfenden Truppe ihre Chance hätten. Keiner dieser Soldaten hat ihn in den weiteren Gefechten des Regiments enttäuscht.

Die neuaufgestellte 12. Volksgrenadierdivision ging unter Führung von Oberst Engel in die Schlacht um Aachen. Vom Ausladebahnhof aus wurde das Füsilierregiment 27, mit dessen Führung Major Lemm inzwischen endgültig beauftragt war, auf den Raum Eschweiler – Stolberg, der schon von US-Truppen erreicht war, angesetzt. Die Füsiliere kämpften Eschweiler und einen Teil von Stolberg frei.

In den nächsten Wochen gab es nördlich des Hürtgenwaldes, im Raum Morsbach, um den Donnersberg bei Stolberg und den Raum Aachen schwere Kämpfe. Hier war es die Übermacht der feindlichen Artillerie und der Luftwaffe, die den Ausschlag gaben.

In den Nächten waren die Füsiliere die stärkeren. Häufig zogen sie auf dem Pflaster der Ortschaften die Stiefel aus und schlichen als Stoßtrupps auf Socken mit Panzerfäusten an die feindlichen Stützpunkte heran, vernichteten US-Panzer, hoben Postenstände aus und machten den Amerikanern das Vorwärtskommen derart schwer, daß diese nun mit ungeheurem Materialeinsatz den Durchbruch zu erzwingen suchten. Bis Mitte November 1944 gelang es, in diesem Raum die Front stabil zu halten.

Anfang November mußte Lemm mit einer verletzten Schulter, Prellungen und anderen Verletzungen ins Lazarett und kehrte, notdürftig ausgeheilt, den linken Arm noch in der Schlinge tragend, Anfang Dezember 1944 zur Truppe zurück.

An dem gleichen Tag im November, an dem sein Divisionskommandeur Generalmajor wurde, sind die Majore Lemm und Osterhold als Kommandeure des Füsilierregiments 27 und des Grenadierregiments 48 zu Oberstleutnanten befördert worden.

In dem altbekannten Raum, aus dem heraus die Division damals im Mai 1940 angetreten war, trat sie auch am 16. Dezember 1944, in Eile noch einmal wieder personell und materiell aufgefrischt, zur Ardennenoffensive an. Der erste infanteristische Durchbruch gelang den Füsilieren am Losheimer Graben. Über die 12. ID hinweg stießen die Truppen der 6. SS-Panzerarmee vor.

In den nächsten Tagen hatte die 12. ID in der Flankenstellung nach Norden und später vor allem im Raum nördlich Bastogne schwere Kämpfe zu bestehen.

Als sich die Offensive unter den Schlägen der gegnerischen Luftwaffe und bei dem Fehlen der notwendigsten Kraftstoff- und Munitionsversorgung festgelaufen hatte, wurden Oberstleutnant Lemm auf Befehl der Heeresgruppe verschiedenste Alarmverbände zugeführt. Mit ihnen mußte er in der Abwehr weit überlegener amerikanischer Gegenangriffe das Herausziehen der eigenen Panzerdivisionen decken.

Aus dieser Schlacht kamen die Füsiliere zu Tode erschöpft und ausgebrannt zurück. In früheren Kämpfen war dem Regiment stets ein Kern alter Offiziere, Unteroffiziere und Soldaten geblieben, der seine große Kriegserfahrung mit dem im Regiment stets gültigen Geist der Kameradschaft, der Fairneß und einer unverkrampften Disziplin selbstverständlich an die jungen Ersatzmannschaften weitergab. Von diesem Einsatz jedoch konnte sich das Füsilierregiment nicht wieder erholen.

Aus dem Raum Bastogne herausgezogen und der Heeresgruppe direkt unterstellt, erhielt Lemm von Generalfeldmarschall Model den Befehl, sich mit seinem Regiment als Heeresgruppenreserve zur Verfügung zu halten.

Als Lemm dem Feldmarschall meldete, daß die Kampfkraft des gesamten Regiments noch aus hundertzehn Gewehren, zwanzig MG, drei Infanteriegeschützen, einem sMG und zwei Sturmgeschützen bestünde, war Models Antwort:

»Lemm, ich habe doch niemand anderes mehr!«

Hinter der Reichsgrenze, an der Roer, wurden Lemms Füsiliere nur zu schnell wieder eingesetzt und brachten dort, jetzt wieder ihrer Division unterstellt, den auf die Ardennenoffensive folgenden Angriff der Amerikaner noch einmal zum Stehen.

Ende Februar 1945 aber brach hier der amerikanische Großangriff los. Nördlich Düren konnte die Stellung zunächst noch gehalten werden. In diesen Tagen erhielt Lemm seine Beförderung zum Oberst und die Mitteilung von der Verleihung der Schwerter zum Eichenlaub des Ritterkreuzes. Seine Reaktion: »Tausend Schuß für unsere Artillerie oder fünf Sturmgeschütze wären mir lieber.«

Das Regiment wurde eingeschlossen. Tags kämpften die Füsiliere, nachts zogen sie sich auf neue Stellungen zurück. Als sie dann auch nachts von der 104. US-Division »Timberwolf«, die von General Mac Allen Terry geführt wurde, angegriffen wurden, zerbrach der Zusammenhalt der Front.

Bei dem Versuch, die Verbindung mit dem Nachbarn aufzunehmen, geriet Lemm in einen neuen US-Angriff hinein. Sein Ordonnanzoffizier, Oberleutnant Beil, fiel. Lemm, selbst verletzt, geriet in Gefangenschaft.

Als Gefangener wurde Hein Lemm zunächst in die USA gebracht, von dort aber Anfang 1946 entlassen. Bei dem Versuch, seine Familie aus Mecklenburg zu holen – er vertraute auf den gültigen amerikanischen Entlassungsschein –, wurde Oberst Lemm von den Russen widerrechtlich festgesetzt und kam auf dem Weg über das Kriegsgefangenenlager im ehemaligen KZ Sachsenhausen-Oranienburg für vier weitere Jahre in russische Gefangenschaft.

Dank seines jugendlichen Alters und seiner physischen Kraft überstand er Elend und Strapazen in den Lagern. Er selbst klagt nie über diese Jahre, sondern meint eher, es sei für ihn eine Zeit gewesen, die zwar sicherlich sehr schwer war, dennoch wolle er sie in seinem Leben nicht ausstreichen. Die Kriegsgefangenschaft habe ihm Kenntnisse und Erfahrungen über seine Mitmenschen vermittelt, die er heute jeden Tag benötige. Sie habe ihm auch geholfen – so seltsam dies klingen mag – mit sich selber und dem Erlebnis des Krieges fertig zu werden. Sie habe ihm die Zeit gegeben, über die Entwicklung in unserer Heimat nachzudenken und sich klarzuwerden über das, was bis in den Krieg hinein geschehen war.

Diese Überlegungen waren für ihn auch die Grundlage, sich später wieder als Soldat zur Verfügung zu stellen, obwohl er inzwischen eine sehr erfolgreiche Laufbahn in der Automobilbranche durchlaufen hatte.

Er zählt heute zu den Soldaten, die überzeugt sind, daß ein erneuter Krieg um deutschen Boden unter allen Umständen verhindert werden muß. Den Weg dazu sieht er im Aufbau einer glaubwürdigen Verteidigung durch eine Armee, die gut gerüstet, durch eine sehr gute Ausbildung befähigt ist, die technischen Mittel unserer Zeit zu nutzen, einer Armee, die, eingeordnet in die Bevölkerung unseres Landes, die Chancen ihrer Gesellschaft kennt und die weiß, daß die Freiheit verteidigungswert ist, daß sie nicht nur Rechte gibt, sondern auch Pflichten und Opfer fordert. Eine sich derart verstehende und lebende Armee, eingeordnet in ein festes Bündnis gleichgesonnener Staaten, dürfte nach Meinung des heutigen Generalmajors Lemm das Risiko für jeden nur möglichen Angreifer so hoch schrauben, daß der Friede bewahrt werden kann.

Im Jahre 1958 wurde Heinz-Georg Lemm wieder Soldat und begann seinen Dienst als Oberst an der Infanterieschule Hammelburg. Er wurde danach ins Bundesverteidigungsministerium berufen, wo er drei Jahre lang ein Referat in der Personalabteilung leitete.

1962 wurde er Kommandeur einer Panzergrenadierbrigade, 1963 zum Brigadegeneral befördert, übernahm 1965 das Kommando der Heeresoffiziersschule III in München und wurde, nach erneuter Zwischenverwendung im Ministerium und als stellvertretender Divisionskommandeur, im Herbst 1970 Kommandeur einer Panzerdivision. Am 1. Oktober 1970 wurde er zum Generalmajor ernannt.

Heinz-Georg Lemm, geboren am 1. Juni 1919 in Schwerin/Mecklenburg
Letzter Dienstgrad: Oberst
Letzte Dienststellung: Regimentskommandeur
Ritterkreuz am 14. April 1943
525. Eichenlaub am 11. Juli 1944
137. Schwerter am 15. März 1945

Abkürzungsverzeichnis

AA	=	Aufklärungsabteilung
AK	=	Armeekorps
AOK	=	Armeeoberkommando
AR	=	Artillerieregiment
B	=	Brillanten
DAK	=	Deutsches Afrikakorps
E	=	Eichenlaub
FJD	=	Fallschirmjägerdivision
FJR	=	Fallschirmjägerregiment
FHQ	=	Führerhauptquartier
FlK	=	Fliegerkorps
FR	=	Füsilierregiment
GR	=	Grenadierregiment
HGr.	=	Heeresgruppe
HVPl	=	Hauptverbandsplatz
Ia	=	Erster Generalstabsoffizier
ID	=	Infanteriedivision
i. G.	=	im Generalstab
IR	=	Infanterieregiment
JD	=	Jägerdivision
JR	=	Jägerregiment
K	=	Kradschützenbataillon
Kdr	=	Kommandeur
Kdre	=	Kommodore
LFD	=	Luftwaffen-Felddivision
MTW	=	Mannschafts-Transportwagen
OB	=	Oberbefehlshaber
OKH	=	Oberkommando des Heeres
OKW	=	Oberkommando der Wehrmacht
PAR	=	Panzer-Artillerieregiment
PD	=	Panzerdivision
PGR	=	Panzer-Grenadierregiment
PR	=	Panzerregiment
PzK	=	Panzerkorps
PzAA	=	Panzer-Aufklärungsabteilung
RK	=	Ritterkreuz
SPW	=	Schützenpanzerwagen
WmBfh	=	Wehrmachtsbefehlshaber

DIE TRÄGER DES RITTERKREUZES MIT EICHENLAUB UND SCHWERTERN
(in der Reihenfolge der Verleihung)

ADOLF GALLAND (siehe Kapitel Galland)

WERNER MÖLDERS, geboren am 18. März 1913 in Gelsenkirchen
Ritterkreuz am 29. Mai 1940; 2. Eichenlaub am 21. September 1940; 2. Schwerter am 22. Juni 1941; 1. Brillanten am 16. Juli 1941; gefallen am 22. November 1941; letzter Dienstgrad Oberst.

WALTER OESAU, geboren am 28. Juni 1913 in Fernewinkel/Holstein
Ritterkreuz am 20. August 1940; 9. Eichenlaub am 6. Februar 1941; 3. Schwerter am 16. Juli 1941; letzter Dienstgrad Oberst.

GÜNTHER LÜTZOW, geboren am 4. September 1912 in Kiel
Ritterkreuz am 18. September 1940; 27. Eichenlaub am 20. Juli 1941; 4. Schwerter am 11. Oktober 1941; gefallen am 24. April 1945; letzter Dienstgrad Oberst.

OTTO KRETSCHMER
Ritterkreuz am 4. August 1940; 6. Eichenlaub am 4. November 1940; 5. Schwerter am 26. Dezember 1941; letzter Dienstgrad Korvettenkapitän.

ERWIN ROMMEL (siehe Kapitel Rommel)

HEINRICH BÄR, geboren am 25. März 1913 in Sommerfeld bei Leipzig
Ritterkreuz am 2. Juli 1941; 31. Eichenlaub am 14. August 1941; 7. Schwerter am 16. Februar 1942; verunglückt am 28. April 1957 (Flugzeugabsturz); letzter Dienstgrad Oberstleutnant.

HANS PHILIPP, geboren am 17. März 1917 in Meißen/Sachsen
Ritterkreuz am 22. Oktober 1940; 33. Eichenlaub am 24. August 1941; 8. Schwerter am 12. März 1942; letzter Dienstgrad Oberstleutnant.

HERBERT IHLEFELDT, geboren am 1. Juni 1914 in Pinnow/Pommern
Ritterkreuz am 13. September 1940; 16. Eichenlaub am 27. Juni 1941; 9. Schwerter am 24. April 1942; letzter Dienstgrad Oberst.

MAX-HELLMUTH OSTERMANN, geboren am 11. Dezember 1917 in Hamburg
Ritterkreuz am 4. September 1941; 81. Eichenlaub am 12. März 1942; 10. Schwerter am 17. Mai 1942; gefallen am 9. August 1942; letzter Dienstgrad Oberleutnant.

HERMANN GRAF, geboren am 24. Oktober 1912 in Engen
Ritterkreuz am 24. Januar 1942; 93. Eichenlaub am 17. Mai 1942; 11. Schwerter am 18. Mai 1942; 5. Brillanten am 16. September 1942; letzter Dienstgrad Oberst.

HANS-JOACHIM MARSEILLE, geboren am 13. Dezember 1919 in Berlin
Ritterkreuz am 22. Februar 1942; 97. Eichenlaub am 6. Juni 1942; 12. Schwerter am 18. Juni 1942; 4. Brillanten am 3. September 1942; gefallen am 30. September 1942; letzter Dienstgrad Hauptmann.

GORDON M. GOLLOB, geboren am 16. Juni 1912 in Wien
Ritterkreuz am 18. September 1941; 38. Eichenlaub am 25. Oktober 1941; 13. Schwerter am 23. Juni 1942; 3. Brillanten am 30. August 1942; letzter Dienstgrad Oberst.

LEOPOLD STEINBATZ, geboren am 25. Oktober 1918 in Wien
Ritterkreuz am 14. Februar 1942; 96. Eichenlaub am 2. Juni 1942; 14. Schwerter am 23. Juni 1942; gefallen am 15. Juni 1942 in Rußland; letzter Dienstgrad Leutnant (nachträglich).

ALBERT KESSELRING, geboren am 13. November 1885 in Markstedt
Ritterkreuz am 30. September 1939; 78. Eichenlaub am 25. Februar 1942; 15. Schwerter am 18. Juli 1942; 14. Brillanten am 19. Juli 1944, gestorben am 15. Juli 1960; letzter Dienstgrad Generalfeldmarschall.

WERNER BAUMBACH, geboren am 27. Dezember 1916 in Cloppenburg
Ritterkreuz am 8. Mai 1940; 20. Eichenlaub am 14. Juli 1941; 16. Schwerter am 16. August 1942; letzter Dienstgrad Oberstleutnant.

ERICH TOPP, geboren am 2. Juli 1914 in Hannover
Ritterkreuz am 20. Juni 1941; 87. Eichenlaub am 11. April 1942; 17. Schwerter am 17. August 1942; letzter Dienstgrad Fregattenkapitän.

REINHARD SUHREN
Ritterkreuz am 3. November 1940; 56. Eichenlaub am 3. Januar 1942; 18. Schwerter am 1. September 1942; letzter Dienstgrad Korvettenkapitän.

JOACHIM MÜNCHEBERG, geboren am 31. Dezember 1918 in Friedrichshof/Pom.
Ritterkreuz am 14. September 1940; 12. Eichenlaub am 7. Mai 1941; 19. Schwerter am 9. September 1942; gefallen am 23. März 1943 in Tunesien; letzter Dienstgrad Major.

JOACHIM HELBIG, geboren am 10. September 1915 in Börln, Kreis Leipzig
Ritterkreuz am 24. November 1940; 64. Eichenlaub am 16. Januar 1942; 20. Schwerter am 26. September 1942; letzter Dienstgrad Oberst.

KARL EIBL, geboren am 23. Juli 1891 in Steg/Oberösterreich
Ritterkreuz am 15. August 1940; 50. Eichenlaub am 31. Dezember 1941; 21. Schwerter am 19. Dezember 1942; letzter Dienstgrad General der Infanterie (nachträglich); an Verwundung gestorben am 21. Januar 1943.

HANS HUBE, geboren am 29. Oktober 1890 in Naumburg/Saale
Ritterkreuz am 1. August 1941; 62. Eichenlaub am 16. Januar 1942; 22. Schwerter am 21. Dezember 1942; 13. Brillanten am 20. April 1944; tödlich verunglückt am 21. April 1944; letzter Dienstgrad Generaloberst.

WOLF-DIETRICH WILCKE, geboren am 11. März 1913 in Schrimm/Posen
Ritterkreuz am 6. August 1941; 122. Eichenlaub am 9. September 1942; 23. Schwerter am 23. Dezember 1942; gefallen am 23. März 1944 im Luftkampf; letzter Dienstgrad Oberst.

ALFRED DRUSCHEL, geboren am 4. Februar 1917
Ritterkreuz am 21. August 1941; 118. Eichenlaub am 3. September 1942; 24. Schwerter am 19. Februar 1943; vermißt am 1. Januar 1945; letzter Dienstgrad Oberst.

HERMANN BALCK, geboren am 7. Dezember 1893 in Danzig-Langfuhr
Ritterkreuz am 3. Juni 1940; 155. Eichenlaub am 20. Dezember 1942; 25. Schwerter am 4. März 1943; 19. Brillanten am 31. August 1944; letzter Dienstgrad General der Panzertruppe.

JOSEPH (SEPP) DIETRICH, geboren am 28. Mai 1892 in Hawangen
Ritterkreuz am 4. Juli 1940; 41. Eichenlaub am 31. Dezember 1941; 26. Schwerter am 14. März 1943; 16. Brillanten am 6. August 1944; gestorben am 21. April 1966 in Ludwigsburg; letzter Dienstgrad Generaloberst der Waffen-SS.

HYAZINTH GRAF STRACHWITZ, geboren am 30. Juli 1893 in Großstein
Ritterkreuz am 25. August 1941; 144. Eichenlaub am 13. November 1942; 27. Schwerter am 28. März 1943; 11. Brillanten am 15. April 1944; gestorben am 25. April 1968; letzter Dienstgrad Generalleutnant.

WALTER MODEL, geboren am 24. Januar 1891 in Genthin
Ritterkreuz am 9. Juli 1941; 74. Eichenlaub am 17. Februar 1942; 28. Schwerter am 2. April 1943; 17. Brillanten am 17. August 1944; Freitod am 21. April 1945; letzter Dienstgrad Generalfeldmarschall.

WOLFGANG LÜTH (siehe Kapitel Lüth)

WALTER GORN, geboren am 24. September 1898 in Biegamin/Posen
Ritterkreuz am 20. April 1941; 113. Eichenlaub am 17. August 1942; 30. Schwerter am 8. Juni 1943; gestorben am 10. Juli 1968 in Rosenheim; letzter Dienstgrad Generalmajor.

FRIEDRICH PELTZ, geboren am 9. Juni 1914 in Gera
Ritterkreuz am 14. Oktober 1940; 46. Eichenlaub am 31. Dezember 1941; 31. Schwerter am 23. Juli 1943; letzter Dienstgrad Generalmajor.

HELMUT LENT, geboren am 13. Juni 1918 in Pyrehne/Neumark
Ritterkreuz am 30. August 1941; 98. Eichenlaub am 6. Juni 1942; 32. Schwerter am 2. August 1943; 15. Brillanten am 31. Juli 1944; abgestürzt am 5. Oktober 1944; letzter Dienstgrad Oberst.

ADALBERT SCHULZ, geboren am 20. Dezember 1903 in Berlin
Ritterkreuz am 29. September 1940; 47. Eichenlaub am 31. Dezember 1941; 33. Schwerter am 6. August 1943; 9. Brillanten am 14. Dezember 1943; gefallen am 28. Januar 1944 in Schepetowka; letzter Dienstgrad Generalmajor.

GÜNTER RALL, geboren am 10. März 1918 in Gaggenau/Baden
Ritterkreuz am 4. September 1942; 134. Eichenlaub am 26. Oktober 1942; 34. Schwerter am 12. September 1943; letzter Dienstgrad Major.

HERMANN HOTH, geboren am 12. April 1885 in Neuruppin
Ritterkreuz am 27. Oktober 1939; 25. Eichenlaub am 17. Juli 1941; 35. Schwerter am 15. September 1943; gestorben 1971; letzter Dienstgrad Generaloberst.

JOSEF HARPE, geboren am 21. September 1887 in Recklinghausen
Ritterkreuz am 13. August 1941; 55. Eichenlaub am 31. Dezember 1941; 36. Schwerter am 15. September 1943; gestorben am 14. März 1968 in Nürnberg; letzter Dienstgrad Generaloberst.

WALTER NOWOTNY, geboren am 7. Dezember 1920 in Gmünd/Österreich
Ritterkreuz am 4. September 1942; 293. Eichenlaub am 4. September 1943; 37. Schwerter am 22. September 1943; 8. Brillanten am 19. Oktober 1943; gefallen am 8. November 1944 über Achmer; letzter Dienstgrad Major.

WALDEMAR VON GAZEN, GEN. GAZA, geboren am 6. Dezember 1917 in Hamburg
Ritterkreuz am 18. September 1942; 182. Eichenlaub am 18. Januar 1943; 38. Schwerter am 3. Oktober 1943; letzter Dienstgrad Major.

AUGUST DIECKMANN, geboren am 29. Mai 1912 in Cadenberg
Ritterkreuz am 23. April 1942; 233. Eichenlaub am 16. April 1943; 39. Schwerter am 10. Oktober 1943; gefallen am 10. Oktober 1943 am Dnjepr; letzter Dienstgrad Obersturmbannführer.

GÜNTHER VON KLUGE, geboren am 30. Oktober 1882 in Posen
Ritterkreuz am 30. September 1939; 181. Eichenlaub am 18. Januar 1943; 40. Schwerter am 29. Oktober 1943; Freitod am 19. August 1944; letzter Dienstgrad Generalfeldmarschall.

GERHARD GRAF VON SCHWERIN, geboren am 23. Juni 1899 in Hannover
Ritterkreuz am 17. Januar 1942; 240. Eichenlaub am 17. Mai 1943; 41. Schwerter am 4. November 1943; letzter Dienstgrad General der Panzertruppe.

HANS-ULRICH RUDEL, geboren am 2. Juli 1916 in Konradswaldau
Ritterkreuz am 6. Januar 1942; 229. Eichenlaub am 14. April 1943; 42. Schwerter am 25. November 1943; 10. Brillanten am 29. März 1944; 1. Goldenes Eichenlaub am 1. Januar 1945; letzter Dienstgrad Oberst.

HAJO HERRMANN, geboren am 1. August 1913 in Kiel
Ritterkreuz am 13. Oktober 1940; 269. Eichenlaub am 2. August 1943; 43. Schwerter am 23. Januar 1944; letzter Dienstgrad Oberst.

HEINRICH PRINZ ZU SAYN-WITTGENSTEIN, geboren am 14. August 1916 in Kopenhagen/Dänemark
Ritterkreuz am 7. Oktober 1942; 290. Eichenlaub am 31. August 1943; 44. Schwerter am 23. Januar 1944; gefallen am 21. Januar 1944 bei Schönhausen/Elbe im Luftkampf; letzter Dienstgrad Major.

ERICH BÄRENFÄNGER, geboren am 12. Januar 1915 in Menden
Ritterkreuz am 7. August 1942; 243. Eichenlaub am 17. Mai 1943; 45. Schwerter am 23. Januar 1944; gefallen im April 1945 in Berlin; letzter Dienstgrad Generalmajor.

DIETRICH VON SAUCKEN, geboren am 16. Mai 1892 in Fischhausen/Ostpr.
Ritterkreuz am 6. Januar 1942; 281. Eichenlaub am 22. August 1943; 46. Schwerter am 31. Januar 1944; Brillanten am 8. Mai 1945; letzter Dienstgrad: General der Panzertruppe.

HERBERT GILLE, geboren am 8. März 1897 in Gandersheim
Ritterkreuz am 8. Oktober 1942; 315. Eichenlaub am 1. November 1943; 47. Schwerter am 20. Februar 1944; 12. Brillanten am 19. April 1944; gestorben am 26. Dezember 1966 in Stemmen bei Hannover; letzter Dienstgrad General der Waffen-SS.

HERMANN BREITH, geboren am 7. Mai 1892 in Pirmasens
Ritterkreuz am 3. Juni 1940; 69. Eichenlaub am 31. Januar 1942; 48. Schwerter am 21. Februar 1944; gestorben am 3. September 1964 in Pech; letzter Dienstgrad General der Panzertruppe.

FRANZ BÄKE, geboren am 28. Februar 1898 in Schwarzenfels
Ritterkreuz am 11. Januar 1943; 262. Eichenlaub am 1. August 1943; 49. Schwerter am 21. Februar 1944; letzter Dienstgrad Oberst.

HASSO VON MANTEUFFEL, geboren am 14. Januar 1897 in Potsdam
Ritterkreuz am 31. Dezember 1941; 332. Eichenlaub am 23. November 1943; 50. Schwerter am 22. Februar 1944; 24. Brillanten am 18. Februar 1945; letzter Dienstgrad General der Panzertruppe.

EGON MAYER, geboren am 19. August 1917 in Konstanz/Bodensee
Ritterkreuz am 1. August 1941; 232. Eichenlaub am 16. April 1943; 51. Schwerter am 2. März 1944; gefallen am 2. März 1944 bei Montmedy im Luftkampf; letzter Dienstgrad Oberstleutnant.

GERHARD BRAKHORN, geboren am 20. März 1919 in Königsberg/Ostpreußen
Ritterkreuz am 23. August 1942; 175. Eichenlaub am 11. Januar 1943; 52. Schwerter am 2. März 1944; letzter Dienstgrad Major.

FRANZ GRIESBACH (siehe Kapitel Griesbach)

WERNER STREIB, geboren am 13. Juni 1911 in Pforzheim/Baden
Ritterkreuz am 6. Oktober 1940; 197. Eichenlaub am 26. Februar 1943; 54. Schwerter am 11. März 1944; letzter Dienstgrad Oberst.

RICHARD HEIDRICH (siehe Kapitel Heidrich)

HINRICH SCHULDT, geboren am 14. Juni 1901 in Hamburg-Blankenese
Ritterkreuz am 5. April 1942; 220. Eichenlaub am 2. April 1943; 56. Schwerter am 25. März 1944; gefallen vor Riga am 25. März 1944; letzter Dienstgrad Generalmajor der Waffen-SS.

GEORG POSTEL, geboren am 25. April 1896 in Zittau/Sachsen
Ritterkreuz am 9. August 1942; 215. Eichenlaub am 28. März 1943; 57. Schwerter am 26. März 1943; gestorben in Gefangenschaft am 20. September 1953; letzter Dienstgrad Generalleutnant.

WEND VON WIETERSHEIM, geboren am 18. April 1900 in Neuland, Kreis Löwenberg
Ritterkreuz am 10. Februar 1942; 176. Eichenlaub am 12. Januar 1943; 58. Schwerter am 26. März 1944; letzter Dienstgrad Generalleutnant.

ERICH VON MANSTEIN (siehe Kapitel von Manstein)

EWALD VON KLEIST, geboren am 8. August 1881 in Braunfels/Lahn
Ritterkreuz am 15. Mai 1940; 72. Eichenlaub am 11. Februar 1942; 60. Schwerter am 30. März 1944; gestorben in Gefangenschaft in Wladimirowka (Rußland) 1954; letzter Dienstgrad Generalfeldmarschall.

ALWIN BÖRST, geboren am 20. Oktober 1910 in Wittstock
Ritterkreuz am 5. Oktober 1941; 149. Eichenlaub am 28. November 1942; 61. Schwerter am 6. April 1944; gefallen am 6. Juni 1944; letzter Dienstgrad Major.

DR. ERNST KUPFER, geboren am 2. Juli 1907 in Coburg
Ritterkreuz am 23. November 1941; 173. Eichenlaub am 8. Januar 1943; 62. Schwerter am 11. April 1944; gestorben am 6. November 1943 in Belasica-Geb. Semer Kajasen (Griechenland); letzter Dienstgrad Oberst.

HANS KREYSING, geboren am 17. August 1890 in Göttingen
Ritterkreuz am 29. Mai 1940; 183. Eichenlaub am 20. Januar 1941; 63. Schwerter am 13. April 1944; gestorben am 14. April 1969; letzter Dienstgrad General der Gebirgstruppen

HANS JORDAN, geboren am 27. Dezember 1892 in Scheuern
Ritterkreuz am 5. Juni 1940; 59. Eichenlaub am 16. Januar 1942; 64. Schwerter am 20. April 1944; letzter Dienstgrad General der Infanterie.

HERMANN PRIESS, geboren am 24. Mai 1901 in Marnitz/Mecklenburg
Ritterkreuz am 28. April 1943; 297. Eichenlaub am 9. September 1943; 65. Schwerter am 24. April 1944; letzter Dienstgrad Generalleutnant der Waffen-SS.

ALBRECHT BRANDI, geboren am 20. Juni 1914 in Dortmund
Ritterkreuz am 21. Januar 1943; 224. Eichenlaub am 11. April 1943; 66. Schwerter am 13. Mai 1944; 22. Brillanten am 24. November 1944; gestorben am 6. Januar 1966 in Dortmund; letzter Dienstgrad Fregattenkapitän.

LUDWIG HEILMANN, geboren am 9. August 1903 in Würzburg
Ritterkreuz am 14. Juni 1941; 412. Eichenlaub am 2. März 1944; 67. Schwerter am 15. Mai 1944; gestorben am 27. Oktober 1959; letzter Dienstgrad Generalmajor.

HANS REINHARDT, geboren am 1. März 1887 in Bautzen
Ritterkreuz am 27. Oktober 1939; 73. Eichenlaub am 17. Februar 1942; 68. Schwerter am 26. Mai 1944; gestorben am 22. November 1963; letzter Dienstgrad Generaloberst.

HORST NIEMACK, geboren am 10. März 1909 in Hannover
Ritterkreuz am 13. Juli 1940; 30. Eichenlaub am 10. August 1941; 69. Schwerter am 4. Juni 1944; letzter Dienstgrad Generalmajor.

ALFONS KÖNIG, geboren am 29. Dezember 1898 in München
Ritterkreuz am 21. Dezember 1940; 194. Eichenlaub am 21. Februar 1943; 70. Schwerter am 9. Juni 1944; verwundet (und später vermißt) im Mittelabschnitt im Juli 1944; letzter Dienstgrad Oberst.

MICHAEL WITTMANN (siehe Kapitel Wittmann)

EDUARD DIETL, geboren am 21. Juli 1890 in Bad Aibling
Ritterkreuz am 9. Mai 1940; 1. Eichenlaub am 19. Juli 1940; 72. Schwerter am 1. Juli 1944; tödlich verunglückt am 23. Juni 1944; letzter Dienstgrad Generaloberst.

JOSEF PRILLER, geboren am 27. Juni 1915 in Ingolstadt
Ritterkreuz am 19. Oktober 1940; 28. Eichenlaub am 20. Juli 1942; 73. Schwerter am 2. Juli 1944; gestorben am 20. Mai 1961 in Böbing/Oberbayern; letzter Dienstgrad Oberst.

FRIEDRICH LANG, geboren am 12. Januar 1915
Ritterkreuz am 23. November 1941; 148. Eichenlaub am 28. November 1942; 74. Schwerter am 2. Juli 1944; letzter Dienstgrad Major.

ERICH HARTMANN, geboren am 19. April 1922 in Weissach/Württemberg
Ritterkreuz am 29. Oktober 1943; 420. Eichenlaub am 2. März 1944; 75. Schwerter am 2. Juli 1944; 18. Brillanten am 25. August 1944; letzter Dienstgrad Hauptmann.

SMILO FRHR. VON LÜTTWITZ, geboren am 13. Dezember 1895 in Straßburg
Ritterkreuz am 14. Januar 1942; 426. Eichenlaub am 16. März 1944; 76. Schwerter am 4. Juli 1944; letzter Dienstgrad General der Panzertruppe.

HANS DORR, geboren am 7. April 1912 in Sontheim/Allgäu
Ritterkreuz am 27. September 1942; 327. Eichenlaub am 13. November 1943; 77. Schwerter am 9. Juli 1944; gefallen im April 1945 in Judenburg/Österreich; letzter Dienstgrad Obersturmbannführer.

ANTON HACKL, geboren am 25. März 1915 in Regensburg
Ritterkreuz am 25. Mai 1942; 109. Eichenlaub am 7. August 1942; 78. Schwerter am 12. Juli 1944; letzter Dienstgrad Major.

RAINER STAHEL, geboren am 15. Januar 1892 in Bielefeld
Ritterkreuz am 18. Januar 1942; 169. Eichenlaub am 4. Januar 1943; 79. Schwerter am 18. Juli 1944; vermißt seit September 1944 (lt. Angabe der Witwe am 30. November 1955 in russischer Kriegsgefangenschaft gestorben); letzter Dienstgrad Generalleutnant.

THEODOR TOLSDORFF, geboren am 3. November 1909 in Lehnharten
Ritterkreuz am 4. Dezember 1941; 302. Eichenlaub am 15. September 1943; 80. Schwerter am 18. Juli 1944; 25. Brillanten am 18. März 1945; letzter Dienstgrad Generalleutnant.

FRITZ BAYERLEIN, geboren am 14. Januar 1899 in Würzburg
Ritterkreuz am 26. Dezember 1941; 258. Eichenlaub am 6. Juli 1943; 81. Schwerter am 20. Juli 1944; gestorben am 30. Januar 1970 in Würzburg-Heidingsfeld; letzter Dienstgrad Generalleutnant.

JOHANNES STEINHOFF, geboren am 15. September 1913 in Bottendorf/Sachsen
Ritterkreuz am 30. August 1941; 115. Eichenlaub am 2. September 1942; 82. Schwerter am 28. Juli 1944; letzter Dienstgrad Oberst.

HERMANN FEGELEIN, geboren am 30. Oktober 1906 in Ansbach
Ritterkreuz am 2. März 1942; 157. Eichenlaub am 22. Dezember 1942; 83. Schwerter am 30. Juli 1944; erschossen (nach Standgerichtsurteil) am 29. April 1945 in Berlin; letzter Dienstgrad Generalleutnant der Waffen-SS.

HEINZ WOLFGANG SCHNAUFER, geboren am 16. Februar 1922 in Calw
Ritterkreuz am 31. Dezember 1943; 507. Eichenlaub am 24. Juni 1944; 84. Schwerter am 3. August 1944; 21. Brillanten am 16. Oktober 1944; gestorben (Autounfall) am 15. September 1950; letzter Dienstgrad Major.

FRITZ VON SCHOLZ, geboren am 9. Dezember 1896 in Pilsen
Ritterkreuz am 18. Januar 1942; 423. Eichenlaub am 12. März 1944; 85. Schwerter am 8. August 1944; gefallen am 28. Juli 1944; letzter Dienstgrad Generalleutnant der Waffen-SS.

FELIX STEINER, geboren am 23. Mai 1896 in Ebenrode
Ritterkreuz am 15. August 1940; 159. Eichenlaub am 23. Dezember 1942; 86. Schwerter am 10. August 1944; gestorben am 17. Mai 1966 in München; letzter Dienstgrad General der Waffen-SS.

WALTER FRIES, geboren am 22. April 1894 in Gustenhain/Dillkreis
Ritterkreuz am 14. Dezember 1941; 378. Eichenlaub am 29. Januar 1944; 87. Schwerter am 11. August 1944; letzter Dienstgrad General der Panzertruppe.

KURT BÜHLIGEN, geboren am 13. Dezember 1917 in Granschütz/Thüringen
Ritterkreuz am 4. September 1941; 413. Eichenlaub am 2. März 1944; 88. Schwerter am 14. August 1944; letzter Dienstgrad Oberstleutnant.

DR. ING. DR. JOHANNES MAYER, geboren am 6. September 1893 in Stepenitz/Priegnitz
Ritterkreuz am 13. September 1941; 453. Eichenlaub am 13. April 1944; 89. Schwerter am 23. August 1944; gestorben am 18. Juli 1967 in Hamburg; letzter Dienstgrad Generalleutnant.

PAUL HAUSSER (siehe Kapitel Hausser)

KURT MEYER, geboren am 23. Dezember 1910 in Jerxheim
Ritterkreuz am 18. Mai 1941; 195. Eichenlaub am 23. Februar 1943; 91. Schwerter am 27. August 1944; gestorben am 23. Dezember 1961 in Hagen/Westfalen; letzter Dienstgrad Generalmajor der Waffen-SS.

ROBERT RITTER VON GREIM, geboren am 22. Juni 1892 in Bayreuth
Ritterkreuz am 24. Juni 1940; 216. Eichenlaub am 2. April 1943; 92. Schwerter am 27. August 1944; Freitod in Gefangenschaft am 24. Mai 1945; letzter Dienstgrad Generalfeldmarschall.

FERDINAND SCHÖRNER, geboren am 12. Mai 1892 in München
Ritterkreuz am 20. April 1941; 398. Eichenlaub am 17. Februar 1944; 93. Schwerter am 28. August 1944; 23. Brillanten am 1. Januar 1945; letzter Dienstgrad Generalfeldmarschall.

THEODOR WISCH, geboren am 13. Dezember 1907 in Wesselburener Koog
Ritterkreuz am 15. September 1941; 393. Eichenlaub am 12. Februar 1944; 94. Schwerter am 28. August 1944; letzter Dienstgrad Generalmajor der Waffen-SS.

OTTO BAUM, geboren am 15. November 1911 in Stetten-Hechingen
Ritterkreuz am 8. Mai 1942; 277. Eichenlaub am 22. August 1943; 95. Schwerter am 2. September 1944; letzter Dienstgrad SS-Oberführer.

HANS KROH, geboren am 13. Mai 1907 in Heidelberg
Ritterkreuz am 21. August 1941; 443. Eichenlaub am 6. April 1944; 96. Schwerter am 12. September 1944; gestorben am 18. Juli 1967 in Braunschweig; letzter Dienstgrad Generalmajor.

WILHELM WEGENER, geboren am 29. April 1895 in Trebatsch
Ritterkreuz am 27. Oktober 1941; 66. Eichenlaub am 19. Januar 1942; 97. Schwerter am 17. September 1944; gefallen am 24. September 1944; letzter Dienstgrad General der Infanterie.

THEODOR NORDMANN, geboren am 18. Dezember 1918 in Dorsten/Westfalen
Ritterkreuz am 17. September 1941; 214. Eichenlaub am 16. März 1943; 98. Schwerter am 17. September 1944; gefallen am 19. Januar 1945 an der Ostfront; letzter Dienstgrad Major.

BERNHARD-HERMANN RAMCKE, geboren am 24. Januar 1889 in Schleswig
Ritterkreuz am 21. August 1941; 145. Eichenlaub am 13. November 1942; 99. Schwerter am 19. September 1944; 20. Brillanten am 19. September 1944; gestorben am 5. Juli 1968 in Kappeln/Schleswig; letzter Dienstgrad General der Fallschirmtruppe.

OTTO VON KNOBELSDORFF (siehe Kapitel von Knobelsdorff)

DR. KARL MAUSS, geboren am 17. Mai 1898 in Plön/Holstein
Ritterkreuz am 26. November 1941; 335. Eichenlaub am 24. November 1943; 101. Schwerter am 23. Oktober 1944; 26. Brillanten am 15. April 1945; gestorben am 9. Februar 1959; letzter Dienstgrad Generalleutnant.

WERNER ZIEGLER, geboren am 30. April 1916 in Hausach/Schw.
Ritterkreuz am 31. Dezember 1941; 121. Eichenlaub am 8. September 1942; 102. Schwerter am 23. Oktober 1944; letzter Dienstgrad Oberstleutnant.

FRITZ FESSMANN, geboren am 25. Dezember 1913 in Urbach/Wttbg.
Ritterkreuz am 27. Oktober 1941; 170. Eichenlaub am 4. Januar 1943; 103. Schwerter am 23. Oktober 1944; gefallen am 11. Oktober 1944; letzter Dienstgrad Major.

HERMANN RECKNAGEL (siehe Kapitel Recknagel)

MAXIMILIAN REICHSFREIHERR VON EDELSHEIM, geboren am 6. Juli 1897 in Berlin
Ritterkreuz am 30. Juli 1941; 162. Eichenlaub am 23. Dezember 1942; 105. Schwerter am 23. Oktober 1944; letzter Dienstgrad General der Panzertruppe.

HANS KÄLLNER, geboren am 9. Oktober 1898 in Kattowitz
Ritterkreuz am 3. Mai 1942; 392. Eichenlaub am 12. Februar 1944; 106. Schwerter am 23. Oktober 1944; gefallen am 18. April 1945; letzter Dienstgrad Generalleutnant.

WERNER MUMMERT, geboren am 31. März 1897 Lüttewitz/Sachsen
Ritterkreuz am 17. August 1942; 429. Eichenlaub am 20. März 1944; 107. Schwerter am 23. Oktober 1944; gestorben 1950 in russischer Gefangenschaft; letzter Dienstgrad Generalmajor.

JOSEF WURMHELLER, geboren am 4. Mai 1917 in Hausham/Oberbayern
Ritterkreuz am 4. September 1941; 146. Eichenlaub am 14. November 1942; 108. Schwerter am 24. Oktober 1944; gefallen am 22. Juni 1944 (im Luftkampf mit Rottenflieger zusammengestoßen); letzter Dienstgrad Major.

DR. HERMANN HOHN, geboren am 11. Oktober 1897 in Ladenburg/Baden
Ritterkreuz am 28. November 1943; 410. Eichenlaub am 1. März 1944; 109. Schwerter am 31. Oktober 1944; gestorben am 13. November 1968 in Ladenburg; letzter Dienstgrad Generalleutnant.

HANS VON OBSTFELDER, geboren am 6. September 1886 in Steinbach-Hallenberg
Ritterkreuz am 27. Juli 1941; 251. Eichenlaub am 7. Juni 1943; 110. Schwerter am 9. November 1944; letzter Dienstgrad General der Infanterie.

ERNST GÜNTHER BAADE, geboren am 20. August 1897 in Brandenburg
Ritterkreuz am 27. Juni 1942; 402. Eichenlaub am 22. Februar 1944; 111. Schwerter am 16. November 1944; gefallen am 8. Mai 1945; letzter Dienstgrad Generalleutnant.

KARL-LOTHAR SCHULZ, geboren am 30. April 1907 in Königsberg
Ritterkreuz am 24. Mai 1940; 459. Eichenlaub am 20. April 1944; 112. Schwerter am 18. November 1944; letzter Dienstgrad Generalmajor.

OTTO KITTEL, geboren am 21. Februar 1917 in Kronsdorf/Sudeten
Ritterkreuz am 26. Oktober 1943; 449. Eichenlaub am 11. April 1944; 113. Schwerter am 25. November 1944; gefallen am 14. Februar 1945 im Luftkampf über Kurland; letzter Dienstgrad Oberleutnant.

GEORG FRHR. VON BOESELAGER, geboren am 25. August 1915 in Kassel
Ritterkreuz am 18. Januar 1941; 53. Eichenlaub am 31. Dezember 1941; 114. Schwerter am 28. November 1944; gefallen am 27. August 1944; letzter Dienstgrad Oberst.

HELMUTH WEIDLING, geboren am 2. November 1891 in Halberstadt
Ritterkreuz am 15. Januar 1943; 408. Eichenlaub am 22. Februar 1944; 115. Schwerter am 28. November 1944; gestorben in russischer Kriegsgefangenschaft am 17. November 1955; letzter Dienstgrad General der Artillerie.

HEINZ HARMEL, geboren am 29. Juni 1906 in Metz
Ritterkreuz am 31. März 1943; 296. Eichenlaub am 7. September 1943; 116. Schwerter am 15. Dezember 1944; letzter Dienstgrad Generalmajor der Waffen-SS.

TRAUGOTT HERR (siehe Kapitel Herr)

ALFRED REINHARDT, geboren am 15. November 1897 in Affalterbach
Ritterkreuz am 4. Dezember 1941; 306. Eichenlaub am 28. September 1943; 118. Schwerter am 24. Dezember 1944; letzter Dienstgrad Generalleutnant.

JOACHIM PEIPER, geboren am 30. Januar 1915 in Berlin
Ritterkreuz am 9. März 1943; 377. Eichenlaub am 27. Januar 1944; 119. Schwerter am 11. Januar 1945; letzter Dienstgrad Generalmajor der Waffen-SS.

WALTER KRÜGER, geboren am 27. Februar 1890 in Straßburg
Ritterkreuz am 13. Dezember 1941; 286. Eichenlaub am 21. August 1943; 120. Schwerter am 11. Januar 1945; gefallen am 20. Mai 1945 in Kurland (vermißt seit dem 30. April 1945); letzter Dienstgrad General der Waffen-SS.

WOLFGANG KRETZSCHMAR, geboren am 2. Juli 1907 in Allenstein/Ostpr.
Ritterkreuz am 15. Mai 1943; 600. Eichenlaub am 30. September 1944; 121. Schwerter am 12. Januar 1945; gefallen am 27. Dezember 1944; letzter Dienstgrad Oberst.

DR. LOTHAR RENDULIC (siehe Kapitel Rendulic)

MAXIMILIAN WENGLER, geboren am 14. Januar 1890 in Roßwein/Sachsen
Ritterkreuz am 6. Oktober 1942; 404. Eichenlaub am 22. Februar 1945; 123. Schwerter am 21. Januar 1945; gefallen am 26. April 1945; letzter Dienstgrad Generalmajor.

WALTHER K. NEHRING (siehe Kapitel Nehring)

HERMANN HOGEBACK, geboren am 25. August 1914 in Oberstein, Krs. Birkenfeld
Ritterkreuz am 8. September 1941; 192. Eichenlaub am 19. Februar 1943; 125. Schwerter am 26. Januar 1945 (Kdre KG 6); letzter Dienstgrad Oberstleutnant.

ERICH RUDORFFER, geboren am 1. November 1917 in Zwochau/Sachsen
Ritterkreuz am 1. Mai 1941; 447. Eichenlaub am 11. April 1944; 126. Schwerter am 26. Januar 1945; letzter Dienstgrad Major.

FRIEDRICH KIRCHNER, geboren am 26. März 1885 in Zöbigker/Leipzig
Ritterkreuz am 20. Mai 1940; 391. Eichenlaub am 12. Februar 1944; 127. Schwerter am 26. Januar 1945; gestorben am 6. April 1960 in Fulda; letzter Dienstgrad General der Panzertruppe.

FRIEDRICH-WILHELM MÜLLER, geboren am 29. August 1897 in Barmen
Ritterkreuz am 22. September 1941; 86. Eichenlaub am 8. April 1942; 128. Schwerter am 27. Januar 1945; durch Erschießen am 20. Mai 1947 in Athen hingerichtet; letzter Dienstgrad General der Infanterie.

HELMUT DÖRNER, geboren am 26. Juni 1909 in Mönchengladbach
Ritterkreuz am 15. Mai 1942; 650. Eichenlaub am 16. November 1944; 129. Schwerter am 1. Februar 1945; gefallen im Januar 1945 in Budapest; letzter Dienstgrad Oberst der Schutzpolizei.

ERNST WILHELM REINERT, geboren am 2. Februar 1919 in Köln-Lindenthal
Ritterkreuz am 1. Juli 1942; 131. Eichenlaub am 5. Oktober 1942; 130. Schwerter am 1. Februar 1945; letzter Dienstgrad Oberleutnant.

ERICH WALTHER, geboren am 5. August 1903
Ritterkreuz am 24. Mai 1940; 411. Eichenlaub am 2. März 1944; 131. Schwerter am 1. Februar 1945; gestorben in russischer Gefangenschaft 1947; letzter Dienstgrad Generalmajor.

MAX SACHSENHEIMER (siehe Kapitel Sachsenheimer)

GERD VON RUNDSTEDT, geboren am 12. Dezember 1875 in Aschersleben
Ritterkreuz am 30. September 1939; 519. Eichenlaub am 1. Juli 1944; 133. Schwerter am 18. Februar 1945; gestorben am 24. Februar 1953 in Hannover; letzter Dienstgrad Generalfeldmarschall.

DIETRICH VON MÜLLER, geboren am 16. September 1891 in Malchow/Waren
Ritterkreuz am 3. Mai 1942; 272. Eichenlaub am 16. August 1943; 134. Schwerter am 20. Februar 1945; gestorben in Hamburg am 3. Januar 1961; letzter Dienstgrad Generalmajor.

FRIEDRICH SCHULZ (siehe Kapitel Schulz)

GOTTHARD HEINRICI, geboren am 25. Dezember 1886 in Gumbinnen
Ritterkreuz am 18. September 1941; 333. Eichenlaub am 24. November 1943; 136. Schwerter am 3. März 1945; letzter Dienstgrad Generaloberst.

HEINZ-GEORG LEMM (siehe Kapitel Lemm)

OTTO KUMM, geboren am 1. Oktober 1909 in Hamburg
Ritterkreuz am 16. Februar 1942; 221. Eichenlaub am 6. April 1943; 138. Schwerter am 17. März 1945; letzter Dienstgrad Generalmajor der Waffen-SS.

WALTER HARTMANN (siehe Kapitel Hartmann)

GEORG BOCHMANN, geboren am 18. September 1913 in Albernau bei Aue
Ritterkreuz am 3. Mai 1942; 246. Eichenlaub am 17. Mai 1943; 140. Schwerter am 26. März 1945; letzter Dienstgrad SS-Oberführer.

ARTHUR JÜTTNER, geboren am 18. August 1909 in Kattowitz/Oberschlesien
Ritterkreuz am 14. Dezember 1941; 622. Eichenlaub am 18. Oktober 1944; 141. Schwerter am 5. April 1945; letzter Dienstgrad Oberst.

HERMANN VON OPPELN-BRONIKOWSKI, geb. am 2. Januar 1899 in Berlin
Ritterkreuz am 1. Januar 1943; 536. Eichenlaub am 28. Juli 1944; 142. Schwerter am 17. April 1945; letzter Dienstgrad Generalmajor; gestorben am 18. September 1966 in Gaissach.

HELLMUTH MÄDER, geboren am 5. Juli 1908 in Rotterode
Ritterkreuz am 3. April 1942; 560. Eichenlaub am 27. August 1944; 143. Schwerter am 18. April 1945; letzter Dienstgrad Generalmajor.

JOHANNES BLASKOWITZ, geboren am 10. Juli 1883 in Peterswalde/Wehlau
Ritterkreuz am 30. September 1939; 640. Eichenlaub am 29. Oktober 1944; o. Nr. Schwerter am 25. April 1945; Freitod am 5. Februar 1948 in Nürnberg; letzter Dienstgrad Generaloberst.

Nach den Unterlagen des BUNDESARCHIV — Zentralnachweisstelle — konnte die Verleihung der Auszeichnung des Ritterkreuzes mit Eichenlaub und Schwertern bis hierher nachgewiesen werden. Weitere Verleihungen sind nicht mehr in die Unterlagen des Heerespersonalamtes (P 5) aufgenommen worden. Es ist jedoch sicher, daß Hitler noch weitere Auszeichnungen vorgenommen hat.
Folgende Soldaten wurden noch mit dieser Stufe der höchsten deutschen Tapferkeitsauszeichnung beliehen:

WERNER SCHROER, geboren am 12. Dezember 1918 in Mülheim/Ruhr
Ritterkreuz am 21. Oktober 1942; 268. Eichenlaub am 2. August 1943; 144. Schwerter am 16. April 1945; letzter Dienstgrad Major.

WILHELM BATZ, geboren am 21. Mai 1916 in Bamberg
Ritterkreuz am 26. März 1944; 526. Eichenlaub am 20. Juli 1944; 145. Schwerter am 21. April 1945; letzter Dienstgrad Major.

FRITZ-HUBERT GRÄSER, geboren am
Ritterkreuz am 19. Juli 1940; 517. Eichenlaub am 26. Juni 1944; 146. Schwerter am 22. April 1945; letzter Dienstgrad General der Panzertruppe.

HERMANN HEINRICH BEHREND (siehe Kapitel Behrend)

KARL DECKER
Ritterkreuz am 13. Juni 1941; 466. Eichenlaub am 4. Mai 1944; 147. Schwerter am 28. April 1945.

HERMANN NIEHOFF, geboren am 3. April 1897 in Papenburg/Ems
Ritterkreuz am 15. Juni 1944; 764. Eichenlaub am 5. März 1945; 148. Schwerter am 4. Mai 1945.

WILHELM BITTRICH, geboren am 26. Februar 1894 in Wernigerode
Ritterkreuz am 14. Dezember 1941; 563. Eichenlaub am 28. August 1944; 149. Schwerter am 6. Mai 1945; letzter Dienstgrad General der Waffen-SS.

OTTO WEIDINGER, geboren am 27. Mai 1914 in Würzburg
Ritterkreuz am 21. April 1944; 688. Eichenlaub am 26. Dezember 1944; 150. Schwerter am 6. Mai 1945; letzter Dienstgrad Obersturmbannführer.

GÜNTHER WISLIZENY (siehe Kapitel Wislizeny)

SYLVESTER STADLER, geboren am 30. Dezember 1910 in Fohnsdorf
Ritterkreuz am 6. April 1943; 303. Eichenlaub am 16. September 1943; 152 Schwerter am 6. Mai 1945; letzter Dienstgrad SS-Oberführer.

Das Ritterkreuz mit Eichenlaub und Schwertern wurde am 27. Mai 1943 noch an den japanischen Flottenchef, Großadmiral Isoroku Yamamoto, verliehen.

Die unter den (nicht amtlichen) Nummern 149 bis 152 von dem Oberbefehlshaber der 6. SS-Panzerarmee, SS-Oberstgruppenführer Generaloberst der Waffen-SS Sepp Dietrich, verliehenen Auszeichnungen mit den Schwertern zum Eichenlaub des Ritterkreuzes sind selbständig verliehen worden, da zu dieser Zeit keine Verbindung zur Obersten Wehrmachtsführung mehr bestand.
Über die Delegierung der Verleihungsbefugnis für das Eichenlaub, die Schwerter und die Brillanten an Oberbefehlshaber von Heeresgruppen und Armeen wurde bisher noch nichts gefunden. Lediglich die Befugnis zur Verleihung des Ritterkreuzes des Eisernen Kreuzes wurde mit Fernschreiben OKH/PA vom 3. Mai 1945 an bestimmte, im Verteiler genannte Oberbefehlshaber delegiert. Es waren dies:
OB Führungsstab A, OB Nordwest (HGr. H), OB HGr. Weichsel, OB HGr. Kurland, OB AOK Ostpreußen, OB GebAOK 20, WmBfh. Dänemark.

Für die große Hilfe, die vom Bundesarchiv — Zentralnachweisstelle — in bezug auf die amtlichen Daten geleistet wurde, sagt der Autor allen daran beteiligten Herren seinen Dank. Durch sie wurde es möglich, den bestmöglichen *und* offiziellen Genauigkeitsgrad zu erreichen.

QUELLENANGABE

Alman, Karl:	Panzer vor, Rastatt 1966
ders.	Sprung in die Hölle, Rastatt 1964
ders.	Ritterkreuzträger des Afrika-Korps, Rastatt 1968
Antonow, A. S.:	Der Panzer, Berlin-Ost 1959
Bauer, Prof. Eddy:	Der Panzerkrieg, Bonn 1956
Baumann, Hans:	35. ID 1939—1945, Linz 1955
Behrend, Hermann H.:	Berichte, Daten, Lebenslauf, i. Ms.
Benary, Albert:	Die Berliner Bären-Division / Geschichte der 257. ID 1939—45, Bad Nauheim 1955
Bernig, H. H.:	Hölle Alamein, Balve 1960
ders.	Duell der Giganten, Balve 1961
ders.	Angriffsziel: Festung Europa, Balve 1961
Beyersdorff, Ernst:	Geschichte der 110. ID, Bad Nauheim 1965
Böhmler, Rudolf:	Fallschirmjäger, Bad Nauheim 1961
Borchert, Hubert:	Panzerkampf im Westen, Berlin 1940
Brasche, Rudolf:	Lebenslauf, Einsatzschilderungen, i. Ms.
Brehm, Werner:	Mein Kriegstagebuch, Kassel 1953
Breithaupt, Hans:	Geschichte der 30. ID 1939—45, Bad Nauheim 1955
Brux, Albert:	Gefechtsberichte, i. Ms.
Buchner, Alex:	Der deutsche Griechenlandfeldzug, Heidelberg 1957
Buxa, Werner:	Weg und Schicksal der 11. ID, Kiel 1952
Carell, Paul:	Die Wüstenfüchse, Hamburg 1961, 6. Aufl.
ders.	Sie kommen, Oldenburg 1961
ders.	Verbrannte Erde, Frankfurt—Berlin 1966
ders.	Unternehmen Barbarossa, Berlin 1963
Carius, Otto:	Tiger im Schlamm, Neckargemünd 1960
Cassidy, Henry:	Moskau 1941—43, Zürich 1944
Charles de Beaulieu, W.:	Der Vorstoß der Panzergruppe 4 auf Leningrad 1941, Neckargemünd 1961
Conze, Werner:	Geschichte der 291. ID, Bad Nauheim 1953
Dahms, Helmuth H.:	Geschichte des Zweiten Weltkriegs, Tübingen 1965
Dieckhoff, Gerhard:	3. PzGrenDiv., Göttingen 1960
Dieckert, Kurt, und Grossmann, Horst:	Der Kampf um Ostpreußen, München 1960
Doerr, Hans:	Der Feldzug nach Stalingrad, Darmstadt 1955
Dwinger, Edwin E.:	Panzerführer, Jena 1941
Eberbach, Heinrich:	4. Panzer-Division im Ostfeldzug, i. Ms.
Eremenko, A. I.:	Tage der Bewährung, Berlin-Ost 1961

Esebeck, Hanns-Gert von:	Afrikanische Schicksalsjahre, Wiesbaden 1949
Ettighoffer, P. C.:	44 Tage und Nächte, Stuttgart 1953
Feig, Georg:	Kampf und Vorstoß auf Kalinin, Zs. 1965
Fretter-Pico, Maximilian:	Mißbrauchte Infanterie, Frankfurt 1957
Friessner, Hans:	Verratene Schlachten, Hamburg 1956
Fuller, J. F.:	Der Zweite Weltkrieg, Wien 1952
ders.	Erinnerungen eines freimütigen Soldaten, Berlin 1939
Gackenholz, Hermann:	Zusammenbruch der Heeresgruppe Mitte 1944, Zs. Frankfurt 1957
Galland, Adolf:	Die Ersten und die Letzten, München 1953
ders.	Daten und Lebenslauf, i. Ms.
Gareis, Martin:	Kampf und Ende der 98. ID, Tegernsee 1965
Görlitz, Walter:	Der Zweite Weltkrieg, Stuttgart 1951/52
ders.	Paulus: Ich stehe hier auf Befehl, Frankfurt 1960
Grams, Rolf:	14. Panzerdivision, Bad Nauheim 1957
Griesbach, Franz:	Daten und Fakten, i. Ms.
Guderian, Heinz:	Achtung, Panzer, Stuttgart 1936
ders.	Mit den Panzern in Ost und West, Berlin 1942
ders.	Die Panzertruppe und ihr Zusammenwirken mit anderen Waffen, Berlin 1943
ders.	Erinnerungen eines Soldaten, Heidelberg 1951
Haupt, Werner:	Berlin — Hitlers letzte Schlacht, Rastatt 1964
ders.	Heeresgruppe Mitte, Dorheim 1968
ders.	Geschichte der 3. PD, Berlin 1967
Hartmann, Walter:	Lebenslauf und Daten, i. Ms.
Hausser, Paul:	Soldaten wie andere auch, Osnabrück 1966
Hayn, Friedrich:	Die Invasion, Heidelberg 1954
Heidkämper, Otto:	Witebsk, Heidelberg 1954
Herr, Traugott:	Lebenslauf, Daten und Fakten, i. Ms.
Hillgruber-Hümmelchen:	Chronik des Zweiten Weltkrieges, Frankf./M. 1966
Hossbach, Friedrich:	Infanterie im Ostfeldzug, Osterode 1951
Hoth, Hermann:	Panzer-Operationen, Heidelberg 1959
Hubatsch, Walther:	61. Infanterie-Division, Bad Nauheim 1961
Hubatsch-Hillgruber-Schramm:	Das Kriegstagebuch des OKW, Frankfurt 1961/63
Jacobsen, Dr. H. A.:	Der Zweite Weltkrieg in Chroniken und Dokumenten, Darmstadt 1959
ders.	Dokumente zum Westfeldzug, Göttingen 1960
Jochim, Bertold K.:	Oberst Hermann Graf: 200 Luftsiege in 13 Monaten, Rastatt 1969
Keilig, Wolf:	Das deutsche Heer 1939—45, Bad Nauheim 1955
ders.	Rangliste des deutschen Heeres, Bad Nauheim 1955
Kesselring, Albert:	Soldat bis zum letzten Tag, Bonn 1953
Knobelsdorff, Otto von:	Geschichte der 19. PD, Bad Nauheim 1958
ders.	Lebenslauf und Daten, i. Ms.

Kollatz, Karl:	Sturm auf Woronesch
ders.	Feldwebel Rudolf Brasche
ders.	General der Panzertruppe von Manteuffel
ders.	Generalmajor Niemack
ders.	Generalfeldmarschall Walter Model
ders.	Der Sturm der stählernen Kolosse
ders.	General der Panzertruppe von Knobelsdorff
ders.	Major Sepp Brandner
ders.	Major Peter Frantz
ders.	Hauptmann Fritz Fessmann
ders.	Generalleutnant Unrein
ders.	Generalleutnant von Wietersheim
ders.	Generalmajor von Oppeln-Bronikowski
ders.	Obergefreiter Arndt
ders.	Oberstleutnant Hogrebe
ders.	Eupatoria
ders.	Nächte am Mius
ders.	General der Panzertruppe Herr
ders.	Untersturmführer Wittmann
ders.	Hauptmann Johannes Kümmel
ders.	Oberst Franz Griesbach (alle Rastatt 1959—1971)
Konrad, Rudolf:	Kampf um den Kaukasus, München 1955
Krätschmer, E. G.:	Die Ritterkreuzträger der Waffen-SS, Göttingen 1955
Kurowski, Franz:	Fränkische Infanterie, Bochum 1970
ders.	Die Panzer-Lehr-Division, Bad Nauheim 1964
ders.	Von den Ardennen zum Ruhrkessel, Herford 1965
ders.	Der Kampf um Kreta, Herford 1965
ders.	Die Abwehr- und Rückzugskämpfe auf Sizilien, Neckargemünd 1966
ders.	Armee Wenck, Neckargemünd 1967
ders.	Deutsche Offiziere in Staat, Wirtschaft und Wissenschaft, Herford 1967
ders.	Brückenkopf Tunesien, Herford 1967
ders.	Grenadiere, Generale, Kameraden, Rastatt 1968
ders.	La Batailles des Ardennes et L'Agonie L'ouest, Paris 1968
ders.	Blutiges Dreieck, Rastatt 1969
ders.	Ich kam durch, Rastatt 1970
ders.	Zu Lande, zu Wasser, in der Luft, Bochum-Langendreer 1969
ders.	Erich von Manstein: Der Krieg in vierzig Fragen, i. Ms.

Lange, Wolfgang:	Korpsabteilung C, Neckargemünd 1961
Lasch, Otto:	So fiel Königsberg, München 1958
Lemelsen, Joachim:	29. Division, Bad Nauheim 1960
Lemm, Hans-Georg	Hitler und die Tradition des deutschen Soldatentums, Zs. 1960
ders.	Lebenslauf, Kriegseinsätze, i. Ms.
Lewin, Ronald:	Rommel, Stuttgart—Berlin 1969
Mackensen, Eberhard von:	Vom Bug zum Kaukasus, Neckargemünd 1967
Manstein, Erich von:	Verlorene Siege, Bonn 1955
ders.	Grundlagenmaterial für »Der Krieg in vierzig Fragen«, i. Ms.
Manteuffel, Hasso von:	Die Schlacht in den Ardennen 1944—45, Frankfurt/Main 1960
ders.	Die 7. Panzerdivision im Zweiten Weltkrieg, Uerdingen 1965
Model, Hansgeorg:	Der deutsche Generalstabsoffizier, Frankf./M. 1968
Moeller-Witten, Hans:	Männer und Taten, München 1959
Munzel, Oskar:	Panzertaktik, Neckargemünd 1959
ders.	Gepanzerte Truppen, Herford 1965
Nehring, Walther K.:	Der wandernde Kessel, München 1959
ders.	Das Ende der 1. Panzerarmee, Zs.
ders.	18. Panzerdivision 1941, Zs.
ders.	Russische Fallschirmspringer gegen das XXIV. Panzerkorps, Zs.
ders.	Die Geschichte der deutschen Panzerwaffe 1916 bis 1945, Berlin 1969
Oehmichen, Hermann, und Mann, Martin:	Der Weg der 87. Infanterie-Division, Eschwege 1969
Philippi, Alfred, und Heim, F.:	Der Feldzug gegen Sowjetrußland, Stuttgart 1962
Pipet, Albert:	La Trouée de Normandie, Paris 1966
Ploetz, A. G.:	Geschichte des Zweiten Weltkriegs, Würzburg 1960
Podzun, Hans-Henning:	Das deutsche Heer 1939, Bad Nauheim 1953
Pohlmann, Hartwig:	Wolchow, Bad Nauheim 1962
Polag, Dr. Hans:	Panzerführer Eberbach, Zs.
Musculus, F.:	General der Infanterie Recknagel, i. Ms.
Rohwer, Dr. Jürgen:	Die U-Boot-Erfolge der Achsenmächte, München 1968
Rommel, Erwin:	Krieg ohne Haß, Heidenheim 1950
Rendulic, Dr. Lothar:	Soldat in stürzenden Reichen, München 1965
ders.	Gekämpft, gesiegt, geschlagen, Wels 1952
ders.	persönliche Daten, i. Ms.
Schäufler, Hans:	So lebten und so starben sie, 1968
ders.	Dietrich von Saucken, i. Ms.

Scheibert, Horst: Zwischen Don und Donez, Neckargemünd 1961
Senger und Etterlin, F. von: Krieg in Europa, Köln 1960
Seemen, Gerhard von: Die Ritterkreuzträger 1939—1945, Bad Nauh. 1955
Sachsenheimer, Max: Kampfberichte, Lebenslauf, Daten, i. Ms.
Schulz, Friedrich: Lebenslauf, Daten, i. Ms.
Steinhoff, Johannes: Die Straße von Messina, München 1969
Stoves, Rolf O.: 1. Panzerdivision 1939—1945, Bad Nauheim 1962
Steglich, Martin: Lebenslauf und Kriegseinsatz, i. Ms.
Teske, Hermann: Bewegungskrieg, Heidelberg 1955
ders. Die silbernen Spiegel, Heidelberg 1952
Thorwald, Jürgen: Es begann an der Weichsel, Stuttgart 1949
ders. Das Ende an der Elbe, Stuttgart 1950
Tippelskirch, Kurt von: Geschichte des Zweiten Weltkrieges, Bonn 1951
Toland, John: Ardennenschlacht 1944, Bern 1960
Tornau, Gottfried, und Kurowski, Franz: Sturmartillerie — Fels in der Brandung, Herford 1965
US Military Academy: The War in North Africa, West Point 1950
Union War Histories: Crisis in the desert, Pretoria 1952
Vormann, Nikolaus von: Tscherkassy, Heidelberg 1954
Wagener, Carl: Der Ausbruch der 1. Panzerarmee aus dem Kessel von Kamenez—Podolsk, Zs.
Warlimont, Walter: Im Hauptquartier der deutschen Wehrmacht, Frankfurt 1962
Wenck, Walther: Überblick über die Endkämpfe zwischen Oder und Elbe im April/Mai 1945, i. Ms.
Westphal, Siegfried: Heer in Fesseln, Bonn 1950
Wilmot, Chester: Der Kampf um Europa, Braunschweig 1949
Wislizeny, Günther-Eberhard: Lebenslauf, Einsatzdaten, i. Ms.
Young, Desmond: Rommel, Wiesbaden 1950
Zimmermann, Hermann: Der Griff ins Ungewisse, Neckargemünd 1964

Für die Einzelkapitel wurden Zeitungs- und Zeitschriftenausschnitte in großer Zahl ausgewertet. Darunter ganze Jahrgänge von Mitteilungsblättern und Jahrbüchern.
Divisions-, Korps-, Armee- und Heeresgruppenbefehle, Wehrmachtsberichte, Ergänzungen zu den Wehrmachtsberichten, Tagesbefehle, Kriegstagebücher, Meldungen, Briefe, Vorträge aller Art fanden ihre Berücksichtigung.
Soldaten aller Dienstgrade — vom Grenadier bis zum Generalfeldmarschall — haben in selbstloser Weise geholfen, dieses Werk zur Vollendung zu bringen.
Sämtliche Daten über Ordensverleihungen wurden vom Bundesarchiv — Zentralnachweisstelle — in mühevoller Kleinarbeit überprüft. Die Ordensgemeinschaft der Ritterkreuzträger, mit ihrem Ehrenpräsidenten, Präsidenten und I. Vorsitzenden, hat immer wieder Anregungen gegeben und ihre Mitglieder zur Mitarbeit aufgefor-